한권으로 읽는
서양사와 한국사

한권으로 읽는 **서양사와 한국사**

초판 인쇄 · 2020년 11월 1일
초판 발행 · 2020년 11월 5일

지은이 · 고종환
펴낸이 · 한봉숙
펴낸곳 · 푸른사상사

주간 · 맹문재 | 편집 · 지순이 | 교정 · 김수란
등록 · 1999년 7월 8일 제2-2876호
주소 · 경기도 파주시 회동길 337-16(서패동 470-6)
대표전화 · 031) 955-9111(2) | 팩시밀리 · 031) 955-9114
이메일 · prun21c@hanmail.net / prunsasang@naver.com
홈페이지 · http://www.prun21c.com

ⓒ 고종환, 2020

ISBN 979-11-308-1715-6   03900

값 25,000원

한권으로 읽는

서양사와
한국사

고종환

푸른사상
PRUNSASANG

서양 역사와 우리 역사의 만남

프랑스대혁명이 벌어지던 당시 우리나라에서는 무슨 일이 일어났을까? 혹은 이순신 장군이 일본의 침략에 맞서 조선을 구하고 있던 16세기 말 서양에서는 무슨 일이 벌어졌을까? 아니면 유럽의 기독교 세력과 이슬람 세력이 200여 년이나 치열하게 싸우던 십자군전쟁 당시에 우리나라에서는 무슨 사건이 일어났을까?

우리는 프랑스대혁명도, 임진왜란도 십자군전쟁도 각각은 잘 알지만 이상하게도 동일 시대에 무슨 일, 무슨 사건이 벌어졌는지에 대해서는 선뜻 답을 못하는 경우가 많다. 왜 그럴까? 이유는 단 하나, 지금까지 많은 역사책을 봤지만 서양 역사책 따로, 한국 역사책 따로 각각 나눠서 봤기 때문이다. 필자 역시 많은 역사책을 봤지만 그동안 서양 역사책과 한국 역사책을 각각 따로 보았기 때문에 중요한 서양사와 한국사를 함께 기억하기가 어려웠던 것이다.

그동안 서양사와 서양문학을 공부하면서 이런저런 책들을 많이 읽었는데 서양사와 우리나라 역사를 조각조각 단편적으로만 알았지 하나로 아우르지는 못했던 것이다. 이유를 생각해보니 학창 시절부터 서양사와 한국사의 중요한 일들을 함께 배우고 익힌 적이 별로 없었다는 것을 알게 되었다.

이 책은 이런 질문에 대한 궁금증에서 시작됐고 그 궁금증을 해결하는

데 자그마한 도움을 주고자 비슷한 시대에 일어났던 중요한 서양사의 사건과 우리 역사의 사건을 함께 묶는 방식으로 서술되었다. 즉 서양사의 사건과 동일 시대에 일어난 우리 역사의 사건을 한 챕터로 구성했기에 이 책을 읽는 독자들은 프랑스대혁명을 읽으면서 자연스럽게 그 시대에 일어난 한국사의 큰 사건을 알게 되고 쉽게 두 사건을 기억할 수 있게 될 것이다.

필자의 일곱 번째 책이기도 한 이 책은 이런 궁금증에 대한 나름의 해결책을 제시한다는 바람을 갖고 만들어진 것이다. 그동안 필자가 내놓았던 대부분의 책들은 필자와 대학에서 만났던 학생들의 이런저런 요구를 반영한 산물들이었다. 학생들이 제기하는 궁금증에 대한 답을 찾는 과정이 그동안의 저술이었다면 이번 책은 조금 과정을 통해 기획되었다. 즉 학생들의 바람이나 필요가 아닌 동료 선배 교수님들과의 식사 자리에서 우연히 주고받은 이야기가 바탕이 되어서 이 책이 기획되고 만들어질 수 있었다.

약 2년 전쯤, 프로젝트를 위해 몇몇 교수들과 만남을 하고 식사를 할 때였다. 누군가가 프랑스혁명, 종교개혁, 십자군전쟁 등의 이야기를 하면서 그때 한국에서는 무슨 사건들이 있었는지를 물었는데 정확히 아는 사람이 없었다. 또 다른 누군가는 임진왜란을 이야기하면서 그때 유럽에서는 무슨 일이 벌어지고 있었는지를 물었는데 역시 정확하게 아는 사람이 없었다. 이때의 작은 에피소드는 필자에게는 약간의 충격처럼 느껴졌다.

혹시 서점에 가면 서양사와 한국사를 함께 볼 수 있는 책들이 있을까 했는데, 서양사나 한국사에 관한 각각의 좋은 책들은 많았지만 아쉽게도 필자가 바라던 책은 그리 쉽게 눈에 띄지 않았었다. 시중에 있는 역사 관련 도서들은 거의 두 부류로 나누어진다. 하나는 처음부터 끝까지 서양사만 자세히 적어놓은 경우고 다른 하나는 반대로 한국사에 관련된 내용만 적은 경우다.

그렇다. 이게 바로 필자가 한 권으로 서양사와 한국사의 중요한 사건들을 함께 기억할 수 있는 책을 써야겠다고 마음먹은 이유였던 것이다. 이런 개인적인 아쉬움을 담아서 이번에 한 권으로 배우는 서양사와 한국사에 관한 책을 쓸 수 있었다. 사실 처음 이 책을 쓸 때는 약간의 걱정도 있었는데 시중에 있는 수많은 역사책들에 또 하나의 역사 관련 책을 보태는 우를 범하지 않기 위해 글을 쓰는 동안 계속 고민했던 것이 바로 어떻게 하면 서양사와 한국사의 중요한 사건들을 쉽게 기억하는 책을 쓸까 하는 점이었다. 이미 서양사와 한국사를 각각 다룬 좋은 책들이 많이 있지만 한 권으로 서양사와 한국사에서 필요로 하는 두 가지 요소를 다루었다는 데에 작게나마 의미를 두려고 한다.

늘 그렇듯이 이번에도 뛰어난 장인정신을 바탕으로 좋은 책을 만들기 위해 수고를 아끼지 않으신 푸른사상사의 모든 분들께 특별히 감사의 말씀을 전한다. 지난 모든 책들이 그렇듯이 이분들의 뛰어난 실력과 헌신 덕분에 평범한 원고가 의미 있는 책으로 나올 수 있었다. 또한 아들이 대학에서 학생들을 가르치고, 좋아하는 글을 쓸 수 있도록 변함없이 새벽예배부터 저녁 가정예배까지 기도로 든든한 버팀목이 되어주시는 사랑하고 존경하는 어머니와 아버지께도 감사를 드린다. 직장 일과 공부로 바쁘게 살면서도 늘 기도와 격려를 아끼지 않는 긍정의 메신저로서 돕는 배필의 역할에 충실한 사랑하는 아내에게도 늘 고마움을 느낀다. 언제나 행복과 웃음의 원천이 되어주는 사랑스런 두 딸이 있어 힘들 때 많이 웃었다. 나의 나 된 것은 다 하나님의 은혜다.

2020년 10월, 광교 어느 곳에서
고 종 환

로물루스와 레무스는 태어나자마자 버려져 늑대의 젖을 먹고 자라다가 목동에게 발견된다.
성장한 뒤 자신들의 신분을 알게 된 그들은 찬탈자 아물리우스를 물리치고 왕위를 할아버지에게
돌려준다. 그 후 새로운 나라를 건국한 쌍둥이 형제 중 로물루스가 최종 승자가 되는데, 이것이
로마의 건국 신화이다. 그림은 〈목동에게 발견되는 쌍둥이 형제〉, 페테르 파울 루벤스, 1616

강화도 마리산의 참성단. 단군왕검이 하늘에 제사를 올리던 제단이라는 전설이 전해지고 있다.
하부의 둥근 단 위에 네모난 단을 쌓아 올린 형태이다. 지금은 해마다 개천절에 이곳에서 단군의
제사를 지내며, 한편 전국체전 때마다 대회장에 타오르는 성화는 이 참성단에서 칠선녀에 의해
채화되고 있다.

01

그리스, 로마 건국신화 vs 우리나라 건국신화

1) 신화란 무엇인가

우리가 즐겨 사용하는 말인 '신화(神話)'란 말 그대로 신(神)들의 이야기다. 대표적인 신화가 바로 그리스, 로마 신화인데 대부분의 나라들은 자신들의 나라 건국 과정에 얽힌 신들의 이야기가 있다. 이것을 흔히 '건국신화(foundation myth)'라고 하는데, 어떤 특정 국가의 성립 과정을 전하는 이야기로서, 특히 오랜 세월을 거쳐 많은 사람들의 입에서 입으로 전승되어온 이야기를 뜻한다. 흔히 특정 왕권이나 왕실의 기원에 관한 신화라는 의미에서 건국신화를 '왕권신화', 혹은 '왕실 시조 신화'라고도 한다.

잘 알다시피 '신화'라는 말은 영어로 myth, 프랑스어로 mythe인데, 영어와 프랑스어 단어 둘 다 고대 그리스어 '미토스(mythos)'를 어원으로 하고 있다. 미토스는 '로고스(logos)'의 반대되는 단어다. 로고스의 의미가 이성적인 혹은 이성적인 언어이니까, 그 반대인 미토스는 당연히 비이성적인 혹은 비이성적인 언어 정도가 되겠다. 인간들의 관점에서 보면 인간이 아닌 신이 주인공인 신들의 이야기이니 당연히 비이성적이고 비논리적인 이야기일 수밖에 없을 것이다. 간혹 학계에서도 신화의 진실성에 대한 논란들이 있는데 이처럼 신화는 한마디로 비이성적인 이야기이기 때문에 그 이야기의 사실성이나 진실성을 논하는 것은 별 의미가 없다.

우리나라는 물론이고 서양 문화의 시작인 그리스나 로마에도 당연히 그 나라의 건국신화가 있으며 대표적인 신화가 바로 우리나라의 단군신화와 로마의 건국신화일 것이다. 두 나라 신화의 공통점은 단군신화에는 곰과 호랑이가 나오고, 로마 신화에는 늑대가 나오면서 신(神)과 동물이 등장한다는 것이다.

2) 어떻게 신화를 볼 것인가

신들의 이야기이고 신들이 주인공인 신화는 어떻게 보아야 할까? 신화와 역사가 확연히 다른 부분이라면 신화는 어떤 관점으로 보아야 할까? 역사가 그 나라의 사실적인 이야기를 기록으로 남긴 것을 말한다면, 신화는 우주 만물이 어떻게 시작되었고, 어떻게 특정 나라나 왕조가 시작되었는가를 기록이 아닌 주로 구전에 의해 전한 것이다. 그래서 신화는 우주, 왕조, 인간, 문화의 기원에 대한 것이 많다. 그런데 신화에서는 우주, 왕조, 인간, 문화의 기원을 신이나 신에 버금가는 위대한 영웅들의 활동의 결과로 설명한다. 즉 신화의 주인공은 초현실적 존재이며, 활동배경도 현실적 시간과 공간의 경계를 벗어난 초현실적 시간과 공간까지 포함한다. 나아가 신화의 주인공이 겪는 사건도 경험적 인과관계에 의해 전개되는 것이 아니라, 현실세계에서는 불가능한 일이 얼마든지 일어날 수 있다는 것이다. 역사나 문학에서는 현실적인 인과관계에 의한 논리성이 매우 중요한 것에 반해 신화에서는 어떤 주인공도 가능하며, 모든 주인공은 어떤 행동을 해도 논리적으로 크게 문제가 되지 않는다.

바로 이러한 비논리성과 비현실성 때문에 신화에 대한 오해가 비롯됐다고 볼 수 있다. 다시 말해서, 신화는 허구 내지 거짓말이며 사실이 아니라는 것이다.

그러므로 이야기가 확실한 사실이냐 혹은 말도 안 되는 거짓이냐는 신화에 대한 올바른 생각도 아니고 올바른 질문도 아니다. 그 이유는 그 어떤 나라의 신화도 그 신화의 목적이 분명하고 논리적이며 이성적인 사실을 설명하는 데 있지 않기 때문이다. 그래서 신화를 두고 흔히 사실보다 진실을 말하는 데 그 중요성과 목적이 있다고 말하는 것이다.

그렇다면 사실과 진실은 어떻게 구별할 수 있을까? '사실'은 과거에 확실히 있었던 일이고, '진실'은 확실히 있었다고 믿어지는 혹은 여겨지는 일이다. 어떤 사건이나 행위에 대해 '믿어지고 여겨진다는 것'은 그 사건이나 행위를 보는 사람의 자의적인 해석이 가해진 것으로 실제 사실과 다를 수도 있다. 이처럼 사실과 진실이 완벽하게 일치하지 않을 경우, 신화는 사실보다 진실을 우선시한다. 다시 말해서, 신화는 과거 사실의 객관적 확실성보다 그것의 현재적 의미를 드러내는 데 더 중점을 둔다. 여기서 말하는 현재적 의미란 현재 당면하고 있는 현실을 합리화하고 정당화하는 것이다.

다시 말하면, 현재의 모든 질서는 신화시대 신들을 비롯한 초자연의 섭리에 의한 것이므로 정당하며, 함부로 바꿀 수 없다는 논리이다. 이것을 한마디로 영국의 인류학자 말리노프스키(Bronislaw Malinowski)는 신화의 '헌장적(憲章的) 기능'[1]이라 했다. 이와 비슷한 의미로 혹시 역사가와 시인의 차이를 쉽게 구별하는 방법이 있을까? 역사가와 시인의 가장 큰 차이는 어느 시대

---

[1] 헌장적 기능 : 신화를 어떤 관점으로 볼 것인가? 기본적으로 신화는 허구 내지 거짓말이며 사실이 아니다. 그러므로 사실이냐 거짓이냐는 신화에 대한 올바른 질문이 아니다. 그 이유는 신화는 어떤 사실에 대한 설명을 목적으로 하지 않기 때문이다.

의 일을 기록하고 말하는가에 달려 있다. 역사가는 과거에 확실히 일어났었던 일을 기록하고 말하는 사람이지만, 시인은 일어날 수 있는 일 혹은 있을 법한 일을 기록하고 말하는 사람이다. 이 말은 아리스토텔레스가 그의 대표작인 『시학』에서 한 말이다. 이처럼 역사가와 시인이 기록하고 말하는 것이 바로 우리가 보는 역사가 되기도 하고 신화가 되기도 하는 것이다.

이러한 신화의 특징과 성격은 각 나라들의 건국신화에도 그대로 적용된다. 건국신화는 특히 종말론적 신화(ecschatological myth)와 반대되는 의미를 갖는다. 건국신화가 신들이나 영웅에 의해 특정 나라가 만들어지는 과정을 그린 흥미진진한 이야기라면, 종말론적 신화는 혼탁하고 힘겨운 현재의 세상이 끝나고 나면 멋지고 새로운 세상이 도래한다는 것을 말하는 이야기이다. 덧붙인다면, 건국신화는 신들이 만드는 건국의 정당성을, 반대로 종말론적 신화는 새로운 세상의 도래나 혁명의 당위성을 각인시키기 위한 것이다.

우리나라의 대표 신화인 단군신화나 로마의 대표 신화인 로물루스 레무스 신화 모두 우리나라 최초의 국가인 고조선[2]과 로마가 신들의 택함에 힘입어 특별하게 만들어졌다는, 국가에 일종의 정당성을 부여하기 위한 건국신화인 것이다.

3) 그리스, 로마 건국신화와 우리나라 건국신화

우리가 신화라고 하면 가장 먼저 언급하는 나라가 아마도 그리스와 로마

---

2 고조선(古朝鮮) : 한국 역사에서 처음으로 등장한 국가로서 고조선이란 명칭이 널리 쓰인 것은 20세기에 들어와서다. 고조선이란 명칭은 일연의 『삼국유사(三國遺事)』에서 가장 먼저 사용되었는데, 이성계가 창건한 이씨 조선과 구분되는 고대의 조선이란 의미였다.

일 것이다. 그중에서도 그리스 신화는 너무 흔해서 오히려 진부할 정도로 많은 이야기를 접했다. 그러나 그런 많은 신화 중에서도 그리스라는 나라가 만들어지게 된 건국신화에 대해서는 조금 생소할 수 있다. 그리스의 건국에 관한 신화는 바로 크로노스와 그의 아들 제우스의 권력투쟁이다. 제우스는 너무나 유명해서 모르는 사람이 없는 그리스를 대표하는 신이지만 그런 제우스에게 극악무도한 아버지가 있었다는 것이 조금 새로울 것이다.

신화에 의하면 그리스의 건국은 아들과 아버지의 권력투쟁이었고, 결국에는 장남 제우스를 비롯한 자식들이 아버지 크로노스를 죽이고 권력을 잡는다는 일종의 패륜신화라고 볼 수 있다. 아버지가 아들을 잡아먹고, 그런 아버지를 아들들이 죽이는 패륜으로부터 세상과 그리스가 시작됐다는 것이 그리스 건국신화의 핵심 내용이다.

좀 더 자세히 보면, 그리스 신화에서 이 세상의 시작은 어머니 가이아(지구)와 우라노스(하늘의 신)가 짝을 맺는 것으로부터 비롯된다. 우라노스가 가이아와의 사이에 낳은 자식들인 12명의 티탄[3]들을 지하 세계로 보내버리자 눈앞에서 사랑하는 자식들을 잃은 가이아는 복수심에 불타서 하나 남은 막내아들 크로노스(로마에서는 사투르누스로 표기)에게 낫을 쥐여준다. 물론 그 낫의 의미는 그녀의 남편이자 자식들의 아버지인 우라노스를 죽이라는 것이었다. 어머니가 쥐여준 그 낫으로 크로노스는 아버지 우라노스를 죽이고 스스로 신들의 제왕이 된다. 그런데 한 가지 문제가 생겼는데, 아들의 손에 죽음을 맞게 된 우라노스가 그 아들에게 무시무시한 저주를 남기고 죽었다는 것이었다. "네가 나를 죽이고 왕위를 빼앗았지만 그 벌로 인해 너도 나중에 네

---

3 티탄(Titan) : 그리스 신화에서는 세상 모든 것은 카오스(chaos, 혼돈)에서 시작되었다고 한다. 이와 반대되는 상태가 코스모스(cosmos, 질서)이다. 혼돈 상태에 있던 세상에 땅의 여신 가이아(Gaea)와 하늘의 신 우라노스(Uranus)가 교합하여 아들 여섯과 딸 여섯을 낳았는데, 이 12남매가 바로 티탄족이다. 거인, 장사를 뜻하는 타이탄(Titan)이 여기서 유래했다.

〈아들을 먹어치우는 사투르누스〉,　　　〈아들을 잡아먹는 크로노스〉, 페테르 파울 루벤스, 1638
프란시스코 고야, 1823

자식들 손에 죽을 것이다!"

　이 끔찍한 저주가 새로운 비극을 만들게 된다. 크로노스는 레아와 결혼을 해서 여러 명의 자식들을 두었는데, 아버지 우라노스의 저주가 혹시라도 이루어질까 두려워서 자신의 자식들을 모조리 잡아먹었던 것이다. 처음에는 3명의 딸들인 헤스티아, 데메테르, 헤라를, 이어서 2명의 아들인 하데스와 포세이돈까지 모조리 잡아먹었다.

　위의 두 그림은 루벤스와 고야가 바로 이 그리스 신화를 그린 것이다. 왼쪽 그림은 스페인 프라도미술관에 있는 그림으로 궁정화가 고야는 〈아들을 잡아먹는 사투르누스〉라는 이름을 붙였다. 가난한 민중의 현실에 관심이 많았고 궁정화가임에도 불구하고 기득권층과 지배 계급에 대해서 나름 비판적이었던 그가 병으로 인해 귀머거리가 된 후 그린, 검은 그림 연작(black paint-ings) 중 한 작품이다.

　오른쪽의 그림은 고야의 그림과 같은 내용을 바탕으로 역시 프라도미술관에 있는 루벤스의 〈아들을 잡아먹는 크로노스〉라는 그림이다. 같은 신화를 바탕으로 그렸는데도 불구하고 두 그림은 상당히 다르다. 먼저 고야는 사투르누스를 괴물 같은 모습으로 표현한 반면, 루벤스의 사투르누스는 끔찍하긴 해도 좀 더 인간의 모습에 가깝다. 또한 고야의 그림에서는 아들을 잡아먹는 순간의 사투르누스를 강조한 반면, 루벤스의 그림에서는 고통과 경악에 몸부림치는 아들의 표정이 더욱 리얼하게 강조되었다는 차이점이 눈에 띈다.

다시 신화로 돌아와서, 사랑하는 자식들이 남편에게 모두 잡아먹히는 비극을 겪은 크로노스의 부인 레아는 또다시 임신을 하게 되는데, 이번에는 크레타섬의 숲속으로 들어가 깊숙한 동굴 속에서 아들을 낳는다. 이 마지막 아들마저 남편에게 잡아먹힐까 두려웠기 때문이었다. 결국 남편의 눈을 피해 무사히 아들을 낳았는데 이 아기가 바로 그 제우스였던 것이다.

이어서 레아는 남편 크로노스에게 포대기에 싼 묵직한 돌덩어리 하나를 주면서 갓 낳은 아들이라고 거짓말을 한다. 낮잠을 자고 있던 크로노스는 아내에게 속아 돌덩어리를 아들로 생각하고 삼켜버린다.

시간이 흘러 제우스는 늠름한 소년이 되었고, 레아는 제우스를 신들의 궁전으로 데리고 온다. 두 사람은 힘을 합쳐 남편 크로노스를 제거하려고 한 가지 꾀를 낸다. 레아와 제우스는 크로노스가 마시는 음료[4]에 엄청 쓴 약을 몰래 섞었고 그 음료수를 마신 크로노스는 계속 구역질을 하며 뱃속에 있던 자식들을 한 명씩 토해내게 된다. 가장 먼저 토해낸 것은 포대기에 싼 바위덩어리였고, 아버지 크로노스에게 먹힌 반대 순서로 한 명씩 입 밖으로 나왔다. 다행인 것은 그들 모두는 신의 자식들이기에 쉽게 죽지 않는 불사의 몸

---

4   넥타르 : 그리스 신화에서 신들이 마시는 음료. 올림포스에서 신들의 연회가 벌어질 때면 바로 이 넥타르가 등장한다. 신들의 음식인 암브로시아와 함께 강력한 생명력을 갖고 있기 때문에 인간들에게는 엄격히 금지되었는데, 그 이유는 인간이 신들의 음식과 음료를 먹고 마시면 신들처럼 불멸의 존재가 될 수 있었기 때문이었다.

을 가졌기 때문에 크로노스의 뱃속에서도 죽지 않고 살아 있었다는 것이다.

아버지 뱃속에서 살아나온 제우스와 형제들은 자신들을 잡아먹은 크로노스에게 대항하여 신들의 전쟁을 일으켰다. 자식들의 반란에 맞서 크로노스는 티탄들을 자기편으로 끌어들었고, 제우스와 그 형제들은 지하 동굴의 외눈박이 거인 키클롭스와 백 개의 손을 가진 괴물들을 같은 편으로 끌어들인다. 치열한 전쟁 끝에 승리는 제우스와 자식들에게 돌아간다. 전쟁에서 패한 크로노스와 티탄들은 신들의 세계에서 추방당했고, 그렇게 해서 올림포스를 정복한 제우스와 그 형제들은 3천 년 동안 이 세계를 통치했다고 전해진다.

4) 로마의 대표 건국신화

로마의 경우 건국신화가 두 가지 있는데, 하나는 늑대 젖을 먹고 자란 쌍둥이 형제 이야기다. 다른 하나는 트로이 유민인 아이네이아스(Aeneis)에 의해 로마가 건국되었다는 이야기[5]이다. 대부분의 그리스 로마 신화에 빈번하게 등장해서 우리에게도 친숙한 신화인 쌍둥이 이야기는 군신 마르스(Mars)와 베스타(Vesta) 신전의 무녀 사이에서 태어난 쌍둥이 형제인 로물루스(Romulus)와 레무스(Lemus)에 의해 로마가 건국되었다는 정말 동화 같은 신화이다.

하나의 로마를 두고 성격이 전혀 다른 두 가지 건국신화가 공존하고 있다는 사실이 매우 흥미로운데 어떻게 두 신화가 같이 전해올 수 있었을까?

---

5   아이네이스(Aeneid) : 로마의 시인 베르길리우스가 11년간 쓴 12권으로 된 로마의 건국신화에 관한 대서사시. 이 서사시에 등장하는 주인공 아이네이아스는 트로이전쟁의 영웅으로 미의 여신 아프로디테의 아들이다. 사실 베르길리우스는 죽기 직전 이 원고를 없애도록 했는데 황제 아우구스투스의 지시로 발표됐다고 한다. 서사시의 제목인 아이네이스는 주인공인 '아이네이아스의 노래'라는 뜻이기도 하다.

다양한 이유가 있겠지만 그중 하나는 이탈리아 정부의 유연한 정치적 태도에서 찾을 수 있다. 예를 들어 로마가 그리스 헬레니즘 문화의 계승자를 자처하면서 그리스 문제를 다룰 때에는 전자의 이야기, 즉 트로이 유민인 아이에이스 신화가 강조되었다. 반대로 정치적으로 로마의 독자성과 위대성을 강조할 필요가 있을 때는 후자의 이야기인 쌍둥이 형제 신화가 강조되었다. 그래서 하나의 로마를 두고 두 개의 전혀 다른 신화가 공존하면서 내려왔던 것이다.

아이네이아스 신화

로마를 대표하는 두 개의 건국신화 중 쌍둥이 형제신화에 비해 일반에게 비교적 덜 알려진 아이네이아스 신화는 고대 로마의 최고 시인이자 역사가인 베르길리우스[6]가 기록한 것이다. 베르길리우스에게 로마의 건국 과정을 멋지게 그리도록 주문한 사람은 바로 로마의 초대 황제 아우구스투스[7]였다. 여기서 한 가지 자연스러운 의문이 하나 생기는데, 신과 동급으로 여겨질 만큼 위대한 로마의 황제가 왜 한낱 동화같이 가벼운 이야기에 불과한 신화를

---

6 베르길리우스(Vergilius) : 로마 최고의 시인으로 주로 활동했던 시기는 아우구스투스 황제에 의한 로마 통일과 번영의 시기였다. 아우구스투스 황제는 그에게 로마제국을 기리는 위대한 작품을 쓰라는 권유를 했고, 그는 이후 약 11년간 대작『아이네이스』의 집필에 몰두했다. BC 20년 무렵 작품의 배경이 되는 그리스의 풍물을 직접 보기 위해 여행을 떠났다가 결국 작품의 완성을 보지 못하고 이탈리아 남부지방의 한 항구에서 삶을 마감했다.

7 아우구스투스(Augustus, BC 63~AD 14) : 카이사르가 암살된 후에 19세라는 어린 나이에 후계자로 지명되어, 권력을 장악하고 황제의 자리에 오른 고대 로마의 초대 황제. 본명은 가이우스 옥타비아누스. 평범한 서민 출신이나 아버지가 죽은 후 카이사르의 양자가 되면서 권력 중심부에 진입했다. 41년간의 통치 기간 중에 로마의 평화시대인 팍스 로마나를 구현했다. 권력을 잡은 후에는 비상대권을 원로원에 돌려주었고, 그 반대급부로 아우구스투스(존엄자)라는 칭호를 받았다. 공화정의 명목을 유지하면서 실질적인 제정(帝政)을 시작하였던 위대한 황제였다.

만들도록 했을까? 하는 의문이다. 정치와 신화, 황제와 신화는 뭔가 좀 부자연스럽기 때문이다.

그러나 부자연스러워 보이는 정치와 신화는 연관이 깊다. 일국의 황제가 무언가를 지시했다는 것은 특별한 의도가 있었기 때문이었을 텐데, 그렇다면 아우구스투스 황제는 신화를 만들어서 뭘 하길 원했을까?

로마제국의 초대 황제인 아우구스투스가 황제의 자리에 올라서 가장 먼저 신경 썼던 것이 두 가지였다. 하나는 나라를 경영하는 황제로서 로마를 단단히 지탱시켜줄 제도와 체제를 정비하고 법을 만드는 것이었다. 다른 하나는 로마의 유명 시인 베르길리우스에게 로마제국을 위한 멋진 시를 쓰게 하는 거였다. 일국의 황제니까 법과 제도, 체제를 정비하는 것은 당연해 보이는데, 멋진 시를 만들게 한 것은 조금 의아스러워 보인다.

황제 아우구스투스는 왜 시인 베르길리우스에게 멋진 시를 만들라고 했을까? 멋진 시를 만드는 것을 통해 황제가 기대하고 의도했던 것은 무엇이었을까? 그것은 바로 로마 시민들에게 그들이야말로 신들의 택함을 받은 위대한 나라의 시민이라는 자부심을 주려는 것이었다. 이것이 황제가 시인 베르길리우스에게 시를 만들게 했던 주된 이유였던 것이다. 훌륭한 국가를 유지하는 아무리 좋은 법과 체제와 제도가 있다 할지라도, 한 나라로 묶인 사람들에게 우리는 같은 운명공동체라는 의식을 심어주는 것이야말로 가장 중요했기 때문이다.

로마 황제 아우구스투스가 누구인가? 아우구스투스는 도대체 누구기에 왜 이런 것을 필요로 했을까? 그는 수많은 전쟁과 전투 그리고 내전 끝에 로마를 제정[8]으로 이끈 사람이었다. 그래서 그에게는 자신이 황제가 돼야만 하는 굳건한 당위성과 로마를 하나로 뭉치게 만들 수 있는 힘이 필요했고, 베

---

8 제정(帝政) : 원로원이나 민중이 아닌 황제가 직접 다스리는 군주제도의 정치.

르길리우스가 멋진 시를 통해 이것을 가능하게 해줬다. 그가 지은 멋진 시가 바로 건국신화였던 것이다. 시인 베르길리우스는 황제 아우구스투스의 의도대로 그를 신들이 택한 매우 특별한 사람, 혹은 신과 동등하게 신격화된 사람으로 만들기 위해서 새로운 로마의 건국신화를 만들었고 그 이야기가 담긴 책이 바로 베르길리우스의『아이네이스』였다.

아버지, 아들과 함께 트로이를 탈출하는 아이네이아스를 묘사한 조각상 (아버지는 과거, 아들은 미래를 상징)

『아이네이스』의 이야기는 두 부분으로 구성됐는데, 전반부는 주인공인 트로이의 장군 아이네이아스가 트로이전쟁에서 패하고 살아남은 트로이 유민들을 모아 모험을 떠나는 이야기이다. 후반부는 아이네이아스가 모험을 마치고 지금의 로마가 위치한 이탈리아 중부지방에 도착, 그곳에 살던 원주민들과 싸우며 새로운 트로이(사실은 로마)를 건설하는 이야기를 그리고 있다.

이 신화를 조금 더 들여다보면, 아이네이아스는 트로이를 탈출, 시칠리아를 거쳐 새로운 나라를 세우기 위해 항해하던 도중 풍랑을 만나 미지의 지역에 도착한다. 이곳은 디도 여왕이 다스리던 카르타고라는 나라이다. 디도는 아이네이아스 일행을 환대하며 아이네이아스에게 그간의 이야기를 듣는다. 이에 아이네이아스는 트로이의 몰락 과정과 탈출 후의 고초를 디도에게 이야기하고 결국 두 사람은 사랑하는 사이가 된다. 디도와의 사랑에 취한 아이네이아스는 이탈리아로 가 새로운 도시를 건설해야 하는 자신의 운명을 잊은 채 편안한 나날을 즐긴다. 그런 그에게 유피테르의 엄명을 받은 사자가 찾아온다. 자신의 운명을 다시 깨달은 아이네이아스는 떠나지 말라고 애원

〈여왕 디도와
아이네이아스의 만남〉,
나다니엘 댄스 홀랜드

하는 디도를 남겨둔 채 카르타고를 떠난다. 첫사랑의 실패에 이어 또다시 사랑에 상처받은 디도는 그 슬픔을 이기지 못하고 자살을 하게 된다.

사랑하는 여인도 버려두고 이탈리아에 새로운 도시를 건설하라는 신이 부여한 숙명을 따르는 아이네이아스의 영웅적 풍모를 위한 이야기이기 때문에 로마와 로마의 시민들에게는 매우 특별하게 다가왔을 것이고, 이것이 바로 황제 아우구스투스가 로마 시민들이 자신과 아이네이아스를 동일시하길 바라면서 만든 신화였던 것이다.

베르길리우스는 이 신화의 모티브를 어디서 차용했을까.『아이네이스』의 주인공 아이네이아스는 베르길리우스의 작품 이전에 호메로스의『오디세이아』와『일리아스』에도 등장한다. 호메로스는 아이네이아스를 트로이가 멸망해도 대대로 트로이를 지배할 사람으로 묘사하고 있다. 베르길리우스는 바로 이 내용에서 착안해 새로운 로마의 영웅을 창조한 것이었다.

베르길리우스는 아이네이아스가 당대 최강국이었던 그리스에 맞서 10년 동안 버텼던 저력 있는 나라의 사람이며, 신과 가족과 국가 앞에 경건하고, 그런 인물이 새롭게 세우게 될 제2의 트로이가 있는데, 그곳이 바로 로마임을 천명했던 것이다. 심지어 그는 아이네이아스가 미의 여신인 아프로디테의 아들, 즉 신의 자손임을 알리는 가계도까지 보여줬다.

그러니 베르길리우스의『아이네이스』를 본 로마 시민들이 자신들이 사는 로마와 자신들의 혈통에 대해서 얼마나 큰 자부심을 느꼈을지는 금방 상상할 수 있을 것이다. 그리고 이 이야기를 듣는 사람들은 주인공인 아이네이아스에게서 자연스럽게 현재 로마의 황제인 아우구스투스를 떠올렸을 것이다. 즉 아우구스투스가 황제가 되는 것은 하늘이 택한 필연이었으며, 이미 신들에 의해 이런 운명이 예언돼 있는 일이었다고 생각하게 만드는 것이다.

베르길리우스는 12권에 이르며 무려 1만 행이 넘는 이 대작을 통해서 로마 시민들에게 신이 로마를 선택했다는 믿음을 확고하게 심어주었고, 그런 로마를 다스리는 황제 아우구스투스 역시 하늘이 택한 운명에 의해 황제가 됐다는 것을 인식하게 했다. 이런 이야기를 보고 들으면서 로마 시민들은 로마와 황제 그리고 자신들에 대해서도 엄청난 자긍심과 공동체 의식을 느꼈을 것이다. 이것이 바로 황제 아우구스투스가 의도한 것이었고, 이를 위대한 시인이었던 베르길리우스가 충실히 작품으로 잘 완성한 것이었다.

늑대와 쌍둥이

베르길리우스의『아이네이스』보다 더 잘 알려진 로마 건국신화는 아마도 늑대 젖을 먹고 자란 쌍둥이 형제 로물루스와 레무스 이야기일 것이다. 늑대와 함께 앉아 있는 쌍둥이의 그림이나 조각상이 워낙 많아서 우리에게도 매우 친숙한 신화이다.

〈목동에게 발견되는 쌍둥이 형제〉, 페테르 파울 루벤스, 1616

루벤스의 이 그림은 늑대의 젖을 먹고 살아난 쌍둥이 로물루스와 레무스가 양치기 목동에게 발견되는 장면을 그리고 있다. 왼쪽에는 쌍둥이의 부모인 군신 마르스와 레아 실비아의 모습도 보인다. 이는 로마의 건국자인 로물루스 레무스 형제와 관련된 신화를 그린 것이다. 쌍둥이 형제는 베르길리우스의 신화에 나오는 주인공 아이네이아스보다 약 300여 년 이후에 나오는 인물들이다.

이 신화는 아이네이아스가 죽은 뒤 약 300여 년이 지난 어느 날, 즉 아이네이아스의 15대 후손까지 흘러간다. 당시는 누미토르 왕이 다스리던 시절인데 왕의 동생 아물리우스에 의해 반란이 일어난다. 권력을 찬탈한 아물리우스는 형 누미토르를 가두고 그의 아들들을 모두 죽인 뒤, 딸인 레아 실비아는 평생을 독신으로 살아야 하는 여사제로 만들었다. 그러던 어느 날 실비아가 강가에서 잠든 사이에 군신 마르스가 그녀의 아름다움에 한눈에 반한다. 하늘에서 내려온 마르스는 그녀와 사랑을 나누고, 이렇게 해서 쌍둥이 아들이 태어났으며, 그 쌍둥이에게 로물루스와 레무스라는 이름을 지어주었던 것이다.

이 소식을 들은 아물리우스는 실비아를 가두고, 쌍둥이는 바구니에 담아 테베레강에 버렸다. 쌍둥이가 담긴 바구니는 강을 떠내려가다 갈대 숲에 걸리고, 때마침 근처를 지나던 늑대가 쌍둥이 아기에게 젖을 물려 구해주게 된다. 그러던 어느 날 목동이 늑대의 젖을 먹고 있는 아기들을 발견해서 자기 집으로 데려오는데 앞의 그림이 바로 그 장면을 그린 것이다.

로물루스와 레무스는 목동의 아들로 성장하고 주변 사람들을 통해 자신들의 출생의 비밀도 알게 된다. 쌍둥이들은 왕위에서 밀려난 할아버지 누미토르를 만나고 이어서 아물리우스를 죽이고 누미토르에게 왕위를 되찾아주었다.

문제는 이제부터인데, 그 뒤 이들은 자신들을 따르는 무리와 함께 7개의 언덕이 있는 지금의 로마에 정착해 새로운 도시를 세웠다. 그러나 하나의 권력을 놓고 누가 왕이 될 것인지를 결정하기가 어려웠고, 이 때문에 형제 사이에 갈등이 싹튼다. 결국 형제는 분할통치를 결정, 형 로물루스는 지금의 팔라티노 언덕에, 동생 레무스는 아벤티노 언덕에 각각 정착해서 다스리기로 결정했다. 팔라티노 언덕에 자리잡은 로물루스는 황소에 쟁기를 끼워 사각형 모양의 땅을 파서 담을 세우고 신성한 곳으로 여겼다. 그러나 서로의 영토를 나눈 경계였던 도랑과 담을 레무스가 무시하고 뛰어넘은 것으로 인해 자신의 신성성을 부정당한 로물루스는 자신의 영토와 권리가 침해당했다고 생각하고 쌍둥이 동생 레무스를 죽이고 유일한 통치자가 된다.

형제간의 피비린내 나는 혈투에 의해 생겨난 이 새로운 나라는 로물루스의 이름을 따서 지금의 로마라는 이름이 붙었다. 로마 신화에서는 이때를 BC 753년으로 기록하고 있다. 후대 역사가들은 로물루스가 판 경계선을 '로마 콰드라타(Roma Quadrata)'라고 불렀고, 이는 '사각형의 로마'라는 의미다.

이탈리아에 거주하는 후대인들은 라틴어로 '암컷 늑대'를 뜻하는 '루파'라는 단어에서 따온 '루페르칼리아'라는 축제를 해마다 열어 기념해왔는데, 이 축제는 지금도 매년 2월 15일 로마에서 성대하게 열리고 있다. 루페르칼리아는 늑대가 젖을 먹여 로물루스와 레무스를 키웠다고 전해지는 산속 동굴의 이름이다.

5) 우리나라의 대표적인 건국신화, 단군신화(BC 2333)

그리스에는 제우스 신화, 로마에는 늑대와 쌍둥이 신화가 있다면 우리나라에는 단군신화가 있다. 그리스와 로마의 건국신화만큼 유명한 우리나라의 대표적인 건국신화라고 한다면 단군신화가 첫손에 꼽힐 것이다. 하늘에서 내려온 신의 아들과 깊은 숲속에 살던 호랑이와 곰의 만남, 그리고 쑥과 마늘 등, 한국인이라면 어린 시절부터 단군신화를 많이 접하면서 성장했을 것이다. 단군신화는 역사적으로 보면 한반도에 세워진 첫 번째 국가라고 할 수 있었던 고조선의 건국신화이기도 하다.

고조선의 단군신화

단군왕검에 얽힌 고조선의 건국신화로 하늘에서 내려온 하늘의 신인 환인의 아들 환웅과 곰이 인간으로 변해서 된 여인 웅녀 사이에서 아들이 태어나는데 그 이름이 바로 단군이었다. 단군은 BC 2300년경 지금의 평양성에 해당하는 지역을 중심으로 한반도에 최초의 민족국가로 볼 수 있는 고조선을 건국하고 홍익인간의 이념을 내세웠는데, 이것이 바로 우리나라 역사의 시작이다. 신의 아들과 곰에서 비롯된 여인에게서 태어난 단군은 고조선을 약 1,500년가량 통치했고 구월산 아사달산의 산신으로 인정받는다.

단군신화를 통해 엿볼 수 있는 고조선이라는 나라는 제정일치 사회였고 농경생활을 하던 부족연맹체였으며, 특이하게도 그 옛날에 사유재산을 인정하던 계급제 사회였다. 단군신화에 대한 최초의 기록은 일연이 지은 『삼국유사』[9]이며, 그 외에『세종실록』지리지,『동국여지승람』등에도 이 이야기가 기록되었다.

『삼국유사』는 이 건국신화를 이렇게 기록하고 있다. "옛날, 하느님인 환인의 아들 환웅이 인간 세상을 다스리기를 원하였다. 그러자 아버지는 아들의 뜻을 알고서 인간 세상을 내려다보니 삼위태백이 인간을 널리 이롭게 하기(홍익인간)에 적합한 곳으로 여겨지므로, 아들 환웅에게 세 개의 천부인[10]을

---

9 『삼국유사』: 고려의 승려 일연(一然)이 쓴 책으로 단군신화를 기록한 우리나라의 역사 기록 중 가장 오래된 사서다. 고려시대의 정사(正史)인 김부식의『삼국사기』에는 단군신화에 대한 기록이 전혀 없다. 그 이유는 다분히 신화적인 이야기를 정사에 기록하기 원하지 않았기 때문이었다. 그래서 일연의『삼국유사』가 단군신화에 관한 가장 오래된 저서로 남아 있는 것이다.

10 천부인(天符印): '천부삼인'이라고도 했는데 단군신화에 등장하는 신물(神物)로서 인

주며 인간 세상에 내려가서 다스리게 하였다. 그러자 환웅이 풍백(風伯), 우사(雨師), 운사(雲師)를 비롯한 삼천 명의 수하를 이끌고 태백산(지금 북한에 있는 묘향산) 정상의 신단수 아래로 내려와 그곳을 신이 다스리고 거하는 도시라는 의미로 '신시(神市)'라고 일컬으며 다스렸다. 그는 곡식, 생명, 질병, 형벌, 선악 등 360여 가지 일을 맡아 인간 세상을 다스렸다. 그때 같은 굴에 살던 곰과 호랑이가 환웅에게 인간이 되게 해달라고 간청하였다."

곰과 호랑이의 간절한 간청을 들은 환웅은 이들 동물들에게 쑥 한 자루와 마늘 20쪽을 주면서 그것을 먹고 100일간 햇빛을 보지 않고 깊은 동굴에 있으면 사람이 될 수 있다고 하였다. 곰은 시키는 대로 하여 삼칠일 만에 아름다운 여자로 변하였으나, 호랑이는 참지 못하고 뛰쳐나가 사람이 되지 못하였다.

곰에서 여인이 된 웅녀의 기쁨도 잠시, 그녀에게는 혼인할 남자가 없었다. 당시 인간 세상에는 그녀와 결혼할 남자가 아직 없었기 때문이었다. 웅녀는 매일 신단수 아래에 와서 아이 갖기를 기원하는 기도를 지극정성으로 드렸고 그런 기도를 들은 환웅은 잠시 인간으로 변해 웅녀와 혼인하였다. 그후 웅녀가 그토록 바라던 아들을 잉태해서 낳았는데, 그가 바로 고조선을 건국한 단군왕검이다. 이런 건국신화에 의거해서 지금도 10월 3일 개천절(開天節)[11]을 지키고 있는 것이다.

간세상을 다스리는 데 필요한 세 가지 물건을 말한다. 천부인은 하늘의 신 환인이 세상으로 내려가는 아들 환웅에게 준 것으로, 청동단검, 청동거울, 그리고 옥(玉)과 같은 상징물일 것이라고 짐작한다. 그러나 이에 대한 반론으로 천부인을 글자 그대로 해석해서 세 개의 특별한 권위를 가진 도장, 즉 옥새라고 보는 해석도 있다.

11 개천절(開天節) : 글자 그대로 보면 하늘이 처음 열린 날이라는 뜻으로, 단군기원 원년 음력 10월 3일로 하늘에서 환웅이 처음으로 하늘을 열고 지상으로 내려와서 우리나라를 세운 날이다. 또한 이날은 BC 2333년 우리나라 최초의 민족국가인 고조선이 세워진 날이기도 하다. 대한민국 임시정부는 이날을 국경일로 지정해서 일제강점기 시절에 민족의식을 고취시키게 된다.

재미있는 것은 건국신화의 내용이 시대마다 조금씩 달라질 수 있다는 것이다. 이 말은 다시 말하면 우리가 건국신화를 볼 때 그 신화가 기록으로 정착된 시기가 언제였는지를 생각하면서 볼 필요가 있다는 것이다. 예컨대, 단군신화의 경우 각각의 전승은 기록 당시의 시대적 상황과 시대적 인식이 그대로 반영되어 있는데, 예를 들어 유학자들이 집권한 조선시대에는 한반도의 시초인 고조선을 만든 단군의 부모가 신 또는 동물인 곰이 여인으로 변했다는 황당한 이야기는 수용될 수가 없었다. 특히 체면을 중시하던 양반이라고 불린 사람들이 지배하던 조선이었기에 단군왕검의 모친이 원래는 미물인 곰이었다는 것은 당연히 받아들이기 싫었을 것이다. 그래서 조선의 사대부들과 양반들이 택한 방법은 단군이 동물인 곰과 관련 있는 것이 아닌 아예 단군이 직접 하늘에서 내려온 것으로 신화의 내용을 약간 변형시키는 것이었다.

앞에서 언급했던 로마의 두 가지 건국신화, 즉 트로이 유민이었던 아이네이아스 신화와 늑대 젖을 먹는 쌍둥이 형제를 생각하면 이해가 쉬울 것이다. 로마와 이탈리아라는 한 나라에 두 가지 성격이 다른 건국신화가 있는 것은 로마의 유연한 정치적 상황과 관련 있다고 했던 것처럼 말이다. 로마가 위대한 헬레니즘 문화의 계승자임을 주장하고 싶을 때는 트로이 유민인 아이네이아스 신화가 각광받고, 로마의 독자성을 주장할 때는 쌍둥이 형제 신화가 각광받는 것처럼, 우리나라의 건국신화인 단군신화도 시대에 따라 조금씩 다른 모습으로 계승되었던 것이다.

한반도의 첫 번째 민족국가였던 고조선의 시작을 알리는 단군신화 말고도 알에서 태어나 고구려를 건국하는 주몽신화도 있고, 『삼국사기』 『삼국유사』 등에 수록되어 있는 신라의 건국시조 박혁거세 신화 등도 유명하다. 박혁거세 역시 고구려의 주몽처럼 신비한 알에서 나왔는데, 알의 모양이 박처럼 생겼다고 해서 '박'씨로 불렀고, 세상을 밝힌다는 뜻으로 '혁거세'라는 이름으로 불렸다.

그 외에 특이하게도 지렁이의 아들로 태어나서 후백제를 건국하는 견훤 신화(설화)도 있는데 이 신화도 역시 일연의 『삼국유사』에 서술되어 있다. 사실 견훤(재위 900~936)은 격동의 후삼국 시대에 활동했던 영웅이자 신라의 장군으로 완산주(현. 전주)에서 세력을 키웠던 사람이었다. 비록 정치적인 내분으로 인해 2대째 만에 왕건의 고려에게 멸망했지만, 역사적인 인물임에도 불구하고 견훤의 아버지가 지렁이로 등장했다는 점이 특이하다.

학자들 사이에는 왜 하필이면 견훤의 아버지를 지렁이로 표현했을까에 대한 여러 이야기가 있다. 아마도 견훤이 후삼국 통일에 실패하고 몰락했기에 당시 신비한 동물이었던 용과 비슷하지만 훨씬 능력과 급이 떨어지는 지렁이로 표현했을 것으로 보고 있다. 만약 견훤이 후삼국을 통일했더라면 아마도 그의 아버지는 지렁이가 아닌 용으로 서술됐을 수도 있었을 것이다.

신화, 그중에서도 한 나라의 건국신화는 이처럼 서양이나 우리나라나 마찬가지로 일반 시민들과 백성들에게 최대한 신비롭고 특별하게 보이길 원해서 그런지 대부분 신의 아들로 묘사하고, 또한 출생의 비밀도 동물이나 알과 관련 있다는 것이 흥미롭다. 게다가 특정 시대와 정치적 상황에 따라 얼마든지 신화의 내용이 변할 수도 있었다는 것 또한 재미있는 사실이다.

사실 단군신화는 고조선의 한 종족신화였던 것이 대몽항쟁(對蒙抗爭) 등 전쟁을 앞두고 우리 민족의 단합이 절실히 필요했던 시대를 지나면서 윤색되고, 더 나아가 우리민족의 시조로 받들어지게 된 면이 있다고 보는 시각도 있다. 이런 이유로 인해 종교계를 비롯한 일부에서는 단군신화 자체를 인정하지 않으려는 경향이 있는 것도 사실이다. 그러나 단군신화가 역사적 사실로 받아들이기에 조금 무리가 있긴 하지만 고조선의 건국이 우리나라 역사에서 가장 먼저 시작된 민족국가였음을 인정한다면 어느 정도 용인할 수 있는 부분이 있다 하겠다.

02

포에니전쟁 vs 고조선의 몰락

BC 264~146년 　　　　　 BC 108년

　단군신화에 근거한다면 고조선은 BC 2333년부터 BC 108년까지 이어졌던 우리나라 역사상 최초의 민족국가였다. 그렇다면 이 기간 서양 역사에서는 어떠한 굵직한 사건들이 벌어졌을까? 위에 언급한 유명한 서양사의 사건들이 있었지만 그중에서도 고조선의 멸망 시기와 가장 근접했던 굵직한 사건은 로마제국과 카르타고와의 3차 포에니전쟁을 통해 고대 서양사 최고의 명장 중 한 명이었던 한니발이 몰락하면서 카르타고가 멸망한 사건일 것이다. 이때가 BC 146년이었고, 이때로부터 38년이 지나서 고조선도 내부의 갈등과 알력으로 인해 멸망하게 된다.

1) 로마가 만든 신병기와 1차 포에니전쟁(BC 264~146)의 승리

　BC 272년, 이탈리아반도를 통일한 도시국가 로마는 지중해의 패권국가로 서기 위해 노력하고 있었고, 특히 로마를 중심으로 남방정책을 추진하고 있었다. 그러나 이탈리아반도 서쪽 지중해를 지나면 나오는 북아프리카에는 이미 해양 강대국의 지위를 확립하고 북방정책을 추진하고 있던 카르타고 (현재의 튀니지)라는 나라가 버티고 있었다. 즉 떠오르는 강국인 로마는 특히 시칠리아섬을 중심으로 남쪽으로 영향력을 확대하는 중이었고, 기존의 강대국이었던 카르타고는 역시 시칠리아를 중심으로 북쪽으로 영향력을 확대하려 했기 때문에 두 나라가 한판 대결을 벌이는 것은 시간문제였다.

당시의 국제질서로 볼 때, 기존의 강대국인 북아프리카의 카르타고와 떠오르는 유럽의 신흥강국이었던 로마는 지중해라는 공통의 무대를 놓고 필연적으로 충돌할 수밖에 없었다. 결국 두 나라는 약 100여 년에 걸쳐 3차례의 전쟁을 하게 됐는데 이를 후대 역사는 포에니전쟁이라고 불렀다. 로마가 카르타고 사람들을 포에니인(페니키아인)이라고 불렀던 데서 그런 이름이 붙었던 것이다.

이 포에니전쟁을 한마디로 규정하면 지중해 패권을 놓고 벌인 전쟁으로 프랑스와 영국의 백년전쟁에 버금가는 고대의 백년전쟁(실제로는 약 130여 년) 이었다. 또한 포에니전쟁은 인류 역사상 처음으로 대륙국가와 해양국가가 국력을 총동원해서 정면으로 충돌했던 최초의 전쟁이었다.

비록 지중해의 패권을 놓고 벌인 3차례의 전쟁이었지만 성격은 모두 달라서, 1차 포에니전쟁(BC 264~BC 241) 때는 로마가 카르타고를 물리치고 시칠리아섬을 속주로 삼아 지중해 진출의 교두보를 마련했다. 당시 시칠리아는 카르타고가 지배하고 있었는데 남방정책을 추진하던 로마가 시칠리아섬으로 세력 확대를 꾀하면서 결국 이 섬의 지배권을 놓고 두 나라가 충돌했던 것이다. 그래서 1차 포에니전쟁을 시칠리아전쟁이라고 부르기도 한다.

카르타고는 BC 3세기 무렵 시리아 지방 출신의 페니키아인(포에니인)들이 북아프리카의 튀니지에 건설했던 식민도시로 지중해의 제해권을 장악하고 왕성한 무역활동을 펼치고 있었다. 또한 카르타고는 더 많은 해상무역로 확보를 위해서 시칠리아섬은 물론이고, 코르시카섬과 사르데냐섬까지 지배하고 있었다. 이처럼 지중해의 최강자로 군림하고 있던 카르타고가 농경민족인 도시국가 로마에게 의외의 패배를 당한 뒤 막대한 전쟁 배상금과 함께 시칠리아섬을 내줘야 하는 상황에 몰리게 된 것이다.

결론적으로 이 전쟁에서 승리한 덕분에 지금의 시칠리아섬이 이탈리아 영토가 될 수 있었고, 도시국가였던 로마가 해양 강대국이었던 카르타고를 물리친 것에서 1차 포에니전쟁의 의미를 찾을 수 있다. 그렇다면 전통적으로 해군보다는 육군인 보병이 강했던 로마는 어떻게 해군력이 강했던 카르타고를 물리칠 수 있었을까? 이 의문에 대한 대답이 바로 신무기의 등장이었고, 이 신무기 덕분에 1차 포에니전쟁을 승리로 이끌게 된 것이다.

로마가 개발한 이 신무기는 코르부스(Corbus, 까마귀)라고 하는 것인데, 쉽게 말하면 상대방 배로 건너가기 위해서 고안해낸 일종의 튼튼한 도개교(跳開橋)였다. 길이 약 12미터에 폭 1.5미터 정도의 널빤지로 만든 코르부스를 로마군의 배 돛에 설치했다가 도르래를 이용해서 상대방 배에 떨어뜨린 것이다. 맨 앞에는 송곳 역할을 하는 갈고리가 달려 있었는데 이 장치는 높이 약 0.65미터였다. 까마귀의 날카로운 부리 모양을 한 이 갈고리가 한번 갑판에 박히면 쉽게 뽑을 수가 없었다. 신무기라기엔 좀 약하지만 이 코르부스 덕분에 강한 로마의 보병들이 빛을 볼 수 있었다.

사실 로마군의 강점은 해군이 아닌 중장비로 무장한 보병에 있었는데 로마의 최강 보병도 바다에서는 별다른 힘을 쓰지 못했다. 그 이유는 일단 로마가 만든 배와 카르타고가 만든 배의 성능에서 많은 차이가 났고, 해전에서의 싸움 기술도 용병으로 구성된 카르타고군이 훨씬 앞섰기 때문이었다. 그래서 로마는 보병을 살리기 위한 발상의 전환 끝에 코르부스를 만들었던 것이다. 이렇게 만든 나무다리로 로마군의 배와 카르타고군의 배가 서로 연결되도록 해서 상대 배에 손쉽게 올라탈 수 있었던 것이다.

일단 상대방의 배에 올라타기만 하면 그 다음은 육지에서 싸우는 것과 별반 다르지 않았다. 육지에서든 배 위에서든 한 장소에 모여서 싸우는 것이야말로 로마군의 특기였기 때문에 로마군의 입장에서는 모든 방법을 동원해서 상대방 배에 올라탈 수 있어야 했다. 상대방 배에 올라타기만 하면 그다음은 강력한 보병군단인 로마육군이 나서서 전투를 승리로 가져올 수 있었던 것이다. 그러므로 코르부스야말로 로마군이 가진 강점인 육박전을 십분 활용하기 위한 신병기였고, 이 신병기 덕분에 1차 포에니전쟁에서 예상을 뒤엎고 도시국가인 로마가 전통적인 해양강국인 카르타고에 승리를 거둘 수 있었던 것이다.

2) 2차 포에니전쟁 : 알프스 산맥을 넘은 한니발의 코끼리 부대

시칠리아의 지배권을 두고 벌어졌던 1차 포에니전쟁에서 로마의 신병기 코르부스로 인해 자신들이 강하다고 자부했던 바다에서 뜻밖의 패배를 당한 카르타고는 설욕을 다짐한다.

1차 전쟁에서의 패배를 만회하기 위해 오랜 기간 절치부심했던 카르타고는 로마의 동맹도시들을 침략하면서 제2차 포에니전쟁(BC 219~BC 201)을 일으켰다. 이번에는 카르타고가 자랑하는 고대 최강의 장군인 한니발을 27세의 어린 나이임에도 불구하고 총사령관으로 직접 최선봉에 세우게 된다. 한니발 장군은 카르타고가 멸망한 뒤에도 로마 역사상 가장 강한 적이었다고 로마 역사에 전해진다.

카르타고가 해군을 이용해서 이탈리아 본토에 상륙할 것에 대비한 로마의 작전이 수립되었는데 한니발은 이를 역이용, 중무장한 부대를 이끌고 눈이 쌓인 알프스 산맥을 넘어 북쪽으로부터 공격하는, 역사상 그 누구도 해보지 않은 전략을 수립한다. 당시 한니발은 이탈리아를 공격하기 위해 보병 9만 명과 기병 1만 2,000명, 그리고 전투용 코끼리 40마리로 만든 부대를 이끌고 알프스를 넘었다. 비록 때는 9월이었지만, 이미 알프스산맥은 만년설로 덮여 있던 시기였다. 한겨울에 눈보라가 심하게 치는 알프스산맥을 중무장한 군사들과 추위에 약한 열대동물 코끼리가 넘는다는 것은 거의 불가능에 가까운 일이었다. 특히 카르타고 군대가 이끌고 간 전투용 코끼리가 아무리 훈련받은, 전투에 특화된 동물이라고 할지라도 문제는 코끼리가 추위에 약한 동물이라는 것이었다. 게다가 바다를 이용해서 배를 타고 로마로 가면 약 100킬로미터 정도면 됐지만, 한니발의 작전대로 지금의 스페인과 프랑스를 거쳐서 로마까지 가는 길은 약 3천 킬로미터에 육박하는 대장정이었다.

당시 이처럼 무모해 보이는 작전은 한니발을 제외한 대부분의 부하들의 반대와 반발을 불러왔다고 한다. 수많은 부하들의 반대에 대해 한니발은 "길을 찾을 수 없다면 길을 만들면 된다."는 명언을 남기고 결국 눈보라 치는 알프스산맥을 군사들과 올랐다고 한다. 그러나 이탈리아 본토에 도착하기도 전에 눈 쌓인 알프스 산맥을 넘다가 수많은 군사들이 동사하고, 아사하고, 일부는 탈영까지 해서 6개월 후 이탈리아에 도착했을 때는 약 2만의 군사들만 남았을 정도였다. 카르타고를 출발할 당시는 10만 명이 넘는 대부대였는데, 4분의 1도 안 되는 병력만이 추위에 지치고 허기로 탈진한 채로 북부 이탈리아 평원에 도착했던 것이다. 이처럼 최악의 상황에서도 알프스를 넘고 결국 이탈리아를 15년 가까이 유린했던 한니발의 도전과 행군 그리고 승리는 그래서 인류의 전쟁사 가운데서도 가장 뛰어난 업적 가운데 하나로 기록되었다.

"Hannibal ad portas(한니발 애드 포르타스, 한니발이 문 밖에 와 있다)", 이 말은 어린아이가 계속 울면 로마의 어머니들이 아이의 울음을 멈추게 하기 위해 했던 말이라고 한다. 로마 사람들이 얼마나 한니발을 두려운 존재로 여겼는지를 잘 알 수 있는 표현이다. 알프스산맥을 넘어 이탈리아로 들어온 한니발은 연전연승하면서 무려 15년 가까이 이탈리아를 공포로 몰아넣었고, 게다가 한니발 때문에 로마가 역사에서 거의 사라질 위기까지 몰렸으니 로마 사람들에게 한니발은 공포의 대명사일 수밖에 없었다.

한니발을 숭배했던 나폴레옹은 그에 대해서 "세상에서 가장 위대한 이 사나이는 약관의 나이에 아무도 생각하지 못한 것을 생각해냈다. 아무도 넘을 수 없을 것이라 여겼던 피레네산맥과 알프스산맥을 넘어 이탈리아로 내려가 15년간이나 지배했으며, 공포에 떠는 로마를 여러 번 공격했다."라고 극찬하기도 했다. 아마도 훗날 한니발과 마찬가지로 알프스산맥을 넘어 이탈리아를 침공했던 나폴레옹은 분명히 한니발에게서 크게 영향을 받았을 것이다.

명성대로 한니발은 최고의 명장이어서 알프스산맥을 넘어 이탈리아 본토로 들어간 그는 연승을 거두면서 칸나에 평원을 거쳐 로마를 압박한다. 그리고 BC 216년, 드디어 고대 전쟁사에 길이 남는 명전투를 벌였는데 이것이 바로 그 유명한 칸나에 전투[1]였다. 로마 남쪽 칸나에 평원에서 벌어진 이 전투에서 카르타고군은 로마의 절반이 좀 넘는 적은 인원으로 당시 약 8만에 육박한 로마 최정예 보병군단과 기병들을 거의 다 전멸시켰다. 이 전투는 미국 육군사관학교 교본에도 나오는 전투의 정석으로 알려졌다. 2,000년이 지난 지금도 칸나에 전투에서 보여준 한니발의 작전과 지략은 세계 여러 나라에서 군사적 연구 대상으로 삼고 있고, 그의 고국인 튀니지에서는 5디나르 지폐에 한니발의 초상을 새겨서 자신들의 영웅을 기리고 있을 정도다.

---

1 칸나에 전투(Battle of Cannae) : 전쟁 역사상 가장 유명한 포위섬멸전이다. BC 216년, 이탈리아의 칸나에 평원에서 8만의 로마 정예군과 한니발의 카르타고군 5만 사이에 벌어진 이 전투로 카르타고의 영웅 한니발의 명성을 전 세계에 각인시켰다. 한니발은 수적으로 우세한 로마군 보병을 상대로 정면대결 대신 '초승달 전법'이라는 새로운 작전을 구사했다. 양쪽에서 포위진을 형성한 카르타고 군사들은 수적 열세에도 불구하고 압도적인 승리를 거두었다. 이 전투의 대패로 인해 로마의 운명이 풍전등화의 상태에 놓이게 되었다.

3) 한니발의 초승달 대형

한니발은 어떻게, 어떤 전략과 전술로 싸웠기에 거의 2배나 많던 로마군대에게 로마 역사상 최악의 대패를 가져다 줄 수 있었을까? BC 216년, 7월 30일 드디어 넓고 넓은 평지인 칸나에 평원에 로마의 최정예 군사 8만 이상과 한니발 부대 4~5만 명이 서로 마주 보고 진을 짰다.

당시 한니발의 군대는 아프리카 용병, 스페인 용병, 갈리아 용병, 누미디아 용병 등으로 구성된 일명 다국적군으로, 군대의 중앙은 갈리아 용병, 양 끝은 아프리카 용병들이 맡고 있었으며 한니발의 비장의 무기인 기병은 좌측과 우측 끝에 따로 진을 치고 있었다. 한니발은 바로 이 기병부대를 가지고 전투를 승리로 이끌려는 계획이었고, 실제 전투가 벌어졌을 때도 이 기병의 활약덕분에 로마군에게 대승을 거둘 수 있었다.

고대 당시의 전투는 서로 마주 보고 있던 양 진영의 군사들이 서로 정면 충돌해서 상대방 진영의 중앙을 무너뜨리고 적을 섬멸하는 것이 보편적인 전략이었다. 그래서 대부분의 장수들은 자신의 진영의 중앙에는 가장 강한 군사들을 배치하는 게 상식이었다. 진영의 중앙이 무너지면 순식간에 진영 전체가 아수라장으로 변하기에 중앙을 잘 지키는 것이 매우 중요했다.

그러나 한니발은 칸나에 전투에서 보병이 강하기로 유명한 로마군을 상대로 해서 이런 기존의 상식과는 정면으로 배치되는 특이한 진영을 구축했다. 한니발은 자신의 진영 중앙에 가장 강한 군사들을 배치하지 않았고 오히려 가장 강한 용병들을 진영의 양 끝에 배치하는 전략을 썼는데 이것은 당시로서는 매우 특이하고도 위험천만한 작전이었다. 왜 한니발은 이런 무모해 보이는 작전을 택했을까?

명장 한니발이 이런 비상식적인 진영을 구축했던 이유는 바로 자신이 구상한 초승달 대형과 기병을 믿었기 때문이었다. 초승달 대형은 말 그대로 군사들의 진영을 초승달 모양으로 구축하는 것이었는데, 진영의 중앙이 조금

튀어나온 모양이었다. 앞으로 튀어나온 중앙에 약한 군대를 배치하고 약간 뒤로 물러난 왼쪽과 오른쪽에 강한 군대를 배치해서 마치 초승달 모양으로 보이도록 진영을 구축한 것이다.

한니발이 이런 전략을 구상한 것은 강력한 로마 보병이 한니발 군대의 중앙으로 밀고 들어오면 의도적으로 밀려주면서 자신의 진영 깊숙이 유인하기 위한 작전이었다. 그렇게 유인한 로마 군인들을 중앙에 가둬놓고 앞에는 갈리아 보병이 양옆에는 긴 창을 가진 리비아 용병들이 그리고 뒤에서는 누미디아 기병들이 포위해서 역공을 가하기 위함이었다. 결국 한니발의 작전에 빠진 로마 보병들은 순식간에 4군데의 적군을 맞아 싸워야 하는 신세가 됐고, 이런 결과로 인해 로마군의 철옹성 같던 보병들의 대열이 무너지면서 혼비백산하게 됐다. 긴박한 전투에서 한번 무너진 대열은 다시 회복하기 불가능하고 시간이 지날수록 공포감과 혼란함으로 인해 자중지란에 빠질 수밖에 없었을 것이다.

불과 4시간이라는 짧은 시간 동안 벌어진 칸나에 전투에서 한니발 군사들은 약 6천 명 정도가 죽은 반면, 로마군은 약 10배가 넘는 인원들이 거의 몰살을 당하면서 고대 전투 중, 하루에 죽은 군인들의 숫자가 가장 많은 전투로 기록됐다. 그러니 이 전투가 로마 입장에서는 역사상 최악의 대패이자 가장 치욕스런 전투가 될 수밖에 없는 것이다.

당시 로마 군대를 지휘했던 최고 사령관이자 집정관은 바로와 파울루스였는데, 바로는 간신히 목숨을 부지해서 초승달 대형에서 극적으로 탈출했지만, 파울루스는 빠져나오지 못하고 한니발 군사의 긴 창에 찔려 죽게 된다.

당시 한니발 군대의 초승달 대형에 갇힌 로마군의 공포감이 얼마나 컸고, 그 피해가 얼마나 막대했는지를 역사가 리비우스는 이렇게 묘사했다.

너무도 많은 로마군이 계속 살해당하고 있었다. 간신히 죽음을 면한 부상자들은 산더미처럼 쌓인 로마군 동료들의 시체를 목격하고 모두들 공포에 떨고 있었다. 로마군 전사자들 중 몇몇은 특이하게도 자신의 머리를 땅에 묻고 죽은 채로 발견되었는데 아마도 극도의 공포심을 이기지 못하고 스스로 죽음을 택하기 위해 땅을 파고 자신의 머리를 묻은 것처럼 보였다.

초승달 대형에 갇혀서 사방에서 날아오는 한니발 군사들의 칼과 창을 온몸으로 받으며 죽은 로마군들 입장에서는 이미 대등한 전투가 아니었고 일방적인 학살에 가까웠을 것이다. 그날 칸나에 전투에 참전한 로마군의 숫자가 약 7~8만 명인데 초승달 대형에 갇혀서 죽은 로마군의 숫자가 거의 6만 명 정도라고 하니 그날의 피해가 얼마나 극심했을지 짐작할 수 있다. 그러니 로마 역사에서 가장 치욕적이고 치명적인 대패였다는 말이 나오는 것이다.

결론적으로 제2차 포에니전쟁 중 카르타고의 한니발이 이끄는 카르타고군과 로마군이 맞섰던 칸나에 전투에서 로마군은 거의 전멸에 가까운 대패를 경험한다. 한니발은 이후 약 15년 가까이 이탈리아를 초토화시키고 유린하며 로마를 역사에서 거의 사라지게 만들기 일보 직전까지 갔었다.

4) 로마와 카르타고의 운명을 가른 최후의 3차 포에니전쟁

로마 역사상 최악의 대패를 경험하고 몰락 직전까지 갔던 로마는 원로원회의를 소집, 약관 20대의 젊은 장수 스키피오[2]에게 한니발의 본국인 카르타

---

2 스키피오 아프리카누스(Scipio Africanus) : 로마의 위대한 장군이자 정치가. '영웅 한니발을 이기고 로마를 세계의 제국으로 키워낸 남자'. 로마 역사상 최초로 자신이 정복한 지역의 지명을 따서 이름을 만들 수 있었던 장본인으로 아프리카의 정복자라는 의미에서 아프리카누스란 별명이 붙었다. 그가 역사의 무대에 화려하게 등장하게 된 계기와 시기는 제2차 포에니전쟁으로 당시 그의 나이는 약 24세 전후였다.

고를 직접 공격하는 작전을 짜게 한다.

눈 쌓인 알프스를 넘어서 로마를 공격한다는 다소 황당한 작전을 들고 카르타고를 떠난 한니발은 13년 만인 BC 203년 본국으로 돌아가서 카르타고를 지키는 입장에 서게 된다. 어쩌면 이때 이미 한니발의 운명은 결정되었는지도 모른다. 결국 그 다음 해인 BC 202년에 벌어진 자마 전투[3]에서 한니발은 스키피오가 중심이 된 로마군과 조국 카르타고의 배신으로 인해 전투에서도 패하고 쫓기는 신세가 된다. 이후에 결국 한니발은 지금의 터키 지역까지 도망 간 끝에 자살로 삶을 마감한다.

스키피오가 급거 귀국한 한니발과 운명을 건 대회전을 벌인 곳이 자마 평원이라 자마 전투라고 불린 이 전투는 결국 한니발의 전술을 역으로 이용한 스키피오의 승리로 끝났다. 이 자마 전투에서의 역전승으로 인해 사라져 가던 로마는 다시 일어서고, 한니발을 누른 로마의 젊은 장수 스키피오는 자신의 이름을 각인시키며 새로운 영웅으로 역사에 등장하게 된다.

로마는 2차례의 포에니전쟁을 통해 BC 201년 지중해 서부의 강대국 카르타고를 무너뜨렸다. 이어서 지중해 동부의 강대국들을 차례로 굴복시켰으며 BC 197년에 마케도니아, BC 190년에는 시리아까지 정복하며 명실상부한 지중해의 패권국가가 되게 된다.

이런 과정을 통해 지중해의 최고 지배자가 된 로마는 향후 50년 동안 자신들이 지배한 속주국가에 관용 정책을 베풀었다. 이런 관용과 포용 정책은

---

3 자마 전투(Battle of Zama) : BC 202년 10월 19일, 카르타고(현 아프리카 튀니지)에 있는 자마 평원에서 벌어진 이 전투로 카르타고와 로마의 운명이 바뀌었다. 제2차 포에니전쟁 개시 이후 한니발은 로마를 곤경에 빠뜨렸으나, 로마의 장군 스키피오 아프리카누스는 기병을 이끌고 카르타고 본국을 침공했다. 본국의 급전을 받은 한니발은 로마 공격을 중지하고 급거 귀국, 결전에 임했으나 스키피오의 전술에 말려 대패하면서 전쟁은 끝났고 16년을 끌어온 제2차 포에니전쟁은 로마군의 대승으로 막을 내린다. 이 전투의 패배로 인해 이프리카의 강자 카르타고는 쇠락과 멸망의 길로 가게 된다.

카르타고에도 해당되는 일이었는데 카르타고가 공공연하게 용병을 모집하여 새로운 전쟁을 준비하고 있다는 빌미를 잡아 BC 149년 제3차 포에니전쟁을 일으켰다.

제2차 포에니전쟁과 달리 카르타고 최고의 명장이었던 한니발이 사라진 카르타고는 무기력하고 힘없는 소국에 불과했다. 결국 BC 146년, 로마는 예상대로 손쉽게 카르타고를 함락시켰고 이어서 카르타고 땅을 가래로 평평하게 고른 다음 굵은 소금을 뿌려 '신들에게 저주받은 땅'으로 낙인찍어 역사에서 완전하게 사라지게 만들었다.

그런 의미에서 제3차 포에니전쟁(BC 149~146)은 지중해와 그리스 그리고 중동을 제패한 대제국 로마가 이미 3류 국가로 전락한 힘없는 국가인 카르타고를 완전히 역사 속으로 사라지게 만든 마지막 전쟁이었던 것이다. 이처럼 3차례에 걸친 포에니전쟁을 승리로 이끌게 되면서 로마는 지중해를 지배하는 명실상부한 최고국가로 부상하게 된다.

5) 고조선의 설립과 몰락(BC 108)

BC 8세기를 전후해서 청동기 문화를 가진 집단이 남만주 요동 일대를 중심으로 역사에 등장했는데, 이 집단이 점차 세력을 키우면서 조선이라고 불려진 것으로 보인다. 중국 춘추전국시대의 사실을 기록해놓은 『관자』에는 조선이 당시 중국의 제나라와 교역을 한 것으로 나와 있다. 이때의 조선이 바로 우리가 말하는 고조선인데 이런 고조선의 실체가 좀 더 확실해지는 것은 BC 4세기 무렵이다.

BC 4세기 후반 무렵, 고조선은 당시 중국인들이 고조선 사람들을 보고 "매우 용맹하고 사납다"고 평가할 정도까지 성장했다고 한다. 이 시기에 고조선은 요하를 국경선으로 해서 중국의 연나라와 대치할 만큼 영토가 넓어졌다.

그동안 여러 의견이 분분했던 고조선의 중심도시는 어디였을까? 학계에서 가장 유력한 학설은 고조선의 중심도시가 지금의 평양이라는 '평양설'[4]이었다. 평양설은 우리나라의 일부 학계와 일본 학계에서 주장했던 것으로 오랫동안 정설로 인정받았었다.

그러나 현재는 이 평양설에 대한 반박과 반론이 많이 등장하면서 지금은 중국 땅인 요하 상류, 요녕지방, 산동반도 부근, 그리고 만주지역 등을 중심도시로 주장하기도 한다. 이들의 주장 근거는 한반도 청동기 문화에서 주로 사용됐을 것으로 추정하는 도구인 비파형 동검[5]이 얼마나 많이 출토됐는가 하는 것이다. 평양에서도 비파형 동검이 출토됐지만 다른 지역에서 더 많이 출토됐다는 게 그 이유이다. 아쉬운 것은 현재까지는 고고학의 성과와 중국

---

4 평양설 : 고조선 중심지가 어디냐 하는 여러 논쟁으로 요동설과 평양설 그리고 이동설이 있다. 요동설은 조선시대 권람의 『응제시주』에서 낙랑을 평양이 아닌 압록강 북쪽이라고 보는 데서 시작된 주장으로 일제 시기에는 신채호, 정인보 등의 민족주의 사학자들의 연구로 이어졌다. 이후 북한학계가 1993년 단군릉을 발굴, 평양설로 주장을 바꾸기 전까지 북한 학계를 중심으로 지지를 받았다. 평양설은 일연이 『삼국유사』에서 단군왕검이 평양에 조선을 건국했다고 기록한 것에서 시작했다. 이후 조선 초기 정약용과 한치윤을 거쳐 일제 시기 이병도에 의해 정리되면서 평양설은 한국 학계의 통설로 자리를 굳혔다. 이동설은 요동설과 평양설의 단점을 보완한다는 의미에서 하나의 대안으로 등장한 가설로 BC 3세기 초, 연의 공격으로 고조선의 중심지가 요동에서 평양으로 이동했다는 것으로 나름의 설득력을 가지고 있었다.

5 비파형 동검 : 우리나라 고대사를 결정짓는 가장 중요한 유물로 빗살무늬 토기, 고인돌, 비파형 동검 등이 손꼽힌다. 이 중에서도 청동기 시대를 대표하는 청동 단검인 비파형 동검이 좀 더 중요한 위치를 차지한다. 비파형 동검은 검의 몸 아랫부분이 둥글게 배가 부른 비파 형태를 이루고 있어서 이런 이름이 붙었으며 조립식인 것이 특징이다. 지금까지 발굴된 비파형 동검의 대부분이 중국의 황하 문명과는 완전히 다른 고조선 강역과 일치한다. 이런 사실은 우리나라의 발달된 청동 기술이 중국에서 들어온 것이 아니라 오히려 우리나라가 중국에게 청동 기술을 전수했을 가능성이 높은 것을 의미한다.

측에서 나오는 문헌을 통해서 고조선의 성립 시기와 활동 시기, 그리고 활동 지역을 연구하는 단계에 머물러 있다는 사실이다.

당시 고조선 사람들의 사회상을 보면 '8조법'[6]이란 것이 있어서 이 법을 통해 사회를 유지했음을 짐작할 수

비파형 동검(전쟁박물관 소장)

있다. 그 8가지 조항 중 3가지만 전해지는데, 사람을 죽인 자는 즉시 죽인다, 남에게 상처를 입힌 자는 곡식으로 죄를 갚는다, 도둑질한 사람은 그 집의 노비로 쓴다, 단 노비를 면하고자 하면 50만의 돈으로 갚아야 한다는 것이다. 사람을 죽인 사람은 죽이는 제도는 원시 공동체 사회 이래 가장 보편적으로 행해졌던 처벌이라는 것을 알 수 있다. 또한 고조선에서 계급의 분화와 사유재산을 보호하는 제도가 행해졌음을 엿볼 수 있다.

고조선 사회에서 가장 불행한 사람들은 아마도 노비였을 것이다. 노비들은 주인을 위해 무한정의 노동력을 제공하는 것은 물론이고 죽어서도 주인을 따라야 했던 것으로 보인다. 바로 '순장'[7]이라는 제도였는데 주인이 죽으

---

6 8조법 : 고조선에서 중요하게 여겨졌던 8가지 법. 이 8조법을 통해서 법체계가 지금처럼 잘 갖춰진 시대는 아니었지만 비록 고대 국가일지라도 사회질서 유지를 위해서는 법이 필요했다는 것을 알 수 있다. 또한 고조선이 그 시대부터 특정인의 입맛이 아닌 법과 질서에 따라 백성들의 생명과 재산을 지키기 위해 노력했다는 것도 짐작할 수 있다.

7 순장(殉葬) : 한 집단의 최고지배층 인물이 사망했을 때 그 사람을 모시던 사람을 함께 묻는 매장법. 비인간적으로 보이는 순장법은 동양과 서양에서 쉽게 볼 수 있는 장례 풍습의 하나였다. 우리 역사에서는 BC 7세기 고조선 시대의 강상무덤과 누상무덤을 최초의 순장 무덤으로 보는 견해가 있다. 순장당하는 사람의 숫자는 1명에서 많으

면 그 주인을 모시던 노비도 함께 무덤에 묻는 야만적인 제도가 있었던 것이다. 최근까지 발굴되는 순장의 형태는 요동지역 고조선의 영토에서 많이 나오는데, 강상무덤, 누상무덤이라는 곳에서는 무려 1백여 구가 넘는 순장된 노비들의 유해가 발굴되기도 했다.

노비 외에도 고조선에는 수많은 평민들이 있었는데 이들은 비록 사유재산을 소유할 수 있는 신분적으로 자유로운 사람들이었지만 형벌이나 채무로 인해서 언제든지 노비로 떨어질 수 있었다. 즉 신분은 평민이었지만 노비에 가까운 이런 사람들이 많은 비중을 차지하면서 사회를 지탱했던 것이다.

이렇게 8조법을 기반으로 질서를 형성하며 오랜 기간 한반도 최초의 민족국가로 승승장구하던 고조선은 결국 외적의 침입과 특히 내부의 반발과 갈등으로 인해 몰락의 길을 걷게 된다.

BC 206년 중국 최초의 통일왕국이었던 진(秦)나라가 멸망한 후 중국은 여러 세력들의 각축장이 된다. 군웅할거 시대를 거치던 BC 202년 중국은 한(漢)나라에 의해 다시 통일을 맞게 되는데 이런 혼란을 틈타 위만(衛滿)이라는 사람이 부하 약 1천여 명을 데리고 고조선으로 탈출한다. 고조선 국경을 넘을 당시 위만은 머리에는 상투를 틀었고 복장은 고조선의 복장을 하고 있었

면 100여 명 이상이 매장당하기도 했고, 이들의 신분은 시녀, 농민, 호위무사 등 다양했다. 『삼국사기』에는 "신라에서는 국왕이 죽으면 남녀 각각 5명씩 순장하는 풍습이 있었다."고 기록하고 있기도 하다. 순장을 폐지하게 된 것은 종교적 영향으로 불교의 내세관은 사람이 죽으면 내세에 새롭게 다시 태어난다고 믿었기 때문이었다. 그래서 불교를 국교로 삼은 고려에서는 순장 무덤이 발굴되지 않고 있다. 이러한 종교적 이유 외에도 경제적 이유도 있었다. 죽은 사람을 따라 산 사람을 순장하면 그만큼 노동력이 사라지기 때문이다. 고려를 이은 조선에서도 공식적으로 순장 제도가 없었다. 그런데 조선에는 변형된 모습의 순장이 있었는데 우리에게도 잘 알려진 '과부재가금지법'이 그것이었다. 한마디로 남편을 잃은 부인들은 다시 시집을 가면 안 된다는 법이 일종의 순장과 같은 개념이었던 것이다. 남편이 죽은 후, 아직 죽지 않고 혼자가 된 부인을 일컫는 '미망인(未亡人)'이라는 말이 있는데, 이 말에는 부인은 남편이 죽으면 따라 죽어야 한다는 순장 풍습의 그림자가 남아 있다.

경북 고령군 지산동 44호분 발굴 당시의 모형(고령 대가야 왕릉전시관)

다고 알려졌는데, 이로 미루어 아마도 위만은 고조선인 계통의 연나라 사람이었을 것으로 추정한다. 당시 고조선의 왕이었던 준왕(準王)은 위만에게 관직과 함께 국경 부근의 토지를 하사할 정도로 도움을 주었다. 그러나 위만은 준왕에 대항해서 결국 BC 194년 준왕을 몰아내고 권력을 쟁취한다. 고조선의 국력이 본격적으로 강성해지게 된 시기는 위만의 손자인 우거(右渠)왕 시대로, 이때에 이르러 중국과 중간무역을 하면서 상당한 경제적 이득을 취하게 됐고 이걸 계기로 강대국 반열에 오르게 됐다. 점점 강한 힘을 갖기 시작하는 고조선을 가장 불편하게 보는 세력은 바로 중국의 한나라였다. 한나라는 특히 고조선이 흉노와 결탁해서 세력을 확장하고 자신들을 위협할 것을 염려했다. 결국 한무제(漢武帝)는 5만이 넘는 대군을 동원해서 1년이 넘는 기간 동안 여러 차례에 걸쳐 고조선을 공격하기에 이르렀다. 고조선은 한의 공격을 나름 잘 막아냈지만 오랜 기간 전쟁이 지속되자 문제는 오히려 고조선 권력층 내부에서 나오기 시작했다. 즉 권력층의 내부 갈등과 분열이 시작됐던 것이다.

일부 대신과 장수들을 비롯한 권력층이 계속 싸우기를 원하는 우거왕에 반대하면서 한과 친선강화를 주장하게 된 것이다. 그러나 반대파의 강화 주장이 묵살되자 결국 우거왕을 시해하기에 이르렀고 이러면서 고조선의 운명이 풍전등화에 놓이게 된다.

사실 고조선의 이러한 내부분열과 갈등은 어쩌면 이미 예고된 것일 수도 있었다. 그 이유는 고조선 지배계급의 갈등은 바로 고조선 토착민들 출신과 위만이 중국에서 데리고 온 계층 사이의 갈등이었기 때문이다. 즉 이 문제는 고조선이 안고 있던 근원적인 문제점이었던 것이다.

결국 고조선의 내부의 갈등과 알력으로 인해 오랜 세월 유지해오던 국가 체제의 몰락을 맞게 되었고, 고조선을 몰락시킨 한은 그 자리에 낙랑, 진번, 임둔, 현도 등 '한4군'[8]을 설치하고 권력을 완전히 장악했다. 그러나 한반도 안에 중국 세력이 세운 한4군이 영원할 수는 없었는데 고조선 유민들이 있었기 때문이었다. 고조선의 몰락을 막지 못해 떠돌이 유민이 된 옛날 고조선 세력의 반발로 인해 진번과 임둔군이 설치 20여 년 만에 폐지되었고, 현도군도 BC 75년, 서쪽 국경 부근으로 밀려났으며 끝까지 버티던 낙랑군도 서기 313년, 고구려에 흡수되면서 오랜 기간 한반도에 주둔했던 중국 세력은 완전히 밀려나게 됐다.

이와 관련하여 현행 국사 교과서에는 "고조선(위만 정권)이 멸망하자, 한은 고조선의 일부 지역에 군현을 설치하여 지배하고자 하였으나, 토착민의 강력한 반발에 부딪혔다. 그리하여 그 세력은 점차 약화되었고, 결국 고구려의 공격을 받아 소멸되었다(313)"고 간략히 적고 있다. 현행 국사 교과서가 이렇

---

8 한4군(漢四郡) : 고조선 시대에 한나라가 우리나라의 서북부지역에 설치한 낙랑(樂浪) · 임둔(臨屯) · 진번(眞蕃) · 현도(玄菟) 등의 4개의 군현. BC 108~107년, 전한(前漢)의 무제(武帝)가 위만조선(衛滿朝鮮)을 멸망시키고 그 고지(故地)에 설치한 4개의 행정구역이었다.

게 기술한 이유는 아마도 한4군의 실체에 대한 역사학계의 논란[9] 때문일 것이다.

---

9 역사학계의 논란 : 역사학계에서는 위만조선 때 임둔과 진번을 정복하였고 위만조선 후 한사군이 설치되었을 때 옛 임둔과 진번 지역에 옛 이름을 따서 임둔군, 진번군이라 정했다는 것이 정설이다. 즉 위만조선 시절의 임둔, 진번과 한사군 시절의 임둔, 진번은 같은 것으로 보는 것이다. 그러나 이런 임둔, 진번의 위치에 대해서는 역사학계에서도 다른 설이 있고, 특히 한4군 문제에 대해서는 식민주의 사학이니 민족주의 사학이니 해서 학계에서도 논란이 되고 있다. 그 외에도 임둔과 진번의 진짜 정체에 대해서도 학계에서는 논란이 있기도 하다.

03

카이사르의 갈리아 원정 vs 신라의 건국과 발전

BC 58년~51년   BC 57년

BC 1세기, 서양에서는 율리우스 카이사르의 갈리아 원정이 있었고 우리나라에서는 고조선이 몰락한 이후 삼국시대 중 가장 먼저 건국되어 발전하기 시작한 신라가 비슷한 시기에 등장했다. 카이사르는 갈리아 원정을 성공리에 완수하면서 로마 시민들에 의해 정치적 명성이 점차 높아가게 됐고, 이를 통해 로마제국의 1인자로 등극할 수 있었다.

삼국시대의 세 나라는 우리가 흔히 고구려, 백제, 신라로 말하곤 해서 신라가 가장 늦게 생긴 나라라고 생각하기 쉬운데 반대로 세 나라 중 신라가가장 먼저 한반도에 등장했던 나라였다. 신라 이후 20년이 지난 BC 37년, 한반도의 북쪽을 중심으로 고구려가 건국되었고 그 이후 또 20여 년이 지난 BC 18년에 백제가 건국되었던 것이다. 즉 건국 순서로 치면 신라, 고구려, 백제가 맞다.

1) 카이사르의 운명을 바꾼 갈리아 원정(BC 58~51)

BC 59년은 로마 정치사에서 매우 특별했던 시기였는데, 그 이유는 카이사르가 그동안 권력을 독점하고 있던 원로원에 대항하기 위해 폼페이우스와 크라수스를 끌어들여 일명 1차 삼두정치를 실시했던 시기였기 때문이다. 카이사르는 삼두정치를 실시하면서 로마에서 가장 큰 권력을 가진 집정관[1]의 지위를 차지했고 그 여세를 몰아서 1년 후에는 갈리아 원정의 총독 자리까지 차지하면서 갈리아 정벌에 나서게 된다.

갈리아는 지금의 프랑스 남부지역과 북부 이탈리아 지역은 물론이고 벨기에, 룩셈부르크, 네덜란드, 독일 서부, 그리고 스위스 서부지역까지 해당하는데 당시 일부 지역은 로마가 지배했지만 대부분은 여전히 로마의 지배를 거부하고 있었다. 결국 카이사르는 로마에 대항하던 갈리아를 직접 정벌하기로 결심하고 대규모 원정대를 출발시켰다. 이 당시 갈리아 정벌에 대한 상세한 기록을 남겨서 유명해졌는데 바로 카이사르가 기록한 『갈리아 전기』[2]

---

1 집정관(執政官) : 로마에서는 콘술(Consul), 고대 그리스에서는 아르콘(Archon)으로 불리는 이 직책은 로마제국에서 황제를 대신하는 국가의 지도자로서 1년에 2명이 선출되며 사실상 가장 명예로운 자리의 정점이었다. 현대로 치면 대통령이나 수상 정도의 직책으로 다른 원로원 의원들과는 격이 다른 권위를 지니고 있었다. 원칙적으로 집정관은 귀족만 가능한 것이 아니었고 평민 출신 중에서도 선출될 수 있어서 10여 명의 후보 중 투표를 거쳐 두 명이 뽑혔다. 선거는 6월~7월에 치러졌고 국가통치에 필요한 모든 권한을 부여받았으며 그중 가장 중대한 권한으로 여겨지는 것은 임페리움(imperium)이라 불리는 군사 지휘권이었다.

2 『갈리아 전기』 : 율리우스 카이사르가 BC 58년부터 BC 51년까지 8년에 걸친 갈리아 전쟁을 직접 기록한 책이다. 이순신 장군에게 『난중일기』가 있었다면 카이사르에게는 『갈리아 전기』가 있었던 것이다. 총 8권으로 1권부터 7권까지는 카이사르가 직접 서술했는데, 특이한 점은 본인이 책을 서술하면서도 마치 타인이 기록하는 것처럼 "카이사르는 …했다" 같은 3인칭 시점으로 서술했다는 것이다. 카이사르가 이 뛰어난 책을 서술할 수 있었던 것은 엄청난 독서의 힘 덕분이다. 카이사르의 독서량은 유명했다. 생

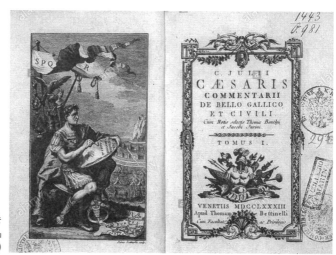

카이사르가 쓴
『갈리아 전기』
원본(BC 58~51)

라는 책이었고, 이 책에서 정벌 과정을 매우 소상히 기록했다.

카이사르가 험난한 정벌 과정에도 불구하고 그런 책을 집필한 이유는 우선 자신이 직접 참전한 정복 활동을 기록해서 후대에 전하려는 목적 때문이었고, 다른 하나는 나중에 로마 정계에 본격적으로 등장하기 위해 자신의 용맹한 활약상을 기록으로 남길 필요가 있다고 생각했기 때문이었다. 정치인들에게 있어서 가장 중요한 것이 바로 국민들이나 시민들의 절대적인 지지와 인기라고 한다면 카이사르가 이런 전기를 기록하려 했다는 것이 충분히 이해가 간다.

결과적으로 카이사르가 전쟁 중에도 이런 전쟁기를 쓴 것은 신의 한 수였다. 『갈리아 전기』를 통해 자신의 이름을 로마 시민들과 정치인들, 귀족들에게 각인시킨 것은 물론이고 아예 로마의 국민적인 영웅으로 등극하게 됐기 때문이었다. 이 말은 반대로 갈리아 원정이 없었더라면, 혹은 카이사르가

전 카이사르는 많은 빚을 졌는데, 그 빚의 대부분은 책 구입 비용이었다고 한다.

선봉에 서지 않았더라면 그의 용맹함을 알릴 수 없었을 것이고 그랬다면 아마도 로마의 지배자가 되지 못했을 것이기 때문이다.

갈리아 원정은 그의 운명을 바꾸어놓았는데, 그 이유는 로마 시민들의 입장에서 갈리아는 큰 관심의 대상이었기 때문이었다. 우선 지리적으로 보면 갈리아는 이탈리아 북방의 국경에 접해 있는 까닭에 국가안보라는 측면에서 매우 중요했다. 카이사르가 갈리아를 정복하게 된 직접적인 동기도 물론 이런 국가안보의 불안 요소를 제거하기 위해서였던 것이다.

게다가 카이사르 입장에서도 갈리아 원정은 자신의 운명을 걸고 도전할 만한 가치가 있는 최고의 전쟁이었다. 그 이유는 카이사르의 경쟁자이자 1차 삼두정치의 한 축이었던 폼페이우스가 이미 지중해에 출몰하는 해적을 소탕하면서 해상권을 장악했고 이로 인해 로마에서 명성을 얻고 있었기 때문이었다. 폼페이우스와 비교할 때 전장에서의 공적이 적었고 상대적으로 로마 시민들에게도 덜 알려졌던 카이사르가 갈리아 원정을 자신의 공적을 세우고 명성을 쌓아 인기를 얻을 기회로 삼았던 것이다. 즉 카이사르가 갈리아 원정을 선택한 것은 자신의 정치적인 입지를 위한 매우 전략적인 결정이었고, 이를 좀 더 효율적으로 이루기 위해서『갈리아 전기』라는 책을 써서 로마 시민들에게 자신을 알리는 전략을 택했던 것이다. 그래서 카이사르는 갈리아 원정 첫해부터 책을 직접 기록해서 매년 로마에 보냈다. 그리고 전쟁이 막바지에 이른 BC 52년에는 그동안 1년에 한 권씩 보냈던 책 7권을 모아서 한 번에 발간했다.

『갈리아 전기』에서 카이사르는 갈리아 지역에서 벌어진 전투와 정복 상황에 얽힌 이야기들을 최대한 생생하게 적었는데, 전쟁을 직접 수행한 장군이 실제 작전 상황과 전쟁 수행 과정을 기록했다는 점에서 최고의 전쟁 회고록으로 꼽히기도 한다. 카이사르의 기대대로『갈리아 전기』는 출판되자마자 로마인들에게 마치 베스트셀러처럼 최고의 인기를 모으게 된다. 당시까지만 해도 로마 시민들이 야만족이라고 생각했던 갈리아인과 게르만에게서 로마를 구해낸 이야기와 잘 알지 못했던 브리타니아(현 영국)라는 나라에 대한 궁금증이 작용한 것이었다. 사실 브리타니아는 카이사르의 『갈리아 전기』를 통해서 본격적으로 로마에 알려지게 됐다. 로마 시민들은 『갈리아 전기』를 통해 용맹한 로마와 로마 시민으로서의 자부심을 확고히 갖게 됐고. 이 책은 특히 로마 청년들에게 큰 영향을 주었다.

갈리아가 다스리는 속주를 방어하기 위해 시작된 카이사르의 갈리아 원정은 갈리아 지역에 살던 여러 부족과 싸우게 되면서 갈리아 지역 전체의 정복사업으로 확장된다. 그 과정에서 카이사르는 가장 용맹하고 전투력이 강했던 헬베티족(현 게르만 지역에 거주)을 제압하고 전 지역을 정복해나갔다.

그런데 문제는 갈리아 원정이 단기간에 끝나지 않고 예상 외로 길어지면서 무려 8년이나 걸렸다는 것이다. 그 이유는 갈리아인들의 강력한 저항 때문이었는데, 특히 그들의 이런 저항은 카이사르에게도 위기의 순간을 가져다 주었다. 이런 위기의 순간은 갈리아 원정 막바지였던 BC 52년 무렵 갈리아 지역의 한 부족의 왕족 출신인 베르킨게토릭스(Vercingetorix, BC 82~46)라는 인물이 나타나면서부터였다. 베르킨게토릭스는 탁월한 용맹함과 리더십으로 거대 제국 로마에 대한 갈리아인들의 반감과 저항을 최고로 끌어올렸다.

카이사르에게 최대의 위기였던 최후의 결전은 프랑스 서부 부르고뉴 지방의 작은 성채도시 알레시아(Alésia)에서 일어났기에 '알레시아 전투'[3]로 이름 지어졌다. 갈리아의 젊은 리더였던 베르킨게토릭스가 최후의 결전인 알

---

3 알레시아 전투(attle of Alesia) : BC 52년, 카이사르가 이끄는 로마군과 베르킨게토릭스가 중심이 된 갈리아 부족 연합군 사이에서 벌어진 전투. 이 전투에서 승리한 로마는 갈리아 지역 전체를 정복하는 데 성공하였다. 역사가들은 이 전투를 흔히 피레네산맥 이북 지역의 유럽 역사를 결정지은 전투라고 평하면서 그 의미를 부여한다. 특히 카이사르 개인은 물론이고 로마 전체로 볼 때도 알레시아 전투의 승리로 인해 로마가 전 유럽을 지배하는 계기를 마련했다.

프랑스 남부 클레르몽 페랑에 세워진 베르킨게토릭스 기마상

레시아 전투에서 패배함으로써 로마군을 축출하려던 갈리아인의 꿈은 좌절되었고 그는 로마로 압송되어 투옥 후 처형됐다. 비록 카이사르에게 패배한 후 역사에서 사라졌지만 프랑스인들은 자신들의 피에 흐르는 혁명과 저항의 DNA가 베르킨게토릭스에게서 전수됐다고 생각하며 그를 위대한 영웅으로 여기기도 한다.

그는 나중에 로마에 끌려가 투옥되었다가 끝내 교수형에 처해졌는데 목이 잘린 이유가 살려두기에는 너무나 뛰어난 인재였기 때문이라고 하니 로마가 베르킨게토릭스를 얼마나 두려워했는지 알 수 있다.

2) 신라의 건국과 통일 (BC 57~AD 676)

율리우스 카이사르가 갈리아 원정을 떠나서 갈리아 지역을 정복하던 BC 58년에서 51년의 약 7년에 걸친 기간 동안 지구 반대편에 있는 우리나라에서는 삼국 중 하나인 신라가 건국되면서 발전하고 있었다. 갈리아 정복을 성공리에 마치면서 카이사르는 자신의 이름을 전 로마에 각인시키며 명실상부한 로마제국의 지배자가 됐으며, 이와 비슷한 시기에 한반도 남쪽, 지금의 경주평야가 있던 지역에서는 6개 씨족 사람들이 뭉쳐서 살고 있었는데 이들을 중심으로 새로운 나라가 생겨났던 것이다.

신라의 건국은 고구려나 백제의 건국신화와 달리 박(朴), 석(石), 김(金) 3성의 시조설화로 되어 있다. 가장 유명한 혁거세설화, 탈해설화[4] 그리고 알지설화[5]가 전해 내려오는데 우리에게 잘 알려진 대표적인 설화는 혁거세설화 이다.

이들 세 시조설화는 『삼국유사』와 『삼국사기』에 전해오는 신라의 건국설화다. 물론 이들 세 건국설화 특히 혁거세설화에 대해서도 혁거세의 즉위연도가 BC 57년이라고 한 『삼국사기』의 기록을 온전히 믿을 수 있느냐에 대해서는 논란의 여지가 있지만 그럼에도 불구하고 신라의 3성 시조설화는 고대 신라인의 신앙과 사회를 보여준다는 점에서 그 가치를 가진다고 볼 수 있다.

3성 시조 설화 중, 『삼국유사』에 나오는 혁거세설화의 내용을 간략히 살펴보면 다음과 같다. 진한 땅에 6촌이 있었는데 이들을 각각 다스리는 여섯 촌장이 알천 언덕에 모여 회의하고 있었다. 이때 양산 밑 나정이라는 우물 옆에 이상한 기운이 비치어 가보니 한 마리의 백마가 꿇어앉아 붉은 알을 보듬고 있었다. 6촌장들이 가서 그 신비로운 알을 보살피니 알을 깨고 동자가 태어났고 몸에서 신비한 광채가 나고 새와 짐승이 춤추고 천지가 진동했다고 한다. 그래서 6촌장들은 아기의 이름을 박혁거세라 지었다. 박처럼 생긴

---

4 탈해설화 : 신라 제4대 왕이며 석씨 왕가의 시조인 탈해에 관한 신화. 『삼국유사』 『삼국사기』를 비롯한 여러 고대 문헌에 나오는 이야기로 '탈해왕과 김수로왕의 왕위 싸움'에 관한 부분이 주요 기록으로 남아 있다. 이 신화는 건국시조신화 못지않게 중요하게 평가되는데 그 이유는 이 신화가 고대 국가 초기에 왕과 샤먼이 밀접한 관계가 있음을 보여주고, 남성 신격의산신화 라는 민속적 사례를 제공하고 있기 때문이다.

5 알지설화(閼智說話) : 경주 김씨의 시조 김알지에 관한 신화로 『삼국사기』와 『삼국유사』에 실려 있다. 간략한 내용은, 65년(탈해왕 9년) 8월 4일 호공(瓠公)이 시림(始林) 속에서 큰 광명이 비치는 것을 보았다. 자색 구름이 하늘에서 땅으로 뻗쳤는데, 구름 가운데 황금 궤가 나무 끝에 걸려 있고 그 빛이 궤에서 나오며, 흰 닭이 나무 밑에서 울어 왕께 아뢰었다. 왕이 숲에 가서 궤를 열어보니 사내아이가 누워 있다가 일어났다. 이는 박혁거세의 옛일과 같으므로, 박혁거세를 '알지'라 한 선례에 따라 이름 지었다. 왕이 좋은 날을 받아 아기를 태자로 책봉하니 그가 곧 김알지이다.

알에서 나왔다고 해서 '박'이 됐고 세상을 이롭게 한다는 뜻에서 '혁거세'라고 지었던 것이다. 이처럼 신비의 인물이었던 박혁거세가 BC 57년에 나라를 세워 서라벌, 서벌, 사하 그리고 사로라고 불렀던 게 지금 우리가 아는 신라가 된다.

즉 신라는 처음부터 우리에게 친숙한 신라로 시작한 것이 아니라, 진한에 속한 12개의 나라 중 소국 사로국(斯盧國)에서 출발했다. 박혁거세라는 이주민 집단과 6촌의 토착민의 결합, 그중 김알지 세력이 통합되어 사로국을 세웠다고 전해진다. 또한 흥미로운 점은 박혁거세 이후에도 다른 이주민들과의 결합이 있었다는 점이다. 그 집단이 바로 석탈해족이고 석탈해와 관련된 시조설화가 바로 탈해설화이다. 석탈해는 나중에 신라의 제4대 임금이되는 인물이다. 또한 이 무렵부터 왕의 칭호가 거서간, 차차웅에서 이사금으로 바뀌게 된다.

사실 한반도에 자리 잡았던 최초의 민족국가였던 고조선의 몰락은 한반도 남쪽 지역에도 많은 영향을 끼쳤다고 앞에서 언급했는데, 특히 많은 이주민들이 남쪽으로 남하했던 게 큰 영향이었다. 이들의 한반도 남하와 함께 고조선 계통의 선진문화가 빠른 속도로 퍼지면서 철기문화를 기반으로 한 집단이 성장하기 시작했기 때문이었다. 즉 한반도 이남지역에서는 이제 고조선 계통과 중국 계통의 선진문물에 자극받은 새로운 정치집단들이 등장했는데, 이들은 지역별로 마한, 진한, 변한의 세 세력권을 형성하였다.

사로국에서 시작한 신라와 마찬가지로 백제도 삼한 소국의 하나였던 백제국(伯濟國)에서 시작되었다. 『삼국사기』에는 백제는 BC 18년에 온조(溫祚)집단에 의해서 건국되었고, 신라는 BC 57년에 혁거세 집단에 의해 건국된것으로 나오지만, 실상 이미 이들 지역에는 여러 소국들이 있었던 것이다. 백제와 신라의 모태가 된 백제국과 사로국도 여러 소국 중 하나였고, 당시한반도 중부 이남 지역을 주도하던 세력은 목지국(目支國)이었다. 백제가 목지국을 복속시키고 한반도 중부지역을 차지한 것은 3세기 후반 들어서였다.

신라도 백제와 비슷했는데, 3세기 후반부터 진한의 소국들을 차례로 복속시키기 시작했고, 4세기 중반에 들어서야 낙동강 동쪽의 진한 지역을 거의 차지했던 것이다. 그리고 6세기 초반, 지증왕, 법흥왕 시대에 이르러서야 율령을 반포하고 불교를 공인하는 등 집권적 지배체제를 정비하였다. 이런 바탕 위에 진흥왕 시절에 들어서야 본격적으로 영토 확장에 나서게 됐고 결국 한강 유역은 물론이고 함경도 남부까지 진출할 수 있었던 것이다.

진흥왕 시절의 이러한 과감한 영토 확장 정책은 결국 주변 국가들인 고구려와 백제를 자극했고 이러한 자극은 치열한 전쟁을 불러올 수밖에 없었다. 이러한 영토 확장 정책에 의한 치열한 전쟁은 이후 1세기 이상 지속되게 된다.

삼국 시기 초기의 지배체제는 정치적 자립성을 갖는 읍락사회를 기반으로 성립하였다. 읍락이란 것은 철기문화의 발전에 따라 각 지역에서 성장한 정치체로서, 여러 읍락이 결합하여 소국을 형성한 뒤에도 정치적으로 자치력을 갖고 있던 일종의 지역 정치단위체를 말한다. 삼국은 여러 지역의 소국이나 읍락이 연합하여 형성하였는데, 이들은 단위 정치체로서 '부(部)'라고 불리었다. 3세기까지는 각 부 지배세력인 '가(加)' 혹은 '간(干)'들이 합의를 통해 정치 운영을 주도했으며, 여러 부 가운데 가장 세력이 막강한 부의 리더가 일종의 국왕의 역할과 지위를 차지했던 것이다. 예를 들면 각 부의 대표자들이 모였던 고구려의 제가회의,[6] 백제의 정사암회의[7] 그리고 신라의 화백

---

6 제가회의 : 국가의 중요한 일을 논의하고 결정하는 고구려의 귀족회의로 고구려가 멸망할 때까지 계속 유지되었다. 제가회의에서는 주로 왕권 견제와 관련된 왕위 계승 문제, 대외 전쟁이나 정복 활동 등에 대해 함께 의논하고 결정하였다.

7 정사암회의 : 백제에서는 수도였던 사비 부근의 '호암사'라는 곳에 정사암이라는 바위가 있었는데 국가에서 특히 재상을 선정할 때 후보자 3~4인의 이름을 써서 상자에 봉하여 올려놓았다가 얼마 후 열어보고 이름 위에 도장이 찍힌 사람을 재상으로 삼았다고 한다. 정사암은 바로 이러한 의미에서 붙여진 이름이다.

신라 화백회의를 재현한 모습

회의[8] 등이 바로 당시 삼국의 국정을 논의하던 각 나라의 최고의사결정 기관이었다.

이들 각 나라의 회의들은 기본적으로 귀족들이 중심이 된 귀족회의로서 왕권을 견제하는 역할을 하기도 했다. 그래서 왕권이 강하면 이러한 귀족회의가 위축되었고, 반대로 왕권이 약하면 귀족회의가 강화되는 양상을 보였다. 단편적인 생각으로는 옛날 왕이면 뭐든지 다 할 수 있었을 것으로 여겨지지만 실상 삼국의 귀족회의를 보면 의외로 왕의 권력이 그다지 강하지 않았다는 것을 알 수 있다. 특히 백제의 정사암회의에서 가장 중요한 직책인 재상(현 국무총리)을 왕이 임명하는 것이 아니고 귀족들이 뽑았다는 것에서 당시 백제의 정치권력을 짐작할 수 있다.

이런 과정을 거쳐 4세기에는 백제가, 5세기에는 고구려가 강성했으며, 6

---

8 화백회의 : 신라의 귀족 대표자 회의로 의장은 오늘날의 수상에 해당하는 상대등이었다. 국가의 중대한 일을 결정하였는데 단 1명의 반대가 있어도 안건이 통과되지 않는 만장일치제였다. 이를 통해 신라는 귀족협의에 의해 정치를 운영한 집단 체제였으며 왕권이 그다지 강하지 않았음을 알 수 있다.

세기에 오면 신라가 삼국 중 가장 강력한 국가로 발돋움하게 됐고 이런 여세를 몰아서 삼국통일의 대업을 완수하게 된다. 삼국통일의 과정을 간략히 살펴보면, 고구려와 백제의 위협에 늘 시달리던 신라는 당나라를 끌어들여 나당연합군을 형성한다. 당나라와 손을 잡은 신라는 김유신으로 하여금 5만 명의 대군을 이끌고 백제의 수도인 사비성(현, 부여)을 공격하게 했고, 백제는 최후의 보루였던 명장 계백 장군의 5천 명의 결사대로 660년 음력 7월 9일 황산벌(오늘날의 충청남도 논산시 연산면 신양리 및 신암리 일대)에서 일전을 벌인다. 결국 황산벌 대패 3일 후인 7월 12일 사비성이 함락되고 이어서 웅진성으로 피신한 백제의 의자왕과 함께 7월 18일 웅진성마저 함락되면서 삼국 중에서 백제가 가장 먼저 멸망한다.

백제를 멸망시킨 신라와 당나라(소정방의 4만 5천 군사)는 고구려를 공격하는데, 고구려에는 천하의 맹장이었던 연개소문이 버티고 있어서 아무리 숫자가 월등한 나당연합군이라도 평양성을 함락시킬 수 없었다. 그러나 당시까지 최고 명장이자 권력자로 무려 24년간이나 고구려를 지탱했던 대막리지 연개소문이 666년(보장왕 25년) 죽고 나서 세 아들들 사이에 권력투쟁이 벌어지면서 급격히 세력이 위축된다. 남생, 남건, 남산 등 아들들의 권력투쟁과 배신으로 인해 굳건하게 닫혀 있던 평양성의 성문이 열리면서 결국 AD 668년 고구려도 역사의 뒤안길로 사라진다. 한때는 중국의 많은 지역을 차지했던 영웅 광개토대왕의 고구려가 권력자의 아들들의 권력투쟁으로 막을 내렸다는 것이 시사하는 바가 크다. 이 모든 게 연개소문이 병으로 죽은 지 불과 한 달 만에 벌어진 일이었다.

백제와 고구려를 멸망시키는 데 큰 힘을 보탠 당나라는 신라를 제거하고 한반도 전체를 차지하려는 욕심을 내게 되고, 이것은 결국 나당전쟁(675~676)을 촉발하게 되는데, 김유신이 이끄는 신라군과 백제 유민들의 연합으로 당나라를 완전히 몰아내고 드디어 삼국통일을 이룬 것이 문무왕 시절인 676년이었다.

삼국통일의 의의와 한계도 분명한데, 고구려와 백제 그리고 신라의 사람들을 하나로 모아 민족문화의 발전을 위한 토대를 마련하였다는 것이 의의라면, 삼국통일 과정이 외세였던 당나라의 힘을 빌려 이루어졌다는 것이 한계였다. 신라가 삼국을 통일함으로써 처음으로 민족통일의 기반과 한민족의 원형을 마련했지만, 영토적으로 보면 고구려가 차지했었던 한반도 북쪽과 만주지역의 대부분을 잃어서 온전한 통일을 이루지 못했다는 것도 한계라고 할 수 있다.

04

로마의 지중해 통일 vs 고구려의 건국과 발전

BC 31년   BC 37년

BC 146년, 3차례의 포에니전쟁을 통해서 당시 북아프리카의 강자로 군림했던 카르타고를 멸망시킨 로마는 이후 약 100여 년간 점차 영토를 넓혀가고 정치적으로 강해져간다. 카르타고를 물리치고 서지중해를 장악했던 로마는 1차 삼두정치와 2차 삼두정치를 거치면서 권력투쟁의 역사를 보이게 되고, 결국에는 최종 승자가 된 옥타비아누스가 안토니우스를 악티움해전에서 물리침으로써 지중해 전체를 통일하게 된 것이다.

이때가 BC 31년경이었는데, 이 시기와 비슷한 BC 37년, 우리나라에서는 고구려의 건국과 발전이 시작됐다. 고구려는 고조선의 동북부인 압록강 중류 동가강 유역을 무대로 발전한 나라였다. 고조선이 멸망한 이후 이 지역에는 앞에서 살펴봤던 한사군의 하나인 현도군이 설치되었으나, 30여 년 만인 BC 75년경에 이 지방 세력들에 의해 만주로 쫓겨났다. 이 지역에는 대대로 '예맥(濊貊)'[1]이라고 불리던 세력이 있었는데 이들이 BC 40년경에 이르면

---

1   예맥(濊貊) : 한민족(韓民族)의 근간이 되는 민족으로 고대 만주지역에 거주한 한국의

서 고구려라는 단일 세력으로 통합되면서 등장했던 것이다.

여기서는 로마 역사에서 중요했던 두 차례의 삼두정치와 세계 4대 해전
으로도 꼽힐 만큼 유명한 해전이었던 악티움해전[2]을 살펴보고, 이어서 고구
려의 건국과 발전을 살펴보도록 하자.

1) 두 차례의 삼두정치(1차, 2차 삼두정치)

로마의 정치를 말할 때 뺄 수 없는 것이 바로 '삼두정치'이다. 말 그대로
세 사람의 유력 정치인이 서로 세력 균형을 이룬 채 원로원과 더불어 국정을
다스리던 체제인데 두 차례에 걸친 삼두정치가 특히 유명해서 우리의 흥미
를 끈다.

종족 명칭을 가리키는 역사용어이다. 흔히 그곳에 살던 사람들을 예맥족으로 불렀는
데, 북방 유목민족인 예와 맥족을 일컫는다. 이들은 지금의 중국 지린성, 헤이룽장성
에 걸쳐 살다가 한나라가 쇠락한 틈을 타 한4군을 무너뜨리고 현대 한반도로 진출했
다. 한 국가에 하나의 유일한 민족만 있어야만 하는 단일민족 사관을 주장하는 역사가
들은 예맥이 고조선의 한 구성 부분을 이루던 종족으로서 고조선의 중심세력이었다고
본다.

2 악티움해전(Battle of Actium) : BC 31년 9월 2일, 카이사르의 양자 옥타비아누스(후에
아우구스투스 황제)가 그리스 악티움 앞바다에서 카이사르의 친구이자 부하장수였던
안토니우스와 클레오파트라의 연합군과 벌였던 해상전투로 세계 4대 해전으로도 불린
다. 카이사르가 원로원에서 암살당한 후에 옥타비아누스와 안토니우스가 권력투쟁을
벌였다. 양쪽 진영은 각각 500척 이상의 함선을 보유하였으나 전투에서 패한 안토니
우스는 연인인 클레오파트라의 함선을 타고 이집트로 탈출했다가 이듬해 알렉산드리
아에서 죽고 모든 권력은 옥타비아누스가 차지한다. 옥타비아누스는 악티움해전의 승
리를 통해 로마 최고의 권력자로 부상했지만, 권력을 독차지하지 않고 원로원에 이양
한다. 이후 원로원으로부터 '존엄자'라는 의미를 가진 아우구스투스라는 칭호를 받아
실질적인 황제의 자리에 올라 로마의 전성기를 구가하게 됐고, 이 시기를 로마에 의한
태평성대가 펼쳐졌다 해서 '팍스 로마나'라고 후대 역사는 기록한다.

제1차 삼두정치(BC 60년)에는 카이사르(가이우스 율리우스 카이사르)와 세계 최고의 미녀로 "그녀의 콧대가 조금만 낮았더라면 역사가 달라졌을 텐데"라는 유명한 말을 만들어낸 클레오파트라의 이름이 나온다. 독일어로 황제를 뜻하는 '카이저', 러시아어로 황제를 뜻하는 '차르'의 어원이 되는 인물인 카이사르(Caesar)가 결론적으로 1차 삼두정치의 최종 승자였다.

유력 정치인이었던 폼페이우스(Pompeius)의 명성이 높아지자 그의 정치적인 독주를 염려한 원로원이 그를 냉대하고 경계한다. 폼페이우스는 카이사르, 그리고 크라수스(Crassus)와 동맹을 맺고 원로원에 대항한다. 그는 해군사령관 출신으로 해적 소탕 등을 하며 눈부신 공적을 쌓은 명성 높은 장군이자 정치가였다. 카이사르조차 이처럼 명성 높은 폼페이우스와 혈연관계를 맺기 위해서 딸 율리아를 아버지뻘인 폼페이우스에게 시집 보내기까지 했을 정도였다.

삼두정치의 또 다른 한 축은 로마 최대의 부자이자 장군인 크라수스였다. 크라수스는 영화와 드라마로 나와서 유명해진 로마 노예 검투사들의 반란인 스파르타쿠스의 난[3]을 제압한 주역이다.

어렸을 때부터 전쟁에 나가 용맹함을 떨쳤던 당대 최고의 군사영웅 폼페

---

3 스파르타쿠스의 난 : BC 73~BC 71년, 로마 공화정 말기에 검투사들의 리더였던 스파르타쿠스 주도하에 이탈리아의 카푸아에서 일어난 노예 반란이다. 원래 스파르타쿠스는 노예라기보다는 유능한 검투사였는데, BC 73년, 검투사들과 노예들에 대한 억압에 맞서 검투사 약 70명과 함께 검투사 양성소를 탈출, 노예를 규합하여 반란을 일으켰다. 당시 이탈리아는 노예제의 최전성기였으므로 다수의 하층계급들이 합세하여 반란자의 수가 10만 명 이상으로 급증하였다. 반란군들은 로마 정부군을 격파한 후 북이탈리아까지 진출한다. 반란군은 바다를 통해 시칠리아로 건너가려고 하였지만 해적들과의 협상에 실패하여 바다를 건너지 못하게 된다. 결국 BC 71년 크라수스와 폼페이우스(1차 삼두정치의 주역 중 한 명)가 이끄는 로마 정부군에 맞서 싸우다가 크게 패하면서 반란은 진압된다. 포로가 된 6천 명 이상의 노예들과 검투사들은 아피아 가도에서 십자가에 매달려 처형되었는데, 후에 스파르타쿠스의 반란은 사람들의 많은 흥미를 끌게 되면서 다양한 영화의 소재로 쓰이게 됐다.

이우스와 정치적 야망은 컸으나 그에 비해 군사적 재능은 살짝 부족했던 로마의 대부호 크라수스는 서로 사이가 좋지 못했다. 이 두 명이 군사와 행정을 맡은 로마의 최고 관직이었던 집정관으로서 대립각을 세우고 갈등할 때 정치적 수완이 뛰어났던 카이사르가 두 사람을 화해시키며 그 둘 사이에 슬쩍 끼어들면서 1차 삼두정치가 시작되었다.

이처럼 로마 원로원과 맞설 정도로 막강한 위세를 떨쳤던 폼페이우스, 카이사르 그리고 크라수스, 이 세 사람이 로마정치를 좌지우지하던 시대를 1차 삼두정치라고 불렀으며 로마 공화정[4] 말기에 본격적인 갈등이 시작된다.

세 사람 중, 크라수스가 가장 먼저 제거되고 이후부터 폼페이우스와 카이사르의 경쟁이 치열해진다. 당시 카이사르는 갈리아(현, 프랑스) 지방을 속속 정복하며 명성을 날리고 있었는데, 이에 불안감을 느낀 폼페이우스가 그를 로마로 불러들인다. 명목은 로마로 와서 함께 원로원을 상대하고 로마를 다스리자는 것이었지만, 실제 속셈은 그를 제거하기 위한 것이었다. 이에 그의 속셈을 눈치챈 카이사르는 고심 끝에 군대를 모아 "주사위는 던져졌다"는 그 유명한 말을 남기고, 당시 법으로 무장한 채로 북부 이탈리아 근방에 있는 루비콘강[5]을 건너는 것이 금지되어 있었는데 이를 어기고 로마로 진격

---

4 공화정(共和政) : 일반적으로 세습 군주나 선거로 뽑힌 군주 이외의 개인 또는 집단이 통치하는 정치형태를 말한다. 왕이나 국왕 단독으로 지배하는 군주제의 반대 개념으로 사용되기도 한다. 이런 의미에서 근대 이전 그리스의 도시국가와 고대 로마의 통치형태 그리고 르네상스 시대 이탈리아의 도시국가에서 공화제를 채택한 예가 있었다.

5 루비콘(Rubicon)강 : 이탈리아 북부에 있는 작은 강의 라틴어 이름. 본래 이 강에는 오래된 관례가 있었는데 군사들이 전쟁이나 훈련 등으로 파견나간 뒤 돌아오는 길에 루비콘강을 건너야 할 경우 모든 중무장을 해제해야 한다는 것이었다. 이것은 로마, 특히 원로원에 충성한다는 복종의 뜻이었기 때문에 원로원의 허가 없이 무장을 하고 이 루비콘강을 건넌다는 것은 곧 로마에 대한 반역을 뜻하는 것이었다. 하지만 이 관례를 먼저 깬 사람이 바로 카이사르였다. BC 49년, 카이사르는 "주사위는 던져졌다"는 말을 하고는 무장해제를 하지 않고 갈리아 원정을 함께했던 군단과 함께 루비콘강을 건너 로마로 진군한다. 여기서 그 유명한 말 "루비콘강을 건넜다"는 표현이 생겼다. 이런

카이사르 군단이 루비콘강을 건너는 상상도

해서 원로원을 무력화시키고 폼페이우스를 몰아내는 데 성공한다.

당시는 원로원의 허락 없이 중무장한 군단이 루비콘강을 넘는 것은 일종의 반역으로 간주됐던 시대였다. 폼페이우스는 이런 관례를 잘 아는 카이사르가 군단을 무장해제하고 단신으로 로마로 올 줄 알았는데 갑자기 들이닥친 카이사르 군사들로 인해 결국 실각을 하고 이집트로 도망갈 수밖에 없었다. 폼페이우스는 로마인들을 싫어하던 이집트인에게 피살되고 그를 쫓아간 카이사르도 간신히 왕궁으로 대피하는데 이때 여기서 그 유명한 클레오파트라를 만난다. 당시 53세와 22세였던 두 사람은 그곳에서 아들을 낳고 함께 로마로 돌아오게 되고 카이사르는 본격적으로 원로원을 지배하는 명실상부한 로마의 지배자가 된다.

최고 실력자가 되어 정치를 하던 카이사르에게는 원로원파, 폼페이우스파 등 정적이 많았는데 결국 자신이 폼페이우스를 몰아낸 지 3년 만인 BC 44년 3월 폼페이우스 동상 앞에서 양아들 브루투스를 비롯한 반대파들에게

이유로 이 말은 다시 되돌릴 수 없는 중대한 결정을 했을 때 쓰는 말이 됐다.

〈카이사르의 죽음〉, 빈센초 카무치니, 1798

암살당하면서 제1차 삼두정치가 막을 내린다. 이때가 BC 44년 3월 15일이었다.

절대자였던 카이사르가 암살당하면서 로마는 극심한 권력투쟁의 소용돌이에 빠져든다. 하나뿐인 권력을 쟁취하기 위한 암투가 벌어지고 특히 3명의 유력자들이 로마 정치 전면에 새롭게 급부상한다. 역사는 이들에 의한 정치를 2차 삼두정치라고 불렀다.

제2차 삼두정치에는 카이사르의 양자 옥타비아누스(Octavianus)와 카이사르의 친구이자 부하장수인 안토니우스(Antonius), 그리고 레피두스(Lepidus)와 클레오파트라가 또다시 등장한다. 카이사르를 통한 자신의 꿈인 이집트의 영광을 이루지 못한 클레오파트라는 이번에는 안토니우스와 손을 잡고 동지중해를 장악하려 했다. 하지만 믿었던 안토니우스가 BC 31년 악티움해전에서 패해서 자신의 야망이 무너지자 자신도 독사로 하여금 가슴을 물게 해서 39세의 생애를 끝내고 만다.

그래서 1세기에 걸친 내란 후에 로마는 겨우 옥타비아누스에 의해 통일된다. 그는 모든 권력을 원로원에 이양하고 본인은 원로원으로부터 '존엄자'

라는 의미를 가진 '아우구스투스'라는 영예로운 칭호를 얻게 되면서 로마 초대황제의 자리에 오른다. 양아버지이자 로마 최고 통치자였던 카이사르가 권력을 잡은 지 겨우 3년 만에 원로원과 반대파에 의해 암살이라는 비극적인 최후를 맞이하는 것을 본 옥타비아누스는 원로원과 화합하는 정책을 선택했던 것이다.

옥타비아누스의 정치적 선택은 옳았고 로마 정치도 안정기에 들어선다. 이때부터 로마의 전성기가 시작됐던 것이다. 그의 정치적 통일 이후 약 200여 년간 로마는 지중해의 거의 전 지역을 지배했고, 활발한 무역 덕분에 경제도 부유해지는 등 평화로운 전성기를 보낸다. 이렇듯 평화로운 상태가 유지됐기에 이 시기를 '로마에 의한 평화'라는 의미의 '팍스 로마나(Pax Romana)'라는 이름으로 부르게 됐다.

2) 고구려의 건국과 발전

BC 31년, 로마가 지중해를 통일하면서 유럽의 최강자로 부상했다면, 이와 비슷한 시기에 우리나라에서는 어떤 역사적 사건들이 있었을까? 가장 가까운 BC 37년에 우리나라에서는 광개토대왕으로 잘 알려진 고구려가 우리나라 역사에 등장해서 발전하게 된다. 고구려는 고주몽(동명성왕)에 의해 졸본성(현재 중국, 요녕성 단동시 주변)을 초대 도읍지로 하여 건국되었다. 이후 고구려는 국내외의 정치적 상황에 따라 졸본 지역을 시작으로 국내성으로 그리고 국내성에서 평양성으로 여러 차례 도읍지를 옮기면서 발전을 거듭하게 된다. 427년 장수왕은 두 번째 도읍지였던 국내성에서 평양성으로 다시 한번 도읍지를 옮겼는데 그 이유는 중국의 힘이 강해지면서 서북방으로의 영토 확장이 어려워지게 됐기 때문이다. 그동안 서북방지역으로 영토를 넓히는데 주안점을 두었던 고구려 입장에서도 영토 확장 지역을 변경해야 하는 순간이 온 것이었다. 결국 이러한 정치적인 변동으로 인해 영토 확장을 남쪽 지역으로 정했고, 본격적인 남진정책을 실시하기 위해 도읍지를 아예 평양으로 옮기게 됐던 것이다.

고구려는 1대 동명성왕(고주몽)으로부터 28대 보장왕에 이르기까지 긴 세월을 번성했던 동아시아 최대의 국가였다. 현재 중국 중원에서도 당시 고구려의 유물들이 발굴되는 것으로 보아 중국의 내륙까지 진출했던 강국으로 알려지고 있다. 그로 인해 수나라 양제, 당나라 태종 때는 대대적인 공격을 받았지만 이를 슬기롭게 막아내고, 오히려 수나라 멸망의 결정적인 계기를 주었던 나라이기도 하다.

고구려가 등장하기 한참 이전인 BC 108년경 동방의 주인이었던 고조선이 이질적 문화를 가진 한나라에 의해 멸망당하면서 만주와 한반도는 커다란 혼란기에 접어든다. 고조선의 몰락을 틈타 부여를 비롯해서 옥저와 동예 등 크고 작은 나라들이 등장해서 저마다 자신들의 세력을 키워가고 있었지만 이들은 역사의 주인공이 될 수 없었다. 즉 고조선을 대신해서 동북아 지역의 새로운 구심점이 될 강력한 세력이 아직 등장하지 못했고 마치 춘추전국시대와 같은 혼란기가 이어졌던 것이다. 그러나 이러한 군소 국가들의 분열은 결국 강력한 국가에 의한 통합으로 가는 경로였는데, 고조선의 옛 터전인 압록강과 대동강 유역에서는 고조선의 유민들이 한나라의 세력들을 하나하나 몰아내기 시작하면서 다시 힘을 키워갔다.

이러한 시기에 부여국에서 도망쳐온 주몽(朱蒙) 일행이 작은 나라인 고구려를 건국했다. 그들이 선택한 장소는 오늘날의 중국 요녕성(遼寧省) 환인현(桓仁縣, 지금의 단동시)에 있는 졸본성(卒本城)[6]으로 오늘날의 오녀산성(五女山

---

6 졸본성 : 주몽이 세운 고구려의 첫 번째 도읍지로 『삼국사기』에서는 주몽이 졸본부여(卒本扶餘)를 세웠는데, 이것이 고구려(高句麗)의 시초라고 하였다. 반면 『위서』에서는 주몽이 흘승골성(紇升骨城)에 이르러 머무르고 나라 이름을 고구려라 하였다고 전한

城)[7]이라는 곳이다. 고구려 제2대 유리왕이 도읍지를 국내성으로 옮기기 전까지 최초의 도읍지로서 높은 산 정상에 있던 철옹성이었을 것이다.

졸본은 압록강 중류 지역의 혼강 유역으로 높은 산과 계곡이 많으며 요동에서 함흥 방면으로 이어지는 교통로의 중간지대이다. 서남쪽으로는 압록강으로 해서 서해안에 다다를 수 있어 평양 방면으로 나가기 쉬웠고, 북쪽으로는 송화강 유적과 교통할 수 있었다. 이런 위치는 외적의 침입을 막고 고구려의 영토를 넓힐 수 있는 좋은 조건이 되었다

이러한 지리적 이점으로 인해 앞선 소국들과 달리 고구려는 건국한 지

다. 이렇게 주몽이 고구려를 건국한 곳이 『삼국사기』에서는 졸본(卒本)으로, 『위서』에서는 흘승골성(訖升骨城) 등 여러 지명으로 쓰였는데, 대체적으로 역사학자들은 이들 지역이 아마도 같은 곳을 가리킨다고 보고 있다.

7 오녀산성 : 환인현성(桓仁縣城)의 동북쪽 혼강(渾江) 북안(北岸)의 오녀산(五女山) 정상부에 있는 산성이다. 오녀산성은 해발고도가 평균 800m에 성곽의 전체 길이는 약 4,754m 정도였다. 오녀산성은 높은 산 정상에 있는 까닭에 일상생활에 있어서는 불편한 점이 많았고, 산상(山上)의 면적이 한정되어 있어서 많은 인구를 수용하는 데는 한계가 있었을 것으로 추측된다. 학자들은 아마도 산 아래쪽 평지에 도성의 일부가 옮겨졌을 것이고 주로 그곳에서 사람들의 생활이 이루어졌을 것으로 본다.

얼마 지나지 않아 만주와 한반도 일대의 강국으로 부상한다. 그리고 무려 700년 역사를 이어가며 엄청난 영토를 차지한 대제국으로 발전했다. 특히 광개토대왕[8]과 장수왕을 거치면서 당시 중국을 힘으로 압박할 정도로 전성기를 구가했고 동북아의 강자로 군림할 수 있었다.

광개토대왕릉비의 엄청난 크기(높이 6.39m).
장수왕 2년(414)에 건립, 위치는 만주
집안현(통구)이며, 예서체로 새겨진 비문 내용은
왕의 공적을 기리는 3부로 구성. 특히 2부에
왕의 국토확장과 정복활동 기술. 1875년에
중국인 농부가 발견하여 광개토대왕릉비로 확인,
인정됐다.

---

8 광개토대왕 : 고구려 고국양왕의 아들로, 어린 시절 이름은 담덕(談德)이었다. 12세에 태자로 책봉, 아버지를 이어 고구려 제19대 왕으로 즉위하였고 연호를 영락(永樂)이라 정해서 그를 영락대왕이라고도 불렀다. 광개토대왕은 북으로는 거란(契丹)을 정벌, 포로로 잡혀 있던 고구려 백성 1만여 명을 되찾아 고구려로 데리고 왔으며, 410년에는 동부여를 굴복시킴으로서 북쪽과 동쪽으로 영토를 확장했다. 이렇게 왕성한 영토 확장으로 무려 64개의 성과 1,400여 개의 마을을 고구려로 귀속시켰으니 고구려의 영토는 이때 크게 팽창했다. 우리나라 역사상 가장 넓은 지역을 영토로 만들었던 광개토대왕의 고구려는 만주에서부터 한반도 북반부의 강대국으로 우뚝 서게 되었고 고구려 역대 선왕들의 남진정책을 계승하여 백제를 완전히 제압하고 낙랑 땅과 대방의 옛 땅도 다시 찾아 확보하였다.

05

게르만족의 대이동과 서로마 멸망 vs 백제의 전성기

서기 4세기~6세기   4세기

1) 서로마제국의 멸망(476)

서기 4세기에 접어든 어느 날, 중부 유럽 부근에서 엄청난 일이 벌어진다. 이 일로 인해 중세 유럽은 정확히는 375년부터 6세기까지 무려 200년 가까이나 극심한 혼란을 겪게 되는데 이 혼란의 단초가 바로 그 유명한 게르만족의 대이동이었다. 게르만민족은 우리가 잘 아는 앵글로색슨족, 프랑크족, 부르군트족, 반달족[1] 등을 총칭하는 용어인데, 발트 해안부터 지금의 독일을 관통하는 라인강, 그리고 오스트리아의 젖줄인 도나우강 일대에 거주했던 여러 민족을 말한다.

---

[1] 반달족(Vandals) : 게르만의 혼성 민족으로 439년, 카르타고(현 튀니지)를 수도로 하는 반달 왕국을 세웠다. 반달족들은 지중해 일원에서 해상약탈을 일삼으면서 로마 문화와 문명을 무자비하게 파괴하였다. 인류가 창조한 문화와 문명을 무자비하게 약탈하고 파괴하는 행동에 대한 규정어로 '반달리즘'이란 말이 있는데 이 용어가 바로 이들 반달족들의 파괴와 약탈 행위에서 나왔다.

이렇게 여러 곳에 혼재해 살던 게르만족이 대거 이동한 원인은 학자들마다 다양하게 보고 있는데 먼저 가장 일반적인 건 인구 증가이고 이에 따른 농경지와 작물의 부족 그리고 타민족의 침략 등을 꼽는다. 그러나 가장 많은 의견은, 게르만족보다 더 포악하고 더 야만적이며 더 잔인한 외적의 침입으로 어쩔 수 없이 로마가 있는 남방으로 내려올 수밖에 없었다는 것이다. 게르만족도 로마 시민들이 생각하기에는 매우 호전적이고 야만적인 민족이었는데 이들보다도 더 야만족인 민족이 도대체 누구였으며 그런 민족이 유럽에 있기는 했을까? 유럽에서 가장 호전적인 야만족이라고 여겨졌던 게르만족들을 남방으로 도망가게 만들었던 민족은 바로 그 유명한 북아시아의 유목민족 훈족[2]이었다.

우리는 몽골족이 유럽을 정복한 사실만 알고 있다. 그러나 그보다 훨씬 이전에 흉노족의 일파인 훈족이 유럽을 점령한 역사가 분명히 있었다. 그들은 몽골에 살았던 동이족의 한 갈래였는데 이들 훈족이 4세기에 유럽을 정복했던 것이다. 몽골의 영웅 징기스칸의 등장은 이보다 훨씬 늦은 13세기였다. 훈족의 조상 흉노는 BC 3세기부터 AD 4세기까지 약 700년간 중원지역을 놓고 중국과 각축전을 벌이다가 중국에 밀려 서쪽으로 밀려나게 됐고, 나중에 이들은 자신들이 사용하던 매우 성능이 뛰어난 복합궁[3]과 뛰어난 기마

---

2 훈족(Huns) : 고대 로마 쇠퇴기 당시 서로마 몰락에 직간접적으로 큰 영향을 끼친 유목민족. 문자를 사용하지 않아서 기록을 남기지 못했기 때문에 확실한 정체를 알기는 힘들다. 게다가 유목민족이었기에 이동하는 특성상 문화적 흔적도 많이 남아 있지 않다. 훈족 하면 가장 유명한 인물이 있는데 훈족의 왕으로 전 유럽에 공포의 대명사로 군림했던 아틸라이다. 훈족의 후예들이 세운 것으로 알려진 헝가리에서는 아틸라 동상들이 도시 곳곳에 세워져 있을 정도로 국민적 영웅으로 손꼽히고 있다. 그래서 많은 역사학자들은 오늘날 헝가리인을 아시아에서 이주해온 훈족의 후예라고 보고 있는 것이다. 원래 헝가리는 '훈가리'에서 온 말이라고 하는데, 헝가리(Hungary)의 Hun이 바로 훈족을 뜻하고, gary가 땅이라는 뜻이니 헝가리는 훈족의 땅이란 의미인 것이다.

3 복합궁 : 활은 만든 재료에 따라 구분했는데, 만든 재료가 나무면 목궁, 대나무면 죽

술을 바탕으로 중부유럽을 유린했다.

훈족이 쓰는 활의 길이는 1m 20cm에서 1m 30cm 정도로 짧았고, 사정거리는 약 200m였는데 명중되면 갑옷을 관통할 수 있었다고 한다. 반면 로마 병사들의 주무기는 창이었는데 사정거리가 길어야 30m였다. 그러니 훈족이 일방적으로 로마군을 공격할 수 있었던 것이다. 로마군이 적들의 정체를 파악도 못 하고 있을 때 훈족이 쏘아대는 화살이 하늘에서 폭우가 쏟아지듯 날아와 로마군의 갑옷을 종이 뚫듯 관통하였다. 로마군도 물론 전투에서 활을 사용했다. 그러나 그들이 사용하던 활은 장궁(長弓)이었는데 길이가 길어서 휴대성과 활동성 면에서 훈족의 활에 비해 많이 부족했고 사정거리도 짧았다.

훈족과 로마군이 사용한 활의 결정적 차이가 바로 이 휴대성이었다. 훈족은 달리는 말 위에서 자유자재로 활을 쏘았는데, 반면 로마군은 달리는 말 위에서는 전혀 활을 쏠 수 없었다. 결국 이 작지만 큰 차이가 전투의 승패를 갈랐다.

전 유럽을 공포로 몰아넣었던 훈족의 역사는 흉노의 분열기부터 시작한다. 북흉노가 선비족과 후한의 연합군에 의해서 155년에 멸망한 후, 흉노의 지도층 일부는 후한에 투항하고, 나머지는 서쪽으로 이동하였다. 이때 서쪽으로 이동한 흉노는 우랄산맥을 넘어 지금의 카자흐스탄 초원에 정착했다. 그리고 약 2세기 후 이들 훈족이 유럽에 공포의 돌풍을 몰고 왔다.

유럽의 지도와 지형을 바꿀 정도로 큰 영향을 끼쳤던 훈족이었지만 아쉽게도 그들에 관한 자료는 그리 충분치 않다. 그저 후속 연구에서 유목민족이

궁, 쇠로 만들면 철궁, 물소 뿔을 가미해서 만들면 각궁이라 하였다. 또한 한 가지 재료만으로 활을 만들면 단일궁, 여러 가지를 복합하여 만들면 복합궁이라 했다. 복합궁은 물소 뿔, 소 힘줄, 대나무, 뽕나무, 벚나무 껍질, 그리고 민어 부레풀(아교) 등 6가지 재료를 썼는데 그중 물소 뿔은 한반도나 북방 유목민족들이 사는 곳에는 없는 물건이라서 베트남에서 들여왔다고 한다.

었던 훈족은 아틸라 왕 당시에 동로마와 서로마를 공격했고 주변의 게르만족들을 복속시켜 헝가리를 중심으로 서쪽으로는 라인강, 남쪽으로는 다뉴브강, 북쪽으로는 스칸디나비아 남부, 그리고 동쪽으로는 이란에 걸친 대제국을 건설한 것으로 추정할 뿐이다.

많은 부분이 베일에 싸여 있는 훈족은 370년경부터 휘하의 알란족을 이끌고 초원을 휩쓸며 375년에는 동고트족을 물리쳤는데, 이때 동고트족의 왕은 자살하고 나머지 잔당들은 서쪽으로 도망치기 시작했다. 이처럼 먼저 동고트족을 물리친 후 훈족은 서고트족까지 몰아내면서 본격적인 게르만족의 대이동이 역사에서 처음으로 시작된 것이다.

서양 역사에서 게르만족의 대이동이 특별했던 것은 바로 천년제국 서로마제국 멸망의 시발점이 됐기 때문이기도 하다. 이처럼 훈족의 유럽 침입에 이은 게르만족의 대이동은 유럽의 역사를 바꾸어놓았는데, 막스 베버와 같은 학자는 훈족의 침입과 게르만족의 대이동이 유럽 고대사의 종말을 가져온 가장 중요한 사건이었다고 규정하기도 했다.

사실 지금이야 정설로 인정하지만 훈족이 흉노에서 연유했다는 것은 유럽에서도 18세기 초반까지만 해도 제대로 인정받지 못했었다. 그러던 18세기 중반인 1750년대에 프랑스의 드 기네가 처음으로 흉노와 훈족의 인과관계를 제시했다. 다양한 반대가 있었지만 결국 20세기 들어와서야 언어학과 고고학 및 문화인류학 등 다양한 분야에서 게르만족과 훈족에 대한 연구가 추진되면서 훈의 출현과 흉노의 서천(西遷) 사이에 상당히 밀접한 연관관계가 있다는 것이 속속 밝혀졌다.

훈족의 침입에 밀려난 게르만족의 대이동은 그들만의 이동으로 그친 게 아니라 주변의 다른 민족들의 대이동을 부추겼고 결국은 훈족을 피해서 갈 곳은 남쪽밖에 없었기에 로마제국으로 흘러 들어갔던 것이다. 당시 다뉴브강을 넘은 동고트족의 이주민 수는 무려 백만 명 이상이었다고 한다. 이들의 피신은 로마제국 입장에서는 외적의 침입이었다.

〈반달족의 로마 약탈〉,
카를 브률로프
(Karl Briullov), 1836

378년 로마제국은 지금의 터키 지역에서 그들을 쫓아내려다 오히려 그들에게 참패하였다. 그 뒤 로마는 게르만족을 자국의 영토에서 몰아내기에는 군사적으로 역부족이었다. 당시 로마제국의 힘도 과거에 비해 많이 약화되어 있었기에 로마 입장에서는 달갑지 않은 외적이었지만 무작정 몰아낼수가 없었다. 결국 로마제국은 추방할 수 없는 게르만족들을 '동맹자'로 인정하여 제국 안에 정착시킨다. 그리하여 엄청난 수의 게르만족이 로마로 들어오면서 로마제국은 차츰 게르만화되어갈 수밖에 없었던 것이다.

특히 395년 서고트족에게 이탈리아 북부지역을 빼앗긴 로마는 410년에는 이들에게 로마까지 점령당한다. 이어서 455년 들어서는 평소 자신들이 야만족이라고 무시했던 반달족에게 로마 시가지가 약탈당하는 아픔을 겪기도 한다.

결국 로마제국은 변방에 속하는 지역들을 계속 지배하기 위해 게르만족 출신들로 구성된 용병군대에 의지해야 할 정도까지 몰린다. 이에 따라 로마 군대의 절반에 가까운 거의 50%의 군사들이 게르만 용병으로 채워졌다. 이렇게 로마제국의 군대에서 복무하게 된 게르만족 용병 중에서 능력이 뛰어난 리더들이 배출되면서 새로운 로마의 지배세력으로 등장한다. 476년 게르

서로마제국 마지막 황제인
로물루스의 폐위와
오도아케르의 즉위

만족 용병대장 출신의 오도아케르[4]가 로마의 나이 어린 마지막 황제 로물루
스 아우구스툴루스를 강제 퇴위시키면서 서로마제국은 유럽 대륙에서 사라
지게 된 것이다. 이것이 바로 게르만족의 대이동이 가져온 엄청난 결과였던
것이다.

훈족에게 밀린 게르만족이 유럽 본토에만 머물러 있었던 게 아니고 계속
서쪽으로 이동하면서 로마는 물론이고 바다 건너 지금의 영국까지 도달한
다. 즉 바다로 인해 나름 보호받고 있던 브리타니아, 즉 영국도 또 다른 게르
만족인 앵글족의 침입을 받았던 것이다. 당시 게르만족의 침입에 대응한 브
리타니아인의 저항도 매우 완강하였는데 소설과 영화로도 유명한 전설적인
아서 왕의 영웅담[5]이 바로 이 과정에서 나오게 된다.

---

4 오도아케르(Odoacer) : 게르만족 출신으로 용병들을 조직하고 서기 476년 서로마제국
을 멸망시켜 이탈리아 왕이 되었다. 511년, 성 세베리누스(세베리노)가 기록한 문서에
는 오도아케르를 로마의 용병대장 출신으로 기록하고 있다. 결론적으로 오도아케르의
사망과 동고트족이 서로마제국을 차지하면서 로마제국의 분열은 더욱 가속화되는 결
과를 초래하였다.

5 아서(Arthur) 왕의 전설 : 아서 왕과 그 궁정의 원탁의 기사들의 이야기를 총칭하는 것

결과론적으로 이 게르만족의 대이동은 게르만족이 유럽의 동부, 서부, 북부 등 지역별로 나뉘어서 정착하게 된 계기가 됐다. 예를 들어 북부 게르만족은 지금의 북유럽인 스칸디나비아반도에 정착했던 것이다.

2) 훈족의 결정적인 두 가지 무기

훈족이 로마군을 압도했던 결정적인 이유는 바로 무기의 차이였다. 혹자는 훈족의 말은 유럽 말에 비해 지구력이 월등했었기 때문에 더 먼 거리를 쉬지 않고 달릴 수 있었던 게 훈족의 최대 강점이라고 하기도 한다. 또한 말을 다루는 능력에 있어서도 훈족이 로마군보다 월등히 기술이 뛰어났는데 이 차이가 중요했다고 하기도 한다. 물론 이 두 가지도 중요한 차이였지만 훈족과 로마군의 승패를 가른 것은 첫째가 등자(鐙子)[6]였고, 다른 하나는 활의 차이였다고 보는 게 더욱 타당성 있는 의견이다. 즉 등자의 유무와 함께 활 성능에서 결정적으로 차이를 보였다는 것이다.

훈족은 말안장과 등자가 갖추어진 말을 타서 전투 중에 달리는 말에서도

으로, 중세 유럽 문학의 흥미로운 주제 중 하나였다. 아서 왕은 6세기부터 12세기에 걸쳐서 색슨인에게 정복된 켈트인의 왕국 재건을 위하여 대대로 전해지며 신화에 등장하는 전설적 영웅처럼 변모하였다. 중세 이후 르네상스 시대에 들어 그 인기가 꺾일 때까지 아서 왕 이야기는 대중들의 흥미와 관심을 한 몸에 받던 인기 소재였고 후대까지 이어지고 있다.

6 등자 : 말을 타고 달릴 때 발을 끼울 수 있게 만든 도구. 흔히 말에 올라탈 때 이 등자를 밟고 올라탄다. 이 작은 도구가 중요했던 것은 등자의 등장으로 인해 기병들의 전투력이 몰라보게 향상됐기 때문이다. 등자가 있음으로 해서 이슬람 기병들은 발을 등자에 끼우고 달리면서도 자유자재로 활을 쏘고 창을 던질 수 있게 되었다. 등자가 없을 때는 말을 타고 활을 쏘려면 앉아서 쏴야 했는데, 등자 덕분에 서서도 쏠 수 있었던 것이다. 그러니 이 등자야말로 기병들의 전투력 향상을 위한 일등공신인 셈이다.

등자는 말을 탈 때 꼭
필요한 도구로 우리나라
고대 역사에도 등장한다.

두 발로 등자를 딛고 서서 상체와 두 손을 다 사용할 수 있었다. 훈족과는 반대로 당시 로마의 기병들은 제대로 만든 말안장이 없었기 때문에 말 등에 그냥 얇은 가죽 한 장을 깔아놓고 싸웠다. 안장과 등자가 없었기 때문에 전투가 벌어지면 속도를 높인 말에서 떨어져 죽는 경우가 많았고, 말에서 떨어지지 않으려고 한 손으로는 반드시 말의 고삐를 꽉 쥐고 있어야 했다. 그러니 나머지 한 손만 가지고 칼이나 창을 휘둘러야만 했는데 문제는 달리는 말 위에서 한 손만 가지고는 절대로 활을 사용할 수 없었다는 것이다. 또한 말 위에서 발을 받치는 등자도 없었기 때문에 상체를 자유자재로 움직이기도 당연히 불가능했다. 반면 훈족은 등자를 사용하기 때문에 말 위에서 자유롭게 온몸을 사용할 수 있었고, 특히 달리는 말 위에서 갑자기 몸을 완전히 뒤로 돌려서도 활을 쏠 수 있었으니 아무리 천하의 로마군이라고 하더라도 절대로 훈족을 당해낼 수 없었던 것이다. 작은 물건인 등자의 유무가 이토록 큰 차이를 만들어냈다. 특히 기병전투에서 몸을 돌려 뒤따라오는 군사들을 활로 쏠 수 있다는 것은 실로 엄청난 공포를 주기에 충분했다.

훈족과 로마제국의 전투를 보면서 이해할 수 없는 것은 훈족과 100여 년을 싸우면서도 로마군은 훈족이 완전히 철수할 때까지 안장과 등자를 마련하지 못하였다는 것이다. 무슨 이유에서였는지는 모르지만 아마도 그동안 대부분의 전투에서 승승장구했던 로마군이었고, 더구나 그들의 보병은 세계 최강이었기에 대수롭지 않아 보이는 등자와 안장에 별 신경을 쓰지 않았을 것이라는 추측이 가능하다. 이런 자그마한 차이가 전쟁의 승패를 가르고 서로마제국의 멸망을 불러왔다는 사실이 매우 흥미롭다.

등자와 더불어 로마군과 다른 또 다른 훈족의 결정적인 무기는 앞에서 언급했었던 활이었다. 로마군의 긴 장궁에 비해 길이가 훨씬 짧았던 복합궁(각궁)을 사용했던 훈족의 기마병들은 편리한 휴대성과 활동성을 바탕으로 달리는 말 위에서 엄청난 위력을 보였다. 이게 바로 훈족과 로마군의 결정적인 무기의 차이였던 것이다.

3) 백제의 전성기(4세기 중반)

서양에서 게르만족의 대이동이 시작되던 4세기 중반, 한반도에서는 고구려, 백제, 신라 삼국의 각축이 한창 벌어지고 있었다. 삼국 중에서도 백제가 전성기를 보내던 시절이었다.

백제는 부여와 고구려 출신 사람들이 세운 나라였지만, 본래 터전에 있던 마한 사람을 비롯해 낙랑군과 대방군의 한족, 그리고 왜(일본) 출신 등 많은 종족들이 함께 어우러진 매우 개방적인 나라였다. 특히 낙랑군과 대방군이 313년 멸망하면서 상당수의 기술자들이 백제로 흡수되었고, 왜는 용병으로 자주 활용되었다. 외부 세계에 대한 포용성과 흡인력을 갖춘 백제는 4세기 중반인 근초고왕(346~375)[7] 시기에 최고의 전성기를 누리게 되었다.

---

7 근초고왕 : 삼국시대 3대 정복군주를 꼽는다면, 고구려 광개토대왕, 신라 진흥왕, 그리고 백제의 근초고왕이다. 근초고왕은 백제 13대 임금으로, 346년에 즉위하여 375년까

백제의 기원에 대해서는 여러 이야기가 있는데 그중 하나는 BC 108년 고조선이 멸망한 이후 발달된 철기문화를 가진 고조선 유민들이 한강 이남으로 대거 이주했다는 것이다. 수많은 고조선 유민들의 유입으로 말미암아 이 지역은 마한, 진한, 변한 등의 삼한[8]으로 재편성되었다. 고조선 유민 집단에 의한 철기문화의 영향으로 한강 이남지역에는 각기 성장한 족장세력에 의한 소국들이 분립했다.

『후한서』에 의하면 당시 소국의 수가 무려 78개에 달했고, 그중에서 가장 큰 세력을 형성한 것이 54개국의 마한이었으며 그 다음이 진한 12국과 변한 12국이었다. 이들 삼한 중에서 특히 백제는 마한연맹체 50여 소국들 중의 하나였던 백제국이 성장해서 발전한 나라라는 것이다.

한강 유역의 비옥한 농경지를 갖고 있던 백제는 보다 많은 농경지를 확보하기 위해 남쪽으로 진격하여 마한의 잔여 세력을 정복하였으며 소백산맥 너머에 있는 상당수의 가야 소국들까지도 복속시켰다. 아울러 보다 원활한 대륙과의 교통망을 확보하기 위해 북으로 황해도 지역까지 진출을 시도했다. 이러한 백제의 팽창은 필연적으로 주변국과의 충돌을 야기했다. 그중에서도 한반도 북쪽을 차지하면서 활발한 정복전쟁을 벌이던 고구려와의 한판 대결은 피할 수 없는 시대의 요청이기도 했다.

백제의 근초고왕은 369년과 371년 황해도 일대에서 벌어진 두 차례의 전

지 30년간 나라를 다스렸다. 그는 활발한 정복활동뿐만 아니라, 백제 초기 불완전했던 왕권을 강화시키고 중앙집권화를 강화시켜 백제를 고대국가로 완성한 국왕이라고 평가받는다.

8 삼한(三韓) : 한국 고대사에서 삼한(마한, 진한, 변한)의 정확한 실상을 파악하기란 매우 어렵다. 그 이유는 고려 때 김부식의 『삼국사기』와 일연의 『삼국유사』 외에는 기록이 부족하기 때문이다. 그래서 고대 삼한에 대한 공부를 할 때는 옛 중국의 문헌을 참고해서 추정할 수밖에 없다는 한계가 있다. 삼한의 영역은 지금의 한강 이남지역으로 경기 남부지역과 충청도, 강원도 서부와 남부지역, 그리고 경상도와 전라도 지역이다.

쟁을 승리로 이끌며 마침내 고구려의 평양성을 공격했고, 평양성 전투에서 고구려 고국원왕을 전사시키는 전과를 올렸다. 백제는 한반도 지역만이 아니라, 밖으로도 세력을 뻗어 요서지역을 공략하여 백제군을 두기도 했다. 이 시기에 백제는 정치가 안정되고, 부자상속제가 정착되어 국력의 결집이 어느 시기보다 잘 이루어졌

근초고왕 초상화

다. 문화적으로도 크게 발전해 근초고왕 때 박사 고흥은 백제의 역사를 정리한 『서기』를 쓰기도 했다.

백제의 최고 전성기는 근초고왕(재위 346~375년) 시절이었다. 이어서 그의 아들 근구수왕(재위 375~384년)[9]을 거치면서 4세기 중반에는 한반도 중부지역의 최대 강국으로 등장했다. 백제의 13대 왕 근초고왕의 재위 마지막 해인 375년이 바로 훈족이 동고트족을 침입하면서 게르만족의 대이동이 시작됐던 해인 것이다.

또한 근초고왕은 누구보다도 더 활발하게 정복전쟁을 벌였는데, 이로 인해 3세기 말에서 4세기 초의 백제 왕실은 기마민족의 이동기에 출현한 정복왕조가 아닌가 하는 추측을 불러일으키기도 했다. 삼국시대 3대 정복군주를 꼽을 때 고구려의 광개토대왕, 신라의 진흥왕 그리고 백제의 근초고왕을 꼽

---

9 근구수왕(375~384) : 백제의 14대 왕. 근초고왕의 아들로 375년 근초고왕이 죽자 왕위에 올랐다. 근초고왕은 371년 고구려 평양성 공격에 참여했는데, 『삼국사기』에 근초고왕이 태자와 함께 평양성을 공격했다고 기록되어 있다. 이때의 태자가 바로 근구수왕인데, 이로 미루어 백제가 고구려의 평양성을 공격할 때 실질적으로 주도했던 사람은 아들인 근구수왕이었다는 사실을 알 수 있다.

을 만큼 유능하고 개혁적인 백제의 대표적인 정복군주였던 것이다.

근초고왕에 대해 좀 더 추가한다면 그는 4세기 중반부터 백제의 전성기를 이끈 왕으로 이때 백제는 한강을 중심으로 사방으로 국력을 떨치며 강력한 해상왕국을 건설하기도 할 정도였다. 근초고왕은 남쪽으로는 곡식이 잘 자라는 좋은 땅을 많이 차지해 식량을 확보하고, 서남 해안으로는 모든 해상력을 장악했는데, 이로써 백제는 서해를 중심으로 한 동북아시아 해상 교역의 중심 국가로 우뚝 서게 됐던 것이다.

이 시기의 백제는 중국의 동진은 물론 남쪽의 가야와 왜까지 외교 관계를 맺었고, 요서, 산둥, 규슈 지방으로 영향력을 뻗쳤으며 국제적으로도 국력을 인정받는 강력한 나라였다.

06

이슬람교의 탄생과 살수대첩 vs 안시성 전투

610년   618년~645년

서양사에서는 편의상 5세기부터 15세기까지를 중세로 보는데 이에 의하면 이슬람교가 태동한 610년경은 7세기에 해당하므로 중세 초반에 있었던 매우 중요한 사건이었다고 볼 수 있다. 우리가 사는 이 세상에 정확히 몇 개의 종교가 있는지는 아무도 모르지만 그중에서도 세계 신자 숫자를 보면 기독교, 이슬람교, 힌두교, 그리고 불교가 세계 4대 종교로 꼽힌다.

흥미로운 것은 기독교와 이슬람교 그리고 유대교(이스라엘 종교)가 성경에 나오는 아브라함과 그의 아들인 이삭의 후손임을 자처하고, 비슷하면서도 결정적인 차이점을 보인다는 것이다. 이 결정적인 차이로 인해 기독교, 이슬람교, 유대교가 서로 갈등하고 반목하는 양상이 지금 우리 시대까지도 이어져오고 있다. 여기서는 그중에서도 이슬람교에 대해 살펴본다.

다신이 아닌 유일신을 섬긴다는 점에서 기독교와 매우 유사한 이슬람교는 언제 어떻게 이 세상에 선보이게 됐을까? 이슬람교는 예언자 무함마드[1]

---

1   무함마드(Muhammad Mahomet, 572~632) : 우리는 주로 '마호메트'라고 쓰는데 '무함

에 의해 아라비아반도에서 610년에 처음 태동하게 되는데, 이 시기 한반도에서는 무슨 일이 있었을까?

이슬람교의 태동과 가장 근접한 시기에 한반도에서 벌어진 가장 드라마틱한 사건을 꼽으라면 아마도 고구려와 수나라의 전쟁이었던 살수대첩을 꼽을 수 있을 것이다. 고구려의 명장 을지문덕 장군에 의해 엄청난 수의 수나라 군사가 수장되면서 고구려에 대승을 가져다 준 살수대첩이 벌어졌던 게 바로 618년이었으니 무함마드의 이슬람교 태동과 살수대첩은 상당히 가까운 시기에 동양과 서양에서 벌어졌던 매우 굵직한 사건이었던 것이다.

이 장에서는 서양사와 우리 역사에서 매우 중요한 사건이었던 이슬람교의 태동과 발전 그리고 고구려의 살수대첩을 살펴보도록 하자. 을지문덕의 살수대첩은 특히 강감찬의 귀주대첩, 이순신의 한산도대첩 그리고 권율의 행주대첩과 함께 한국사 4대 대첩으로 불릴 만큼 굉장한 사건이기도 하다.

1) 이슬람교의 태동(610~622)

중세 아라비아반도에는 사막에 사는 유목민족인 아랍인들이 살고 있었

마드'가 아랍어 원음에 가까운 표기이다. 이슬람교 창시자 무함마드는 570년 메카에서 쿠라이시 부족으로 태어났는데, 당시 메카는 다신교의 성지였다. 이 도시를 움직이는 부족이 바로 쿠라이시 부족으로 명문이고, 부자였으며, 뛰어난 장사꾼들이기도 했다. 현재 사우디아라비아의 메카는 이슬람의 성지이고, 무슬림이라면 반드시 일생에 한 번은 성지순례를 해야 하는 곳이며 '라마단'이 열리는 곳이다. 부모를 잃고 조부와 삼촌의 손에 키워진 무함마드는 목동 일을 하다 자신의 고용주인 25세 연상의 부유한 과부 하디자와 결혼해 풍족한 생활을 누리게 된다. 그러나 계속된 아들의 죽음을 통해 진리를 찾던 중 메카 북쪽에 있는 히라산의 어느 동굴에서 유일신 알라의 계시를 받고 알라의 사자가 됐다. 이후 자신의 아내를 최초의 무슬림으로 만들고 이슬람교를 결국 완성시켰다고 전해진다.

다. 이들 아랍인들은 조상 대대로 하늘에 있는 반짝이는 별을 숭상했는데 어느 날 이 별이 땅에 떨어진다. 땅에 떨어진 신비로운 별 조각을 관에 잘 넣어서 메카에 있는 신전에 모셨는데 이 신전의 이름을 카바 신전(사원)이라

메카에 있는 카바 신전(사원)

불렀다. 현재도 사우디아라비아의 메카에 있는 카바 신전 안에는 그들이 신비로운 돌로 여기는 검은 돌이 들어있다.

어린 시절부터 이 신비로운 검은 돌을 숭상하며 메카에서 태어나고 자랐던 예언자 무함마드는 명문 귀족 출신이었지만 일찍이 부모를 여의고 친척들의 보살핌을 받으며 성장했다. 장성한 무함마드는 자신보다 나이가 한참 많은 부유한 미망인과 결혼해서 부족함 없는 삶을 살았는데 어느 날 아들의 죽음으로 방황하다가 진리를 찾아 명상의 길에 접어들게 된다. 그가 찾은 곳은 메카 북쪽에 있는 히라산이었는데 이 히라산의 어느 동굴(히라 동굴)에서 명상을 하던 중, 유일신이자 절대자인 알라의 계시를 받고 이슬람교를 창시하게 되었다.

무함마드는 알라의 계시대로 자신의 고향인 메카에서 이슬람교를 포교하려고 했지만 당시 메카는 다신교를 숭상하던 도시였기 때문에 유일신 알라 외에는 모두 이단이라고 주장하는 무함마드를 핍박한다. 다른 아랍인들은 물론이고 자신의 부족인 쿠라이시 부족의 박해와 핍박 그리고 부족 사람들의 멸시까지 더해지면서 무함마드는 매우 힘겨운 상황에 놓이게 된다. 자신의 고향인 메카와 자신의 부족 사람들에도 배척을 받은 무함마드는 더 이

무함마드가 천사로부터 계시를 받은
히라 동굴(메카 북쪽 히라산 정상)

상 메카에 머물 수 없게 되면서 다른 곳으로 탈출을 해야만 하는 상황에 몰린다.

무함마드가 이슬람교 포교를 시작한 지 10년이 되던 620년, 메카에서 약 500킬로미터 정도 떨어진 메디나라는 곳에서 순례자 6명이 메카로 왔다가 무함마드의 설교를 듣고 종교적 감동을 받게 된다. 이들 순례자 6명 중 5명이 이듬해 다른 순례자 7명을 데리고 다시 메카로 와서 이슬람교를 본격적으로 받아들이는데 이게 이슬람교가 메카에서 메디나로 옮겨가게 된 계기였다.

무함마드의 설교와 교리에 감동한 메디나 사람들이 무함마드를 메디나로 초청하는데, 그는 이 초청을 "신의 땅으로 이주하라"라는 신의 계시로 받아들인다. 이 계시에 따라 자신을 따르는 약 200여 명의 무리들과 함께 622년 7월 16일 고향 메카를 탈출해서 메디나로 떠난다. 이슬람에서는 이 당시의 탈출을 '헤지라(이주)'라고 부르기도 한다.

메카의 전통 신앙인 다신교를 부정하고 유일신 사상을 전파하던 무함마드를 잡기 위한 쿠라이시 부족의 추격이 있었지만 이 추격을 따돌리고 무사히 메디나에 도착한 무함마드는 이곳에서 부족 사이의 종교적 갈등을 중재하면서 능력을 인정받게 되고 또한 이슬람교를 전파하면서 위대한 종교 지도자로 자리잡는다.

이슬람 역사에서는 무함마드가 자신의 추종자들과 함께 메카를 떠나 메디나로 위대한 이주를 시작한 첫해를 이슬람 공동체가 본격적으로 만들어지고 이슬람 국가들이 태동한 시점이라고 본다. 즉 무함마드가 메카를 떠난

622년 7월 16일이 기원 원년 1월 1일이 되는 것이며 이를 '헤지라력'[2]이라고 해서 매우 중시한다. 그 이유는 탄압하는 메카를 떠나 무함마드를 환영하는 메디나로 떠난 이 시점을 기점으로 이슬람 제국의 기초가 마련됐고 이슬람 역사의 첫 장을 마련한 위대하고 용감한 이주라고 보기 때문이다.

2) 무함마드 계승자들의 지하드(633~762)

무함마드는 630년부터 새로운 이슬람교 포교전략을 쓰게 된다. 다름 아닌 군사력을 통한 빠르고 강제적인 종교의 전파였다. 군사력을 활용해서 주변 도시를 점령하고 의무적으로 이슬람교를 믿게 한다면 손쉽고 빠르게 이슬람교를 포교할 수 있었기 때문이었다.

무함마드는 자신을 추종하는 이슬람 군사들을 이끌고 630년, 떠나온 고향 메카를 공격해서 점령하고 이어서 여세를 몰아 아라비아반도의 대부분 지역을 이슬람교의 영향권 아래 두게 된다. 목숨을 걸고 자신을 추종하는 군사력 덕분에 무함마드는 아라비아반도 전역에 이슬람교를 보급하면서 순탄하게 포교했다. 그러나 그로부터 2년 후인 632년 그가 사망하면서 이슬람교는 내부의 분란에 휩싸이게 된다. 창시자의 죽음으로 인한 분란 속에서도 장로인 아부 바크르가 초대 칼리프로 취임하면서 2년 만에 분란을 잠재우고 이슬람교 확산을 위한 성스러운 전쟁을 감행한다.

참고로 칼리프는 이슬람 교리의 정통성을 수호하며 이슬람 공동체의 통치에 관한 모든 일을 관장하는 이슬람 제국의 최고 통치자를 말하는데, 선거

---

2   헤지라력 : 이슬람교에서 쓰는 태음력으로 서기 636년에 제정됐다. 태음력인 헤지라력은 1년을 354일로 본다. 즉 우리가 쓰는 태양력의 1년보다 10~11일이 짧다. 무슬림들은 매년 1월 1일을 헤지라력에 의거해서 '헤지라의 날'로 기념한다.

로 뽑힌 초대 장로부터 4대 장로까지를 흔히 '정통 칼리프'라고 부른다.

이들은 이슬람교 전파를 위한 전쟁을 '지하드' 즉 성스러운 전쟁이라고 부르면서 이슬람교를 위해서는 어떤 행동도 할 수 있다는 맹목적인 신앙심을 심어준다. 지금도 전 세계 곳곳에서 벌어지는 다양한 테러의 배후에는 바로 이 지하드 관념이 있다. 이들은 이슬람교 확산을 막는 세력을 향한 테러와 싸움을 성스러운 전쟁이라고, 이런 성스러운 전쟁을 위해 목숨을 던지는 것을 가장 가치 있는 행동이라고 미화시키기 때문에 폭탄 띠를 두른 어린아이들도 과감히 목숨을 버리게 되는 것이다.

무함마드의 사망 이후 혼란했던 이슬람 내부의 분열을 막았던 초대 칼리프 아부 바크르가 죽은 후, 우마르가 제2대 칼리프로 등극한다. 2대 칼리프 우마르는 이슬람교의 확산을 위해 즉시 서방세계이자 기독교의 본산인 비잔티움과 페르시아 세력에 대한 공격과 침략을 명령하면서 지중해 전역에 대한 지하드를 감행한다. 이때부터 유일신 하나님을 믿는 기독교와 유일신 알라를 믿는 이슬람교의 싸움이 시작된 것인데 이 길고도 지루한 싸움은 21세기인 지금도 이어지고 있다.

2대 칼리프 우마르가 이슬람을 통치했던 약 10년의 기간 동안 이슬람 세력은 이집트를 정복했고, 페르시아를 물리치는 등, 초기 이슬람 세력의 확산에 큰 기여를 했다. 우마르의 뒤를 이어 오스만과 알리로 이어지는 3대, 4대 칼리프 시대에 접어들며 이슬람 내부는 다시 권력투쟁의 늪에 빠지고, 661년 4대 칼리프 알리가 자객에게 암살을 당하게 될 정도로 매우 혼란한 시대를 보내게 된다. 4대 칼리프의 암살 이후 새롭게 등장한 우마이야 왕조부터 칼리프가 선출제에서 세습제로 바뀌게 됐고 정복전쟁은 계속 이어진다. 이렇게 계속 정복전쟁을 통해 이슬람교를 전파하던 우마이야 왕조는 드디어 7세기 들어 유럽으로 눈을 돌리고 북아프리카를 정복한 이후 이베리아반도(현 스페인, 포르투칼)까지 진출하게 된다.

이베리아반도는 유럽 땅으로서 기독교가 지배하던 곳인데 이런 곳을 이슬람교가 장악하면서 기독교 세력들을 몰아내고 전 유럽을 공포로 몰아넣은 것이다. 승승장구하던 이슬람 세력은 드디어 지금의 프랑스 중부지역인 투르−푸아티에 지방까지 진출했고, 유럽을 놓고 기독교와 이슬람교가 운명을 걸고 한판 대결을 벌이는데 그게 바로 유명한 투르−푸아티에 전투[3]이다.

3) 을지문덕(乙支文德)과 살수대첩(612)[4]

바다 건너 서양에서는 7세기가 시작되는 610년부터 아라비아반도를 중심으로 무함마드에 의해 이슬람교라는 신흥종교가 태동해서 점차 그 세력을 확장하고 있을 때, 우리나라에서는 어떤 일이 벌어지고 있었을까? 이슬람교 태동과 가장 가까운 612년에 우리나라(당시 고구려)는 중국의 수나라와 국운을 건 큰 전쟁을 치르고 있었다.

589년 중국은 위진남북조 시대가 막을 내리고 이를 통일한 수나라가 등장했다. 중국이 수나라에 의해 통일됐다는 것은 당시 중국과 국경을 맞대면서 힘을 겨루고 있던 고구려를 비롯한 동아시아의 정세에 큰 변화를 예고하

---

3 투르−푸아티에 전투(Battle of Tours−Poitier) : 732년 프랑크(현 프랑스)의 궁재(宮宰) 칼 마르텔이 이베리아반도(현 스페인)을 점령하고 프랑크까지 진출한 이슬람교도 군대를 격파한 전투로 기독교사에서는 매우 중요한 전투다. 그 이유는 기독교 세력이 온 힘을 다해 싸운 이 전투의 승리로 전 유럽의 이슬람화를 막았기 때문이었다. 만약 이 전투에서 칼 마르텔이 이끄는 서유럽 최후의 기독교 세력들이 패배했다면 아마도 지금 서유럽의 대부분 국가들은 기독교가 아닌 이슬람 국가가 됐을 것이다. 이런 이유로 서유럽의 기독교사에서 매우 중요시하는 전투가 됐다.

4 살수대첩 : 612년, 을지문덕 장군의 고구려군이 살수(지금의 청천강)에서 수나라 대군을 크게 무찌른다. 당시 30만이 넘는 수나라 별동대 군사들 가운데 압록강을 넘어 요동지역까지 살아서 돌아간 이는 겨우 2,700명에 불과했다. 이로 인해 고구려의 수도인 평양성을 치려던 수나라의 계획이 실패한 것은 물론, 수나라는 내분과 멸망의 길로 접어들게 되었고, 결국 수나라의 뒤를 이어 중국에서는 당나라가 등장하게 됐다.

는 것이었다. 수나라의 등장으로 큰 부담과 위협을 느끼고 있던 고구려는 오히려 수나라에 선제공격을 감행했다.

수나라가 들어서던 589년 당시 고구려는 영양왕이 다스린 지 9년째 되는 해였는데 고구려는 고구려 군사에다가 말갈 군사 1만을 합해 요하를 건너서 중국의 요서지방을 공격했다. 고구려의 이러한 기개와 군사력은 이후 고구려가 중국과의 오랜 기간에 걸친(약 70여 년) 전쟁을 버텨내고 승리하도록 만든 원동력이기도 했다. 중국은 고대부터 중화사상을 중심으로 중국이 세계의 중심이고 나머지 나라들은 다 오랑캐라고 생각하고 있었다. 그래서 고구려를 비롯한 말갈 같은 나라들을 침략해서 복속시키려 하던 시절이었다.

중국에게 있어 한낱 오랑캐라고 여겼던 고구려의 선제공격 소식은 당시 수나라 황제 수문제(隋文帝)의 입장에서는 굉장히 황당한 일이었을 것이다. 결국 그는 30만 대군을 동원, 고구려를 공격했으나 큰 홍수와 질병 그리고 기근 등으로 인해 중도에서 공격을 포기하고 회군하였다. 이 공격이 실패한 이후 수나라에서는 격변이 일어나게 되는 데, 수문제의 아들 수양제(隋煬帝)가 아버지를 시해하고 권력을 틀어쥐었던 것이다.

수양제는 612년, 613년 그리고 614년에 걸쳐 4차례의 고구려 침략을 감행하는데 이 중 2차 여수전쟁(고구려 VS 수나라)이 바로 살수대첩이었다. 수양제는 113만 명이라는 당시로서는 세계에서 가장 많은 군사들을 동원해서 다시 고구려를 침략한다(당시 113만 명은 동원된 군사의 숫자에서 세계 제1차 대전 이전까지 가장 많은 수였다고 한다). 이처럼 엄청난 대군을 동원했지만 고구려에는 광개토대왕에 필적하던 을지문덕[5]이 있었다. 을지문덕 장군은 수나라와의

---

5   을지문덕 : 고구려의 을지문덕은 신라의 김유신, 조선의 이순신, 고려의 강감찬 장군과 함께 우리나라를 대표하는 명장이자 영웅이다. 그런데 다른 장군들의 역사적 기록이 잘 보존되어 있는 것과 달리 을지문덕 장군은 살수대첩의 활약상 외에는 다른 기록이 없는 신비의 인물이다. 김부식의 『삼국사기』에도 을지문덕 장군에 대해선 "을지문덕의 출생지와 가문의 계보 등은 불확실해서 알 수가 없다"고만 적혀 있다. 이처럼 베

전쟁 외에는 역사에 알려진 것이 거의 없을 정도로 철저히 베일에 가려져 있던 인물이었고 단지 그의 자질이 침착, 용맹하고 지략이 있으며 글 짓는 재주가 뛰어나다고만 전할 뿐이다. 그의 이름이나 불분명한 출신 때문에 을지문덕을 중국에서 귀화한 인물로 추정하기도 하지만 그 또한 확실치 않다. 어쨌든 수나라의 인해전술에 맞서 을지문덕은 수나라 군사들에게 적당히 싸우다 패하는 전략을 써서 평양성 30리(지금으로 치면 약 12킬로미터 거리) 밖으로 유인해냈다.

당시 수나라의 장수 우문술과 우중문은 압도적인 군사들의 숫자로 인해 수나라의 승리를 확신하고 있었는데 이때 그 유명한 을지문덕의 희롱조의 오언시(五言試)가 우중문에게 날아든다. 『삼국사기』「열전 – 을지문덕전」에 기록된 「여수장우중문시(與隋將宇仲文詩)」의 내용은 대략 다음과 같았다.

> 그대의 귀신같은 책략은 천문을 꿰뚫고
> 절묘한 계략은 지리를 통달하였소
> 싸워 이긴 공이 이미 높으니
> 족함을 알고 여기서 그쳐주기 바라오

얼핏 들으면 우중문을 칭송하는 것 같지만 실상 이 오언시는 을지문덕이 우중문을 희롱하는 시였다. 사태를 직감한 우중문은 즉각 30만 대군의 퇴각을 명했지만 결국 살수(청천강)에서 발이 묶이고 뒤에서 공격해오는 고구려 군사들에게 제대로 싸워보지도 못하고 대패를 당한다. 당시 살수대첩이 얼

일에 가린 인물이지만 한편 친숙한 인물이기도 하다. 그 이유는 을지문덕의 이름을 딴 '을지'라는 단어를 많이 사용하기 때문이다. 서울의 중심가에는 '을지로'가 있고, 군대에서 주는 무공훈장의 이름도 '을지무공훈장'이며, 또 한국과 미국이 진행하는 방위훈련의 이름도 '을지 프리덤 가디언 훈련'이다. 또한 해군 전함도 '을지문덕함'이며, 주한 미군 12사단의 이름도 '을지부대'라는 이름을 쓰고 있는데 이처럼 다양한 곳에서 을지문덕 장군의 이름을 쓰고 있는 것이 특이하다.

마나 위대한 승리였느냐 하면 30만 명 중에서 무사히 살아서 도망간 자가 불과 2,700명이었을 정도였다.

살수에서 전멸을 당한 치욕을 씻고자 그 후에도 수양제는 두 차례에 걸쳐 다시 고구려를 공격했지만 역시 실패만 반복한다. 이후 무리한 고구려 침략에 대한 백성들의 원성과 민중들의 봉기가 이어지면서 결국 수양제도 측근에 의해 618년 암살을 당하면서 수나라도 역사의 뒤안길로 사라진다. 당대 극동에서 가장 강력한 국가였던 수나라를 역사에서 사라지게 만들었던 위대한 전쟁이 바로 을지문덕의 살수대첩이었다. 앞에서 살펴봤던 게르만족의 대이동으로 인해 뜻하지 않게 서로마제국이 몰락했던 것처럼 살수대첩의 대패로 인해 수양제는 물론이고 수나라 자체가 사라졌으니 정말 엄청난 사건이었다.

수나라가 몰락하고 이어서 중국에는 당나라가 들어서게 되는데, 고구려는 수나라처럼 당나라도 반드시 고구려를 침략할 것을 예상하고 부여성에서 발해에 이르는 지역에 천리장성을 쌓는 등 국방 강화에 심혈을 기울인다.

당시 당나라는 세계의 중심이라고 할 수 있을 정도로 전성기를 누리던 나라였다. 당나라의 수도는 지금의 서안(西安) 부근인 장안(長安)이었는데, 페르시아는 물론이고 이슬람제국과의 교류를 통해 서양문화와 이슬람교, 조로아스터교[6]까지 받아들였다. 장안성은 전성기에는 바그다드와 더불어 인구 100만 이상을 자랑하며 영화를 누렸던 세계에서도 규모가 가장 큰 최대 도시였다. 이후 안사의 난[7]으로 인해 식량난이 발생하고 지역분쟁이 많아지면

---

6 조로아스터교(Zoroastrianism) : BC 6세기경 자라투스트라가 창시한 신흥종교. 옛 페르시아 지역에서 창시, 지금의 이란 지역과 인도를 거점으로 퍼져나갔다. 창조신이자 유일신인 '아후라 마즈다'를 중심으로 선악의 세계를 구분하며, 『아베스타』라는 경전의 일부 내용만 전승되고 있다. 하루에 다섯 차례 제사의식을 지내는데, 이 제사의식에 사용되는 불을 숭배한다고 해서 중국에서는 '배화교'라 부르기도 한다.

7 안사의 난(755~763) : 중국 당나라 체제를 붕괴시킨 반란으로 당시 당나라 절도사였

서 쇠망의 길에 들어서고, 결국 907년 몰락했지만 이처럼 한때 세계 최대의 제국이었던 당나라와 고구려가 맞섰고 물리쳤다.

고구려의 예상대로 645년, 즉 고구려의 제28대 국왕 보장왕 4년째 되는 해, 당나라의 태종은 약 50만에 이르는 대군을 이끌고 요동 공격을 시발점으로 해서 고구려 북방의 여러 성들을 공격한다. 이것이 제1차 고당전쟁(고구려 VS 당나라)이었다. 그보다 먼저, 고구려에서는 천리장성 축조의 책임자로 연개소문[8]을 파견했는데 그는 마치 이성계의 위화도 회군처럼 642년 군사적 쿠데타를 일으켜 영유왕을 몰아내고 그의 조카인 보장왕(재위 642~668)을 옹립한 뒤 독재정치를 시작했다.

대막리지라는 직책을 갖고 고구려의 새로운 실권자가 된 연개소문이 당나라에 대해 적대적인 태도를 보이자 당태종은 645년, 수나라의 원한을 갚는 전쟁임을 선포하고 직접 최정예 부대를 이끌고 고구려를 공격했다. 요동 반도에 있는 고구려의 개모성, 요동성, 비사성 등을 차례로 함락시킨 당나라는 고구려 수도 평양성 함락에 앞서 그보다 규모가 작은 안시성을 먼저 공격

던 안녹산은 한족과 이민족 출신으로 구성된 군사 15만 명을 이끌고 하남을 향해 진군했다. 그는 황제 주변의 간신들과 양귀비의 사촌인 재상 양국충(楊國忠) 토벌을 명분으로 내세웠다. 이를 '안사의 난'이라고 불렀다. 당시 당나라의 수도였던 장안은 실크로드를 통해 서역과 활발한 교역을 하는 국제도시였는데 안사의 난은 당나라 쇠퇴의 전환점이자 중국 사회를 변화시키는 계기가 된 반란이었다.

8   연개소문(淵蓋蘇文) : 고구려 말기의 장군이자 재상으로 사망 연도는 665년 혹은 666년인 데 비해 출생과 출신지에 대해서는 정확한 기록이 없어서 고구려 동부 출신이라는 설과 서부 출신이라는 설이 엇갈린다. 642년 보장왕을 추대하고 고구려 최고 권력자인 대막리지가 되어 국왕을 능가하는 절대 권력을 행사했다. 신라와 당나라에 대해 강경책을 폈으며 연개소문이 천리장성을 축조한 것도 당의 공격에 대비한 것이었다. 665년 연개소문이 죽자, 맏아들 남생과 남건, 남산 등이 권력투쟁을 벌였다. 권력싸움에서 패한 남생이 당으로 망명하자 당은 남생을 앞세워 나당연합군의 이름으로 고구려 정벌에 성공했다. 이 때문에 고구려 멸망의 원인이 연개소문의 독재 때문이라고 보는 학자들의 견해도 있다.

하기에 이른다.

당시 안시성은 인구 10만에 명장 양만춘이 지키던 작은 성이었다. 그러나 양만춘의 활약으로 당나라는 안시성을 함락시키지 못하게 되고, 결국 당태종은 50만 명의 군사를 동원해서 60일 만에 안시성 앞에 흙으로 만든 토산을 건설한다. 그러나 토산마저 고구려 군사들에게 빼앗기고, 4개월 동안이나 안시성을 공격했음에도 불구하고 함락시키지 못하고 결국 645년 9월 퇴각을 할 수밖에 없게 된다. 작은 성이었던 안시성의 활약은 당나라의 침입을 실패로 돌아가게 할 만큼 대단한 것이었다. 특이한 것은 을지문덕 장군과 마찬가지로 안시성 성주였던 양만춘 장군에 관한 기록도 양만춘이 활을 쏘아서 당태종의 눈을 맞혔다는 이야기 이외에는 거의 없다는 사실이다. 이처럼 고구려는 수나라와 당나라에 걸친 70년의 기간 동안 한반도에 중국의 영향력이 미치지 못하도록 막는 역할을 잘 수행했던 위대한 나라였다.

4) 살수대첩에는 수공(水攻)이 있었다? 혹은 없었다?

을지문덕의 살수대첩은 초등학교 시절부터 들었고 책에서도 많이 봤던 내용으로 우리 한국인들에게는 매우 친숙하다. 특히 수나라 30만 군사를 살수로 유인해서 강물을 소가죽부대로 막고 물을 가둬놨다가 수나라 군사들이 강바닥에 들어섰을 때 둑을 텄고 결국 이 거대한 물줄기에 모두 수장됐다는 통쾌한 이야기가 아직도 기억에 생생하다. 그렇다면 당시 살수대첩은 정말 강물이 군사들을 모두 쓸어버린 드라마틱한 사건이었는가? 정말 그 많은 수나라 군사들이 모두 살수(청천강)에서 수장됐다는 말이 사실일까?

역사학계의 논쟁이 있지만 결론적으로 보면 아쉽게도 우리가 어린 시절 배웠던 이야기와 실제 당시 살수에서 벌어졌던 사건에는 큰 차이가 있는데 바로 물줄기를 막지 않았다는 것이다. 그러니 살수대첩은 강물이 군사들을 휩쓸어버린 사건이 아니라는 것이다. 그런데 왜 그런 신화 같은 이야기가 마치 정설인 것처럼 내려왔을까?

을지문덕의 살수대첩은 『삼국사기』에 전해 오는 이야기에서 기인하는데 『삼국사기』에는 이렇게 서술되어 있다.

행군이 겨우 중도에 미쳤을 때 군량이 이미 떨어지려 하였다. 왕은 을지문덕을 보내 그 진영에 가서 거짓으로 항복하였는데, 실은 그 허실을 보려한 것이었다. 우중문이 앞서 "만약 왕이나 을지문덕이 오면 반드시 사로잡으라"는 황제의 비밀 명령을 받았다. 우중문이 그를 잡으려고 하였으나, 상서우승(尚書右丞) 유사룡이 위무사(慰撫使)로서 굳이 말리므로, 우중문이 마침내 그 말에 따라 을지문덕을 돌아가게 하였다. 얼마 후에 그것을 후회하고 사람을 보내 을지문덕을 속여 "다시 이야기하고 싶으니 다시 오시오."라고 하였으나, 을지문덕은 돌아보지도 않고 압록수를 건너 가버렸다. 우문술은 군량이 떨어졌으므로 돌아가려고 하였으나, 우중문이 정예군으로 을지문덕을 쫓으면 공을 세울 수 있을 것이라고 주장하였다. 이로 말미암아 우문술 등이 부득이 그의 말에 따라, 여러 장수와 함께 물을 건너 을지문덕을 쫓았다. 을지문덕은 우문술의 군사들에게 굶주린 기색이 있는 것을 보고, 짐짓 그들을 피곤하게 만들려고 매번 싸울 때마다 도망가니, 우문술이 하루 동안에 일곱 번 싸워 모두 이겼다. 을지문덕은 다시 사자를 보내 거짓 항복하며 우문술에게 청하였다. "만약 군대를 돌리시면 왕을 모시고 황제의 행재소로 알현하겠습니다." 우문술은 마침내 그 속임수에 따라 되돌아갔다. 가을 7월에 수나라 군대가 살수에 이르러 군대의 반이 건넜을 때 우리 군사가 뒤에서 후군을 쳤으므로, 우둔위 장군 신세웅이 전사하였다. 이리하여 여러 군대가 모두 무너져서 걷잡을 수 없게 되었다. 내호아는 우문술 등이 패하였다는 소식을 듣고 역시 군사를 이끌고 돌아갔으며, 오직 위문승의 1군만이 홀로 온전하였다. 처음 9군이 요하를 건넜을 때는 무릇 30만 5천 명이었는데, 요동성으로 돌아가 도착했을 때는 겨우 2천 7백 명이었으며, 황제가 크게 노하여 우문술 등을 서민으로 강등시켜 쇠사슬로 묶었고, 을지문덕을 풀어준 유사룡은 참수하였다. 그리고 계묘일25일에 군대를 이끌고 돌아갔다.

『삼국사기』의 내용을 요약하면 을지문덕은 적의 약점을 염탐하기 위해 일부러 포로가 됐었고, 퇴각하면서 적을 방심케 하기 위해 의도적인 패배를 당했다. 그리고 쫓아오는 수나라 군사들에게는 청야전술[9]을 썼고, 수나라 군사들이 퇴각할 때 사방으로 공격해서 대승을 거뒀다는 것이다.

『삼국사기』에 보면 당시 살수는 지금의 청천강이었는데 당시 수심이 깊지 않았다고 한다. 즉 당시 기록 어디에서도 강물을 막았고, 이를 일시에 터뜨려서 수장했다는 기록은 없다. 이런 이야기가 사람들의 입으로 전해지면서, 좀 더 흥미를 끌기 위해 게다가 위대한 승리를 부각시키기 위해 아마도 그런 전설 같은 요소가 더해졌을 것으로 본다. 특히 을지문덕의 살수대첩이 많은 드라마에서 다루어지면서 이런 극적인 승리가 많이 등장했다. 『삼국사기』에 없는 이야기인 둑을 터뜨려 승리했다는 이야기는 단재의 『조선상고사』에 등장하는데 아마도 이것을 참고한 것으로 본다.

내호아의 수군이 패했음을 안 우문술 등의 수나라 육군이 퇴각하는데, 을지문덕은 미리 사람을 뽑아 살수 상류를 모래주머니로 막게 하고 장병 수만을 뽑아 천천히 수나라 군사를 뒤쫓게 하였다. 살수에 이른 수나라 군대는 물의 깊이를 알지 못해 머뭇거리는데 고구려 승려 7명이 다리를 걷고 '오금에도 미치지 못하는 물이다' 하며 건너는 것을 보고 살수를 건너기 시작했다. 수나라 군사가 살수의 중간쯤에 도달할 때쯤 상류의 모래주머니 둑을 트니 물이 사납게 내리닥치는데 이때 문덕의 군사가 뒤쫓아와 공격하니, 수나라 군사는 거의가 칼이나 화살에 맞아 죽거나 물에 빠져 죽어 30만

---

9 청야전술(淸野戰術) : 주변에 적이 사용할 만한 모든 군수물자와 먹을 만한 식량 등을 모두 없애 적군을 지치게 만드는 전술이다. 방어하는 측에서 퇴각하면서 적군이 쓰거나 먹을 만한 모든 것들을 불태우는 방식이 가장 흔했다. 살수대첩, 임진왜란, 병자호란 등에서 활용되었고, 나폴레옹의 러시아 원정도 유명하다. 나폴레옹이 러시아 원정을 갔을 때, 러시아군이 퇴각하면서 남은 것들을 불태웠고 식량이 바닥난 프랑스 군사들은 러시아의 추위까지 겹치면서 결국 패하게 됐다. 이 패배는 작은 영웅 나폴레옹의 몰락을 재촉하게 만든 유명한 청야전술이었다.

5천 중에서 2천 7백만 살아 돌아갔다

『조선상고사』에는 을지문덕의 부하들이 강 상류를 모래주머니로 막았다는 기록이 있는데 이것이 우리가 어린 시절 배웠던 살수대첩의 신화가 됐던 것이다.

결론적으로 살수대첩 하면 강감찬 장군의 귀주대첩과 함께 수공(水攻)을 떠올리는데, 『삼국사기』, 『수서』, 『자치통감』, 『동사강목』, 『해동역사』 등 한국과 중국의 사서에서는 강둑을 무너뜨려 수공을 했다는 내용이 전혀 없다. 수공에 관한 내용은 오직 근대 기록에만 등장하는데 이는 민간의 전설이었던 칠불전설(七佛傳說)[10]이 변형되어 수록된 것으로 본다. 실제 수공을 활용한 전투는 흥화진전투[11]뿐이었다.

그러나 여기서 간과해서는 안 될 것이 있는데, 살수대첩에서 수공을 썼느냐 아니냐 하는 문제에 대해서는 아직도 논란이 있다는 것이다. 과거의 역사에 대해 논란이 있다는 말은 곧 당시 시대를 확실히 보여줄 자료가 매우 제한적이거나 부족하다는 것을 의미한다. 그러니까 이런저런 논쟁들이 나오

---

10 칠불전설(七佛傳說) : 『신증동국여지승람』 52권에 나오는 이야기로, 살수대첩 당시 퇴각하던 수나라 군사들이 청천강에 이르러 수심을 몰라 쉽게 도강을 하지 못하고 있었다. 이때 어디선가 7명의 고승이 나타났고 이들이 바지를 걷고 강을 쉽게 건너는 모습을 본 수나라 군사들이 너도나도 강으로 뛰어들었는데 갑자기 불어난 강물이 이들을 모두 덮쳤다는 것이다. 이런 인연으로 이곳에 절을 지었는데 이 절의 이름이 칠불사였고, 7개의 큰 돌을 나란히 세웠는데 이 돌들은 7명의 고승을 형상화한 것이라고 한다.

11 흥화진전투(興化鎭戰鬪) : 고려 전기 거란침입 때 흥화진(현 평안북도 의주)에서 벌어진 전투. 흥화진은 서희(徐熙)가 거란과 담판하여 강동 6주를 확보한 이후에 구축한 압록강 방면의 요충지였다. 거란은 이런 흥화진을 선점하기 위해 여러 번 침입하였다. 특히 1018년(현종 9) 소배압(蕭排押)이 지휘하는 거란의 10만 대군이 제3차 침입을 감행하였는데, 강감찬은 삼교천(三橋川) 상류의 둑을 막고 군사들을 매복하여 거란군이 강을 건널 때 둑을 터는 수공(水攻)을 펼쳐 대승을 거두었다. 흥화진전투는 강감찬 장군과 귀주대첩의 배경이 되었고 고려의 위상을 굳건히 하는 데 큰 역할을 했다.

는 것이다.

당시 자료가 부족한 것은 고구려가 나당연합군(신라와 당나라 군사 연합)에 몰락하면서 많은 기록들이 유실됐고, 그래서 한참 후에 쓰인 『삼국사기』를 많이 참고하지만 문제는 많은 역사가 승자의 기록이라는 것이다. 즉 전쟁이나 권력다툼에서 승리한 세력이 자신들의 입맛에 맞도록 역사를 재단하는 일이 흔했다는 것이다. 이 말은 다시 말하면 역사는 승자의 입맛에 맞게 얼마든지 위·변조가 가능할 수도 있다는 것이고 이런 일로 인해 시간이 흐르면 역사의 진실성 논란이 일어난다는 것이다.

한편 수공이 있었다는 주장의 근거는 당시 수나라 군대가 퇴각할 때 청천강에 이르렀고 배가 없었으니 당연히 수심이 가장 얕은 상류 쪽을 택해서 도강을 시도했으리라는 추측이다. 이를 미리 예상한 을지문덕이 상류의 물을 막아놨기에 더욱 수심이 얕아진 것이고 도강할 때 둑을 터뜨려서 혼란에 빠뜨린 후 총공격을 감행했으리라고 여긴 것이다. 이 또한 당시 고구려의 축성기술을 볼 때 충분히 가능했으리라고 본다는 것이다.

결론적으로 살수대첩에서 수공이 정말 있었느냐 아니냐는 문제는 역사학계가 정식으로 답해야 할 것이다.

07

신성로마제국의 탄생 vs 고려의 건국

962년   918년

유럽의 중세는 종교 문제로 상당히 복잡한 시대였고 그로 인한 국가 사이의 갈등이 어느 시대보다 많았다. 중세 유럽은 그 어느 시대보다 더 종교의 영향력이 막강했으며, 특히 로마 가톨릭을 중심으로 세상이 움직이는 것으로 여기던 시대였다. 로마제국이 동로마(현 터키 이스탄불 지역)와 서로마(현 이탈리아 로마 지역)로 갈라지고 나서 한참 시간이 흐른 서기 476년 서로마 멸망 이후 프랑크 왕국의 샤를마뉴(카를로스)와 오토 1세가 로마 교황으로부터 서로마 황제의 제관을 수여받으면서 서로마제국 부활을 위해 노력했지만 실제로는 상징적인 의미였다. 샤를마뉴 이후에는 서로마 제관의 의미가 쇠퇴했고 오토 1세 이후에는 서로마 제관을 지속적으로 이어가다 보니 서로마 부활로 여겨지기도 해서 시간이 흐르면서 독일 지역을 중심으로 한 왕국은 신성로마제국(The Holy Roman Empire)으로 불리게 되었다. 사실 같은 로마제국이라는 이름을 썼지만 고대 세계 최강이었던 로마제국에 비해 신성로마제국은 지역적 규모에서 비교가 되지 않았다. 고대 로마제국이 지금의 영국부터 이집트를 포함한 북아프리카까지 지배하는 대제국이었다면, 신성로마제국은 지금의 독일과 주변 소국을 포함하는 지역에 국한됐던 것이다.

그렇다면 신성로마제국은 어떻게 정의될 수 있을까? 이 제국을 시기적으로 구분한다면 10세기 중반인 962년에 오토 1세가 황제로 등극한 때부터 프란츠 2세가 왕좌에서 물러난 19세기 초반인 1806년까지를 흔히 신성로마제국으로 본다. 즉 9세기라는 긴 시간에 걸쳐 독일 국가 원수(元首)가 황제 칭호를 가졌던 시대의 독일제국의 정식 명칭이 당시 신성로마제국이었던 것이다.

유럽에서 신성로마제국이 시작되는 것과 비슷한 시기인 10세기에 우리나라 한반도에서는 무슨 일이 일어났을까? 우리에게 잘 알려진 고구려, 백제, 신라의 삼국시대에 이어 신라에 의한 최초의 삼국통일이 이루어진 것이 7세기인 서기 676년이었고, 그 이후에 한반도에는 새로운 삼국시대가 다시 열렸다. 발해에 이어서 후백제와 후고구려가 다시 등장했는데, 역사는 이런 2차 삼국시대를 후삼국 시대라는 이름으로 불렀다.

신성로마제국(962)이 성립하기 44년 전인 서기 918년 우리나라에서는 왕건(王建)이라는 인물이 등장해서 후삼국[1]을 통일하고 새로운 나라를 건국했는데 이 나라가 바로 고려였다.

당시 상황을 좀 더 부연하면, 한반도에서는 김유신과 김춘추가 당나라와 손을 잡고(나당연합군) 이룩한 신라의 삼국통일(676) 이후, 대조영의 발해(698)를 거쳐 고구려와 백제를 계승한다고 자처했던 견훤의 후백제와 궁예의 후

---

1 후삼국(後三國) : 936년, 왕건에 의한 통일이 이루어지기 이전 약 50년간 세 나라의 분립 상태를 가리킨다. 신라 말 중앙권력이 약화되자 지방 세력들이 나라를 세우고 경쟁을 시작했다. 먼저 견훤은 도읍을 완산주로 정하고 후백제 왕을 자칭하면서 전라도와 충청도 일대를 장악했고, 궁예는 자신을 후고구려 왕이라 칭하며 철원으로 도읍을 옮겨 평양에서 충청북도 일대에 이르는 지역을 세력권으로 삼았다. 왕건은 930년 후백제군을 격파하고 935년 신라 경순왕의 항복을 받아낸 후, 936년 후백제를 멸망시키고 한반도 내에 단일 왕조를 구축하였다.

고구려가 있었다. 왕건은 궁예의 부하장수 출신이었는데, 포악해진 궁예가 부하들에게 쫓겨난 후 918년 왕위에 올랐다. 왕건이 국호를 고려라 하고, 연호를 천수(天授)라 정하면서 비로소 한반도에서 고려의 역사가 시작된다.

여기서는 비슷한 시기에 동양과 서양에서 발전했던 굵직한 두 나라, 즉 신성로마제국과 고려의 흥망성쇠에 대해 살펴보도록 하자.

1) 신성로마제국의 유래와 형성

신성로마제국은 앞에서도 언급했듯이 고대 로마와는 별로 관련이 없는 지금의 독일 영토에 있던 제국이었다. 신성(神聖)이라는 용어를 붙인 것은 신성한 신의 뜻에 의해 로마 교황이 된 사람이 서로마 제관을 수여했으니 이것은 곧 신의 뜻을 받은 것이라 여겼기 때문이다. 그리고 옛날에 전 유럽을 넘어 북아프리카까지 호령했던 서로마제국(지금의 이탈리아 로마)을 계승하고 싶다는 의미에서 신성로마제국은 서로마제국의 부활이라 생각했고 그래서 국가 이름에 로마라는 명칭을 붙인 것이었다.

즉 지리적으로 별 관련이 없던 나라에서 새로운 제국을 선포하면서 과거의 찬란했던 로마를 이어받기 위해 국호를 신성로마제국이라고 한 것이다. 그러나 국호와는 달리 사실 신성로마제국은 신성하지도 않았고 고대 로마와도 상관이 없었다는 것이 문제였다.

결론적으로 신성로마제국은 중세에서 근대 초까지 이어진 중부유럽의 정치연방체를 말하며, 프랑크 왕국이 베르됭 조약(843)[2]으로 나뉜 동쪽에서

2　베르됭 조약(Treaty of Verdun) : 843년 루트비히 1세의 세 아들이 프랑크 왕국(현 프랑스)의 분할을 위해 맺은 조약. 838년 루트비히 1세는 세 아들에게 왕국을 분할해주었으나, 루트비히 1세가 죽자 형제간에 영토전쟁이 벌어진다. 장남의 상속분이 많은 데

독일 왕이 헝가리의 마자르족을 격퇴한 후 로마 교황으로부터 황제의 관을 수여받고 신성로마제국을 선포했다.

신성로마제국에서 신성(神聖)이라는 용어가 처음 등장한 것은 엄밀하게는 1157년 프리드리히 1세가 각 지역의 제후[3]들에게 보낸 소환장이다. 신성로마제국은 고대 로마의 영광을 계승한다는 의미였기에 11세기에는 아예 로마제국, 12세기에는 신성제국이라고 불렸고 로마제국과 신성제국이 합쳐져서 신성로마제국으로 불리게 된 것은 13세기 이후부터였다. 고대 로마도 그렇고 신성로마제국도 그런데, 전 유럽을 호령하던 제국에 대한 독일인들의 향수가 컸는지 16세기 들어서는 아예 도이치 민족의 신성로마제국이라고 불리기도 했다.

2) 프랑크 왕국의 분열과 형제간 다툼

신성로마제국의 형성과 성립을 이야기하기 위해서는 먼저 지금의 프랑스와 독일 그리고 이탈리아 영토가 어떻게 분열됐고 또 통합됐는지를 살펴볼 필요가 있다. 그 이유는 신성로마제국이 바로 이들 분열된 세 나라 중 하나인 독일의 전신이라고 볼 수 있기 때문이다. 결론적으로 신성로마제국의 성립은 형제들의 갈등과 분열의 산물이기도 하다.

고대로 거슬러 올라가면 한창 유럽의 패권국가로 군림했던 로마제국이

불만이 많았던 두 동생들이 동맹을 맺고 권력투쟁을 벌였다. 형제들의 권력다툼에 지친 귀족들이 중재에 나서면서 베르됭에서 왕국을 3분할하기로 결정하였다. 이 조약으로 인해 오늘날의 프랑스, 독일, 이탈리아 3국이 형성되었다.

3 제후 : 중세 독일은 여러 지역으로 나뉘어 있었는데, 각 지역을 다스리던 사람을 제후라고 불렀고, 이들 제후들 중에서 제후들의 대표인 황제를 선출할 수 있는 권한(요즘의 투표권)을 가졌던 제후들을 특별히 '선제후'라고 불렀다.

있었다. 지금의 영국에서 북아프리카까 지 로마의 속주로 삼으며 잘 나가던 로마 제국은 서기 476년 게르만족과 훈족 등의 침입으로 인해서 몰락의 길로 접어들었 다. 로마는 몰락하기 직전 서로마(이탈리 아 로마)와 동로마(터키 이스탄불)로 쪼개지 는데 그중에서도 지금의 이탈리아 로마인 서로마가 게르만족의 침입으로 몰락했던 것이다.

클로비스 1세

로마를 몰락시킨 게르만족은 더욱 영 토를 넓혀서 갈리아 지방(지금의 남프랑스 지역)을 지배하면서 서유럽 일대에 여러 다양한 나라들을 세웠다. 그중에서도 클로비스[4]라는 영웅에 의해 481년 갈 리아 지방에 세워졌던 나라가 프랑크 왕국이었다. 프랑크족인 클로비스에 의해 세워진 프랑크 왕국은 클로비스가 기독교로 개종한 뒤 게르만 통일국 가로 발전된다.

클로비스가 게르만 종교에서 기독교로 개종했다는 것은 굉장한 의미를 갖는 일이었다. 서양 문명을 가장 설명하고 이해하는 핵심어 중 하나가 바 로 기독교이기 때문이다. 고대 로마제국 말기부터 18세기 후반의 프랑스혁

---

4 클로비스(Clovis) : 프랑크족의 족장 클로비스는 프랑크족들을 모아 486년, 지금의 프 랑스 땅에 프랑크 왕국을 설립했고 이어서 가톨릭으로 개종했다. 이렇게 해서 496년 정식으로 세례를 받고 로마 가톨릭 신자가 되었다. '제2의 콘스탄티누스'라고 불리기 를 원했던 클로비스는 로마제국의 많은 문물과 제도를 받아들였다. 이를 계기로 교황 과 우호적인 관계를 유지함으로써 유럽 내 여러 이민족 왕국들 사이에서 기독교의 수 호자임을 자처했다. 게다가 이슬람의 유럽 진출을 막아냈고, 주변 국가들에 기독교 신 앙과 로마 문화를 전파하기도 했다. 즉 새 판이 짜인 유럽에서 기독교가 공동의 정신 과 가치로 자리매김하는 데 가장 중추적인 역할을 한 사람이다.

〈클로비스의 세례〉

명 때까지(1789), 심지어 현재까지도 서양인들의 가치관과 생각을 지배해온 사고와 신념의 핵심이 바로 기독교이기 때문에 서양 문명과 서양인을 말할 때 반드시 염두에 두어야 하는 것이기도 하다.

그러나 서양 문명과 기독교를 생각하면 쉽게 이해가 잘 안 가는 부분이 있기도 한데, 예를 들면 다양한 신을 숭상하고 황제를 신으로 여기기도 했던 로마가 왜 기독교를 쉽게 받아들이고 인정하게 됐는지? 또는 베들레헴 출신의 목수였던 예수를 십자가에 못 박아 죽게 한 것도 로마인들이었는데, 어째서 그를 따르는 종교가 로마제국 말기부터 득세하게 된 것인지? 또는 서로마제국이 멸망한 이후, 기독교는 어떻게 오늘날 유럽의 대부분 지역에서 정신적 지주로 군림하게 된 것인지 등이다. 이를 이해하기 위해서 위 그림에 대해 잠깐 살펴보도록 하자.

1500년경에 그려진 〈클로비스의 세례〉(워싱턴 내셔널갤러리 소장)는 서유럽의 새로운 지배자인 게르만족과 기독교의 만남을 그린 것으로 욕조 속에 있는 클로비스가 세례를 받으면서 거듭나는 순간을 소재로 하고 있다. 천하의 영웅이었던 클로비스는 왜 갑자기 기독교로 개종하는 결단을 하게 된 것일까? 여기에는 로마의 초대 황제가 된 콘스탄티누스와 비슷한 전설 같은 이야기가 전해진다.

게르만족인 프랑크족의 왕 클로비스는 또 다른 게르만족인 알레마니족과의 싸움에서 패전에 직면하게 되자 신에게 간절한 기도를 올린다. 만약 전쟁에서 기적적인 승리를 거두게 되면 이것은 전적인 신의 도움으로 생각하고 기독교로 개종하겠다는 약속을 했던 것이다. 마치 과거 로마의 패권을 두고 막센티우스와 전투를 벌이던 콘스탄티누스가 밀비우스 다리 전투[5]에서 그랬던 것처럼 클로비스도 신에게 약속을 했던 것이다.

〈밀비우스 다리 전투〉, 라파엘로, 1520

막센티우스에게 전투에서 밀리던 콘스틴티누스가 낮잠을 잘 때 미카엘 대천사가 나타나 특별한 문양[6]을 군사들의 방패에 새기고 싸우면 승리한다는 예언을 준다. 대천사의 예언을 듣고 그대로 한 결과 정말 기적적인 역전승을 거두게 됐고 결국 콘스탄티누스가 로마의 황제가 될 수 있었다. 신의 도움으로 전쟁을 승리로 이끈 콘스탄티누스는 승리의 영광을 그리스도에게

---

5 밀비우스 다리 전투(Battle of the Milvian Bridge) : 서기 312년 10월 28일 로마의 유일한 황제 자리를 노리던 콘스탄티누스 1세와 막센티우스가 로마 근교에 있는 밀비우스 강의 밀비우스 다리에서 벌인 전투를 말한다. 이 전투에서 승리한 콘스탄티누스는 로마제국의 유일한 단독 황제로 집권하는 길을 열었다. 이 전투에는 유명한 기독교 전설이 내려오는데, 전투에서 계속 패배하던 콘스탄티누스의 꿈에 미카엘 대천사가 나타나 내일 전투에서 그리스도를 상징하는 문자를 들고 싸우면 역전승을 할 수 있다고 알려주었다. 대천사의 조언에 따라 군사들의 방패에 X와 P를 합친 문자 라바룸을 그리게 했고 결국 꿈을 충실히 따른 콘스탄티누스가 전투에서 크게 승리했다고 한다.

6 라바룸(Labarum) : 그리스도라는 명칭의 그리스 문자(그리스어 ΧΡΙΣΤΟΣ 또는 Χριστός)의 처음 두 글자 카이(X)와 로(P)를 겹쳐놓은 것이다. 로마 황제 콘스탄티누스 1세가 맨 처음에 사용하였다.

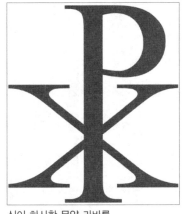
신이 하사한 문양 라바룸

돌렸고 313년 2월 그 유명한 밀라노 칙령[7]을 반포했다. 그것은 모든 로마인들에게 기독교를 포함해 자신이 원하는 종교를 따를 수 있는 자유를 보장한다는 칙령이었다. 즉 기독교를 비롯해 모든 종교에 대해 신앙과 포교의 자유를 허용한 것으로 특히 기독교에 대한 박해를 중지하라는 명령을 내렸고 이로써 기독교가 로마에서 공식적으로 황제의 지지를 얻은 종교가 됐다.

콘스탄티누스 황제처럼 496년, 프랑크 왕국의 클로비스도 전투에서 극적으로 승리하자 승리의 공을 예수에게 돌리며 개종을 결심한다. 클로비스는 당시 프랑스 랭스 지역의 주교 레미기우스에게 기독교식 세례를 받는 것으로 기독교로의 개종을 완성한다. 클로비스의 개종 이후 모든 신하들과 장수들에게도 개종을 하게 하는 것으로 프랑크 왕국은 기독교 국가로의 첫발을 디뎠다.

이후 프랑크 왕국이 여타 게르만족들을 압도하며 서유럽에서 중심 세력으로 자리 잡았다는 점에서, 클로비스와 프랑크 제국의 기독교로의 개종은 서유럽 전체의 기독교화를 촉진하는 특별한 단초가 되었다. 나아가 클로비스의 개종은 서양 중세 정치와 종교의 두 지배세력인 게르만 지배층과 기독

---

7 밀라노 칙령(Edict of Milan) : 313년 로마 콘스탄티누스 대제가 로마제국 내에서 영원한 신앙의 자유와 기독교의 권리 보장을 위해 발표한 포고령으로 기독교가 정식으로 공인받게 된 매우 의미 있는 칙령이다. 주요 내용은 기독교도들에게 교회 조직의 법적 권리를 보장해주고, 모든 사람의 신앙의 자유를 인정하며 국가에서 몰수한 교회의 모든 재산을 반환한다는 것이었다. 이후 4세기 말인 392년, 테오도시우스 황제가 다른 종교를 금지하고 기독교를 사실상 로마제국의 공식 국교로 확정지었다.

교가 손을 잡는 지배체제의 첫 시작이기도 했다. 실제로 클로비스가 세례를 받은 랭스 대성당은 역대 프랑스 왕들이 대관식을 올리는 장소로 사용됐는데 이는 기독교라는 종교가 왕권이라는 권력과 얼마나 밀접하게 결합하였는지를 잘 보여주는 사례이기도 하다.

클로비스의 개종 이후 프랑크 왕국은 승승장구했고, 800년 샤를마뉴(카를로스) 대제가 옛날 서로마제국의 영토를 차지하고 서유럽을 통일시키자 로마 교황은 그를 서로마제국의 황제로 임명한다. 그러나 샤를마뉴가 죽자 프랑크 왕국은 내분에 의한 영토분쟁이 일어나게 되고 결국 그의 손자들 시대에 가서는 동프랑크, 중프랑크, 서프랑크로 분열된다. 세 개로 분열됐던 나라 중 하나인 동프랑크가 훗날 신성로마제국이 된 것이다.

3) 후삼국의 성립 : 고구려와 백제를 계승한다?

10세기라는 새로운 시대를 살아가던 962년, 유럽에서는 신성로마제국이라는 거대 제국이 탄생했는데, 이와 비슷한 시기인 10세기 초반 한반도에서는 후삼국의 뒤를 이어 왕건이라는 인물에 의해 고려가 탄생한다. 고려라는 새로운 나라가 태동하는 과정 이전에, 고구려와 백제를 계승한다는 명분으로 9세기 말부터 10세기 초에 이르는 시기에 성립된 후삼국 시대가 있었다. 이에 대해 살펴보도록 하자.

676년 삼국통일의 대업을 완수한 신라는 한반도의 주인으로 새로운 문명을 만들며 순조로운 시대를 살고 있었지만, 물이 고이면 썩는다는 말처럼 통일 이후 200여 년이 흐르면서 서서히 부작용들이 발생하기 시작했다. 특히 신라의 계급체제에 의한 정치가 문제였는데 9세기 말, 계속되는 진골[8]들

---

8 진골(眞骨) : 골품제는 성골이나 진골의 '골제'와 1~6두품의 '두품제'로 구분되는데, 특

의 왕위쟁탈전 속에서 신라는 정치적 혼란기를 맞게 된다.

정치적 혼란에 더해 신라의 밑바닥을 지탱하던 농민들에게도 위기가 온다. 흉년과 전염병이 겹치며 농촌은 점점 황폐화되어갔다. 살기 어려워진 농민들은 산으로 들어가 도적이 되기도 했는데 이 숫자가 점차 늘어나자 이들이 국가에 바치던 세금이 감소한다. 줄어드는 세금을 보충하고자 신라 지배층은 더 많은 세금을 부과하게 되고, 이것은 결국 신라와 지배층에 대한 반란의 형태로 나타나게 된 것이다. 이런 계속되는 반란으로 인해 결국 신라가 자랑하던 신분제인 골품제[9]는 무너질 수밖에 없게 되었고 반란의 세력들은 점차 커지게 되었다.

하층민들의 지배층에 대한 반란은 시간이 지나면서 전라도를 중심으로 한 견훤과 한강 이북을 중심으로 한 궁예의 양대 세력으로 굳어지게 됐고 결국 이들 반란의 우두머리들은 신라에 맞서 새로운 정권을 수립한다. 견훤은 백제를 계승한다는 명분으로 서기 900년 후백제를 세웠고, 궁예는 고구려를 계승하기 위해 1년 후인 901년 후고구려를 세우는데 이것이 바로 후삼국시대의 시작이었던 것이다. 즉 우리나라 역사에서 삼국시대는 2차례 있었는데 첫 번째가 고구려, 백제, 신라의 삼국시대였고, 두 번째가 바로 후삼국시대였으며, 우리에게 잘 알려진 김유신이 첫 삼국통일의 주인공이었다면, 두 번째 삼국통일의 주인공은 바로 왕건이었다.

히 진골은 중앙의 모든 관직에 취임할 수 있었다. 대부분 왕족 출신인 진골이 각 중앙 관서의 장관직을 독점한 데 반하여, 6두품은 차관직밖에 차지할 수 없었다. 모든 면에 있어서 진골은 최고의 대우를 받았다.

9 골품제(骨品制) : 골품제는 모두 8개의 신분층으로 구성되었는데, 먼저 골족은 성골(聖骨)과 진골(眞骨)로 구분되었으며, 두품층은 1~6두품까지 6개의 신분층이 존재하였다. 즉 골품제는 혈통의 높고 낮음에 따라 관직 진출, 혼인 등을 비롯한 사회생활 전반에 걸쳐 여러 가지 범위와 한계를 규정한 신분제이다. 특히 세습성이 강하고 신분 간의 배타성이 심하여, 일찍부터 인도의 카스트 제도 및 일본의 씨성(氏姓) 제도와 비교되어 주목받아왔다.

먼저 완산주(지금의 전주)와 무진주(지금의 광주)를 기반으로 후백제를 건국한 견훤은 상주지방의 평범하고 가난한 농민의 아들이었다. 성장하며 군인이 된 견훤은 신라 서남해 지역 방위를 맡은 변방 장수로 신라가 혼란해지자 농민군들을 규합해서 신라에 반기를 들었다. 견훤의 목표는 오로지 두 가지였는데, 하나는 백제를 온전히 계승하는 것이었고, 다른 하나는 신라를 타도하는 것이었다.

견훤에게 사회를 개혁하고 백성들이 잘 사는 이상국가를 건설하는 목표 등은 애당초 없었던 것으로 보인다. 927년, 신라 타도를 위해 신라의 수도 경주를 공격, 경애왕을 죽이고 김부를 새로운 왕으로 삼았는데 이가 바로 신라의 마지막 왕 경순왕이다. 기록에 의하면 견훤은 경주를 공격해서 부녀자들을 겁탈하는 등의 난행을 일삼았고 그로 인해 신라인들의 큰 분노를 일으키게 됐다고 한다. 아마도 이렇게 처음부터 신라인들의 깊은 원한과 반발로 시작한 후백제였기에 오래 지속되지 못했을 것이라 생각된다.

가난한 농민의 아들로 보잘것없었던 후백제의 견훤과 달리 후고구려를 건국한 궁예는 매우 독특하고 흥미로운 인물이었다. 그는 신라의 진골 출신 왕자로 신라 47대 왕 헌안왕(재위 857~861)의 서자 혹은 48대 왕이었던 경문왕(재위 861~875)의 아들로 알려졌다. 속세의 성은 김씨, 본관은 경주, 승려로서의 법명은 선종이었다. 궁예의 어머니가 후궁이었다는 설과 해상왕 장보고의 도움으로 왕위에 올랐던 신무왕의 손자라는 설도 있다. 이렇게 궁예의 출생에 대해 여러 가지 견해가 있는 까닭은 궁예의 생애를 알려주는 자료가 거의 남아 있지 않아서 추측밖에 할 수 없기 때문으로 보인다. 출생에 대해 이렇게 복잡하고 다양한 설이 전해지지만 결과적으로 궁예는 신라의 왕족 출신으로서 지배층 사이에 벌어진 권력 다툼에서 밀려난 인물로 생각된다.

그런데 어린 시절 권력에서 밀려나며 온갖 수모를 겪었던 궁예에게는 한 가지 특이한 것이 있었는데 한쪽 눈에 심각한 문제가 있어서 늘 안대를 하고 있었다는 것이다. 또한 궁예는 태어나면서부터 이상한 이빨이 있었는데 이게 불길하다고 여겨져 왕실에서 바로 버림을 받았다고 하는 이야기도 있다. 이로 미루어 왕실의 적자가 아닌 서자 출신이었을 가능성이 크다.

특이한 외모로 인해 왕실에 해를 끼칠 저주를 갖고 태어났다고 여겨져서 궁예는 아기 시절 높은 누각에서 내던져졌다고 한다. 그 아기를 유모가 밑에서 받아 구했다고 하는데, 궁예를 받다가 실수로 그만 한쪽 눈을 찔러 눈이 멀게 됐고 자신을 받아준 유모와 함께 멀리 달아나 숨어 살았다고 한다. 어린 시절 왕실과 국가로부터 버림을 받았던 궁예였기에 자신을 버린 신라 왕실과 신라에 대한 적대감이 당연히 컸을 것이다.

10세 무렵 버림받은 왕자라는 신분을 속이고 영월에 있던 세달사(世達寺)로 출가해서 승려 생활을 했다고 전해진다. 승려로서는 선종(善宗)이란 이름으로 불리었고, 신라가 혼란해지자 북원(지금의 강원도 원주)으로 가 도적이자 반란군이었던 양길의 부하가 됐으며, 결국 양길을 죽이고 901년 개성에서 고구려를 계승한다는 명분으로 후고구려를 건국한다. 3년이 지난 904년 갑자기 국호를 마진(摩震)으로 바꾸었고, 7년이 지난 911년 다시 국호를 태봉(泰封)으로 정해서 역사의 많은 지도에 태봉이라는 이름이 등장한다.

태봉이 있던 장소는 지금은 휴전선 너머에 있는 비무장 지대(DMZ) 부근이다. 이곳에서 궁예가 기거했다고 보이는 도성 유적지들이 발견되기도 했다. 분단의 비극으로 인해 휴전선 남북으로 걸쳐 있었던 궁예 도성의 발굴을 위한 남북 합작프로젝트가 진행되기도 했었다.

불심이 깊었던 궁예는 아마도 세달사 시절에 미륵신앙[10]에 대해 관심을 갖게 된 것으로 보이는데 왕이 된 뒤에는 스스로를 미륵불이라고 하였다. 미

---

10 미륵신앙(彌勒信仰) : 미래불(未來佛)로서의 미륵을 믿고 현실에서의 크고 작은 어려움에서 벗어나고자 하는 불교신앙으로, 지배층과 피지배층에서 동시에 선호하였다. 지배층이나 국왕들은 자신들이 정법의 통치로 이상국가를 실현하겠다는 의지에서 미륵신앙을 선호하게 되었다. 그래서 왕실에서 불교를 수용하였고 국왕들은 불교식 왕명을 사용하였다. 특히 백제 시대에 미륵신앙이 가장 활발히 성행하였다.

륵신앙은 새로운 세상을 바라는 개혁 사상과 연결되기도 하는데, 궁예는 살기 좋은 세상을 바라는 백성들의 소망을 누구보다 잘 알고 있었고 자신이야말로 그 소망을 이루어줄 장본인이라고 믿게 하기 위해서 스스로를 미륵이라고 했던 것이다. 궁예 자신을 미륵불이라 칭하면서 그 유명한 관심법(觀心法)[11]이라는 일종의 독심술로 대신들과 귀족들을 협박하면서 정치를 했던 것으로 알려졌다.

일제시대 발굴된 궁예도성 흔적

　　미륵은 미래의 부처로, 석가모니가 현재의 세상을 구제해주는 부처라면 미륵은 석가모니 다음에 나타나 석가모니가 구제하지 못한 사람까지 남김없이 구제해주는 부처란 뜻이다. 미륵신앙은 당시 가난하고 헐벗은 백성들에게 미래에 대한 희망과 위로와 신앙심을 주었다. 미륵불이 되어 나라를 통치하는 신정정치를 꿈꾸었던 궁예는 918년 6월, 자신의 부하였던 시중[12] 왕건과 그의 지지자들에 의해 축출, 비극적인 최후를 맞았다.

11　관심법(觀心法) : 상대편의 몸가짐이나 얼굴 표정, 얼굴 근육의 움직임 따위로 상대방의 속마음을 알아내는 능력. 원래는 불교의 마음 수련법 가운데 하나로, 자신의 내면을 들여다보고 성찰해 본래 자신의 마음자리로 돌아가는 것을 의미했다.『고려사』에서는 '미륵관심법'이라 불렀고『삼국사기』에서는 '신통력'이라고도 불렀다.

12　시중(侍中) : 고려시대의 직제 중 가장 높은 자리로서 흔히 '문하시중'으로 불렸으며 지금의 총리나 수상에 해당하는 관직이다. 고려 말기 창왕 때 좌시중을 문하시중으로, 우시중을 수시중으로 개편했다. 조선시대에 들어서면서 문하부의 좌우시중으로 고쳐져 정1품이 되었다가 1401년(태종 1년)에 의정부의 좌의정과 우의정으로 통합되었다.

후고구려를 연 궁예는 가슴속에 늘 두 가지 큰 뜻을 품고 있었다고 하는데, 하나는 삼한통일, 즉 제2의 삼국통일이었고, 또 하나는 모두 다 잘사는 미륵세상 건설이었다. 궁예(弓裔)라는 이름도 '활 잘 쏘는 고구려 시조 주몽의 후예'라는 뜻으로 스스로 고구려의 후예임을 자처했던 것이다.

이렇듯 10세기에 한반도에서는 견훤에 의해 완산주(전주)를 중심으로 하며 백제를 계승한다는 후백제와 궁예에 의해 고구려를 계승하는 후고구려가 지금의 강원도 철원군 휴전선 부근에 생기게 되면서 기존에 있던 신라와 함께 삼국시대에 이은 새로운 삼국시대인 후삼국 시대를 열었던 것이다.

08

황제와 교황의 대립 vs 고려와 거란의 충돌

카노사의 굴욕(1077년)   강감찬의 귀주대첩(1018년)

중세와 신성로마제국을 대표하는 또 다른 한 가지 키워드는 바로 황제로 대표되는 세속권력과 교황으로 대표되는 종교권력의 끝없는 갈등과 대결이었다. 혹자는 이를 두고 중세의 역사는 '황제와 교황의 대립의 역사'라고도 한다. 중세의 가장 대표적인 황제와 교황의 대립을 꼽으라면 가장 유명한 사건이 '카노사의 굴욕'이다. 세속권력인 황제가 종교권력의 최고봉인 교황을 만나기 위해 눈 내리는 산속에서 3일을 기다려야만 했던 치욕스런 사건이었다. 카노사의 굴욕의 주인공들은 신성로마제국의 황제였던 하인리히 4세와 개혁 성향을 띤 교황이었던 그레고리우스 7세였다.

중세, 신성로마

교황 그레고리우스 7세

황제 하인리히 4세

제국과 유럽에서 황제와 교황의 대결이 극한으로 치달았다면, 한반도에서는 비슷한 시기에 무슨 일이 벌어졌을까? 당시는 고려가 한반도의 주인이었고, 중국대륙에는 송나라와 거란(요나라)이 있던 시절이었다. 전통적으로 고려는 내륙에 있는 중국과는 우호관계를 유지하면서 문물을 수입했지만 국경을 직접 맞대고 있는 북방민족과는 대체로 갈등관계를 유지했다. 10세기 후반 들어 중국대륙 및 북방의 여러 민족과 외교관계를 맺은 고려는 송나라와 친선관계를 유지하면서 문화와 문물을 수입했는데 그 이유는 송나라가 비록 군사력이 약해 거란을 형님의 나라로 받드는 외교적 굴욕을 당했지만 문화적으로는 많은 발전을 이뤘던 나라였기 때문이었다. 대표적으로 송나라는 세계 최초의 화폐를 만들었고 활자인쇄술을 발명하는 등 찬란한 문화적 업적을 이루었었다. 그러나 고려는 발해를 멸망시킨 거란(요)과는 친선보다는 대립의 관계를 형성하며 대립했다.

결국 거란은 10세기 후반부터 송나라와 고려를 맹렬히 몰아붙였다. 그 결과 성종에서 현종에 이르는 시기에 3차례에 걸쳐 거란의 침입을 받았으나, 잇따른 거란의 침략에 고려는 굴하지 않고 맞섰다. 고려의 대표적 장수였던 강감찬 장군이 이끄는 고려군은 거란의 10만 침략군을 귀주에서 전멸시키다시피 하는 대승을 거두었다. 이처럼 강감찬 장군의 귀주대첩이나 명외교관인 서희 등의 등장으로 거란을 격퇴하고 오히려 영토를 압록강까지 확장했다.

전쟁이 끝난 뒤 고려와 거란 사이에는 타협이 이루어졌고, 한동안 평화가 이어지자 문신 귀족 중심의 고려 문화는 전성기를 누렸다. 여기서는 유럽과 한반도의 중세시대였던 신성로마제국과 고려에서 벌어졌던 수많은 사건들 중 가장 드라마틱하고 흥미로웠던 대표적인 사건들인 카노사의 굴욕과 귀주대첩 그리고 서희의 외교술 등에 관해서 살펴보도록 하자.

1) 카노사의 굴욕(1077.1)

　'카노사의 굴욕'은 11세기 중반의 눈 쌓인 이탈리아 북부의 산골도시인 카노사라는 곳에서 벌어진 사건으로 현실의 최고 권력인 왕권과 내세의 최고 권력인 교황이 직접 충돌했던 가장 대표적인 사건이었다. 역사를 보면 일반적으로 황제와 교황은 서로를 적대시하지 않고 서로 일종의 상부상조하는 관계를 유지하는 경우가 흔했다. 그 이유는 당연히 서로가 서로를 필요로 했기 때문이었다.

　이처럼 불가근불가원(너무 가깝지도, 너무 멀지도 않다는 말)의 관계를 유지하면서 서로의 자리를 지키던 황제와 교황이 왜 갑자기 정면충돌하게 됐던 것일까? 신성로마제국(현재의 독일)의 황제 하인리히 4세와 당시의 교황 그레고리우스 7세가 서로를 죽이기 위해 정면충돌을 불사했던 원인은 사제 임명권 때문이었다. 사제를 임명하는 권리를 흔히 서임권이라고 불렀는데 두 사람은 바로 이 서임권을 누가 주도적으로 행사할 것인지를 놓고 극한의 투쟁을 벌이면서 정면충돌했던 것이다.

　'서임'이라고 하면 무엇인가를 상징할 만한 물건을 이용해서 특정인에게 성직이나 또는 관직을 하사하는 절차를 가리키는 용어이다. 일반적으로 사제를 임명할 때는 대대로 지팡이가 가장 많이 사용되었는데 하인리히 3세가 지팡이와 더불어 반지를 하사한 최초의 사람이었다. 결혼식에서 주고받는 반지가 신랑과 신부 간의 정신적인 결합을 의미하는 것처럼 왕이 지팡이와 함께 하사하는 반지로 인해 서임식의 상징성과 중요성이 더욱 커졌다.

　11세기 중반 교황 취임 후 여러 가지 개혁적인 정책들을 추진하던 그레고리우스 7세는 급기야 그동안 왕이 틀어쥐고 있던 사제 임명권을 교회로 회수하게 된다. 교황을 비롯한 교회 개혁론자들의 목적은 신성한 교회를 왕을 비롯한 세상 사람들의 영향권에서 독립시키는 것이었다. 이런 사람들의 시각으로 보자면 속세의 왕이 신성한 사제를 임명한다는 사실은 세상이 교회를 속박하는 것과 같았다. 즉, 그들은 세상 군주들의 사제 임명을 교회의 자유를 심각하게 침해하는 행위로 보았던 것이다. 특별히 1075년 하인리히 4세가 밀라노 대주교를 임명한 일을 계기로 해서 서임권 투쟁은 본격적으로 막이 오른다. 교회 개혁을 주장하던 교황 그레고리우스 7세가 이 일에 노골적인 불만을 갖자 하인리히 4세와 그를 따르는 이탈리아 북부 지역의 주교들이 연합해서 1076년 교황에 대한 불복종을 선언하기에 이른다. 왕과 일부 주교들의 불복종에 맞서 교황 그레고리우스 7세는 그해 2월에 열린 사순절 종교회의에서 하인리히 4세를 파문시키는 것으로 맞불을 놓는다.

당시 중세사회는 대부분의 나라에서 정치적으로 봉건제를 채택하고 있었기에 중앙에는 비록 왕이나 황제가 있었지만 지방으로 가면 왕의 명령보다 영주들의 명령이 더 잘 먹혔다. 이런 정치 지형에서 하인리히 4세가 당시로서는 가장 심각한 벌인 파문을 당했으니 그에게는 생각보다 큰 위기가 된다. 파문을 당한 사람을 돕거나 교제하는 귀족들도 함께 파문을 당했기 때문이었다. 사람이 죽은 뒤에 신의 은총을 입어 구원에 이르는 것이 모든 중세인들이 꿈꾸던 것이었는데 파문을 당하게 되면 구원을 받지 못한다고 믿었기 때문에 이것은 왕이 아닌 그 누구에게라도 매우 심각한 일이었다. 또한 파문을 당한 사람은 모든 성사와 예배에서 제외되었는데 보통은 성당이나 교회의 문지기가 문 앞에서 파문당한 자들의 출입을 막곤 했다. 게다가 전체 사회가 종교에 의해서 지배되던 시대에서 파문을 당한 사람은 모든 공동체에서 철저하게 배척을 당했기 때문에 파문은 실로 무서운 벌이었던 것이다.

법적인 관점에서도 파문은 법적 보호권 박탈뿐만 아니라 개인의 권리와 명예까지도 빼앗는 조치였다. 파문과 비슷한 것으로는 '교권 정지'가 있었는데 이 조치가 내려지면 파문처럼 모든 기독교 공동체에서의 퇴출과 예배 참석이 불허되었다. 이처럼 파문과 교권 정지는 중세 이후로 교황과 세속의 왕과의 다툼에서 교황들이 빈번히 사용하던 가장 강력한 무기였다.

한편 지방 영주들은 하인리히 4세가 이처럼 무서운 파문을 당하게 되자

그를 계속 공개적으로 지지하기가
어렵게 됐다. 그러자 그들은 왕에
게 최후통첩을 하는데 그 내용은
왕이 1년 안에 교황에게 파문 철회
를 받지 못할 시 더 이상 왕을 따를
수 없다는 일종의 마지막 경고였
다. 더 이상의 선택의 여지가 없어
진 하인리히 4세는 할 수 없이 교황
이 머무르던 이탈리아 북부의 카노
사로 찾아갈 수밖에 없게 됐다. 교

무릎 꿇은 하인리히 4세

황은 1월의 차디찬 눈보라가 휘몰아치는 카노사성 앞에서 알현을 청하는 하
인리히 4세를 즉각 만나주지 않고 무려 3일간을 기다리게 한다. 일설에 의하
면 하인리히 4세가 무릎을 꿇고 알현을 청했다는 말도 있고, 한 손에는 교황
이 전해준 빗자루를 들고 또 다른 손에는 자신의 신발을 들고 있었다는 말도
있다. 빗자루가 상징하는 것은 엉덩이에 매를 청한다는 것이고, 신발을 벗는
다는 것은 가장 낮은 곳으로 내려간다는 의미이니 이것은 왕에게는 엄청난
치욕이었던 것이다. 왕의 부인까지 대동했던 이 사죄 여행은 교황이 하인리
히의 대부 클리니 수도원장의 권유와 하인리히의 충성서약을 받아들여 사면
령을 내리고 결국 3일간 눈보라를 맞으며 성 밖에 서있던 하인리히 4세를 성
안으로 불러들여 자신이 집전하는 미사에 참석하게 하는 것으로 그에 대한
파문을 철회하며 끝났다.

　이 사건이 바로 중세 내내 끊이지 않았던 속세의 왕과 신의 대리인인 교
황이 벌였던 권력 다툼의 상징과도 같았던 '카노사의 굴욕' 사건이었다. 이
사건 이듬해인 1078년도부터 비로소 속세의 왕에 의한 사제 임명이 사라지
게 됐다. 하지만 카노사의 굴욕 이후에도 두 사람의 갈등은 계속되었고 1122
년에 가서야 두 사람의 후임자인 국왕 하인리히 5세와 교황 칼릭스투스 2세

가 화해하면서 마침내 봉합된다. 이후부터 세속의 국왕들은 지팡이와 반지를 하사하면서 자신들이 사제들을 임명하는 것을 중단했고 교황들은 성직자들을 선출하는 자리에 세속의 국왕이 참석하는 것을 인정했다.

2) 고려와 신흥강국 거란의 충돌

유럽의 중세 초기인 10~11세기가 기독교와 이슬람교의 치열한 전쟁이었던 십자군전쟁, 그리고 이어지는 교황과 황제의 갈등과 알력으로 혼란스러웠다면 동북아시아의 국제정세도 그에 못지않게 혼란스러웠다. 특히 고려와 거란, 송나라가 문제였는데 한반도 주변의 국제정세에 있어 10세기와 11세기는 파란만장한 말 그대로 격동의 시대였다고 볼 수 있다.

이 시기에는 태조 왕건을 앞세운 고려에 의해 한반도의 통일이 다시 한번 이루어졌고, 북방의 오랑캐라고 생각했던 중국에서는 5대의 혼란기를 거쳐서 송나라가 등장했다. 게다가 북방의 또 다른 한 축인 만주에서는 거란이크게 일어나면서 발해를 멸망시키는 등, 동북아 국제정세가 심하게 요동치고 있었다. 특히 발해를 멸망시키면서 동북아 패권을 노리던 거란과 고려 그리고 그 사이에 있던 송나라 등 3국이 주로 격돌하면서 자웅을 겨루었다.

당시 고려 사람들은 중국이 세상의 중심이라는 중화사상[1]처럼 고려가 세

---

1 중화사상(中華思想, Sinocentrism) : 중화문명이 세계의 중심이라는 중국의 관념. 여기서 '중화'는 한족의 문화를 뜻하며 한족 외 다른 민족과 나라를 이민족으로 여기고 배척하므로 '화이사상(華夷思想)'이라고도 한다. 이 사상은 춘추전국시대부터 진(秦)·한(漢) 시대에 걸쳐 형성되었다. 조선시대에 우리나라에서 받아들인 중화사상은 중국이 세계의 중심이며, 중국이 우리보다 앞선 문명국이니 중국의 문물을 따라야 한다는 사대주의적인 의식이었다. 한글이 창제된 이후에도 양반 계층에서 계속 중국의 글자인 한문을 쓴 것도 역시 중화사상의 발로라고 할 수 있다.

상의 중심이라 생각했고, 주변 나라들 중 특히 송나라와 가장 활발히 교류하였으며 거란이나 여진, 일본 멀리는 아라비아 등의 나라들과도 활발히 국제교류를 하고 있을 당시였다. 이처럼 고려 주변의 다른 나라들과 경제적·문화적으로 활발히 교류하면서 고려의 위상이 크게 발전하였고 외국인의 출입을 허용하면서까지 교류할 정도로 국가적으로 대외무역을 적극적으로 장려하기도 했다. 고려는 특히 당시 정치와 경제를 철저히 구별해서 국정을 이루던 나라였는데, 예를 들어 발해를 멸망시킨 거란과는 되도록 정치적으로 소원한 관계를 유지했으나 경제적으로는 육로를 통해서는 활발하게 교류했고, 여진과도 마찬가지였다. 또한 많이 알려졌다시피 고려는 멀리 바다 건너 아라비아 상인과도 교류하였는데, 고려에 들어온 아라비아 상인들이 고려를 자신들이 부르기 쉬운 코리아라는 이름으로 부르면서 현재 우리나라의 영어 이름인 코리아가 세계에 알려지게 되었다. 고려 사람들은 아라비아 상인들을 우리 식으로 해서 대식국(大食國)이라고 불렀는데 아라비아의 타지크(Tajik)라는 부족의 이름을 발음 나는 대로 그렇게 불렀던 것이다.

907년, 요하의 상류 쪽 내몽골 지역에 흩어져 살던 거란족이 야율아보기라는 인물에 의해 통일되면서 동북아 신흥강국으로 점차 부상하고 있었다. 새로운 강국의 입지를 다져가던 거란은 호시탐탐 송나라를 침범해서 복속시킬 계획을 갖고 있었다. 그러기 위해서는 선결과제가 있었는데 바로 송나라 뒤에 버티고 선 고려와의 좋은 관계였다. 만일 거란이 송나라와 전쟁을 할 때 고려가 송나라를 도와 참전하게 된다면 거란으로서는 상당히 위험한 상황으로 몰릴 가능성이 있기 때문에 거란은 고려와의 관계 개선을 원했다. 그러나 문제는 고려의 태조였던 왕건의 입장이었다. 왕건은 어느 날 힘을 키워서 발해를 멸망시킨 거란에 대해 적대적이었기 때문이었다.

태조 25년 어느 날, 거란은 고려와 화친을 도모하기 위한 사절단을 보내면서 특히 고려에서는 보기 힘든 진귀하고 희한한 동물인 낙타를 약 50마리 보내온다. 그러나 태조 왕건의 거란에 대한 정치적 적대감은 그대로여서 태조는 아예 정치적 화친을 거부라도 하듯이 거란의 사절단 약 30여 명을 유배 보내고, 낙타를 만부교에서 물 한 모금 주지 않고 아예 굶겨 죽여버린다. 사절단에게 행한 이러한 일은 명백한 화친 거부 의사였고 결국 고려와 거란의 공식적인 단교가 이루어진다.

3) 서희의 북방외교와 귀주대첩(1018.12)

고려와 거란은 돌아올 수 없는 강을 건넌다. 고려에서는 태조에 이어 경종, 광종 등 후대를 거치는 동안 거란에 대한 방비를 강화한다. 당시 광군(光軍)이라고 해서 지금의 예비군에 해당하는 군사들을 30만 이상이나 편성하는 등 거란에 대한 경계심을 높인다.

거란의 입장에서도 고려를 호시탐탐 노리면서 국력을 키운다. 특히 거란은 발해를 멸망시킨 후 마침내 중국대륙 전체를 넘보기에 이를 정도로 힘이 강대해졌다. 거란으로서는 중국대륙의 통일을 위해서는 반드시 송나라를 쳐야 했고, 그러기 위해 먼저 고려를 치기로 하면서 소손녕에게 당시로서는 엄청난 대군인 80만 군사를 이끌고 고려를 공격하게 하는데 이때가 고려 성종 12년인 993년의 일이었다. 이것이 거란의 1차 침입이었다. 그 이후에도 거란은 총 4차례에 걸쳐 고려를 침공했다.

거란에서 무려 80만 명의 대군으로 침공해오고 있다는 소식에 고려 조정에서는 겁을 잔뜩 먹은 대신들에 의해 화친하자는 할지론[2]이 제기되고 있었

---

2 할지론(割地論): 글자 그대로 땅(地)을 분할해준다는 의미로 서경(현 평양) 이북을 떼어주자는 논의를 말한다. 한마디로 적군이 원하는 땅을 내어주고 멸망을 면하자는 현실적인 주장이었다. 거란이 고려를 1차 침입했을 때 거란의 소손녕이 이끄는 80만 대군에게 고려 군사들이 대패한 이후 조정을 중심으로 등장했다. 이에 반해 서희를 중심으로 해서 일어난 논의가 있었는데 바로 강화론(講和論)이었다. 강화론은 강한 적과 정

다. 할지론의 요지는 80만의 대군을 맞아 싸우는 것은 승산이 없고 고려의 명운이 걸린 일이므로 직접 싸우지 말고 거란이 원하는 서경(현 평양) 이북의 땅을 그냥 주자는 것이다. 매우 현실적이고 타협적이며 일견 합리적이기까지 해 보이는 이 할지론이 당시 조정의 대세였는데 마침 이때 등장한 인물이 서희였다.

"아무리 적군이 대군이라고 하더라도 한번 나가서 싸워보지도 않고 항복할 수는 없다. 나를 적진에 보내주면 적장 소손녕과 한번 담판을 해보겠다." 이게 당시 서희의 할지론 반대의 변이었다고 한다. 서희의 기개에 눌렸는지 성종도 이를 허락했고, 이렇게 해서 한국 역사상 최고의 외교관인 서희의 담판이 탄생하게 된 것이다. 성종의 지원을 받은 서희는 거란의 총사 소손녕이 머물던 안융진(현재의 안주)으로 직접 찾아가서 적진에서 그와 마주한다. 그들은 도대체 무슨 말을 주고받았을까? 어떻게 서희는 피 한 방울 흘리지 않고도 거란의 80만 대군을 그냥 돌아가도록 만들었고, 게다가 고려 북방의 중요한 요충지인 강동 6주[3]를 얻을 수 있었을까?

여러 기록에 의하면 당시 서희는 소손녕에게 고려 침략의 이유를 물었고, 이에 대해 소손녕은 다음과 같이 주장했다고 전해진다. "고려는 신라를 계승하고 우리는 고구려를 계승했으니 고구려의 옛 영토를 돌려달라, 그리고 무슨 이유로 우리 거란을 놔두고 우리와 적대국인 송나라와 교류하고 있는가?"

면으로 싸우지 않고 외교적인 대화로 문제를 해결하자는 주장이었다. 서희의 외교적 담판이 바로 대표적인 강화론이었다.

3 강동 6주 : 993년(고려 성종 12년) 거란의 제1차 침입 때 서희가 거란의 선봉장 소손녕과 담판을 해서 영유권을 인정받은 고려 서북면의 영토이다. 이곳은 지리적·군사적으로 매우 중요한 요지였는데, 고려 건국 이후 줄곧 여진족이 거주하여 고려의 북방 진출에 큰 장애가 되었던 곳이다. 강동 6주는 압록강 동쪽 280여 리에 이르며, 이 땅의 북쪽 국경에 쌓은 장성이 바로 고려의 천리장성이다.

경기도 이천에 있는 서희테마파크에 전시된 서희와 소손녕의 담판 상상도

소손녕의 이런 주장에 대해 서희는 이렇게 응대했다고 한다. "아니다. 우리나라는 신라를 계승하는 것이 아니고 고구려를 계승하고 있다. 그래서 국호를 고려라고 한 것이다. 그리고 고려가 거란을 멀리하는 것이 아니고 고려 북방에 위치한 압록강 안팎 지역을 여진이 막고 있어서 교류를 할 수 없었던 것이다. 지금이라도 여진을 몰아내고 우리의 옛 영토를 다시 찾을 수 있다면 어찌 교류를 하지 않겠는가."

서희의 이러한 논리적이고 합리적인 주장에 설득된 소손녕은 고려가 거란에게 사대의 예를 갖춘다는 것을 조건으로 압록강 서북 강동 6주의 영유권을 고려에게 넘겨주었던 것이다. 그렇다면 고려는 과연 강동 6주를 획득한 이후에 서희의 말처럼 바다 건너 송나라와 교류를 중단했을까? 결론적으로 고려는 서희의 외교 담판술에 힘입어 거의 공짜로 북방의 중요한 요충지인[4] 강동 6주를 얻은 이후에도 송나라와의 교류를 계속 이어갔다.

---

4 강동 6주의 중요성 : 첫째, 압록강 연안에 진출하여 여진족들을 몰아내고 치안과 영토를 확장하는 군사적 요지. 둘째, 중원 지역과 직접적인 육로로 통행이 가능해지는 교

80만 명이라는 엄청난 적군에게 나라가 유린될 위기에 빠졌었는데, 거꾸로 세 치 혀와 담대함을 무기로 전쟁을 막은 것은 물론이고 뜻밖의 선물인 강동 6주까지 획득하게 됐으니 지금까지도 서희와 그의 외교 담판술을 그토록 칭송하는 것이다.

강동 6주를 내주고 80만 대군으로 고려를 공격하지 않고 그냥 철수했음에도 불구하고 고려가 계속 송나라와 교류를 계속하자 거란은 다시 고려를 침공했다. 이것이 거란의 2차 침공(1010년, 현종 원년)이었고, 거란은 2차 침공의 명분으로 어린 목종을 시해한 강조의 죄를 문책한다는 구실을 내걸었다. 그러나 이것은 침공을 위한 핑계일 뿐이었는데, 타국의 내정에 관한 일이었기 때문이었다. 당시 고려에서 벌어진 목종 시해 사건을 두고 거란 조정에서도 침공의 합당성에 대한 논쟁이 있었는데, 당시 거란 왕의 장인을 제외한 그 누구도 고려 침공의 부당함을 말하지 못했다고 한다.

결국 2차 침공에서 고려의 수도인 개경을 함락시키고, 목종을 시해한 강조를 잡아 처형하는 것으로 2차 침공은 막을 내렸고, 강동 6주의 반환을 명분으로 한 3차 침공(1014)에 이어 드디어 우리 역사의 영웅인 강감찬 장군이 등장하는 4차 침공(1018.12)이 일어난다.

거란에서는 1차 침공 때 80만 대군을 이끌고 고려로 왔던 소손녕의 형인 소배압에게 10만의 군사를 주어 고려를 침공하도록 한다. 당시 고려 무인 중 최고 위치인 상장군이었던 명장 강감찬은 강동 6주 중 하나인 흥화진으로 가서 성 동쪽의 큰 냇물을 거대한 쇠가죽으로 막고서 거란군을 기다렸다. 거란으로 돌아가기 위해 강을 건너던 거란군을 향해 막았던 쇠가죽을 일시에

통상의 요지. 셋째, 강동 6주 지역에 성곽을 쌓아 거란군의 침략을 쉽게 막을 수 있었던 방어적 요지. 강동 6주 지역은 나중에 거란이 고려를 침략할 때 들어온 길목이었고, 후에 강동 6주 중 하나인 귀주에서 강감찬 장군이 대승을 거두는 귀주대첩의 현장이었다. 이런 중요한 요지를 서희가 외교적 담판으로 차지했으니 그가 얼마나 훌륭한 외교관이었는지 짐작할 수 있다.

터서 큰 물줄기를 내려 보냈고, 이에 수많은 거란군이 수장되거나 매복한 고려군에게 대부분 죽음을 당했다. 이 전투를 홍화진전투라 한다.

이듬해인 1019년 1월, 죽음의 강에서 간신히 빠져나온 거란군은 도망하던 중 추격해온 강감찬 장군 일행에게 귀주 동쪽 들판에서 대부분 죽음을 맞으면서 고려가 대승을 거두었으니 역사는 이를 귀주대첩이라고 불렀다. 고려 국경을 넘을 때 10만이었던 거란군 중 간신히 거란으로 살아 돌아간 자가 겨우 수천 명에 불과했고, 적장 소배압은 갑옷과 무기까지 다 버리고 도망가는 치욕을 당했으니 고려 역사에 길이 남는 대승이었다. 대승을 거둔 전투도 흥미롭지만 당시 강감찬 장군이 나이 무려 71세의 노장군이었다는 게 더 흥미롭다.

강감찬 장군에 관한 재미있는 일화 중에, 그가 태어날 때 하늘에 있던 큰 별 하나가 그의 집에 떨어졌다는 전설이 있다. 이를 기념하기 위해 그가 태어난 집을 낙성대라고 부르는데 서울 관악구의 바로 그 낙성대이다. 또한 귀주대첩의 주인공으로 훌륭한 장군이기에 무인으로 알고 있지만 실제로 강감찬은 성종 임금 당시 무과가 아닌 문과에 급제한 문관출신이기도 하다.

거란과의 수차례에 걸친 전쟁도 그렇고 고려는 늘 북방민족의 침입을 걱정할 수밖에 없는 지정학적 위치에 있었는데, 1033년 덕종 당시 북방의 국경 부근을 안정시키고 북방민족의 침입에 대비하기 위한 고려 최대의 공사가 시작된다. 압록강 하구에서부터 동해안의 도련포까지 13개의 성을 돌로 만든 장성으로 잇는 대공사였고 그의 모델은 바로 중국의 만리장성이었다. 이 장성의 대략적인 길이는 약 천 리에 달했고, 만리장성에 빗대 이를 역사는 고려의 천리장성이라고 불렀다.

1033년부터 1044년까지 무려 12년에 이르는 당시로서는 실로 엄청난 대공사여서 많은 백성들의 원망을 듣기도 했지만 고구려에 이어 우리 역사에서 두 번째로 만들어진 긴 성이었다.

09

9차례의 십자군전쟁 vs 왕과 무신의 대결

1095~1270년   1170~1270년

중세 유럽에서 발생한 다양한 사건들 중 가장 큰 사건은 아마 십자군전쟁일 것이다. 십자군전쟁은 유럽의 전통적인 종교인 기독교와 아라비아에서 발원하여 새롭게 영향력을 확대하며 떠오르는 신흥종교 이슬람교의 정면충돌이었다. 11세기 말부터 시작된 기독교와 이슬람교의 길고도 지루한 싸움은 무려 200년 가까이 진행되어 13세기 중후반까지 지속되었다. 아마도 인류 역사상 가장 긴 시간 동안 벌어진 전쟁이 십자군전쟁일 것이다.

이와 비슷한 시기, 동방의 작은 나라인 한반도에서는 태조 왕건에서 시작된 고려가 그 주인공의 역할을 감당하고 있었다. 서양에서 십자군전쟁으로 기독교와 이슬람교가 충돌을 하던 12세기 중반, 고려에서는 왕과 무인들 간의 갈등이 정점으로 치닫고 있었다. 고려는 물론이고 그 이전 발해나 후삼국, 그리고 삼국시대도 마찬가지였지만 우리나라 역사를 이끌어오던 세력은 전통적으로 공부와 학문으로 출세한 문신들이었다.

12세기 중반 고려도 마찬가지로 문신들의 나라였는데 점차 이런 전통적인 지배구도에 서서히 균열이 가고 있었다. 그러던 어느 날 문신들의 무인들에 대한 과도한 행패와 갑질 등에 분노한 무인들의 반발이 커지게 되고, 이윽고 당시 고려 무인의 수장이었던 상장군 정중부를 중심으로 무인들의 반란이 일어난다. 이 반란으로 인해 고려 조정에 있던 대부분의 문신들이 죽임을 당하면서 권력이 왕을 비롯한 문신들에서 정중부를 비롯한 무인들에게 넘어갔던 것이다. 이들 무인들은 허수아비 왕을 전면에 내세우고 무인들에 의한 새로운 정권을 만들었는데 훗날 역사는 이를 고려의 무신정권이라 불렀다. 당시 고려에서 무인들에 의한 권력독점으로 오랜 기간 무신정권이 득세하는데 이는 우리나라 역사에서 매우 드문 현상이기도 했다.

여기서는 11세기부터 12세기까지 유럽에 가장 큰 영향을 주었던 십자군전쟁과 우리 역사에서 흔하지 않았던 고려의 무신정권에 대해 살펴보기로 하자.

1) 십자군전쟁(1095~1270)의 의미

십자군전쟁은 다른 말로 '십자군 대원정'이라고도 한다. 이슬람교도들에게 빼앗긴 기독교도들의 최대 성지 예루살렘과 안티오크 등의 도시들을 탈환하기 위해, 11세기 후반 당시 교황 우르반 2세[1]가 주도가 되어 유럽의 모든 기독교도들이 약 200여 년 동안 8차례에 걸쳐 감행한 대이슬람 전쟁이었다. 서양의 기독교도들 입장에서 보면 성지 예루살렘을 탈환하기 위한 거룩

---

1   우르반 2세(Urban Ⅱ, 1064~1099) : 159대 교황이자 십자군전쟁을 일으킨 장본인. 1035년 프랑스 상파뉴의 귀족가문에서 태어나 1064년 수도자가 되어 로마에서 교황 그레고리우스 7세의 교회 개혁을 도왔다. 그는 평신도에 대한 성직 수여, 성직 매매와 성직자의 혼인을 금지하는 칙서를 반포하면서 로마 교황청 조직의 기틀을 만들었다고 인정받는다. 또한 본처를 두고 다른 여자와 결혼한 프랑스 국왕 필리프 1세의 파문을 논의하기도 했을 정도로 강력한 교황으로 군림했었다.

한 성전이었고, 이슬람교도들의 입장에서도 무함마드의 유지를 받들어야 하는 거룩한 성전이었다.

십자군전쟁에는 유럽 여러 나라들의 왕과 제후, 기사들은 물론이고 많은 농민들도 참가했다. 그러나 이 원정이 순수하게 종교적인 열망과 하나님에 대한 사랑만으로 이루어진 것은 아니었다. 당시의 서유럽, 특히 독일의 경우에는 인구가 급속히 증가하는 것으로 인해 많은 경작지가 필요한 상태였다. 그러므로 십자군 원정은 농민들의 입장에서는 개척이민운동의 성격이 강했고, 지중해에서 물건을 사고파는 교역 상인들의 입장에서는 비즈니스 성격이 강했다. 물론 봉건 제후들과 각 나라의 기사들에게는 운이 좋으면 점령지에서 영주가 될 수도 있는 기회였기 때문에 다양한 계층의 사람들이 십자군 원정에 호응했다.

당시 예루살렘은 이슬람 국가인 셀주크투르크가 점령하고 있었다. 유럽에 사는 기독교도들에게는 한 가지 일생의 소원이 있었는데 바로 죽기 전에 한번은 예루살렘에 가서 성지순례를 하는 것이었다. 그래서 많은 신자들이 예루살렘을 향한 여정을 떠나곤 했었다. 그러나 서로마와 동로마가 나눠진 이후, 더 이상 기독교도들은 마음 놓고 성지 예루살렘으로 여행을 가기가 어려워졌다. 그 이유는 동로마제국의 점령지였던 아나톨리아반도(지금의 터키)에 이슬람을 믿는 투르크족이 자주 침입하고, 성지순례를 오는 기독교도들에 대한 위협이 커졌기 때문이었다. 특히 11세기 들어 서아시아에서 세력 확대를 하던 투르크로 인해 예루살렘으로 가는 성지순례로가 큰 위협을 받았던 게 주된 이유였다.

이처럼 점점 증가하는 서유럽 기독교도들의 원망과 불편은 결국 기독교의 수장인 교황에 대한 원망으로 번졌고, 여러 문제들에 봉착한 교황 우르반 2세는 성지 회복을 명분으로 한 군사적 원정을 단행한다. 물론 성지 회복이라는 위대한 명분은 말 그대로 표면적으로 내세우는 명분에 지나지 않았고, 실제로는 몇 가지 현실적인 야심이 있었다. 하나는 동서로 갈라진 교회와 교파를 통합하는 것으로 동로마제국의 정교회를 로마 가톨릭 교회와 교황 자신의 영향권 아래 두려는 의도가 깊게 깔려 있었다. 다른 하나는 각 나라들의 황제들을 비롯한 세속군주를 지배하기 위해서였다는 것이 정설이다. 왜냐하면 중세는 천상의 왕이었던 교황과 속세의 왕이었던 황제 사이에 끊임없이 갈등과 반목이 이어지던 시대였기 때문이다. 대표적인 게 바로 앞에서 언급했던 카노사의 굴욕이었다.

서로마와 동로마로 나눠진 이후, 서로마가 476년 몰락하면서 동로마는 비잔티움 제국의 동방정교회가 점령하고 있었고, 서유럽은 전통의 가톨릭이 지배하면서 서로 사이가 좋지 못했다. 이처럼 서로 갈등하던 비잔티움제국의 황제였던 알렉시우스 1세가 로마 교황 우르반 2세에게 도움을 요청하면서 십자군 원정이 시작된 것이다. 십자군전쟁을 흔히 말하는 기독교와 이슬람교의 대결이라는 종교적 관점이 아닌 정치적 관점에서 본다면 알렉시우스 1세가 뛰어난 정치적 수완을 발휘해 서유럽 기독교 국가들을 끌어들여 셀주크 왕조에 빼앗긴 영토를 회복하기 위한 전쟁이었다고 볼 수도 있다.

사실 공식적으로 집계된 십자군 원정은 알려진 대로 8회이지만, 작은 전투들까지 합치면 수십 건 이상이고, 최초 십자군 원정은 공식적으로 십자군 역사에 포함되지 않는다. 그 이유는 최초 십자군은 전투병들은 거의 없었고, 대부분 농민들로 구성되었기 때문이었다. 이들은 군중 십자군으로서, 예루살렘의 위치조차 제대로 알지 못했고 더구나 무기를 들고 싸울 줄도 모르던 사람들이었다. 예루살렘이 있다고 들은 동쪽으로 무조건 진군했던 군중 십자군들은 식량을 약탈하고 양민들을 살해하기도 했다. 결국 군중 십자군은 예루살렘 근처에 도착했지만, 이슬람 군대에 의해 전멸하였다.

이런 이유로 최초의 십자군 원정은 공식 원정으로 인정하지 않아서 어떤 책은 7차례의 십자군 원정, 또 다른 책은 8차례의 십자군 원정으로 서술하는데 바로 이 최초의 군중 십자군 원정을 포함하느냐의 여부에 따라 다르게 기록한 것이다.

클레르몽 종교회의에서 십자군 원정을
호소하는 교황 우르반 2세.
당시 청중들은 교황의 연설에 감격한 나머지
"이건 하나님의 뜻이다"라고 외치며 성지
회복을 위해 싸울 것을 맹세했다고 한다.

"예루살렘, 안티오크 및 그 밖의 도시들에서 기독교도가 박해를 받고 있
다. 신을 믿지 않는 투르크인들의 진출은 멈출 줄 모르고 일곱 차례나 기독
교도들을 격파하고 콘스탄티노플로 다가오고 있다. 성지의 형제들을 구하
라. 서유럽의 기독교도들이여, 하나님이 그것을 원하신다. 지위가 높건 낮
건, 재산이 많건 적건 근동의 기독교도들의 구원에 힘써라. 하나님은 그대
들을 인도하실 것이다. 하나님의 정의를 위해 싸우다 죽는 자는 죄 사함을
받으리라."

우르반 2세 교황은 1096년 클레르몽 공의회[2]에서 이렇게 이슬람교도들

---

2 클레르몽 공의회 : 1095년 11월 18일부터 11월 28일까지 프랑스 클레르몽 지방의 교
   회에서 약 300여 명의 성직자와 평신도의 합동 주재로 열렸던 로마 가톨릭교회의 교
   회회의. 이 회의를 주재한 교황 우르반 2세는 11월 27일, "서방의 그리스도교회가 이
   슬람교에 의해 정복당한 성지를 해방시키고, 이슬람의 공격으로 부터 비잔티움 제국
   을 구원해야 한다"고 연설했다. 이 연설을 들은 대부분의 성직자와 평신도들은 이를
   하나님의 뜻으로 받아들이면서 1차 십자군 원정이 전격적으로 실행되었다.

을 향한 성스러운 전쟁(기독교도의 입장에서는)을 선포했는데, 이 연설에 가난한 농민들을 비롯해서 어린이들까지 호응했다고 한다. 그중에서도 특히 마지막 구절인 "죄 사함이 있으리라"는 구절과 "하나님이 그것을 원하신다"는 두 구절이 수많은 기독교도들을 전쟁의 소용돌이 속으로 몰아넣었다. 우르반 2세 교황의 선언을 들은 많은 기독교도들은 자신들의 옷에 십자가를 새겨 넣었고 그래서 십자군이라는 이름으로 불리게 됐으며 그런 십자군들이 주동이 된 전쟁이어서 십자군전쟁이라고 한 것이다.

하나님이 그것을 원하신다는 말에 따라 결의에 찬 모습으로 십자군 원정에 나섰지만 만족할 만한 승리를 거둔 것은 단지 1차 십자군 원정에서뿐이었다. 제1차 원정에서는 1096년 교황과 주교의 주도하에 4개의 군단을 조직, 안티오크 탈환을 위해 떠났다. 그리고 3년 후, 기어이 서구의 기독교도들은 예루살렘을 탈환하는 데 성공했고 이어서 예루살렘 왕국까지 세우는 결실을 맺었다.

그러나 약 50여 년이 지난 후인 1147년 제2차 원정은 십자군 내부의 갈등과 대립으로 인해 실패했고, 새로운 지원 없이는 예루살렘 왕국을 유지하기도 어려운 상황에 봉착하였다. 얼마 후, 이집트가 예루살렘 왕국을 점령했다는 소식을 듣고 1189년 제3차 원정군이 조직되었지만 역시 실패하게 된다. 특히 3차 원정군은 신성로마제국 황제 프리드리히 바르바로사(붉은 수염왕), 프랑스 왕 필리프 1세, 영국 왕 리처드 1세(사자왕)가 힘을 합쳐 무려 10만 명이 넘는 대부대가 참가했던, 십자군 역사상 최대 규모의 원정이었다. 이런 대규모 원정에도 불구하고 신성로마제국 황제는 원정 도중에 사고로 죽고, 프랑스 왕과 영국 왕의 불화, 게다가 이슬람 진영에는 살라흐딘(살라딘)[3]이라는 이슬람의 영웅이 등장하면서 3차 원정도 실패했던 것이다. 특히

---

3 살라딘(1137~1193) : 지금의 이라크 티크리트에서 귀족의 아들로 태어난 살라딘은 탁월한 군사 지도자이자 뛰어난 정치가였으며 이집트와 시리아의 술탄이기도 했다. 관

하틴 전투에서 체포되며
십자군의 패배를 불러온
살라딘과 기 드 루지앙.
사이드 타쉰, 1187

살라딘은 탁월한 전략은 물론이고 사로잡은 기독교 포로들을 정중하게 대하
고 휴전협상에서는 기독교도들의 성지순례의 권리를 인정하면서 오히려 이
슬람 진영의 관용을 보여준 영웅이기도 했다.

제4차 십자군 원정이 바로 가장 참혹했고 명분도 없었으며 종교적 갈등
의 불씨만 남겼던 원정으로 베네치아 상인들이 주동이 되어 상업적으로 경
쟁 관계에 있던 콘스탄티노플을 점령해서 많은 문제를 일으켰다.

제5차 십자군 원정에서는 일시적으로 예루살렘 성지를 탈환했지만 곧
바로 다시 빼앗기면서 결국 실패로 끝났고, 제6차 원정에서도 예루살렘을
지배하던 이집트를 공격했으나 역시 실패로 끝났다. 이어서 1270년, 마지
막 7차 원정에서는 원정을 주도한 프랑스의 루이 9세가 튀니스에서 사망하

대하고 합리적인 인물이어서 제3차 십자군전쟁에서는 성지 예루살렘을 거의 무혈입성
하고도 포로들과 패잔병들을 정중하게 대우한 관용으로 유명했다. 살라딘이라는 이름
은 아랍어로 '정의와 신념'을 의미한다. 지금도 이슬람 세계에서는 십자군의 침략에 맞
서 아랍인의 자존심을 지킨 지하드(성전)의 영웅이자 저항과 독립의 상징적인 인물로
칭송되고 있다.

면서 사실상 200여 년에 걸쳐 진행됐던 십자군 원정은 대단원의 막을 내리게 된다.

2) 왜 4차 십자군 원정은 같은 기독교 국가를 공격하게 되었는가?

십자군 원정은 익히 알려진 대로 11세기부터 13세기까지 약 200년 동안 8차례에 걸쳐 치러졌다. 십자군전쟁은 원정 초기에는 이슬람에 맞서 기독교의 성지인 예루살렘을 되찾자는 의미의 성스러운 전쟁이었지만, 점점 이권과 재물에 대한 욕심이 개입되면서 도저히 이해할 수 없는 어처구니없는 약탈전쟁으로 변해갔다.

8차례의 전쟁 중에서도 훗날 가장 문제가 됐던 원정이 바로 제4차 원정이었다. 십자군 원정을 떠났던 십자군들이 투철한 신앙심에 의한 성지탈환이라는 원정 초기의 초심을 잃고 점차 변질됐던 것이다. 4차 원정이 특히 문제가 된 이유는 군사들과 민간인을 가리지 않고 무차별적으로 저질렀던 약탈과 광기의 절정이었다는 것과, 다른 하나는 십자군들이 이슬람교도들을 공격한 것이 아니고 교황을 잘 섬기던 같은 기독교 국가를 공격했다는 것이었다. 이것이 바로 제4차 십자군 원정의 특징이자 다른 십자군 원정과 다른 점이었다.

그중에서도 같은 기독교 국가인 헝가리를 공격했다는 사실은 당시 모든 유럽인들을 경악시켰고, 기독교 국가들은 물론이고 특히 교황조차 분노하게 만들었다. 당시 헝가리는 기독교 국가임은 물론이고 특히 교황에게 절대적인 충성과 협조를 하고 있던 국가였다. 그런 헝가리를 십자군들이 공격하고, 약탈하고, 민간인들까지 학살하는 엄청난 만행을 저질렀으니 십자군전쟁 중 가장 최악의 원정이자 미치광이 원정이었다는 말이 따라 다니게 되었다.

그렇다면 거룩한 '성전'을 표방하며 거창하게 출발했던 십자군들은 왜 하필이면 4차 원정에서 초유의 행위를 저지르는 야만의 전쟁을 벌였던 것일까? 처음 4차 원정을 떠날 때만 해도 십자군들의 목표는 기존 1차, 2차, 3차 원정군과 다를 바 없이 이슬람에게 점령당한 성지 예루살렘을 탈환한다는 것이었는데, 도대체 그사이에 무슨 일이 있었기에 십자군들의 목표가 변질되고 역사상 최악의 만행을 저질렀던 것일까?

십자군 원정은 기독교 국가들의 이기적인 종교전쟁일 뿐이라는 평가도 물론 있지만, 그럼에도 불구하고 1차부터 3차까지의 십자군 원정은 확실한 정치적인 명분도 있었고 특히 이슬람이라는 적군과 기독교라는 아군의 구별이 너무도 명확했다. 그러나 제4차 십자군 원정은 13세기 초에 2년간 진행되었는데 제4차에 이르러서는 완전히 막장의 길을 간다.

4차 십자군 원정이 기존의 십자군 원정과 조금 달랐던 것은 특히 가문의 차남들이 유독 많이 참전했다는 것이었다. 십자군 원정을 통해 소아시아를 정복하고 경제적으로도 한몫을 크게 챙기려는 생각으로 똘똘 뭉친 봉건영주의 차남들이 많이 참여한 데에는 뭔가 특별한 이유가 있었다. 당시 서유럽 대부분의 나라에서는 장자에게 모든 상속이 이루어졌기 때문에 차남들은 자기 땅을 만들고 차지하려는 속셈으로 참여했던 것이다.

장자에게 집안의 모든 경제적 재산이 전해지던 것을 '장남상속제'라고 했는데 이 제도가 장남을 제외한 다른 형제들에게는 큰 불만이 되었다. 이런 불만들이 점점 커지고 확대되면서 종국에는 교황에게까지 전해지게 됐다. 교황의 입장에서 이런 경제적 불만들을 잠재우기 위해서는 그들에게 나눠 줄 영토가 많이 필요했는데, 서유럽 내에서는 그런 영토를 확보하기가 어려웠다는 게 새로운 문제였다. 그래서 서유럽이 아닌 다른 지역의 영토가 필요했고, 이것이 결국 이슬람들이 점령하고 있던 예루살렘으로 눈을 돌리게 됐다. 이게 십자군 원정의 경제적 이유 중 하나였다.

그렇다면 4차 십자군 원정의 문제는 도대체 무엇이었는가? 사실 4차 십자군 원정의 처음 계획은 이탈리아 항구에 모여 배를 타고 출발하는 것이었는데 이게 시작부터 문제가 있었다고 할 수 있었다. 1차, 2차, 3차 원정처럼 투철한 믿음으로 무장한 많은 기독교 전사들이 4차 원정에도 당연히 참여할 줄 알았는데 그것은 잘못된 기대였다. 3차 원정까지 이루어진 십자군 원정에서 패배감과 피로감을 느낀 지원자들이 생각보다 너무도 적게 모였던 것이다. 기독교 지원군이 많이 모자라자 항구에 모인 십자군은 제 시간에 원정길에 오를 수 없었고 새로운 지원자들이 올 것을 기대하며 항구도시에 머무르면서 시간만 보내는 상황이 되었다. 원정에 필요한 보급물자 및 병력 이동은 항구도시인 베네치아에게 의뢰되었는데, 기약 없는 시간이 지체되면서 십자군은 그곳에서 먹고 마시고 체류하는 모든 비용에 대해서 베네치아에게 예정에 없는 막대한 빚을 지는 사태가 초래됐다. 이렇게 바로 시작부터 원정 계획이 꼬여버린 것이다. 4차 십자군의 입장에서는 계획에 없는 베네치아 체류가 길어지며 발생하는 숙식 비용뿐 아니라 이동하는 뱃삯까지 지불해야 했기에, 오래 지나지 않아 십자군과 베네치아의 관계는 채무관계로 변해버렸다.

4차 십자군과 베네치아가 채무관계로 엮이게 됐다는 것은 의외로 심각한 결과를 초래할 수밖에 없었다. 십자군들에게는 그 빚을 갚을 능력이 없었기 때문이었다. 이로 인해 결국 4차 원정군이 베네치아의 계략을 거부하지 못하고 결국 같은 기독교 국가를 공격하는 어처구니없는 결과를 초래하게 됐던 것이다. 결국 제4차 십자군 원정은 기독교 국가들 간의 내분에 이용된 셈이다.

그런데 여기서 자연스럽게 드는 한 가지 의문점이 있는데, 기독교 국가였던 베네치아는 왜 같은 기독교 국가였던 헝가리를 공격하려 했고, 그런 공격에 4차 십자군들을 이용하려 했던 것일까? 주된 이유는 당연하게도 경제적 주도권을 차지해서 더 부유한 나라가 되려는 욕심 때문이었다. 경제적 주도권이라는 현실 앞에서 같은 기독교를 믿는다는 종교적 동질감은 그리 중요하지 않았던 것이었다.

민간인들을 학살하는 4차 십자군들의 모습을 그린 상상도

　도시국가 베네치아는 헝가리를 제치고 동지중해의 경제권과 무역권을 완전히 독차지하고 싶었다. 그런데 헝가리가 '자라'라는 도시를 점령하고 방해하니 베네치아 입장에서는 눈엣가시처럼 여겨졌다. 그래서 베네치아는 자신들의 경제적인 이득을 위해 같은 기독교 국가인 헝가리를 공격하자고 4차 십자군들을 회유했고, 이것이 결국 엉뚱하게도 4차 십자군 원정이 같은 편을 침략하고 약탈하는 전쟁으로 변질되게 만들었던 것이다.

　물론 애당초 4차 십자군 원정을 떠나올 때는 이런 엉뚱한 결과를 생각하지는 않았을 것이다. 그러나 처음 의도와 목적과는 달리 4차 십자군 원정은 같은 기독교 국가를 공격하고 약탈하고 민간인들까지 학살하는 최악의 원정이라는 오명에서 벗어날 수 없었다. 그래서 분노한 교황에 의해 4차 원정군 전체가 파문이라는 엄청난 징계를 받았는데, 이게 또 다른 불행의 씨앗이 되었다.

　교황에게 역사상 최초의 집단 파문을 당한 4차 원정군들의 충격은 상상 이상이었을 것이다. 파문은 기독교 국가에서 교황이 신자에게 내릴 수 있는 사실상 가장 큰 징계이고, 파문을 당하면 가족을 비롯한 주변 사람들에게까지 피해가 발생하므로 아무리 사제나 교황이라도 함부로 쉽게 내리는 징계가 아니다. 이처럼 엄청난 징계를 받았으니 원정군들이 제정신을 차리고 이성적인 행동을 하기가 쉽지 않았을 것이다.

교회에서 내리는 징계에는 파문보다 약한 출교[4]도 있었지만, 출교나 파문을 당한 사람은 흔히 두 가지 선택의 기로에 놓이게 된다. 하나는 자신의 잘못과 죄를 되돌아보고 사제나 교황으로부터 출교와 파문을 철회받기 위해 최선의 노력을 경주하는 것이다. 카노사의 굴욕에서 교황과 황제의 갈등이 극에 달하자 신성로마제국의 황제 하인리히 4세가 자신에게 파문을 선언한 교황 그레고리우스 7세에 굴복, 무릎을 꿇은 뒤 결국 파문을 철회받았던 역사가 있었다. 다른 하나는 파문을 당한 후 아예 교회와 교황에 맞서 끝까지 지저분한 싸움을 이어가는 것이다.

전원 파문이라는 초유의 일을 당한 원정군은 어떤 선택을 했을까? 불행히도 그들은 교황에게 맞서 싸우는 후자를 택했고, 그래서 콘스탄티노플을 공격, 잔혹한 일들을 자행했다. 그러나 4차 원정군들이 같은 기독교 국가로 비잔티움의 수도였던 콘스탄티노플을 공격해서 약탈을 하게 된 데는 비잔틴 제국의 권력다툼에서 밀려난 알렉시우스라는 인물이 배후에 있었다. 알렉시우스는 왕위 쟁탈전에서 밀려난 왕족이었는데 그가 4차 원정군에게 콘스탄티노플을 점령해주면 막대한 사례를 하겠다는 은밀한 제안을 했던 것이다.

---

4 출교, 출교하다(put out of the synagogue) : 때로는 파문과 비슷한 의미로 사용되기도 했지만 두 단어의 차이를 말하자면, 출교의 사전적 의미는 '회당에서 내쫓음'이다. 그러나 기독교에서 흔히 말하는 출교는 큰 잘못을 범한 교인을 교적에서 제하여 신앙 공동체, 즉 교회예배나 교회모임에서 내쫓는 것을 말하기 때문에 종종 파문과 같은 의미로 사용되기도 했다.

3) 무인들의 반란과 고려의 무신정권(1170~)

"문관을 쓴 자는 서리라 할지라도 씨를 남기지 말라." 이러한 어느 무인의 외침을 시작으로 고려 의종을 호위해서 전날 흥왕사에서의 잔치에 이어 보현원으로 행차를 옮겼던 의종의 문신들 대부분이 학살되었다. 이것으로 고려에서 문관들의 시대는 가고 새롭게 무인들의 시대가 도래했다.

신성로마제국이 중세 때 황제와 교황 사이의 갈등과 알력으로 물들었다면 이처럼 고려시대는 문신들과 무신들의 갈등이 첨예했었고, 이런 갈등이 결국 무신의 난으로 통칭되는 수차례의 반란으로 폭발했다. 고려 무신의 난에는 여러 무인들이 등장하는데 그중에서도 정중부, 이의방, 이고, 경대승, 이의민, 최충헌 등이 가장 핵심적인 인물들이었고 이들의 권력투쟁 또한 끊이지 않았다. 정중부와 이고, 이의방 등이 무인반란(1170)을 일으킨 지 약 26년이 지난 1196년, 드디어 무인들의 권력은 최충헌에게 넘어갔다.

정중부의 난 이후 정중부와 중방[5]이 권력을 장악했고, 뒤이어 정중부를 제거한 경대승은 도방[6]을 만들어 최고 권력기관으로 활용했었다. 가장 마지막 주인공이었던 최충헌은 권력을 잡고 나서 무려 60여 년 동안 권력을 유지

---

5 중방(重房) : 고려 현종 때 설치된 중방은 2군 6위의 최고지휘관인 상장군과 대장군 1명씩 모두 16명으로 구성됐으며, 중방의 수장은 응양군의 상장군이 맡았다. 중방은 고려 무신들의 최고의사결정기구로 무신들의 중대사를 결집하는 역할을 수행했다. 그러나 문신들의 최고의사결정회의인 도병마사에 비해서는 실권이 약했다. 1170년 정중부로 대표되는 무신정권이 성립되면서 중방은 고려 정치의 최고중심이자 권력의 집합체가 된다. 중방은 고려 말기까지 존속했었다.

6 도방(都房) : 도방은 정중부의 중방과 달리 일종의 사병집단제로서 원래는 사병들의 숙소를 가리키는 말이었고, 도방의 구성원들은 침식과 행동을 공동으로 하면서 살았다. 도방을 처음 만든 사람은 1179년 정중부를 제거하고 권력을 잡은 젊은 장군 경대승이었다. 그는 권력을 잡은 후 자신의 신변 보호를 위한 경호부대가 필요했기에 시정잡배, 떠돌이, 싸움꾼 등을 끌어 모아 자신을 위한 결사대를 만들었고 이들을 주로 자신의 사저에 머물게 했는데 이것이 곧 도방의 시작이었다.

하면서 아들에서 손자로 이어지는 최씨 천하를 세웠다. 흔히 권불십년이라고 해서 어떤 권력도 십 년을 제대로 유지하기 쉽지 않다고 하는데 최씨 집안처럼 여러 대에 걸쳐 권력을 장악하는 것은 그리 흔치 않은 일이었다.

고려시대는 다른 어느 시대보다도 평민들의 불만이 많았고, 가난한 농민이나 천민 등, 한마디로 평민들의 반란이 많았던 시대였다. 서양의 여러 역사를 보더라도 흔히 말하는 반란이나 혁명은 권력 근방에 있는 사람들이 요직에서 밀려나거나, 신분이 불안할 때 많이 획책하는 것이었다. 사실 이건 당연한 말인데 혁명을 일으키려면 군사들도 모으고 지시하고, 작전도 짜고 해야 했기에 글을 읽을 줄 모르는 가난한 평민들이 혁명을 획책하는 일은 굉장히 어렵고 드문 일이었다.

그렇다면 왜 고려시대에 유독 가난한 백성들의 반란이 많았던 것일까? 바로 평생 전장을 누비던 무신(군인)들이 반란을 일으키고 권력을 잡았다는 데서 그 이유를 생각할 수 있다. 일반 평민들과 큰 차이가 없던 무식한 군인들이 어느 날 갑자기 권력을 잡고 고려의 주인 행세를 하는 것을 본 수많은 가난한 사람들이 나도 고려의 주인이 될 수 있다는 일종의 헛된 희망을 가졌던 것이다. 무신들 중에는 전통적인 양반이나 귀족 출신인 문신들과 달리 평민이거나 천민 출신으로서 전쟁에서 나라에 공을 세워 장수가 된 인물들이 많았고, 자기 이름도 쓸 줄 모르는 사람이 대부분이었다.

가장 대표적인 인물로 황룡이라고 불릴 정도로 고려의 모든 것을 장악하고 천하를 호령했던 이의민의 경우 아버지는 경주에서 소금장수였고, 어머니는 경주 부근의 절에서 허드렛일을 해주던 사람이었다. 즉 고려에서 매우 천대받던 인물이었다. 그리고 모계사회였던 고려였기에 이의민도 당연한 가장 미천한 계급일 수밖에 없었다. 그런데 어느 날 글자 하나도 모르던 인물이 갑자기 반란을 일으켜서 권력을 찬탈하고 고려의 새로운 지배세력으로 부상하자 고려 백성들은 한편으로는 두려워하면서도 자신도 권력을 잡을 수 있고 신분 상승을 할 수 있겠다는 열망들이 생겨난 것이다. 즉 무신정변부터 고려에는 이미 신분질서가 무너지며 저마다 백성들의 신분제 타파와 출세열망 등이 활발하게 생겨났다고 할 수 있다. 이것이 바로 고려에서 가난한 농민들과 천민들의 반란이 유독 많았던 이유 중 하나였다.

4) 왕후장상에 씨가 따로 있느냐－하층민들의 반란(1198.5～)

많은 하층민들의 반란 중에서도 가장 유명했던 반란이 있었으니 바로 노비 만적의 난이었다. 만적은 공교롭게도 당시 고려 최고의 권력자로 무신정권의 최고 실세이자 집권자였던 최충헌의 집 노비였다. 어느 날 노비 만적이 나무를 하러 개경 인근의 산으로 들어갔을 때, 그곳에는 이미 수천 이상의 다른 노비들이 모여 있었다. 그들을 향해 만적은 이렇게 외친다. "정중부의 무신란 이후에 높은 벼슬아치가 천민, 노비에게서 많이 나왔다. 어찌 장군과 재상의 씨가 따로 있겠는가? 때가 오면 누구나 할 수 있는 것이다. 어찌 우리들만 뼈를 깎는 고통과 매질 밑에서 고생해야 하는가? 다 같이 궐기하여 최충헌 등 위정자들을 죽이고 상전을 없애 노비의 굴레에서 벗어나자."

만적의 이런 외침을 들으며 수천 이상의 노비들은 양반과 귀족들을 향한 적개심을 불태웠다. 정중부의 난 이후 이어지는 무인들의 반란을 지켜본 노비들은 서민 출신인 정중부와 천민 출신인 이의민이 권력을 잡는 것을 직접 목격하면서 신분 상승 욕구에 불을 붙였던 것이다. 비록 일자무식인 노비라고 하더라도 언제까지나 사회 가장 밑바닥에서 천시되고 학대만 받을 수 있겠느냐는 일종의 도전의식이 점차 확산되고 있었다.

그렇다면 고려시대 노비들의 삶은 어땠을까? 노비니까 당연히 가장 밑바닥 인생을 살았겠지만 특히 고려시대에는 심한 차별대우를 받고 비참한 생활을 벗어나지 못했다. 노비는 소속에 따라서 공노비와 사노비로 구별되었는데 자손 대대로 신분이 세습되었다. 따라서 자신의 힘으로는 절대로 노비의 운명을 벗어날 수 없었다. 가혹한 삶을 견디지 못하고 도망치는 노비들도 많았는데, 도망치다 잡힌 노비에게는 자자형(刺字刑)[7]이라는 끔찍한 형벌로 그 죄를 추궁했었다. 자자형은 매우 끔찍한 형벌이었고 그 표시를 평생 갖고 살아야 했기에 아무에게나 행해지지는 않았고 그 대상을 엄격히 구별하기도 했다.[8]

만적의 외침에 고무된 노비들은 자신들도 노비의 신분에서 벗어나고 벼슬도 할 수 있다는 희망에 부풀었고 그런 세상을 만들려고 했다. 이들은 개경에 있는 흥국사라는 절에서 거사를 도모할 계획을 세웠는데, 당시 흥국사는 고려 왕실은 물론이고 주요 양반들이 자주 왕래하던 절이었기 때문이었다. 만적과 그 추종자들은 흥국사에 모여 귀족들과 양반들이 모인 격구장에서 북소리를 치는 것으로 모든 양반들을 제거할 계획을 세웠고, 누런 종이에

---

7 자자형(刺字刑) : 얼굴이나 팔뚝 등 신체에 죄명을 새기는 것. 조선시대에는 영조가 자자형을 공식적으로 금할 때까지 최고로 흉악한 형벌 중 하나였다. 흔히 경형(黥刑) 또는 묵형(墨刑)이라고도 불리며 대개 도둑질한 자들에게 가했던 형벌이다. 어르신들이 간혹 하는 "경을 칠 놈"이라는 욕이 바로 자자형에서 유래된 것인데, 죄를 지어 평생 얼굴에 문신을 새긴 채 살아갈 놈이라는 저주였다. 자자형은 조선은 물론, 고려시대 노비나 죄인들에게도 많이 행해졌는데 기원은 고대 중국까지 거슬러 올라간다. 조선시대에는 절도범이 창궐한 세종 때 자자형이 본격적으로 시행되었다. 얼굴에 죄명을 새기게 된 가장 큰 이유 중의 하나는 물론 강력한 처벌 효과 때문이었다. 조선 초기에는 팔뚝에다 많이 새겼는데 도둑들이 점점 증가하자 세종 시대에 와서 본격적으로 얼굴에 새기는 것으로 처벌이 더 강해진 것이다. 얼굴에 자자하는 것을 특별히 '경면(黥面)'이라고 했다.

8 노인과 어린이는 자자형 대상에서 빠졌는데, 자자의 고통이 매질을 당하는 것보다 훨씬 크기 때문이었다. 노인과 어린이 다음으로 군인과 여자에게도 자자형을 시행하지 않았고 양반 관료들의 경우도 자자형을 면해주는 것이 일반적이었다. 세종은 노인과 어린이에게는 자자형을 절대로 하지 못하도록 어명을 내리기도 했었다. 자자형이 두려움을 준 것은 얼굴에 새겨진 글자 때문이었다. 자자형을 당한 죄인은 주변 사람들의 멸시와 경멸의 대상이 되었고 제사는 물론, 동네 경조사에 참석할 수도 없었다. 이처럼 끔찍한 자자형은 고려와 조선을 거쳐 영조 16년인 1740년 결국 금지하게 됐고, 중국에서는 이보다 늦은 1905년 공식적으로 폐지되었다.

'정(丁)'를 써서 나눠 갖는 것으로 피아 구분을 하기로 했다.

그러나 만적의 반란은 시작도 전에 실패로 돌아갔다. 이들의 계획을 당시 고려의 율학박사인 한충유의 집 노비가 밀고하면서 만적과 그 일당 모두 붙잡혀 예성강에 물고기 밥으로 던져지는 것으로 막을 내렸다.

비록 만적의 난은 시작도 못하고 실패했지만 무신집권기 고려는 정치, 경제는 물론 사회적으로도 혼란했는데, 특히 과다한 세금과 탐관오리들로 인해 가난한 농민들의 삶이 더욱 피폐했었다. 결국 농민들은 스스로 살 길을 도모하게 되면서 농민봉기를 일으켰고 이에 더해 천민계급들까지 동조하면서 하층민들의 신분해방운동이 끊이지 않았다. 만적의 난 외에도 대표적인 하층민들의 난을 꼽으면 망이, 망소이 형제의 난, 김사미의 난, 효심의 난, 진주공노비의 난 등이 상당히 유명한 하층민들의 반란이었다.

전통적으로 우리나라는 신분제 사회였는데 당시 위계구조는 귀족, 양인, 천인으로 구성됐고, '종'으로 불렸던 노비가 바로 천인의 대표적인 존재였다. 언제부터 우리나라 역사에서 공식적으로 노비가 존재했는지는 명확치 않지만 고조선의 법률에 "남의 물건을 훔친 자는 그 집의 노비로 삼는다"는 조항이 있었던 것으로 보아 아마도 고조선 시대부터 노비가 있었던 것으로 추정한다. 즉 원시 공동체 사회에서 철기시대로 넘어가면서 정치권력이 강해지고 생산력도 필요해지면서 노비가 생겼을 것으로 본다.

어떤 사람들이 노비가 됐는지를 보면 가장 일반적인 경우는 전쟁포로로서 특히 삼국시대 당시 가장 주된 노비 공급원이기도 했다. 그 밖에는 특정 범죄자, 채무자 그리고 극빈자들이 주로 노비가 됐을 것이다. 이렇게 노비가 된 사람들은 국가기관이나 귀족들 혹은 참전장수들에게 나누어져, 전자는 공노비 후자는 사노비가 되었다. 공노비는 관아에서 노역을 하는 공역노비, 농사를 짓는 농경노비로 구분했고, 공역노비는 국가로부터 일정한 급료를 받기도 했으며 사역기간은 대부분 10세에서 60세까지였다. 사노비도 주인 집에 기거하면서 죽을 때까지 무한봉사를 하는 솔거노비가 있었고, 비교적 자유로운 생활을 하며 가정을 꾸리고 재산권도 가졌던 외거노비가 있었다. 부모 중 한쪽이 노비이면 그 자식도 당연히 노비가 됐고, 함부로 죽이는 것만 아니면 노비를 어떻게 다루든 불법이 아니었다. 또한 사노비는 그 주인이 국가에 반역을 하지 않는 한 주인을 배반할 수도 없을 정도로 당시 노비의 인권이나 삶은 정말 최하였던 것이다. 그러니 고려시대에 무신들의 반란을 통해 무신들이 권력을 잡고 잘 사는 것을 본 노비와 농민 등 하층민들이 자신들도 반란을 통해 권력을 잡고 신분해방을 이룰 꿈을 꾸었던 것이다. 이것이 고려시대에 하층민들의 반란이 유독 많았던 이유이기도 했다.

10

프랑스에 억류된 교황 vs 공민왕의 개혁정치

1309~1377년   1356~1371년

중세로 접어들면서 프랑스와 이탈리아 등의 나라들을 중심으로 정치적인 혼란은 물론이고 당시 극심한 종교적 혼란기를 맞이하게 된다. 특히 중세는 역사상 그 어느 시기보다도 종교가 가장 영향력을 미쳤고 또한 가장 중요한 부분이었기에 종교적 혼란을 맞이했다는 것은 전 유럽을 보더라도 매우 불행한 일이었던 것이다.

당시 유럽의 종교라고 하면 당연히 가톨릭이었고 그 중심에는 어느 나라를 막론하고 로마 바티칸 교황청의 교황이 살아 있는 신의 대리자로서 가장 중요한 인물로 자리 잡고 있었다. 특히 중세의 한복판인 11세기 말, 교황 우르반 2세의 유럽 내 기독교도에 대한 영향력은 절대적이어서 그의 말과 지시를 거부할 수 있는 유럽의 군주들은 별로 없던 시절이었다.

1095년 11월, 프랑스 제2의 도시인 리옹(Lyon) 근처에 위치한 클레르몽페랑(Clermont-Ferrand)의 교회에서 열린 클레르몽 공의회에서 행한 교황의 말 한마디로 인해 전 유럽의 기독교 세력이 결집한다. 이후 예루살렘을 침범한 이슬람 세력에 맞서 성전이라고 칭했던 십자군전쟁까지 불사할 정도였으니 중세 당시 종교와 교황의 영향력이 얼마나 컸을지 상상하는 것은 그리 어려운 일이 아니다.

서방 교회의 위력을 과시하고 싶었던 교황 우르반 2세는 서방 왕실의 국왕들과 왕후 그리고 제후들까지 모든 권력자들을 모아놓고 유명한 연설을 한다. '클레르몽 페랑 연설'이었는데, 교황의 이 연설에 따라 서방 기독교 세력은 하나로 뭉쳐 이슬람 세력에 맞선 성전, 즉 십자군전쟁에 나선 것이다.

당시 우르반 2세가 고위 성직자들과 각국의 군주들을 비롯한 왕실 인사들 앞에서 행했던 연설에 대해서 역사는 두 가지 상반된 평가를 내리기도 했다. 하나는 역사상 가장 영향력 있는 연설이라는 평가였고, 다른 하나는 반대로 역사상 가장 무지몽매한 연설이었다는 평가였다.[1]

중세는 가톨릭의 전성기였고, 나아가 교황의 최전성기였다. 역대 교황들은 로마의 바티칸에 있는 베드로성당과 궁궐에 기거하면서 온갖 권력을 독점하기도 했고, 무소불위의 힘을 과시했다. 유럽의 여러 나라들 중에서도 이탈리아는 교황이 대대로 기거하는 나라라는 상징성을 바탕으로 유럽에서 나름 큰 목소리를 낼 수 있었는데, 반면 프랑스를 중심으로 한 주변 국가들에게는 이것이 큰 불만이기도 했다. 교황이라는 가장 큰 상징성을 가진 인물이 어느 나라, 어느 도시에 기거하느냐에 따라 종교적인 목소리가 달라질 수 있었고 영향력도 달라질 수 있었기에 교황이 기거하는 나라가 되고자 하는 욕심들이 많아질 수밖에 없었던 것이다. 즉 대부분의 서방 기독교 국가들에게

---

1 교황의 연설 : 1095년 11월 27일, 교황의 연설은 이랬다. "예수 그리스도께서 십자가에 못 박혀 돌아가신 성스러운 예루살렘이 야만의 이슬람교도들에게 점령당했소. 우리 기독교 제국의 국왕들과 제후들은 봉기하여 성스러운 예수 그리스도의 땅 예루살렘을 탈환해주시오. 이 거룩한 전쟁에 참여하는 모든 자는 과거의 죄는 물론이요, 앞으로 벌어질 살육의 죄까지 모든 죄를 면죄 받게 될 것이오." 당시 자신들이 저지른 죄의 결과에 대해 많은 고민을 하던 권력자들은 면죄라는 부분에 온통 마음을 빼앗겼고, 결국 예루살렘을 탈환하기 위한 200여 년간의 십자군전쟁에 돌입하게 됐다.

교황이 주는 무게감은 상당했고, 그런 교황을 자신들의 나라에 기거하게 하고 싶었지만 그렇다고 해서 욕심대로 무작정 실행할 수는 없었다. 그러나 이런 관례를 깨고 교황에 대한 새로운 도전을 하는 나라가 등장했는데 바로 필리프 4세가 다스리던 프랑스였다.

이처럼 유럽에서 교황을 중심으로 한 가톨릭이라는 종교가 세상을 지배하고, 그런 교황을 차지하기 위한 치열한 경쟁이 일어날 즈음에 바다 건너 한반도에서는 무슨 일이 벌어지고 있었을까? 시기적으로는 13세기에서 14세기, 우리나라 역사에서는 고려가 한반도의 주인이었던 시대였다. 태조 왕건에 의해 918년 건국된 고려는 고구려, 백제, 신라가 치열하게 경쟁하던 삼국시대와, 견훤이 후백제를 세우고 궁예가 후고구려를 세우면서 삼국시대를 계승한 후삼국시대에 이어서 우리 역사에 등장했다.

시기적으로는 후고구려를 다스리던 궁예의 악행이 절정을 달리던 918년, 왕건이 궁예를 축출하고 고려를 건국한 10세기부터 고려 말, 58세의 장수 이성계가 요동 정벌을 위해 출정했던 군사들의 말머리를 돌려 고려를 무너뜨리고 새로운 나라 조선을 건국한 1392년인 14세기 말까지, 즉 10세기부터 14세기 말까지 고려 왕조는 34명의 왕들이 475년간 고려를 다스렸다.

유럽에서는 교황을 정점으로 한 가톨릭이 세상을 지배한 중세 말기, 고려가 한반도의 주인공이었던 475년간 크고 작은 역사적 사건들이 많이 일어났다. 서희의 담판외교, 강감찬의 귀주대첩, 김부식의『삼국사기』와 일연의『삼국유사』편찬, 무신정권 등이다. 그 외에도 1231년부터 1258년까지 약 27년간 7차례에 걸친 몽골의 침략도 있었고 13세기 말에 등장해서 한국의 지배이념으로 자리 잡았던 성리학이 등장한 것도 고려 말기의 상황이었다. 그리고 오늘날 대부분의 한국 사람들이라면 다 갖고 있는 성씨와 본관[2]이 탄생

---

2 성씨와 본관 : 대부분의 한국인은 성(姓)과 본(本)을 가지고 있다. 예를 들면 전주 이씨, 경주 최씨, 안동 김씨 등에서 전주, 경주, 안동이 본이고 이씨, 최씨, 김씨가 본이다. 성

한 것도 고려 말기인 13세기의 일이었다. 그리고 개혁정치를 꿈꾸었던 공민왕, 최영과 이성계의 대립 등이 모두 고려시대에 있었던 일인 것이다.

여기서는 중세 말기 유럽을 시끄럽게 만들었던 교황과 국왕의 대립과 갈등, 그리고 이어지는 교황의 가택연금에 해당하는 아비뇽 유수를 중심으로 비슷한 시기에 해당하는 고려의 역사를 함께 살펴보도록 하자.

1) 아비뇽 유수는 세금 때문이었다?

필리프 4세가 이끄는 프랑스는 교황을 소유하고자 하는 욕심을 굳이 숨기지 않았고 이를 결국 실행에 옮기는 전대미문의 사건을 일으킨다. 그 결과 대대로 로마 바티칸에 머물던 교황이 이탈리아를 떠나 무려 70년(1309~1377) 가까이 프랑스에 머물게 됐다. 그것도 프랑스의 화려한 수도 파리가 아니고 파리에서 남쪽으로 거의 1,000킬로미터나 떨어져 있는, 당시로서는 소도시였던 아비뇽에 머물렀고, 이후 7명의 교황들이 계속 아비뇽에 살게 되었는데 이것을 역사에서는 그 유명한 '아비뇽 유수'[3]라고 부른다.

성서에 나오는 이스라엘의 남유다가 바빌론의 느부갓네살(서양사에서는 네브카드네자르) 왕에게 멸망하면서 남유다에 살던 지식인들이 대거 바빌론으로

이 남자 쪽의 부계혈족을 나타낸다면, 본은 어느 한 시대에 거주했던 거주지를 의미한다. 성과 본은 고려시대에 성립된 것으로 지금은 누구나 다 갖고 있지만, 이렇게 일반화된 것은 불과 1세기 정도에 지나지 않는다.

3 아비뇽 유수(Avignonese Captivity) : 1309년에서 1377년까지 7대에 걸쳐 이탈리아 바티칸에 있던 로마 교황청을 남프랑스의 소도시 아비뇽으로 이전한 사건. 13세기 말부터 세속권력이 강해지자 프랑스 왕 필리프 4세는 교황 보니파키우스 8세와 싸워 아나니사건(1303)으로 우위를 차지했고, 그 결과 1305년 선출된 프랑스인 교황 클레멘스 5세는 프랑스 왕의 강력한 간섭을 받았으며, 교황청이 있던 로마로 들어가지 못한 채 프랑스 아비뇽에만 체류하게 되었다.

강제로 끌려갔던 사건을 '바빌론 유수'[4]라
고 불렀는데, 이것에 빗대서 교황이 강제로
로마 바티칸을 떠나 프랑스의 소도시 아비
뇽으로 끌려가서 70년 가까이 머물렀다 해
서 아비뇽 유수라고 한 것이다.

아비뇽 유수는 유럽 기독교 사회에 지
각변동을 가져온 엄청난 사건이었고, 특히
프랑스가 교황의 나라 이탈리아를 누르고
본격적으로 유럽의 강자로 부상하게 만들
어준 사건이기도 했다.

아비뇽 유수를 일으킨
프랑스의 필리프 4세 국왕

사실 프랑스는 물론이고 유럽의 많은 가톨릭 국가들이 교황이 자신들의
나라에 머물기를 바랐지만 여러 이유로 인해서 이런 바람을 실제 행동으로
옮기지는 못했다. 우선 대대로 이탈리아의 바티칸에 머물러오던 교황을 데
려올 확실한 명분이 없었고, 다른 하나는 교황을 데려오기 위해서는 전쟁을
감행해야 하는데 이 또한 명분이 되기에는 너무 약했던 것이다. 결국 각국
국왕들의 교황에 대한 바람은 한낱 개인적인 희망으로 그쳤던 게 그때까지
유럽의 상황이었다.

뚜렷한 명분도 없는 정치적인 일, 그것도 무려 교황을 데리고 온다는 엄
청난 일을 단지 개인적인 바람 때문에 한다는 것은 아무리 일국의 국왕이라

---

4 바빌론 유수(Babylonian Captivity) : BC 597년부터 BC 538년까지 이스라엘의 남유다
왕국의 사람들이 바빌론의 포로가 되어 강제로 이주했던 사건. 바빌론 왕 네부카드네
자르는 예루살렘을 약탈, 유대 성전을 파괴했다. 이때 많은 유대인들이 바빌론으로 잡
혀갔는데, 이 시기를 바빌론 유수라고 부르며 세 차례에 걸쳐 진행되었다. 특히 세 번
째 바빌론 유수로 인해 예루살렘은 완전히 파괴되었고 많은 성물들은 모조리 약탈되
는가 하면 왕족, 귀족, 학자 등 식자층은 모두 포로로 끌려가고 예루살렘에는 미천한
신분만 남게 되었다.(열왕기하 24:10~16; 예레미야 25:9~11). 기독교인들에게 친숙한
다니엘과 세 친구들 이야기가 바로 바빌론 유수 시절에 벌어졌던 사건이다.

도 감행하기가 거의 불가능한 일이었다. 그에 따른 비난과 후폭풍 역시 한 나라와 그 국왕이 감당하기 힘들었기 때문이었다.

그렇다면 이런 모든 상황들을 누구보다 잘 알고 있었던 프랑스의 필리프 4세는 왜 이런 엄청나고도 무리한 일종의 도발을 감행한 것인가? 결론적으로는 교황의 파문[5]에 맞선 국왕의 반격이었다. 프랑스 국왕으로 즉위한 필리프 4세는 다양한 정책들을 시행하려 했고, 특히 영국과 한판 전쟁을 계획하고 있었다. 이웃 나라와 전쟁을 하기 위해서는 막대한 전쟁자금이 필요했다. 부족한 국고를 채우는 길은 전쟁을 해서 이웃나라의 돈을 빼앗거나, 돈 있는 사람들에게서 거두는 일이었다. 필리프 4세는 후자를 택해서 프랑스 귀족들과 성직자들에게 세금을 부과했는데, 그중에서도 성직자들에게 세금을 부과한 것이 결국 교황의 심기를 거슬렀다.

일국의 국왕이 자신이 원하는 대로 자기 나라 사람들에게 세금을 부과하는 것이 무슨 문제가 있고, 이것이 왜 교황의 심기를 거스르는 것일까? 가톨릭은 교황이 최고 수장으로 있고 그 아래로 추기경과 사제들이 있는데, 모든 나라의 추기경과 사제들은 교황의 사람들이었다. 그랬기에 신과 교황을 받드는 사제들에게는 대부분의 국가들이 세금을 면제해주었는데, 이는 교황의 의중이 반영된 것이며 대부분의 국왕들이 교황을 존중하는 하나의 방식이기도 했던 것이다.

그런데 프랑스의 필리프 4세가 교황의 반대에도 불구하고 프랑스 사제

---

5 파문(excommunication) : 교회의 징계 형식 중 가장 강한 징계. 종교가 세상을 지배하던 중세에 사람들은 파문을 가장 두려워할 수밖에 없었다. 파문으로 인하여 성사를 받을 수 없다는 것은 곧 신자들이 죽어서 구원을 받을 수 없다는 말이기 때문이다. 파문이 가장 무서운 또 다른 이유는 파문당한 사람과는 일체의 교류나 접촉을 금했기 때문이었다. 만약 국왕이나 제후가 교황에게 파문당할 시 그의 영지 전역에 집단 파문령이 내려졌다. 파문을 당한 국왕이나 제후에게는 군사력을 동원해서 파문을 내린 교황을 갈아치우거나 아니면 교황에게 사면을 받는 것 외에 선택의 여지가 없었다. 아비뇽 유수를 촉발시킨 프랑스의 국왕 필리프 4세는 복종 대신 교황 갈아치우기를 선택했다.

들에게 세금을 부과하자 결국 교황은 이 행동을 자신에 대한 정치적인 심각한 도전으로 여겼다. 군사력을 갖지 못한 상태에서 정치적인 도전에 직면한 교황이 택할 수 있는 것은 한 가지밖에 없었다. 그 한 가지가 엄청난 위력을 지녔는데 바로 모두가 두려워하는 파문이었다. 그리고 파문을 당한 필리프 4세가 군사력을 동원해서 교황에게 일종의 반격을 가하면서 아비뇽 유수가 실제적으로 시작된 것이다.

서양사에서 언급하는 아비뇽 유수기는 1309년부터 1377년까지 대략 70년(정확히는 68년)이지만 실질적으로는 그보다 몇 년 앞선 1303년 9월 7일 새벽부터 시작된다. 그 이유는 바로 이날 필리프 4세의 프랑스 군대가 교황이 기거하고 있던 이탈리아 남동부의 휴양도시 아나니에 들이닥쳤기 때문이다. 이 사건을 종교사는 '아나니 사건'[6]으로 부른다.

이 당시 교황은 보니파키우스 8세(Bonifacius PP. Ⅷ, 1235~1303.10.11)였는데 교황이 휴양을 하기 위해 고향을 방문했을 때 필리프 4세의 명령을 받은 일단의 프랑스 군대가 소리 없이 아나니에 들이닥쳤다. 이들 프랑스 군대가 교황을 붙잡고 요구한 것은 단 한 가지로 프랑스로 가자는 것이 아니라 교황

---

6 아나니 사건(Schiaffo di Anagni) : 교회의 힘을 약화시키려는 프랑스 국왕 필리프 4세는 영국과의 전쟁을 위한 막대한 자금이 필요했고, 이를 위해 면세 대상이었던 성직자들에게도 세금을 부과한다. 이에 교황은 교황의 승인 없이 성직자에게 세금을 부과하는 것을 금하는 교황 칙서 『성직자와 평신도』를 공표했고 결국 두 사람은 적대 관계를 형성한다. 필리프 4세는 교황청과의 모든 교역을 중단하고 교황 대리인들을 모두 추방하는 강경조치를 취했다. 이에 교황은 필리프 4세를 포함, 이 일에 관여된 모든 사람들을 파문시키게 된다. 갈등 해결의 실마리가 보이지 않자 프랑스는 군사력으로 이 모든 일을 해결하려 하였다. 1303년 9월 7일, 기욤 드 노가레가 이끄는 프랑스군이 당시 아나니 지방의 교황궁에 있던 보니파키우스 8세를 기습하였다. 노가레는 보니파키우스 8세를 만나 교황직을 사임할 것을 요구했다. 교황은 협박에 굴복하지 않았고, 이에 노가레가 보니파키우스 8세의 **뺨**을 때렸는데, 당시 68세였던 교황은 그 충격으로 쓰러지기까지 했다고 전해진다. 교황이 일개 군인에게 **뺨**을 맞는 이 초유의 사건을 역사는 그 지역 이름을 따서 '아나니 사건'이라고 부른다.

자리에서 사직하는 것이었다.

필리프 4세의 최측근 장수이자 재상인 기욤 드 노가레의 위협에 맞서 교황 보니파키우스 8세는 "여기가 내 머리고, 여기가 내 목이다"는 유명한 말로 맞섰다. 당시 교황은 68세의 노인이었는데, 프랑스 장수가 그의 뺨을 때리는 초유의 사건이 일어나게 되고 결국 교황은 충격으로 그 자리에서 쓰러진다.

프랑스 군대에게 온갖 모욕을 당하면서 무려 3일간이나 감금당하다시피 했던 보니파키우스 8세는 다행히도 사건을 알아차린 아나니 주민들의 반발과 봉기 덕분에 프랑스 군대의 손아귀에서 간신히 빠져나올 수 있었다.

인생 최악의 치욕적인 일을 겪으며 힘겹게 로마로 돌아온 교황은 그러나 당시의 충격과 모욕감이 원인이 됐는지 돌아온 지 불과 한 달 만에 갑자기 선종[7]한다. 교황의 갑작스런 선종으로 인해 로마 가톨릭은 급하게 후임 교황을 선출했고, 새로운 교황의 자리에 오른 사람은 도미니크 수도회[8] 원장인 베네딕토 11세였다. 그러나 베네딕토 11세가 새로운 가톨릭의 수장이 된 지 일 년도 안돼서 다시 의문의 사건이 발생하게 되는데, 바로 이 새로운 교황

---

7 선종(善終) : 가톨릭 용어. 기독교, 가톨릭, 불교 등 각각의 종교계는 사제나 목사 혹은 성도의 죽음을 가리키는 자신들만의 용어를 사용한다. 가톨릭은 선종, 기독교(개신교)에서는 소천(召天), 즉 하늘이 부르다 혹은 하나님이 천국으로 불렀다는 의미의 용어를 쓴다. 반면 불교계에서 사용하는 죽음에 대한 용어로 매우 시적인 표현을 쓰는데 들 입, 고요할 적을 써서 입적(入寂)이라고 한다. 즉 시끄러운 이 세상을 떠나 고요한 부처의 세상으로 들어갔다는 의미이다.

8 도미니크 수도회 : 1206년 에스파냐의 사제 성 도미니크에 의해 설립, 교황 호노리오 3세(Honorius Ⅲ)로부터 인가를 받은 로마 가톨릭교회 소속 기독교 수도회. 초창기에는 청빈을 중요시하여 탁발 수도사로서 생활했기 때문에 거지수도회 혹은 탁발수도회 등의 별칭을 가지고 있었다. 엄격한 생활과 학문 연구, 설교, 교육 등에 힘쓰며 사유재산을 금지하고 있다. 소유하지 못하도록 했으며, 프란시스 수도회와 함께 중세 가톨릭의 양대 탁발수도회로서 우리나라에는 1990년에 진출, 경기도 안산시 상록구와 서울시 강북구에서 수도원을 운영하고 있다.

보니파키우스 8세

프랑스군에게 폭행당하는 교황

이 평소 그가 즐겨 먹던 무화과를 먹고 나서 갑자기 사망하게 된 것이다. 이때가 1304년 7월이었다.

보니파키우스 8세의 선종에 이어 베네딕토 11세마저 급사하자 교황 자리를 오랫동안 공석으로 둘 수 없었던 로마가톨릭은 급히 또다시 교황을 선출한다. 여기서 선출된 교황이 아비뇽 유수기를 시작하는 클레멘스 5세였다. 클레멘스 5세는 프랑스 출신의 추기경 베르트랑 드 고트라는 인물로서 역대 어느 교황들보다 더 프랑스는 물론이고 프랑스의 국왕 필리프 4세와도 가까운 사이였다. 그랬기에 그가 교황이 되자마자 가장 먼저 한 일도 프랑스 국왕의 의중을 반영한 새로운 교황청을 만드는 일이었다.

교황청은 대대로 로마에 있었기에 옮기는 일이 간단하지 않았다. 그럼에도 불구하고 교황이라는 지위와 힘을 이용해서 결국 로마에서 프랑스 남부 아비뇽으로 교황청을 옮기는 결정을 하게 된다. 이렇게 해서 1309년부터 1377년까지 교황 클레멘스 5세부터 무려 7명의 프랑스 출신 교황들이 아비뇽에 머무는 가톨릭 최악의 어두운 역사가 이어지게 됐던 것이다.

지금은 인구가 불과 10만여 명에 불과한 소도시에 불과한 아비뇽이지만 중세 당시에는 7명의 교황이 70년 가까이 거주했었던 유럽의 중심지 역할을 했다. 종교가 세상의 중심이었고, 모든 것을 지배하던 중세 시대에는 신(神)과 동급으로 신의 대리자를 자처했던 교황이 어느 나라, 어느 도시에 기거하느냐에 따라 세상의 중심이 바뀔 만큼 교황의 상징성이 매우 높았다.

2) 명품와인을 만들어 낸 아비뇽 유수?

프랑스는 문화와 예술 그리고 미식의 나라로 그 명성이 자자하지만, 그 중에서도 가장 프랑스를 상징하는 것을 꼽으라고 한다면 아마도 많은 사람들이 와인을 꼽을 것이다. 지금에야 칠레 와인이나 이탈리아 와인, 미국 와인 등 여러 나라의 와인들이 생산되면서 과거만큼 독보적인 자리를 확보하지는 못하지만 그럼에도 불구하고 최고의 와인을 말할 때 항상 가장 먼저 언급되는 나라는 역시 프랑스일 것이다.

프랑스의 수준 높은 와인들은 어떤 역사를 거쳐서 탄생하게 된 것일까? 프랑스의 와인은 프랑스 역사만큼이나 오랜 전통을 자랑하지만 그렇다고 해서 옛날부터 당연히 최고의 와인을 만들었던 것은 아니었다. 프랑스에서 최고의 와인을 만들어내기 시작한 것은 언제부터였고 그 계기는 무엇이었을까? 이에 대한 답을 생각하기에 앞서 와인이 반드시 사용되던 장소가 어디였을지를 생각하면 재미있을 것이다. 앞서 말했듯이 중세 유럽은 가톨릭이 지배하던 시대였다. 가톨릭은 미사를 비롯한 예배를 가장 중요시했고, 그런 예배를 빛내주는 것이 바로 예배 중에 거행되는 성찬식[9]이었다. 성찬식의 핵

---

9 성찬식 : 예수 그리스도가 체포되어 처형되고 부활하기 전에 제자들과 가진 최후의 만찬을 기념하기 위한 교회 의식. 예수는 유월절 빵(성서에는 '떡')을 제자들에게 잘라주

웅장한 아비뇽 교황청. 지금은 교황청 마당에서 아비뇽 연극축제를 7월부터 3주간 거행한다.

심은 세례를 받은 성도들이 예수 그리스도의 피와 살을 함께 나누는 의식인데 이때 반드시 필요한 것이 바로 예수의 살을 상징하는 빵과 예수의 피를 상징하는 포도주, 즉 와인이었다. 특히 미사에 유명한 사람이나 높은 지위의 사제라도 참석하면 그 미사에 사용되는 포도주는 당연히 품질이 더욱 좋아야 했던 것이다. 이것이 바로 프랑스 남쪽 지방의 와인 품질이 좋아지는 계기가 됐고 결국 세계 최고의 품질을 가진 포도주의 나라로 발전하는 하나의 원동력이 됐던 것이다.

결론적으로 프랑스의 와인 품질이 좋아진 것은 중세시대, 그것도 프랑스의 남부 아비뇽에서부터였다. 질 좋은 포도주가 생산되기 위해서 반드시 필

며 "이것은 내 몸이니라"고 말했고, 술잔을 건네며 "이 잔은 내 피로 세운 새 언약이니 이것을 행하여 마실 때마다 나를 기념하라"고 말했는데 이에 교회에서는 이 의식을 중요하게 거행한다. AD 1세기, 기독교도들은 로마와 주변국들에게 많은 핍박을 받았는데 그 원인 중 하나가 바로 이런 의식이었다. 기독교도들이 예수의 살을 먹고 피를 마신다고 이야기한 것을 진짜 사람의 피와 살을 먹는 것으로 오해했기 때문이었다. 이러한 오해로 인해 기독교도들은 인신제사와 식인의 풍습을 행한다는 비난을 받아야만 했던 것이다.

요한 것이 일조량인데 프랑스 북부나 중부에 비해 남쪽이 훨씬 더 일조량이 풍부했고 이것이 좋은 품질의 포도주를 만들어냈던 것이다.

그렇지만 아비뇽에서도 처음부터 좋은 포도주가 나온 것은 아니었다. 아비뇽 유수 이전과 이후에 따라 확연히 다른 품질의 포도주가 나오게 됐다. 원래 아비뇽은 로마의 교황청이 옮겨오기 전까지는 그저 그런 황량하고 조그마한 도시에 불과했다. 그러나 아비뇽에 가톨릭 최고 수정인 교황이 들어와서 살게 되고 교황이 기거하는 교황청이 생기게 되면서 일약 중요한 도시로 부상했다. 특히 중세를 지배하던 종교의 입장에서 보면 아비뇽은 로마가 누려오던 모든 명성을 이어받는 도시가 된 것이다. 이런 변화는 아비뇽의 교회에서 드리는 예배와 성사에도 영향을 주었는데, 과거에는 평범하게 드려졌다면 교황이 참석하는 미사가 되면서 아비뇽 대성당의 미사는 하루아침에 유럽에서 가장 중요한 미사가 됐다. 교황이 주재하는 가장 중요한 미사에서 성만찬이 행해지는데 그 중요한 성만찬에 품질이 떨어지는 포도주를 사용할 수는 없었을 것이다. 당연히 아비뇽 대성당의 미사에는 교황의 지위에 걸맞은 가장 좋은 포도주가 필요했는데 불행히도 그때까지 아비뇽에서는 그런 좋은 포도주가 생산되고 있지 않았다.

모든 경제의 가장 기본은 수요와 공급의 법칙이다. 필요한 수요가 증가하면 그에 따른 공급도 증가하고 당연히 품질도 개선되는 것이다. 아비뇽 유수로 인해 교황이 아비뇽에 살게 되고, 아비뇽 대성당에서 미사를 집전하게 되면서 품질 좋은 포도주가 필요하게 됐고, 이로 인해 결국 아비뇽에서 가장 좋은 품질의 포도주가 나오게 됐던 것이다.

미사에 사용할 포도주로 인해 아비뇽 도시 전체에 큰 변화와 활력이 생기면서 도시 자체가 점점 더 중요해지게 됐고, 품질 좋은 포도주 공급을 위한 대규모 와이너리(포도농장) 개간이 활발해지게 된다. 그중에서도 일조량이 가장 풍부하고 토양이 좋았던 아비뇽 인근의 론(Rhône) 지역이 최고의 포도 재배 지역으로 부상한다. 프랑스에서 와인으로 유명한 보르도 지방의 연간 일조량이 평균 2050시간인 데 비해 아비뇽 인근 론 지역의 일조량은 무려 2750시간이나 된다고 한다. 이 지역은 하루 종일 태양이 뜨겁게 내리쬐고 특히 토양이 특이해서 흙이 아닌 작은 자갈로 이루어져 있다. 포도품종 중에서도 그르나슈와 시라 품종이 질 좋은 와인 재료인데 이들 품종이 이 지역과 잘 어울렸다.

아비뇽 유수 이후부터 품질 좋은 포도주를 공급하기 위한 경쟁이 치열해졌는데, 나중에는 아예 '샤토네프 뒤 파프(Chateauneuf-du-Pape, 교황의 새로운 성)'[10]이라는 이름이 붙은 지역이 생겨났고, 결국 이곳에서 가장 좋은 포도주를 생산하게 된 것이다.

3) 필리프 4세와 템플기사단 그리고 13일의 금요일

아라비아 숫자 중에서 한국이나 중국 등 동양 사람들에게 가장 인기 없는 숫자는 아마도 죽을 사(死) 자와 발음이 같은 4자일 것이다. 그래서 과거 많은 승강기에서 4층은 아예 숫자 4를 쓰지 않고 그냥 F(four)라고 쓰는 경우가 많았다. 반대로 가장 인기 있는 숫자는 행운을 상징한다고 여겨지는 7이어서 흔히 럭키세븐(Lucky seven)이라고 하기까지 한다. 7이라는 행운의 숫자와 더불어 동양 사람들은 또한 복을 상징한다고 여기는 3이라는 숫자도 역

---

10 샤토네프 뒤 파프 : 2018년 미국에서 선정한 세계 100대 와인 중 8위에 선정된 와인으로 일명 '교황의 와인'. 프랑스 론강 유역의 샤토네프 뒤 파프 마을의 9가지 레드와인 품종과 4가지 화이트와인 품종을 혼합하여 만든다. '교황의 새로운 성'이라는 뜻의 마을 이름은 로마에서 아비뇽으로 새롭게 옮긴 교황청을 기념하여 붙었다. 1308년 아비뇽 유수로 교황청을 옮긴 후, 이곳 지명이 샤토네프 뒤 파프가 되고 이 지역에서 생산되는 와인을 교황의 와인이라 불렀던 것이다. 그리고 이때부터 이 와인의 병과 라벨에는 교황을 상징하는 문양이 독점적으로 들어가게 되었다.

시 좋아한다.

이러한 수에 대한 터부는 대개 그 발음과 연관되어 있어서 8의 예를 들자면 숫자 8(八, ba 1성)의 발음과 한자모음(fa 일성)의 발음이 비슷하기 때문에 그 뜻이 '돈을 벌다'라는 뜻의 '발(發)'과 비슷해서 8을 행운의 숫자로 여기고 좋아한다고 한다. 이런 이유로 중국에서는 자동차 번호판으로 8888번이 가장 인기가 있다고 한다. 물론 중국 사람들도 우리나라와 마찬가지로 4를 싫어한다.

유럽의 서양 사람들은 어떤 숫자를 좋아하고 반대로 어떤 숫자를 싫어할까? 서양 사람들이 좋아하는 숫자도 물론 7인데, 우리의 관심을 끄는 것은 싫어하는 숫자이다. 기독교 문화권 사람들은 악마를 상징한다고 생각하는 6자와 더불어서 13이라는 숫자를 특히 꺼려한다. 그중에서도 13이라는 숫자와 금요일이라는 날짜가 겹치는 것을 가장 꺼려하고 두려워하는데, 이런 서양인들의 심리를 이용해서 1980년 〈13일의 금요일〉이라는 공포영화가 미국에서 등장하여 대중적으로 크게 인기를 끌었다. 영화의 성공에 힘입어 그 이후 여러 차례에 걸쳐 리메이크판이 나오기도 했다. 미국의 성공에 힘입어 우리나라에서도 1년 후인 1981년에 처음 수입됐고, 한국에서도 이 영화 때문에 13일과 금요일이 겹치는 것을 부정적으로 보기 시작했다.

13일의 금요일은 물론이고 서양에서는 아예 숫자 13 자체를 좋아하지 않아서, 예를 들어 남자가 여성에게 사랑 고백을 할 때 장미꽃 13송이를 준다면 불쾌해 할 정도이다. 그만큼 숫자 13과 13일의 금요일은 확실히 불길한 날로 꼽힌다.

서양인들은 왜 하필이면 13일과 금요일이 겹치는 것을 싫어하고 두려워하게 됐을까? 언제 어느 나라에서 무슨 사건이 있었기에 13일의 금요일은 서양인들을 두려움에 떨게 만든 것일까? 이는 두 가지 중대한 사건이 서양 역사에 있었기 때문이다.

하나는 기독교의 기본이 되는 예수와 12제자에 관한 이야기고, 다른 하나는 바로 이 챕터의 주인공이자 아비뇽 유수를 일으켰던 프랑스의 국왕 필리프 4세에 관한 이야기다. 서양사학자들 사이에 약간의 논란은 있지만 기본적으로 이 두 가지 사건이 있었음을 부정하지는 않는다.

첫 번째 이야기인 예수와 12제자에 관한 이야기는 이렇다. 골고다 언덕에서 예수 그리스도가 십자가에 달려 죽은 날이 바로 금요일이었는데 그날이 13일의 금요일이라고도 한다. 또한 최후의 만찬에서 12사도와 예수 그리스도를 합하면 13이 되고, 특히 13번째 참석자인 가룟 유다가 예수를 로마군인들에게 팔아 넘겼다. 이런 이유로 인해 기독교가 시대와 정신을 지배하던 서양 중세시대에는 물론이고 그 정신을 계승하고 있는 현재의 대다수 유럽 국가들은 숫자 13과 13일의 금요일을 매우 부정적이고 불운한 것으로 여기는 것이다.

두 번째 사건은 바로 필리프 4세와 템플기사단(Ordre des Templiers)의 이야기다. 유럽의 역사 속에서도 가장 비밀스러운 집단이었던 템플기사단은 1314년 3월 18일, 프랑스인 지도자인 자크 드 몰레이(Jacques de Molay)가 필리프 4세와 그의 사주와 협박을 받은 교황 클레멘스 5세에 의해 공식적으로 이단으로 몰려 처형당하면서 역사 속에서 완전히 사라졌다.

원래 템플기사단은 이름처럼 십자군전쟁으로 만들어진 조직이었다. 이슬람에게 점령당한 성지 예루살렘을 탈환하라는 교황 우르반 2세의 호소에 감동받은 십자군이 1097년에 십자가를 앞세우고 예루살렘으로 향했다. 당시 소집된 4천여 명의 기사들 중에 1천여 명이 예루살렘에 도착했고, 유럽을 떠난 지 2년 후인 1099년에 예루살렘을 함락했다. 교황의 명령에 따라 성지를 수복한 십자군이 예루살렘에서 제일 먼저 한 것은 기도나 감사의 예배가 아니라 바로 대규모 학살이었다. 당시의 끔찍했던 상황을 목격한 한 프랑스인 병사는 십자군의 만행을 이렇게 기록하며 정당화하고 있다.

"사람의 머리와 손발이 거리에 산처럼 쌓여 있었다. 솔로몬의 성전에서는 사람들이 무릎까지 피에 잠겨 뛰어다녔다. 이는 신의 정당한 심판이었다.

오랫동안 신성모독에 시달린 이 도시는 불신자들의 피로 가득 채워져야 한다."

사실 템플기사단은 서양 역사 속에 숱한 비밀을 남겼다. 그들은 스스로 기독교 성지 예루살렘을 탈환하기 위해 모인 예수의 가난한 기사들임을 자처했지만 아이러니하게도 십자군전쟁을 통해 유럽에서 가장 부유하고도 강력한 집단이 되었다. 이것이야말로 역설 중의 역설이었다. 가난한 사람들이 되고자 모인 사람들이 오히려 전쟁으로 가장 큰 부자가 되었다는 사실이.

처음에는 9명에서 시작된 템플기사단은 성지회복이라는 신앙적인 명분이 확고해서인지 금방 수천 명의 무리로 불어났다. 그들은 스스로를 '솔로몬 성전의 가난한 기사들의 모임'이라고 불렀다. 그들은 전사이자 수도승이었고 청빈과 복종, 금욕을 맹세했다. 무엇보다 기사단은 자신들의 사명을 거룩한 것으로 생각해서 다른 중세의 수도사들처럼 하루에 7번 기도를 할 정도였다. 기사단과 다른 일반 수도사들과의 차이점이라면 열심히 전투 훈련을 받는다는 것이었다.

템플기사단은 신앙이라는 바탕 위에 세워졌기 때문에 목숨 잃는 것을 두려워하지 않았고 그로 인해 막강한 전투력을 보유하였다. 그들은 어떤 싸움에서도 전열을 이탈하지 않았고, 불리한 전투에서도 절대 도망치지 않았다. 오히려 전투 중에 죽는 것을 가장 영광스러운 일로 여겼으며, 그리스도와 성지 예루살렘의 회복을 위해 싸우다가 장렬히 죽으면 힘든 이승을 떠나 찬란한 천국으로 간다는 확고한 믿음을 가진 집단이었다. 이것이 바로 템플기사단의 용맹함을 지탱하는 생각이었던 것이다. 마치 옛날 고대 최강의 육군이었던 스파르타 전사들이 조국을 위한 전투 중에 전사해서 자신의 방패에 누워서 고향으로 돌아오는 것을 가장 명예롭게 여겼던 것과 흡사한 생각이자 신념이었던 것이다

이러한 전문 전투기사단이 어떻게 해서 금전적으로 막대한 이득을 챙길 수 있었을까? 전쟁 승리 후 엄청난 약탈을 하지 않는 한 전투에 임한 기사들

이 부자가 된다는 것은 상식적으로 잘 이해가 쉽지 않다. 그들이 부자가 될 수 있었던 것은 바로 교황과 국왕이 배후에 있었기에 가능한 일이었다.

성지 회복의 임무를 띠고 결성 된 템플기사단에게 교황 호노리우스 2세는 축복을 내렸으며, 엄청난 권력과 특혜를 베풀었다. 국가의 법, 규율, 특히 막대한 세금에서 벗어나는 자유를 누리게 되었던 것이다. 그들은 수많은 전투에서 승리하면서 기독교인들의 존경을 받게 되었는데, 이런 승리와 존경에 의해 많은 지원자들이 기사단 일원이 되기 위해 몰려들었고 템플기사단의 규모와 재정 상태는 순식간에 커졌다. 템플기사단의 자금력은 엄청난 파워를 형성하였는데 특히 현금이 풍부해진 템플기사단은 유럽의 왕족들과 귀족들에게 돈을 빌려주기 시작하면서 요즘으로 치면 사채사업까지 하게 된다. 그러나 문제는 다른 곳에서 시작되고 있었는데, 템플기사단이 갑작스럽게 세력이 확장되는 것을 보면서 그들을 시기, 견제하는 세력들이 나오게 된 것이다. 또한 기사단을 향한 많은 음모들이 제기되었는데 그중 하나가 바로 프랑스의 국왕 필리프 4세였다.

세월이 흐르면서 전열을 가다듬은 이슬람 세력에 의해서 성지 예루살렘을 다시 빼앗기게 되고, 템플기사단은 키프로스섬까지 후퇴하는데, 이런 상황을 주시하던 유럽 기독교인들에게 십자군과 템플기사단에 대한 환상이 깨어지기 시작하고 있었던 것도 한 몫을 했다.

십자군전쟁부터 기독교 세력을 대표하면서 이슬람에 맞서 싸우며 기독교를 수호하는 데 앞장섰던 템플기사단을 이단이라는 가장 치욕적이자 치명적인 죄목으로 몰아 비참한 죽음으로 내몬 장본인은 바로 필리프 4세였다. 필리프 4세는 사실 템플기사단에게 경제적으로 많은 도움을 받고 있었고 상당한 양의 부채도 안고 있었다. 그런 필리프 4세가 돌연 그동안 도움을 받아왔던 템플기사단을 이단이라는 죄목을 씌워서 제거하려고 했던 것이다. 그 이유는 템플기사단의 위세가 국왕인 자신을 능가할 정도로 강해졌다는 것과, 그들을 제거하면 자연스럽게 자신이 진 빚도 사라지고 게다가 기사단의

화형당하는 자크 드 몰레이와
템플기사단

재산까지 차지할 수 있다고 생각했기 때문이었다.

그러나 기독교를 대표하는 기사단을 아무리 국왕이라도 혼자의 힘으로 제거하기는 어려웠다. 그래서 필리프 4세는 자신의 영향력이 미치는 프랑스 출신 교황 클레멘트 5세를 끌어들인다. 당시 새롭게 템플기사단의 지도자가 된 프랑스의 귀족 자크 드 몰레이는 클레멘트 5세의 요청으로 프랑스로 건너갔다. 거기에서 자본 문제와 앞으로의 계획에 대해서 논의하려고 했는데 이런 몰레이의 계획과 달리 필리프 4세는 그에게 이단이라는 죄명을 붙여 제거하려고 했던 것이다. 필리프 4세는 이단자들의 정죄를 교황에게 반협박조로 요구하였고, 그 위세에 눌린 교황의 동의하에 공식적으로 템플기사단을 제거할 수 있게 된다. 종교가 모든 것을 지배하던 중세시대에 이단으로 몰리게 되거나 파문을 당하게 되면 그것은 곧 죽음을 의미할 뿐이었다.

교황의 재가를 얻은 필리프 4세에게는 거리낄 것이 없었다. 필리프 4세의 명령으로 1307년 10월 13일 금요일에 템플기사단에 대한 전격적인 검거가 시작되었고 이단이라는 죄명으로 모진 고문이 시작되었다. 하루아침에 이단으로 몰린 템플기사단에게는 무려 127가지의 죄목이 부과되었는데, 그리스도를 부인했고, 십자가에 침을 뱉었으며, 성체를 모독했고, 성만찬에서 엉덩이를 흔들었거나, 서로의 엉덩이에 입을 맞추었다 등이었다. 물론 기사단들의 자백은 당연히 모진 고문의 결과였을 것이다.

전투에서 아무리 용맹을 떨친 기사라고 하더라도 모진 고문을 감당할 사람은 없었다. 템플기사단의 앞에는 두 가지 선택만이 남아 있었는데, 하나는 고문을 받다가 죽는 것이었고, 다른 하나는 자신들이 이단이라고 자백하는 것이었다. 물론 둘 다 기사단의 죽음을 가져오는 것이었다.

결국 5일 후인 3월 18일, 이단이라는 자백에 따라 화형을 당하는 기사단들과 그들의 리더 자크 드 몰레이는 많은 사람들이 지켜보는 광장에서 화형을 당한다. 몰레이는 죽어가면서 필리프 4세와 교황을 저주하였는데, 그의 저주가 효과를 발휘했는지 필리프 4세와 교황은 그로부터 1년 안에 죽음을 맞이하였다. 이런 비극적인 역사로 인해 이후 서양인들은 13일과 금요일이 겹치는 날을 매우 싫어하게 되었다고 전해진다.

4) 공민왕의 개혁정치(1356~1371)와 영토회복

1309년부터 1377년까지 아비뇽 유수가 한창일 때, 고려에서는 공민왕(재위 1351~1374)의 개혁정치가 한창 힘을 받고 있었다. 14세기는 고려의 입장에서는 매우 혼탁한 시절이었는데, 특히 주변 강대국이었던 원나라[11]의 속국으로 전락하기까지 했었기 때문이다.

---

11 원(元) : 1206년 칭기즈 칸이 세운 몽골은 유럽까지 진출, 세계에서 가장 큰 제국을 건설했다. 칭기즈 칸의 손자이며 몽골 제국의 제5대 황제인 쿠빌라이는 나라 이름을 '원'이라고 하고 중국을 통일하였다. 몽골은 우리나라를 차지하기 위해 1231~1270년에 7차례나 침입해왔고 이후 정치적으로 간섭했다. 1368년 명나라에게 멸망한다. 고려는 당시 원나라의 속국이었기에 고려 임금은 어린 시절에 인질로 끌려갔다가 왕이 죽으면 원나라의 허락을 받아 귀국해서 왕위를 이었다. 공민왕과 노국대장공주처럼 결혼은 당연히 원나라의 공주와 해야 했으며 왕에게 붙여지는 이름도 원나라에 충성을 다하라는 의미를 담아 충렬왕, 충선왕, 충혜왕 등과 같이 앞 글자에 '충(忠)'자를 붙였다.

원나라의 착취는 물론이고 권문세가와 사원들에 의한 권력놀음에 의해 경제적 상황은 몰락하기 직전이었고, 게다가 홍건적의 난,[12] 바다 건너 왜구의 침입 등이 계속 이어지면서 태조 왕건에 의해 수립된 고려는 점점 시간이 갈수록 깊은 수렁으로 빠져들고 있었던 것이다.

고려는 1259년(고종 46년) 원나라에 항복하면서 속국으로 전락한 뒤 80여 년 동안 원나라의 내정 간섭을 감수해야 했다. 이때부터 고려 국왕은 원나라 공주와 혼인하여 원나라의 부마(사위) 국가가 되어야 했고, 왕자는 정치적 볼모가 되어 원나라의 수도인 심양에서 살아야 했다. 마치 중세, 로마에 기거하던 교황이 프랑스 필리프 4세의 기세에 눌려 억지로 프랑스 남부 시골마을인 아비뇽에서 살던 시절과 흡사한 상황이었던 것이다.

고려는 원나라의 침략전쟁에 필요한 인력과 물자를 지원하는 병참기지 역할을 담당했고 특히 치명적인 것은 수시로 환관과 고려의 처녀들을 공녀로 바쳐야 했다. 이처럼 고려의 몰락이 눈앞에 보이던 시기인 1351년 고려의 국왕으로 즉위한 인물이 바로 비운의 왕이었던 공민왕이었다.

우리 역사에서는 왕비 노국공주(魯國公主)와의 지고지순한 사랑,[13] 그리고

---

12 홍건적의 난 : 머리에 붉은 수건(紅巾)을 둘러 표를 했으므로 홍건적이라 불렀다. 13세기 전반, 몽골족에게 통치받던 한족들이 반란을 일으키며 만들어졌다. 당시 유행하던 비밀결사인 백련교를 등에 업고, 미륵불을 자칭하며 큰 세력으로 성장하여 중국의 각지를 점령한 홍건적은 채식주의, 근검절약, 상호부조(相互扶助)라는 종교적 계율을 지켰으며, 특히 도둑질이나 간음을 엄금하는 규율을 지켜 원정 가는 곳마다 가난한 사람들에게 환영을 받았다. 홍건적은 고려를 2번 침입했는데, 두 차례의 홍건적의 난으로 인해 1356년 이래 고려 공민왕이 적극 추진해오던 반원 개혁정치도 퇴색하는 등 큰 정치적 변화를 가져왔다.

13 노국공주, 혹은 노국대장공주(魯國大長公主) : 중국 원(元)나라 위왕의 딸, 고려 공민왕과 정략결혼하여 고려의 왕비가 되었다. 공민왕이 가장 사랑했던 여인이었는데 난산 끝에 사망한다. 원나라 간섭기 때 고려 국왕들은 무조건 원나라 공주와 사랑 없는 정략결혼을 해야만 했다. 그래서 충렬왕, 충선왕, 충숙왕, 충혜왕, 충목왕, 충정왕 등이 왕비와 사이가 좋지 못했던 것이다. 그런데, 예외적으로 원에 의해 임명된 공민왕만은

그런 노국공주가 출산 중 사망하면서 시작된 공민왕의 타락 등으로 많이 기억되지만 사실 공민왕은 누구보다 고려를 개혁하기 위해 애썼던 군주이기도 했다. 특히 공민왕은 내정은 물론이고 거의 모든 부분에서 압력을 행사하면서 지배하려 했던 원나라로부터의 자주독립을 꿈꾸었으며, 100년간이나 빼앗겼던 영토를 수복하기도 했다. 또한 비교적 덜 알려졌지만 공민왕은 사실 고려를 대표하는 화가이기도 해서 유명한 〈천산대렵도〉, 〈노국대장공주진〉, 〈석가출산상〉, 〈현릉산수도〉, 〈동자보현육아백상도〉 등을 남겼다.

고려의 왕실 사람이 원나라의 여인과 결혼할 수밖에 없었던 것은 당시 고려의 비참한 실정이었다. 고려의 왕자들은 원나라 공주와 정략적으로 결혼해야 했고, 때마다 원나라에 조공을 바쳤다. 공민왕 역시 원나라에서 살던 대군 시절 원나라 위왕(魏王)의 딸 노국대장공주(魯國大長公主)와 혼인했고, 원나라가 공민왕의 아버지를 폐위시킨 덕분에 왕위에 올랐다. 이렇게 누구보다 원나라의 도움을 받아서 왕위에 올랐음에도 불구하고 그는 고려 조정에서 몽골풍을 없애기 위해 노력했다.

1352년 변발(몽골식 머리모양), 호복(몽골식 복장) 같은 몽골 풍속을 금지하는 왕명을 발표했다. 인사정책에서 근본적인 문제를 불러일으키던 정방을 폐지하고, 귀족들이 갈취한 토지를 원래 소유자에게 돌려주는 정책도 시행했다. 1356년에는 몽골의 연호와 관제를 문종 이전의 고려 고유 것으로 복귀시켰다. 이런 강력한 반원 개혁정책을 펼쳤던 개혁군주 공민왕이었기에 그동안 온갖 권력의 단물을 누리던 친원 세력들과의 반목은 필연적이었다. 친원 세력의 대표는 고려의 공녀로 원나라에 끌려갔다가 일약 원나라 황후

부인과 금슬이 무척 좋았다. 노국공주는 원나라 여인이었음에도 불구하고 공민왕의 반원 자주 개혁정치를 적극적으로 후원하였다. 그래서 고려 조정의 친원파들이 공민왕을 죽이려 할 때에도 방문 앞에 버티고 서서 공민왕을 끝까지 보호해주었을 정도로 두 사람의 사랑은 매우 특별했다. 이러한 노국공주가 아기를 낳다가 죽었으니 공민왕이 망가진 것도 이해가 가는 면이 있다.

가 된 기황후[14]의 형제들이었다. 인기 TV 드라마 〈기황후〉가 바로 고려 공민왕과 그의 반원정책에 대한 이야기였다.

특히 원나라 황실과 인척 관계라는 점을 악용해 권세를 부리던 기황후의 오빠인 기철(奇轍) 일파를 숙청한 것도 반원정책의 일환이었다. 공녀였던 누이가 원나라 순제(順帝)의 눈에 들어 제2황후가 된 후부터 기철은 마치 원나라의 왕족처럼 행동했으며, 특히 1353년(공민왕 2년) 기황후가 낳은 아들이 원나라의 황태자에 책봉된 다음부터는 공민왕에게 아예 스스로를 신(臣)이라고 칭하는 신하의 예를 갖추지 않을 정도였다고 한다.

공민왕은 원나라와의 관계가 악화될 것을 알면서도 기철 일파를 제거했으며, 1356년 그 여세를 몰아 고려의 영토에서 원나라의 영향력을 뽐내며 100년 넘게 존속된 쌍성총관부(雙城摠管府)[15]를 폐지하고 원나라에게 빼앗긴 영토를 회복했다.

공민왕이 반원을 표방하는 이런 개혁적인 시도를 할 수 있었던 것은 14세기 후반 중국에서 원나라가 쇠퇴하고 명나라의 세력이 점차 커지던 원-명 교체기였기에 가능했다.

---

14 기황후 : 고려 여인이었던 기씨는 원나라에 공녀로 끌려갔다가 궁녀가 된 뒤 원나라 황제의 총애를 받아 귀빈이 되었다. 훗날 북원의 황제가 된 아들에 의해 제2황후에 이어 제1황후가 되면서 기황후로 불렸다. 기황후의 오빠들인 5명의 형제들은 기황후의 후원을 받아 고려에서 막강한 권세를 누렸으며 고려의 독립성을 부정하는 등 국정을 농단하다 공민왕의 반원정책에 의해 제거되었다. 고려에 반감을 가진 기황후는 원나라의 군사를 동원, 고려를 공격하면서 평안도까지 침략했지만 결국 최영과 이성계가 이끄는 고려군에게 패배하였다.

15 쌍성총관부(雙城摠管府) : 고려 후기 원나라가 고려의 화주(和州, 지금의 함경남도 영흥) 이북 지역을 직접 통치하기 위해 설치했던 관청. 고려와 원나라 간의 전쟁 중에 설치되었다가 공민왕 때 폐지되었다. 1258년 원나라 군대가 천리장성을 넘어 쳐들어오자, 화주 지역의 세력가들은 고려 장수를 죽이고 원나라에 항복하는 반역을 저지른다.

5) 노국공주에 대한 일편단심과 공민왕의 몰락

비록 원나라의 도움으로 국왕에 등극했지만, 누구보다 앞장서서 원나라의 영향력을 제거하려 했고 암울한 고려의 정치 상황에서도 영민함을 잃지 않았던 공민왕은 안타깝게도 끝까지 일국의 국왕다움을 유지하지 못하고 비참한 말로를 겪었다. 나름 정치적인 강직함을 바탕으로 고려의 고질병을 고치고 개혁을 완수해서 원나라의 간섭을 받지 않는 새로운 고려를 만들려는 시도를 해오던 공민왕이 안타깝게도 말년이 좋지 못했던 것이다. 그 이유는 무엇이었을까? 모든 사람에게 갑자기 찾아오는 변화는 긍정적인 변화든 혹은 부정적인 변화든 그 사람에게 매우 중요한 계기가 있었을 가능성이 매우 크다. 큰 충격을 겪은 사람이 갑자기 변하는 것을 우리는 어렵지 않게 볼 수 있다.

그렇다면 여기서 공민왕이 겪었던 중요한 인생의 계기가 무엇이었을지 궁금해진다. 도대체 얼마나 크고 심각한 사건을 겪었기에 강단 있던 국왕이 그토록 쉽게 변하고 허물어졌던 것일까? 결정적인 사건은 바로 그가 가장 아끼고 사랑하던 한 여인의 죽음이었다. 그것도 한창 출산 중이던 여인의 죽음이었다.

공민왕이 가장 사랑했던 사람은 바로 원나라에서부터 함께 지내던 원나라 출신의 노국공주였다. 공민왕은 앞서 말했듯이 원나라의 속국이었던 고려의 왕자 신분으로 어린 시절부터 원나라에서 볼모 생활을 했던 사람이었다. 고향을 생각하며 어려운 시절을 보내던 당시 원나라에서 거의 유일하게 공민왕의 편이 되어준 사람이 바로 노국공주였던 것이다.

사실 원나라 출신으로 고려의 왕비가 된 몽골 여인이 노국공주 한 사람만은 아니었다. 정확하게는 25대 충렬왕부터 제31대 공민왕에 이르기까지 약 100년 동안 무려 7명에 이르렀다. 대부분의 원나라 공주들은 막강한 친정인 원나라 황실을 배경으로 남편인 고려 왕을 능가하는 권력을 행사했지

공민왕과 노국공주의 초상화(국립고궁박물관)

만 한편으로는 정략결혼의 희생자이기도 했다. 사랑 없이 정치적 이유로 인해 고려의 왕자들과 결혼해서 만리타향인 고려까지 왔지만 노국공주를 제외한 대부분의 원나라 공주들은 남편에게 외면당한 채 외롭게 생을 마감한 경우가 많았다. 그런 면에서 노국공주는 생전은 물론 사후, 조선시대는 물론이고 현대까지도 회자되는 남녀 간의 지극한 사랑의 주인공이었으니 그녀의 삶은 매우 특별했다고 볼 수 있다.

오늘날 경상북도 안동 지방에서 정월대보름 날 행해지고 있는 놋다리밟기라는 민속놀이가 있는데, 이 놀이의 유래에 공민왕과 노국공주의 이야기가 등장한다. 공민왕이 홍건적의 난을 피해 노국공주를 데리고 안동 지역으로 피난을 와 소야천이라는 개울을 건너야 했는데 마침 다리가 없었다고 한다. 아무리 피신 중이지만 국왕과 왕비가 체통 없이 바지와 치마를 걷고 개울을 건널 수는 없었다. 이에 마을의 부녀자들이 나와서 허리를 굽혀 다리를 만들었고 노국공주가 무사히 개울을 건너게 했다는 것이다.

상식적으로는 국란을 맞아 국왕부부가 도성을 버리고 지방으로 도망쳤다면 그 지방 사람들에게 환영받지 못하는 게 보통이었다. 임진왜란 때, 도성을 버리고 분조[16]를 하면서까지 의주로 도망 간 조선의 선조가 그랬고, 프

---

16 분조(分朝) : 조선 선조 임진왜란 당시 의하여 임시로 두었던 조정(朝廷)을 말한다. 왜란으로 나라가 위급하게 되자 선조는 의주 방향으로 피신을 가면서 왕세자인 광해군으로 하여금 조선 본토에 머물도록 하였다. 이때 조정을 둘로 나눠서 선조가 있던 의

랑스에서도 혁명을 맞아 수도인 파리를 버리고 왕비 마리 앙투아네트의 친정 오스트리아로 도망가다 잡힌 루이 16세가 그랬다. 즉 동서양을 막론하고 국왕이나 왕비가 수도를 버리고 도망치는 것에 대해 매우 부정적이었다. 그런데 공민왕과 노국공주의 경우는 조금 달랐으니 이례적이다. 아마도 고려 백성들과 안동 백성들이 어린 시절부터 원나라에 끌려가서 살았던 공민왕의 불행한 처지와 그런 공민왕을 챙겼던 노국공주의 헌신을 이해했으리라.

어쨌든 당시 정월대보름을 맞아 안동 사람들이 도성을 피해 남쪽으로 내려온 노국공주를 위해 여인들이 몸으로 다리를 만들고 그녀를 위해 공연을 펼친 것이 놋다리밟기 놀이의 유래라고 하니 이것이야말로 노국공주가 고려 백성들과 안동 백성들의 민심까지도 얻고 있었음을 말해주는 것이다.

12살이라는 어린 나이에 정치적 볼모로 원나라에 가서 무려 10년의 세월을 보낸 공민왕은 노국공주와 결혼함으로써 막강한 원나라 황실을 자신의 지지 세력으로 둘 수 있었다. 1351년 3월, 고려 충정왕이 원나라 황실의 압력에 의해 강화도로 유배를 가게 되고, 그 뒤를 이어 공민왕이 고려의 국왕으로 즉위했으니 실상 노국공주와의 결혼은 공민왕의 정치적 행보에 엄청난 배경이 됐던 것이다.

국왕의 자리에 오른 공민왕은 신속하게 원나라의 간섭에서 벗어나기 위한 개혁정책과 반원정책들을 단행하게 되는데, 이때도 노국공주는 친정인 원나라가 아닌 남편 공민왕을 적극적으로 지지했다고 전해진다. 지지기반이 약한 국왕이 큰 영향력을 가진 원나라를 상대로 외로운 개혁정책을 펴는 때, 아내인 노국공주가 친정이 아닌 남편을 지지했으니 이것이야말로 공민왕이 노국공주를 특별한 존재로 여기게 만들었을 것이다.

국왕으로서 이런 노국공주에 대한 공민왕의 사랑은 유명했는데, 얼마나

주의 행재소(行在所)를 '원조정(元朝廷)'이라 했고, 세자가 있는 곳을 '분조(分朝)'라 칭한 것이다.

노국공주를 사랑했는지 결혼한 지 10년 동안 단 한 명의 후궁도 들이지 않았다고 한다. 일국의 국왕에게는 여러 명의 후궁들이 있고, 그런 후궁들을 통해 수많은 왕자와 공주들을 낳는 게 보편적인 상황에서 후궁을 보지 않은 공민왕의 상황은 매우 이례적인 것이었다. 게다가 고려 왕실의 입장에서는 후사를 잇는 것이 가장 중요한 일인데 당시 후사가 없는데도 불구하고 노국공주만 바라보는 국왕을 걱정할 정도였다고 한다.

왕실의 후사 문제는 아무리 국왕이어도 본인 혼자 독단적으로 결정할 수 없는 것이 보통 왕실의 법도이자 규칙이었다. 결국 후사를 걱정하는 신하들의 성화가 끊이지 않자 어쩔 수 없이 공민왕도 1359년(공민왕 8년) 4월, 이제현의 딸을 후궁으로 맞이했다. 내키지 않는 후궁을 맞이할 때도 공민왕은 노국공주에게 친히 양해를 구하고 나서 후궁을 데려왔다고 한다.

공민왕이 특히나 더 노국공주를 사랑하고 그녀만 의지하게 된 계기가 있다. 바로 공민왕의 최측근이었던 김용에게 죽임을 당할 위기를 겪었던 일이었다. 1362년 1월, 홍건적의 난을 제압하고 개경으로 돌아온 공민왕은 무너진 왕궁 대신 임시로 근처에 있던 사찰 흥왕사에서 기거하게 됐다. 그런데 3월 1일 새벽, 김용이 보낸 자객 50여 명에게 기습을 받았고, 환관의 등에 업혀 간신히 몸을 피해 명덕태후의 처소에 숨을 수 있었다. 이때 노국공주가 공민왕을 밀실에 숨기고 그 입구를 온몸으로 막아섰다고 한다. 자객들이 입구를 막아선 왕비를 어쩌지 못하는 사이에 최영 장군 등이 군사를 이끌고 와서 공민왕을 구했다. 믿었던 최측근이 일으킨 이 사건 이후로 공민왕은 대신들이 아닌 노국공주만을 믿고 의지하고 사랑하게 됐다고 한다.

6) 노국공주의 죽음과 공민왕의 동성애 정치?

노국공주의 죽음의 직접적인 원인은 바로 출산이었다. 공민왕과의 결혼 이후 오랫동안 후사가 없어 왕실의 애를 태우던 노국공주가 다행히 1364년(공민왕 13년) 중순, 드디어 태기를 보였는데 공민왕과 결혼한 지 15년 만의 경사였다. 이듬해인 1365년(공민왕 14년) 2월, 그녀가 만삭이 되자 공민왕이 얼마나 기뻤는지 전국에 있는 사형수를 제외한 모든 죄수를 사면하기까지 했을 정도였다. 그러나 문제는 노국공주의 나이였으니 이미 30대 중반에 이른 왕비의 첫 출산은 누가 봐도 위험했다. 드디어 운명의 출산일인 2월 16일, 난산으로 몸부림치던 노국공주는 "아기가 숨을 쉴 수 있게 자기의 배를 갈라야 하니 칼을 가져오라"라고 절규했다. 그러나 어느 내관과 어의가 감히 왕비의 몸에 칼을 댈 수 있을까. 당시로서는 국왕이나 왕비의 몸에 칼을 대는 일은 아무리 어의라고 해도 상상도 할 수 없던 시절이었다.

결국 노국공주는 그토록 원하던 왕자의 얼굴을 보지 못하고 함께 죽음을 맞게 됐다. 이에 공민왕은 사랑하는 노국공주와 왕자의 충격적인 죽음 앞에서 정신을 차리지 못했고 이 사건이 결국 공민왕을 완전히 다른 사람으로 변질시켰던 것이다. 평생의 유일한 연인이자 정치적 동반자와 그토록 기다리던 왕자까지 한순간에 비극적으로 잃어버린 공민왕은 오랫동안 슬픔에 잠겼고 모든 국정에 관심을 잃어버리게 된다.

공민왕은 이후에도 그녀에 대한 사랑의 마음을 숨기지 않았는데, 그중 하나가 바로 공민왕이 무려 9년에 걸쳐 직접 관여했던 노국공주의 안식을 위한 무덤을 만드는 일이었다. 왕비의 무덤 옆에는 자신의 무덤까지 만들었고, 두 무덤은 지하로 통할 수 있도록 건설했는데, 이것은 두 사람의 영혼이 사후에도 만난다는 믿음 때문이었다고 한다. 무덤 외에도 그녀가 죽은 뒤 무려 3년 동안 일체의 고기반찬을 먹지 않았고, 새로 부임하는 신료나 사신들에게는 반드시 왕비의 무덤인 정릉으로 가서 예를 행하게 했다.

또한 공민왕이 식사를 할 때는 정면에 그녀의 초상화를 놓았고 노국공주의 고국인 원나라 음악(몽골음악)을 연주하게 한 다음 마치 그녀가 살아 있는 것처럼 대화를 나누면서 식사를 할 정도로 왕비를 생각했다고 한다.

공민왕의 노국공주에 대한 지극한 사랑은 그녀가 죽은 지 8년이 지난 1373년(공민왕 22년)에 이르러서도 여전했는데, 후사를 잇기 위해 여러 명의 후궁을 들였지만 조금도 정을 주지 않는 것은 물론이고 아예 동침조차 안 했다고 한다. 오죽하면 공민왕의 모후 명덕태후가 왕을 불러 간곡하게 동침을 권했지만 "공주만 한 자가 없습니다." 하면서 눈물을 쏟기까지 했다고 한다. 죽은 노국공주와는 반대로 공민왕의 사랑을 전혀 받지 못한 후궁들의 삶은 비참할 수밖에 없었는데, 두 명의 후궁들은 출가해서 비구니가 되었다.

오로지 술을 잔뜩 마시는 폭음만이 그녀에 대한 생각을 잊게 해주었기 때문에 공민왕의 폭음은 날이 갈수록 심해졌다. 날마다 이어지는 심한 폭음은 필연적으로 공민왕의 정서를 피폐하게 만들었고, 이는 결국 폭력적인 정치로 이어졌다.

이 무렵부터 공민왕은 자제위[17] 소속의 미소년들과 어울리기 시작했다. 승려 신돈에게 거의 모든 국정을 넘기고 자신은 매일 미소년들과 어울려 음주가무와 동성애에 탐닉했다. 게다가 승려 신돈의 소개로 만난 반야라는 여인이 아들 모니노를 낳는 등 공민왕의 행실은 왕실 사람들은 물론이고 모든 대신들의 근심거리가 되게 된다. 승려 신돈은 공민왕의 전폭적인 지지와 정치적인 무관심에 힘입어 일약 고려 정계를 좌지우지하는 것을 아예 국정을 농단하는 지경까지 이르렀고, 이런 승려 신돈에 대한 반발은 곧 공민왕에 대한 불만으로 이어졌다. 이것이야말로 공민왕의 비극적인 죽음을 재촉하는

---

17 자제위(子弟衛) : 고려 공민왕 21년인 1372년 10월, 왕권 강화와 국왕의 경호 및 인재 양성을 목적으로 궁중에 설치하였던 관청. 주로 공신들이나 고위 관직자의 아들을 선발하여 배속시켰다. 『고려사』는 공민왕이 노국대장공주(魯國大長公主)가 죽은 뒤 크게 상심해서 젊고 용모가 빼어난 젊은이들을 이곳에 소속시킨 뒤 이들과 변곡적으로 즐겼다는 등 부정적으로 서술하였는데, 『고려사』는 조선 초기 사가들에 의해 기록됐다는 것을 유의해야 한다. 조선왕조의 개국을 정당화하고 고려의 몰락을 기정사실화하기 위해 의도적으로 과장, 왜곡한 것으로 보는 시각들이 있기 때문이다. 결과적으로 공민왕은 자제위 소속의 미소년 홍륜(洪倫) 등에 의해 비참한 죽임을 당했다.

불씨가 됐던 것이다. 이는 결국 1374년(공민왕 23년) 내시 최만생과 홍륜, 한안, 권진 등 평소 공민왕이 가까이했던 자제위 소속의 미소년들에게 목숨을 잃는 사태로 이어졌다.

공민왕의 말년의 비극은 분명 노국공주의 갑작스럽고도 불행했던 죽음에서 비롯된 것이었다. 역사에 만약은 없다지만, 그래도 만약 그녀가 무사히 아들을 순산했다면 아마도 고려의 운명은 더 길게 이어졌을 것이다. 공민왕이 추구했던 개혁은 갑작스런 노국공주의 사망으로 인한 공민왕의 현실정치에 대한 실망과 승려 신돈의 등장 그리고 이어지는 미소년 친위대인 자제위의 등장 등으로 실패했다. 그러나 비록 개혁은 실패했지만 그 과정에서 정몽주, 정도전 등의 신진사대부와 이성계를 중심으로 한 무장세력들이 다음 세대의 주인공으로 성장했다는 점에서 시대적 의의를 찾을 수 있다.

공민왕 사후 겨우 18년 동안 간신히 명맥을 유지했던 고려는 이성계라는 새로운 영웅을 불렀고 이는 결국 새로운 나라 조선(朝鮮)의 탄생으로 이어졌다. 이처럼 새로운 영웅과 새로운 나라의 출현은 어쩌면 순애보의 사랑을 한 공민왕과 노국공주라는 한 명의 몽골 여인에게서 싹텄는지도 모르겠다.

백년전쟁 최초의 대규모 전투인 크레시 전투. 영국과 스코틀랜드와의 싸움에서 패한 스코틀랜드 국왕이 프랑스로 정치적 망명을 한다. 스코틀랜드 국왕의 인도 요청을 프랑스는 거부하고, 이를 빌미로 영국이 프랑스를 침공하면서 두 나라 사이에 벌어진 첫 번째 대규모 전투가 바로 크레시 전투이다. 크레시 전투는 백년전쟁에서 영국군이 프랑스군에 대승을 거둔 푸아티에 전투(1356), 아쟁쿠르 전투(1415)와 함께 3대 대승 전투로 불린다.

고려의 마지막 충신 정몽주가 목숨을 잃은 현장 선죽교. 정몽주를 회유하여 한편으로
끌어들이고자 했던 이방원은 〈하여가〉로 그의 마음을 떠보았지만, 정몽주는 〈단심가〉로 고려에
대한 굳은 지조와 충성을 표현했다. 정몽주를 설득할 수 없겠다고 판단한 이방원은 수하
조영규로 하여금 정몽주를 살해한다. 선죽교에는 머리에 철퇴를 맞고 피를 뿌리며 쓰러진
정몽주의 핏자국이 지워지지 않았다는 전설이 있다.

11

유럽의 백년전쟁 VS 이성계의 역성혁명

1337~1453년   1392년~

앞서 아비뇽의 유수에서도 살펴본 것처럼 14세기 초반부터 유럽에서는 교황과 국왕의 알력과 대결이 치열했다. 이를 대표하는 사건이 바로 프랑스의 필리프 4세에게 굴복해서 로마에 있어야 할 교황이 강제로 무려 70년 가까이 프랑스 남쪽의 작은 마을인 아비뇽에 와서 기거했던 아비뇽 유수였다.

그런데 아비뇽 유수가 한창 진행되고 있다고 해서 유럽이 조용했던 것은 전혀 아니었다. 오히려 14세기 초반, 즉 아비뇽 유수가 한창인 1337년부터 유럽은 다시금 전쟁의 소용돌이에 휘말리게 된다. 이번 전쟁도 역시 프랑스가 핵심적인 주인공이었고 반대편에 있던 나라는 바로 영국이었다. 영국과 프랑스는 1337년부터 1453년까지 무려 116년 동안 서로 싸우게 되는데 역사에서는 이를 백년전쟁이라고 불렀다.

프랑스에서는 아비뇽 유수를 일으켰던 필리프 4세를 지나서 새로운 국왕 바로 샤를 4세(Charles IV, 1294~1328)[1]가 통치하고 있었다. 그런데 샤를 4세

---

1   샤를 4세 : 아비뇽 유수를 일으켰던 필리프 4세의 셋째 아들로 1322년 프랑스의 국왕

백년전쟁을 일으킨 에드워드 3세

가 죽음에 이르렀을 때 중요한 문제가 터지는데 바로 누가 프랑스 왕권을 이어받을까 하는 것이었다. 일국의 국왕에게 후계자가 될 친아들이 없다는 것은 왕실의 입장에서는 치명적인 결함이었다. 국왕의 아들이 부재함으로 인해서 주변 국가들이 프랑스 국왕 자리를 호시탐탐 노리게 됐고, 특히 영국의 국왕 에드워드 3세가 프랑스 국왕 자리에 굉장히 집착하게

된다. 영국처럼 모계 계승이 가능하다면 프랑스에서도 자신이 충분히 국왕으로 인정받으리라 생각했던 것이다. 그러나 에드워드 3세가 아닌 다른 인물이 프랑스 왕위를 계승했고 결국 이것이 도화선이 되어서 프랑스와 영국은 프랑스 왕위계승 문제를 놓고 무려 116년간이나 치열한 전쟁을 벌였다.

유럽에서 프랑스와 영국의 백년전쟁이 한창일 당시 우리나라에서는 무슨 일이 벌어지고 있었을까? 한반도에서는 고려 말을 거쳐 조선이라는 새로운 나라가 건국되어 한창 조선왕조가 진행되던 시기였다.

고려 공민왕이 나름의 개혁정치를 추구하던 시절(1356~1371)을 지나, 그가 반대파들의 사주를 받은 최측근 자제위에 의해 암살을 당하고 이어서 우왕을 거쳐 그 아들 창이 잠시 고려의 국왕으로 등극했었다. 그러나 창왕도

이 된다. 샤를 4세는 3번의 결혼에도 아들을 얻지 못한 불운한 국왕이었고 이것이 결국 백년전쟁의 원인이 되었다. 즉 후계자 없이 샤를 4세가 죽자 영국을 비롯한 주변 국가들이 프랑스 왕위를 욕심냈던 것이다. 당시 3명이 프랑스 왕권을 이어받아야 한다고 주장했는데, 그중에서도 사촌과 조카가 문제였다. 샤를 4세의 사촌 필리프 드 발루아와, 친누나의 아들인 영국 국왕 에드워드 3세가 경쟁한 것이다. 영국 혈통에게 프랑스 왕권이 돌아가는 것을 용납할 수 없었던 프랑스 왕실이 필리프 드 발루아를 선택하여 그가 필리프 6세로 프랑스 국왕에 즉위한다. 그러나 이로 인해 프랑스와 영국의 돌이킬 수 없는 악연이 시작됐고 결국 백년전쟁이 시작되었다.

공민왕의 신임을 얻고 고려 정계에 등장해서 고려의 국정을 농단했던 요승 신돈의 아들이라는 누명을 쓰고 쫓겨나고 그 뒤를 이어 공양왕이 즉위했지만 이미 고려는 종말을 향해 가고 있었다.

고려는 겉으로 보기에는 문관과 무관으로 구성된 양반체제가 잘 구축된 듯 보였지만 실상 모든 정치의 주도권은 문관들이 쥐고 있었다. 앞에서도 살펴봤지만 고려의 무신정변은 바로 이러한 문신귀족들의 특권과 독주에서 비롯된 무신들의 반란이었다. 무신정권의 주역으로 권력을 장악했던 최씨 정권하에서 성장하기 시작한 신흥 문신들은 무신정권이 무너진 이후 다시 한 번 중앙정계에 진출하면서 고려의 주역으로 화려하게 등장했다. 그러나 이들 문신세력들이 등장하면서 불편해진 세력들이 있었으니 바로 기득권 세력인 구귀족 권문세족들이었다. 특히 이들 권문세족들의 대토지 소유로 인해 국가재정은 거의 파탄지경에 이르게 되는데 국가 관료들에게 줄 녹봉이 부족할 정도였다. 상황이 이렇게 되자 구귀족 권문세족들과 신흥 문신들의 대결은 너무도 당연한 수순이었다.

한편 공민왕 시대를 전후로 해서 홍건적과 왜구들이 빈번하게 고려 국경을 넘어 침입하는 일이 많았는데 이때 이들 외적들을 물리치면서 고려 정계에 이름을 날리는 두 영웅이 등장했으니 바로 그 유명한 최영[2](1316~1388)과

---

2 최영(崔瑩, 1316~1388) : 고려 말기 최고의 장수이자 정치가. 최영은 위세가 떨어진 고려 공민왕 때 원나라에 맞서 영토를 회복하고 왜구와 홍건적의 침입을 막으며 화려하게 등장했다. 여러 차례 왜구를 토벌해 그 공으로 우달치(국왕의 경호원)가 되었으며, 이후 고려의 새로운 국왕이 된 우왕에게 자신의 딸을 시집보냄으로써 우왕의 장인이 되기도 했다. "황금 보기를 돌같이 하라"는 아버지의 유훈을 16세에 받아서 평생 동안 매우 청렴하게 살았다고 한다. 권력을 잡은 이성계 일파가 최영을 참수하기 전 내린 죄목은 '무리하게 요동 정벌을 계획하고 왕의 말을 우습게 여기며 권세를 탐한 죄'였다. 그러자 최영은 "내 평생 남의 것을 탐한 적이 없다. 만약 내가 평생에 있어 탐욕이 있었다면 내 무덤에 풀이 자랄 것이고 만일 결백하다면 무덤에 풀이 한 포기도 자라지 않을 것이다."라고 하면서 죽었다고 한다. 그의 묘는 경기도 고양군에 있는데 풀

최영

이성계

이성계(1335~1408)였다. 안타깝게도 두 사람은 정치적으로는 서로 대조적인 입장을 취하고 있었다. 당시 고려 정계는 기득권 세력인 권문세족과 이들을 타파하려는 신흥문관들이 치열하게 대립하고 있었는데 최영은 권문세족을 지원하고 있었고 이성계는 반대로 신흥 문관들을 지지하고 있었던 것이다.

고려 최고의 장군으로 명성이 높았던 최영은 우왕의 장인이었기 때문에 더욱더 국왕을 비롯한 기득권 세력을 대표하고 있었다. 반대로 고려 북방(동북면) 시골 출신이었던 이성계는 자신과 처지가 비슷해서 권력의 핵심에서 벗어나 있던 신흥 문신들과 교류하고 있었고, 정치적으로도 최영은 원나라를, 이성계는 명나라를 지지하면서 완전히 다른 길을 가고 있었던 것이다.

이때는 14세기 후반으로 이때 중국에서는 그동안 대륙을 지배하던 원나라가 몰락하고 새롭게 명나라가 등장하면서 정치적 혼란기인 원명교체기를 맞이했다. 최영과 이성계는 중국 영토인 요동을 정벌하는 문제를 놓고 정치적인 이견으로 인해 완전히 갈라서게 되면서 결국 최영과 고려가 몰락하고 이성계와 조선이라는 새로운 영웅과 나라가 세워진다.

먼저 조선 건국보다 약 50여 년 앞서 발발했었던 프랑스와 영국의 백년

이 나지 않는다고 하여 적분(赤墳)이라 불리며, 실제 그의 무덤에는 수백 년 간 풀이 나지 않다가 1976년부터 무성하게 자랐다고 전해진다.

전쟁부터 살펴보도록 하자.

1) 백년전쟁의 명분

유럽의 고대 세계를 마무리하는 전쟁이 로마와 카르타고의 포에니전쟁이었다면, 중세 유럽을 시작하면서 벌였던 큰 전쟁 중 하나가 바로 프랑스와 영국이 100여 년에 걸쳐 벌였던 백년전쟁이었다. 물론 이 전쟁 이전에 십자군전쟁이 있었지만, 십자군전쟁이 기독교와 이슬람이 자신들의 운명을 걸고 벌였던 전 유럽적인 전쟁이었다면, 백년전쟁은 유럽을 대표했던 두 나라 사이에 벌어졌던 것으로 약간 성격을 달리한다고 볼 수 있다.

명칭은 백년전쟁이었지만 실제로는 1337년부터 1453년까지 약 116년 동안 프랑스 영토에서 싸움과 휴전을 반복했던 지루하고도 길었던 전쟁이었다. 이 전쟁 이후로 프랑스와 영국은 유럽에서 가장 치열하게 다투는 라이벌 국가가 됐고, 이런 라이벌 의식은 지금 이 시대까지도 이어지고 있다.

프랑스와 영국은 무슨 원한과 악연이 있었기에 무려 116년 동안이나 국가의 명운을 걸고 전쟁을 벌여야만 했던 것일까? 두 나라가 이렇게 오랫동안 전쟁을 벌이기 위해서는 다양하고도 엄청난 원인이 있어야만 할 것이다.

백년전쟁의 일차적인 원인으로 왕위계승을 둘러싼 갈등을 생각할 수 있다. 유럽 역사에서 왕위계승은 매우 민감한 문제라서 여러 전쟁의 원인으로 작용한다. 백년전쟁은 프랑스 국왕 샤를 4세가 죽을 때까지 왕위를 이을 아들을 낳지 못하고 죽으면서 시작되었다. 국왕이 아들 없이 사망하면 보통은 국왕의 동생 가문에서 후사를 잇는다. 샤를 4세에게는 여동생이 있었고, 여동생의 아들이 국왕이 되면 간단했다. 그런데 이게 바로 직접적인 문제가 되었다. 특히 여동생의 남편이 문제의 핵심이었다.

즉 샤를 4세 여동생의 남편 때문에, 좀 더 정확히는 남편의 혈통 때문에 프랑스에서는 왕권을 물려줄 수가 없었다. 그 남편이 바로 에드워드 2세(1284~1327)로, 영국의 국왕이었던 것이다. 즉 관례대로 샤를 4세의 여동생의 아들이 왕위를 이어받게 되면 이후부터는 프랑스가 영국의 혈통을 따라야 하는 게 문제였다. 영국 국왕 에드워드 2세의 아들인 에드워드 3세가 만약 프랑스 국왕이 된다면 프랑스 왕가에 영국의 피가 흐르게 되기 때문에 프랑스 왕가에서는 이를 도저히 수용할 수 없었던 것이다. 프랑스 왕가에서는 샤를 4세의 사촌형제(프랑스인)에게 왕위를 물려주려고 한다. 그래서 즉위한 사람이 바로 발루아 가문의 필리프 6세였다.

이런 우여곡절을 거쳐 프랑스 왕가 혈통에 영국 혈통이 섞이는 것을 막았지만, 이번에는 그 결정에 영국이 크게 반발하였다. 왕실의 관례를 무시하고 무리해서 프랑스인을 샤를 4세의 후계자로 옹립한 프랑스의 처사를 영국도 인정할 수 없었다. 이처럼 프랑스 국왕 자리를 놓고 영국과 프랑스가 치열하게 물밑싸움을 벌였고, 이것이 바로 백년전쟁의 주된 원인이었던 것이다.

그러나 모든 전쟁은 명분과 함께 실제적인 이익이 발생해야 벌어지는 것이다. 흔히 전쟁을 준비하는 비용의 열 배 정도의 이익이 있어야 실제로 전쟁이 발발한다고 한다. 그렇다면 프랑스와 영국이 오랜 전쟁을 하면서까지 얻으려고 했었던 실제적인 이익은 무엇이었을까?

2) 백년전쟁의 실제 원인

흔히 정치에는 명분이 가장 중요하다고 하는데, 전쟁에서도 마찬가지다. 그러나 겉으로 보이는 명분보다 더 중요한 것이 있으니 바로 실익이다. 아무리 명분이 좋아도 승리해서 얻을 이익이 전쟁 준비 비용의 열 배 정도가 되지 못한다면 결코 전쟁은 발발하지 않는다고 한다. 즉 다른 나라와 전쟁을 준비하는 데 들어가는 비용이 백만 원이면, 이겼을 때 적어도 천만 원 정도의 이익이 생겨야 전쟁을 결심하고 선포한다는 것이다. 전쟁에서는 명분도 중요하지만 실제적인 이익이 굉장히 중요하다는 말이다. 그런 의미에서 전쟁에서 꼭 필요한 명분이라는 것은 실익이 큰 전쟁을 어떻게 해서든지 하기 위한 하나의 구실에 지나지 않는 경우가 많다.

그렇다면 프랑스와 영국이 백년전쟁을 통해서 얻을 수 있는 실제적인 이익은 무엇이었을까? 얼마나 큰 이익이 걸려 있었기에 두 나라는 백년전쟁이라는 이름으로 불릴 정도로 오랜 기간 전쟁을 한 것일까? 명분보다 중요한 것이 실제적인 이익이라고 했는데 프랑스와 영국이 이 전쟁을 통해서 얻고자 했던 이익은 무엇이었을까?

백년전쟁을 위한 명분이 프랑스 왕위계승이었다면, 영국이 노리는 실제적인 이익은 프랑스 영토를 획득한다는 것이었다. 이것이야말로 영국이 백년전쟁에 그토록 매달리고 온 국력을 모아서 전쟁을 해야만 했던 이유이다.

영국의 입장에서는 바다 건너 프랑스 땅에서 싸우는 전쟁을 통해서 얻을 수 있는 것이 프랑스에 비해서 아주 많았다. 전쟁을 영국 영토가 아닌 프랑스 영토에서 주로 하는 것이기에 영국 영토가 황폐화되는 건 걱정할 필요가 없었다. 게다가 국가의 운명을 걸고 전쟁을 해서 승리하게 되면 패전국가로부터 막대한 배상금을 받는 것은 물론이고, 영토까지 할당받는 경우는 역사에서 매우 흔한 일이었다.

그렇다면 프랑스의 입장에서 전쟁에서 이기게 되면 얻을 수 있는 실제적인 이익은 무엇이었을까? 오래전부터 프랑스에게는 와인의 본고장으로 유명한 보르도 지방이 눈엣가시였다. 지금의 보르도 지방(아키텐 지방)은 오래전부터 영국의 관할지역으로 영국이 사실상 지배하던 곳이었다. 보르도는 와인과 다양한 술로 유명했는데, 전통적으로 와인과 술에는 막대한 세금이 붙는다. 즉 프랑스에게 보르도 지방은 작은 영토임에도 불구하고 많은 세금을 거둘 수 있는 중요한 지역이었던 것이다. 그래서 프랑스는 이번 백년전쟁을 통해 영국이 지배하던 보르도를 완전히 차지하고자 했다.

보르도 지방 말고도 당시 프랑스에게 골칫거리였던 지역이 또 하나 있었는데 바로 북쪽 플랑드르 지방이었다. 플랑드르 지방은 프랑스는 물론이고 전 유럽에서도 첫손에 꼽히던 모직물로 유명하다. 플랑드르가 모직업의 발달로 인해 경제적인 윤택을 누릴 수 있었던 것은 프랑스가 아니라 영국의 도움 때문이었다. 영국인들이 양을 키워서 좋은 품질의 양털을 얻었고, 이런 고품질의 양털을 가져와서 모직업을 했던 곳이 바로 영국과도 지리적으로 가까웠던 플랑드르 지역이었던 것이다. 그래서 플랑드르 지역은 프랑스 영토임에도 불구하고 영국과 매우 친밀한 관계였고, 영국의 양털 산업 덕분에 부유한 삶을 유지할 수 있었다. 그러므로 플랑드르 사람들에게 영국과 영국 사람들은 원수가 아니라 자신들에게 도움을 주는 존재들이었다. 그런 이유로 인해 두 나라 사이에 백년전쟁이 발발하자 플랑드르는 프랑스가 아닌 영국의 편을 들었던 것이었다.

프랑스 입장에서는 분명히 프랑스 영토이면서도 영국이 관할하거나, 영국과 친밀한 지역이었던 보르도와 플랑드르 지방을 백년전쟁을 통해 온전히 프랑스 영토로 만들고 막대한 경제적 이득을 취할 수 있다는 것이 백년전쟁의 승리를 통해 얻을 수 있었던 실제적이고도 경제적인 이유였다.

이처럼 백년전쟁은 프랑스와 영국 두 나라 모두에게 실제적이고도 막대한 이득을 가져다 줄 수 있었기에 양국 모두 전쟁을 결정한 것이다.

3) 영국의 장궁과 프랑스의 석궁

백년전쟁 초기의 크레시 전투[3]에서 프랑스의 대패와 영국의 대승을 결정

---

3 크레시 전투(Battle of Crécy) : 백년전쟁 최초의 대규모 전투로, 영국군이 대승을 거뒀다. 전투의 원인이 특별하다. 영국과 스코틀랜드와의 싸움에서 패한 스코틀랜드 국왕

지은 요소는 많았지만 그중에서도 두 나라가 사용했던 주력부대의 활과 화살도 매우 중요한 역할을 했다. 영국은 길이가 거의 2미터에 육박했던 긴 활인 장궁을 썼고, 프랑스는 길이는 짧지만 좀 더 파괴력이 있는 석궁을 사용했다. 장궁과 석궁은 각각의 장점이 확연히 달랐는데, 그것이 전투의 승패에 중요한 영향을 미쳤던 것이다.

동서양은 물론, 시대를 막론하고 활과 화살은 대부분 사냥을 위한 필수품으로 사용되기 시작했는데 이런 활이 전투에서 사용되면서 군사들의 입장에서 꼭 필요하고 중요한 무기가 됐다. 활은 모양과 구조에 따라 다양한 이름으로 불리는데, 보통은 긴 나무 막대기에 줄을 건 단순궁(單純弓), 활의 몸통에 끈 같은 것을 감아 저항력을 높인 강화궁(强化弓), 나무와 뿔 또는 동물의 힘줄 등을 붙여 성능을 개량한 합성궁(合成弓)으로 나뉜다. 활의 길이와 크기에 따라서는 길이가 긴 장궁과 길이가 짧은 단궁으로 나뉠 수 있으며, 형태로는 직궁이라는 이름으로 불린 곧은 활과 만궁으로 불린 굽은 활 등이 있었다.

고대로부터 우리나라에서도 사냥과 전투에서 활과 화살은 필수품으로 쓰였는데, 서양과 달리 한국의 대표적인 전통 활은 각궁(角弓)이라고 불렸다. 각궁은 물소의 뿔, 소의 힘줄 등을 이용한 합성궁으로 서양의 활과 비교해도 가장 진보한 형태의 활로 꼽힌다. 각궁은 일반적으로 길이가 1미터 정도로 짧았지만 대신 탄력성이 엄청나게 뛰어나서 평균적으로 화살이 300미터 이상의 거리를 날아갔다고 한다. 또한 각궁은 활을 쏘는 사람이 힘을 적게 들이고도 멀리 쏠 수 있는 것이 최대 장점이라고 알려진 활이었다.

이 프랑스로 정치적 망명을 한다. 스코틀랜드 국왕의 인도 요청을 프랑스는 거부하게 되고, 이를 빌미로 영국이 프랑스를 침공하면서 두 나라 사이에 전쟁이 벌어졌고, 그 첫 번째 대규모 전투가 바로 크레시 전투였던 것이다. 크레시 전투는 백년전쟁에서 영국군이 프랑스군에 대승을 거둔 푸아티에 전투(1356), 아쟁쿠르 전투(1415)와 함께 3대 대승 전투로 불린다.

활은 동양, 특히 동북아 거의 모든 나라들에서 사용됐는데 특히 우리나라의 활은 다른 활에 비해 길이가 매우 짧았다. 영국의 장궁에 비하면 길이가 거의 절반밖에 되지 않았다.

유럽에서는 백년전쟁 이전까지는 프랑스가 자랑하던 석궁이 엄청난 위력을 자랑했었다. 그러나 백년전쟁에서 특히 크레시 전투를 치르면서 프랑스의 석궁보다 영국의 장궁이 더욱 뛰어난 위력을 떨쳐서 석궁의 시대에서 장궁의 시대로 주도권이 넘어가게 됐다. 영국군이 사용했던 장궁은 나무를 길게 깎아 양끝을 시위로 이어 만든 원시적인 형태였는데, 길이가 평균 1.8미터에서 2미터에 이르렀다고 알려졌다. 이처럼 길이가 길어지게 된 것은 프랑스의 석궁에 비해 떨어지는 파괴력과 사정거리를 늘리기 위한 조치였는데 장궁은 당시로서는 혁신적인 거리였던 200미터의 사정거리를 자랑했다고 전해진다.

영국의 장궁이 가진 위력은 사실 파괴력이 아니었다. 파괴력은 오히려 프랑스의 석궁이 훨씬 더 뛰어났는데, 대신 장궁의 장점은 바로 연사, 즉 연속발사 능력에 있었다. 크레시 전투의 승패를 가른 것도 바로 이 연사능력이었다. 프랑스의 석궁이 평균적으로 1분에 최대 5발 정도를 쏠 수 있었던 것에 비해 장궁은 최대 20발까지도 발사가 가능했으니 장궁의 연속발사 능력 앞에 프랑스가 자랑하던 용맹한 기사들이 추풍낙엽처럼 쓰러질 수밖에 없었던 것이다.

석궁은 11세기(1066년)부터 각종 전투에서 노르만족이 가장 먼저 사용한 것으로 전해진다. 석궁의 파괴력은 엄청나서 중무장한 기사들의 갑옷을 쉽게 뚫을 수 있을 정도였다고 한다. 당시 싸움에 나가는 기사들이 입었던 갑옷은 사슬로 만들어진 것이었는데, 사슬갑옷마저도 뚫을 정도로 장궁과 석궁의 위력은 뛰어났다.

파괴력이 무시무시하고 살상력이 높아서 12세기(1139년)에 접어들면 바티칸이 이 무기의 사용에 대해 직접 개입할 정도였다고 한다. 바티칸은 기독교 국가들 사이의 전투에서는 이처럼 야만적인 무기를 사용하지 말고 이교도들과의 전투에서만 사용하도록 공표했다. 그러나 석궁은 장궁에 비해서 별다른 훈련이 필요하지 않았기 때문에 바티칸의 바람과 달리 기독교 영주들은 같은 기독교 국가들과의 전투에서 서로를 상대로 서슴없이 석궁을 사용했다고 한다.

영국의 장궁에 비해 조준이 쉽고 사거리가 길고 위력이 뛰어났지만 석궁의 치명적인 약점은 다른 곳에 있었다. 게다가 그 약점이 하나가 아니고 두 가지나 되었다. 첫 번째는 영국의 장궁에 비해 화살을 다시 장전하는 데 시간이 오래 걸린다는 것이었다. 화살을 장전하는 데 오래 걸린다는 것은 치열한 전투에서 엄청난 손실이었다. 게다가 기계적으로 정교한 도구였던 석궁은 활시위를 당기기 위해 레버를 사용하거나 크랭크와 톱니바퀴를 이용하였다. 한 발을 쏘고 나서 또 한 발을 쏘기 위해 활시위를 당겨주는 크랭크를 감아야 하는 성가신 과정이 문제였던 것이다. 만약 무방비 상태로 석궁을 들고 앞으로 나섰다가는 활시위를 당기기 위한 크랭크를 감느라 상대방에게 공격을 받을 수 있었다. 그래서 석궁을 사용하기 위해서는 반드시 석궁수를 보호할 수 있는 방패나 엄폐물이 필요했다.

석궁이 가진 또 하나의 치명적인 약점은 화살을 쏘고 다른 화살을 장전하는 동안 역습을 받을 확률이 높았다는 것이다. 그래서 궁수를 보호하기 위한 커다란 방패가 필요했는데 이를 '파비스(Pavise)'라고 불렀다. 결국 프랑스의 석궁이 위력을 발휘하기 위해서는 활을 쏘는 궁수와 큰 방패인 파비스를 들고 궁수를 보호하는 방패수 2인 체제로 운영했어야 하는 것이었다.

크레시 전투에서 프랑스의 석궁병들이었던 제노바 석궁병[4]들이 영국군

---

4 제노바 석궁병 : 석궁은 1차 십자군(1095~1099)을 계기로 전 유럽으로 확산되었다. 십자군 원정에 참전한 제노바 석궁수들은 예루살렘 공성전(1099)에서 대활약, 십자군들에게 깊은 인상을 남겼다. 8차례의 십자군 원정 중에서 유일하게 기독교 군대가 이

에 비해 3배나 많은 압도적인 숫자에도 불구하고 대패를 하게 된 것도 바로 파비스 없이 전투에 나섰기 때문이었다.

4) 잔 다르크의 등장과 환상체험

크레시, 푸아티에 전투에 이은 아쟁쿠르 전투에서도 영국에 대패를 당한 프랑스의 운명이 풍전등화처럼 위태로울 때 혜성같이 등장해서 위기의 프랑스를 구한 어린 영웅이 잔 다르크(Jeanne d'Arc, 1412~1431)였다.

잔 다르크는 프랑스의 국민적 영웅이자 로마 가톨릭교회의 성인으로 오를레앙의 성처녀(la Pucelle d'Orléans)라고도 불린다. 그녀는 프랑스 북동부의 동 레미라는 작고 보잘것없는 농촌마을에서 태어난 평범한 소녀였다. 16세에 안 된 어린 소녀가 천사의 계시를 받았다고 하면서 1429년 프랑스 역사에 등장했던 것이다.

이 부분을 좀 더 자세히 보면 잔 다르크의 인생에서 아마도 가장 드라마틱한 장면은 그녀의 나이 13세 때인 1425년에 경험한 환시(환상)체험일 것이다. 그녀의 증언에 따르면, 들판에 혼자 있었는데 성 미카엘과 성녀 카타리나 그리고 성녀 마르가리타가 나타나 영국군을 몰아내고 왕세자 샤를을 대관식을 위해 랭스로 데려가라는 하나님의 말씀을 전해주었다고 한다. 혹자들은 잔 다르크의 환상체험이 프랑스 정부에서 만들어낸 허구에 불과하다고 주장하지만 재미있는 것은 영국 왕실도서관 사본에 잔 다르크가 마녀재판을

슬람 군대를 이긴 게 1차 십자군 원정이었고, 이때 크게 활약했던 사람들이 바로 제노바 석궁수들이었다. 1차 십자군전쟁에서 맹활약한 이들의 명성은 높아져갔고 유럽의 많은 왕족들과 영주들이 석궁수들을 필요로 하게 되면서 제노바 석궁수들이 전 유럽으로 퍼졌다. 이런 과정을 거쳐서 백년전쟁에서도 프랑스의 주력부대로서 제노바 석궁수들이 크레시 전투의 선봉에 서게 됐다.

받을 당시의 진술 내용이 씌어 있다는 것이다.

잔 다르크는 성 미카엘과 성녀 카타리나 그리고 성녀 마르가리타로부터 영국군을 물리치고 프랑스를 구하라는 계시를 받고, 프랑스의 왕세자 샤를 7세를 찾아가면서 백년전쟁의 주인공으로 부상한다. 그녀는 프랑스군을 승리로 이끌면서 샤를 7세가 프랑스의 국왕으로서 대관식을 치를 수 있게 도와주었다.

5) 영웅에서 하루아침에 부담스런 존재가 된 잔 다르크

한 번 영웅은 영원히 영웅으로 남을 수 있을까? 이 영웅이 만약 한 나라의 국왕이거나 혹은 대사제 정도의 위치에 있는 사람이라면 아마도 가능할 것이다. 그러나 그렇지 않고 평범한 사람이 영웅의 위치에 올라 온 국민의 칭송을 받는 경우라면 상황은 얼마든지 달라질 수 있는 것이 냉혹한 정치의 단면일 것이다.

한 나라를 이끌어가는 지배계층은 나라가 위기의 순간에 빠지게 되면 영웅을 필요로 할 것이다. 그러나 만약 정치와 정세가 안정된다면 지배계층은 그런 영웅을 그대로 두지 않는 다는 것을 우리는 역사에서 수없이 많이 보았다. 왜냐하면 한 나라의 영웅은 반드시 국왕이어야지 다른 평범한 사람이 국왕을 제치고 국민들의 칭송을 받는 것을 지배계층은 절대로 원하지 않기 때문이다. 이런 냉혹한 정치세계의 일면을 잘 보여주는 것이 바로 잔 다르크의 죽음일지도 모른다.

영국군에 연전연패하면서 자칫 몰락의 위기로 치닫던 프랑스를 구한 잔 다르크는 전쟁에서 세운 공로로 인해 1429년 10월, 귀족 작위까지 받고 프랑스 국민들의 영웅으로 떠올랐다. 가난하고 평범한 시골 출신의 연약한 소녀 잔 다르크가 "조국 프랑스를 구하라"는 신의 계시를 직접 듣고 전장에 뛰

동 레미에 있는 잔 다르크의 생가(현재는 박물관으로 개조됨)

어들어 프랑스를 구했다는 것은 절체절명 위기상황의 프랑스에게만 필요한 일이었다. 즉 위기가 해소된 이후의 프랑스에는 잔 다르크 같은 영웅이 더 이상 필요하지 않았다. 국가의 위기가 진정되고 난 지금은 국민들의 관심과 칭송이 오로지 국왕에게로만 향해야 했던 것이었다. 그런데 이런 관심과 칭송이 국왕인 샤를 7세보다는 잔 다르크에게로 더 많이 향했다.

당시 프랑스 왕가와 종교계가 잔 다르크를 어느 정도로 부담스러워했는지는 정확히 알려지지 않았지만, 국왕이나 대사제보다도 국민들에게 더 영웅처럼 비쳐지고 받들어지는 모습이 프랑스 지배계층에게는 썩 좋은 일이 아니었을 것이다. 프랑스가 앞장서서 조국을 구한 잔 다르크를 해꼬지할 수는 없었겠지만 백년전쟁이 마무리 될 시점에서 프랑스가 잔 다르크를 그다지 필요로 하지 않았다는 것은 너무도 확실하다. 이런 정황을 어떻게 알 수 있는가 하면 잔 다르크가 귀족 작위를 받은 그 다음 해인 1430년, 콩피에뉴 전투[5]가 발발하는데 여기서 잔 다르크는 포로로 붙잡히게 된다.

5　콩피에뉴 전투(Battle of Compiegne) : 콩피에뉴는 파리에서 북동쪽으로 약 80킬로미터 정도 떨어진 작은 도시인데 잔 다르크로 인해 유명해졌다. 잔 다르크가 1430년 이곳에서 벌어진 전투에서 영국군과 동맹을 맺은 부르고뉴 연합군에게 체포되어 돈을 받고 영국으로 넘겨졌다. 전쟁을 수행하다가 적군에게 포로로 잡힌 장수나 주요 인물은 금전적인 배상을 하고 데리고 오는 게 관례였음에도 불구하고 잔 다르크를 껄끄럽게 여겼던 프랑스 국왕 샤를 7세는 배상금 지급을 거부한다. 결국 잔 다르크는 1431년 화형

이 전투는 프랑스가 영국군과 영국군에 동조하는 프랑스 부르고뉴 군대를 맞아 치러졌던 싸움이었는데, 전투 도중 불리한 상황에 놓인 프랑스군을 잔 다르크가 나서서 콩피에뉴성으로 안전하게 피신시키고 그 자신은 포로로 붙잡혔던 것이다. 특히 잔 다르크를 직접 체포했던 군사들은 영국군이 아닌 부르고뉴 군사[6]들이었는데 이들은 돈을 받고 잔 다르크를 영국에 넘겼다.

영국은 프랑스 국왕 샤를 7세에게 잔 다르크를 풀어주는 조건으로 막대한 배상금을 요구하기에 이른다. 모든 프랑스 국민들과 영국에서조차도 당연히 샤를 7세가 배상금을 지불하고 잔 다르크를 데려갈 것이라 예상했는데, 여기서 뜻밖의 상황이 전개된다. 샤를 7세를 비롯한 프랑스의 무관심이었다. 특히 샤를 7세는 전적으로 잔 다르크의 도움에 힘입어 프랑스 국왕의 자리에 올랐음에도 불구하고 그녀를 구출하기 위한 아무런 조치도, 명령도 행동도 하지 않았다. 프랑스 국왕이 되기 어려웠던 왕세자가 혜성처럼 등장한 잔 다르크 덕분에 등극하고 적법한 프랑스 국왕이 됐음에도 불구하고 샤를 7세의 잔 다르크에 대한 신뢰는 생각처럼 단단하지 않았다.

우리 속담에 '울고 싶은데 뺨 때려준다'는 말이 있다. 아마도 당시 프랑스 정치계의 상황이 이런 속담과 딱 맞는 상황이었을 것이다. 샤를 7세를 중심으로 한 프랑스 지배계층에게는 점점 부담스러운 인물이 되어가던 잔 다르크를 영국이 포로로 붙잡았다. 속으로는 쾌재를 불렀을 만한 상황이었다. 프랑스로서는 막대한 배상금을 지불하고 잔 다르크를 데려가라는 영국의 요구에 적극적으로 응할 이유가 없었다. 그래서 프랑스 정부는 잔 다르크를 구하기 위한 아무런 조치도 하지 않는 무관심 전략으로 나갔던 것이다.

에 처해졌다.

6 부르고뉴파(Bourguignons) : 부르고뉴 공을 비롯한 프랑스 귀족의 한 당파로 파리를 비롯한 북프랑스 여러 도시의 지지를 얻고, 영국과 내통하여 헨리 5세의 프랑스 침략을 도왔으며 공공연히 영국과 동맹하여 공동으로 프랑스 북부지역을 지배하였다. 영국과 협력, 프랑스의 영웅 잔 다르크를 체포해서 영국에 넘겨준 세력이기도 하다.

프랑스의 정치적인 무관심과 영웅에 대한 질투심으로 인해 결국 잔 다르크는 종교재판에 회부되었다. 영국과 부르고뉴의 주도로 이루어진 종교재판은 모두 7차례에 걸쳐 벌어졌다. 처음부터 결과가 정해져 있던 불공정한 재판에서 잔 다르크에게 씌워졌던 죄목은 마녀, 이단, 우상숭배자 등이었다.

잔 다르크가 재판을 받던 15세기 초반이면(1430~1431) 교회의 영향력과 힘이 매우 막강하던 시절이어서, 일반인이라면 잔 다르크에게 붙여진 저런 죄목들 중에서 단 한 가지만 걸려도 살아남을 수 없었다. 잔 다르크의 처형을 위해서 종교계가 더욱 들고일어났는데, 특히 그들이 문제삼았던 것이 바로 잔 다르크가 직접 받았다고 주장한 '신의 계시'였다. 종교가 세상을 지배하던 시절에 평범한 소녀가 유명한 사제나 제사장을 거치지 않고 자신이 직접 신의 말을 들었다는 것을 도저히 받아들일 수 없었다. 신의 말을 자신이 직접 듣고 직접 계시를 받았다는 잔 다르크의 주장을 그대로 인정한다면 그동안 영향력을 유지하던 종교의 권위가 한꺼번에 무너질 수도 있었기 때문에 종교계의 입장에서는 잔 다르크를 도저히 살려둘 수 없었을 것이다.

이처럼 잔 다르크의 경우를 보더라도 한 나라의 영웅이 끝까지 영웅으로 존재하는 것은 결코 쉬운 일이 아니다. 특히 그 영웅의 출신이 미약하거나 종교계가 원하지 않는 인물이라면 더욱더 그 영웅은 자신의 명성을 유지하기 쉽지 않다는 것을 역사를 통해 알 수 있다.

6) 바지를 입어서 처형된 잔 다르크

잔 다르크가 받은 재판은 명목상 종교재판이지만 실제로는 마녀재판[7]이

---

7 마녀재판 : 마녀(魔女)는 신을 배반하고 악마와 교통하여, 불가사의한 주술이나 약물을 다루어 전염병이나 역병 등의 불행을 퍼트리는 존재로 여겨졌다. 마녀사냥은 유럽

었다. 마녀재판은 당시 유럽 대부분의 국가에서 가장 악명 높은 재판이었고 그 누구라도 일단 마녀재판에 내몰리게 되면 대부분 고문이나 화형, 죽음 등 큰 곤욕을 치르게 됐다.

어린 소녀의 몸으로 신에게서 "조국을 구하라"는 일종의 신탁을 받고 아무 사심 없이 무너져가던 조국 프랑스를 구하는 일에 온 열정을 다 쏟았고, 샤를 왕세자를 국왕으로 만드는 데 가장 큰 공헌을 했던 잔 다르크가 어째서 어이없는 마녀재판을 받고 죽었던 것일까? 무슨 이유 때문에 이단으로 몰렸던 것인가?

많은 역사에서 보듯이 종교재판이나 정치재판은 승자의 입맛에 맞게 이루어지는 경우가 부지기수였다. 그래서 역사는 승자의 기록이라는 말이 있는 것이다. 그렇다면 잔 다르크가 받았던 종교재판도 승자의 입맛에 맞게 이뤄졌던 것이라고 볼 수도 있을 것이다. 왜냐하면 우리가 아는 잔 다르크는 결코 이단도 마녀도 우상숭배자도 아닌 그냥 신의 계시를 받고 조국을 위해

에서 가장 흔했는데 가톨릭과 개신교 등 종교계에서 자주 진행했고 결과는 거의 다 죽음이었다. 중세 이후 마녀사냥의 희생자 숫자만 해도 50~60만 명이 넘었다. 이러한 마녀사냥의 배후에는 공공의 적을 만들어 사람들을 교회 아래 결집시키고 자신들의 부패로부터 사람들의 눈을 돌리게 하려던 정치적, 종교적인 세력이 있었다. 마녀 용의자는 대개 부유한 과부들과 무신론 미혼 여성들이었고 가족이나 친척이 없으면서 돈은 많은 여자들이 마녀로 잡혀가는 경우가 많았다. 그렇기에 당시 마녀재판이나 마녀사냥이 특정인을 제거하고 재산을 탈취하기 위해서 엄청나게 악용되었던 것이다.

마녀가 악의 화신처럼 여겨진 것은 도미니크 수도회 때문이었는데, 1487년 도미니크 수도회 성직자 두 명이 『마녀의 망치』라는 마녀사냥 지침서를 출판하면서 본격화되기 시작했다. 마녀 식별법을 담은 이 책은 구텐베르크가 발명한 금속활자와 인쇄술이라는 최신 기술 덕분에 대량으로 제작돼 전 유럽으로 팔려나갔고 무려 20쇄를 거듭해서 발간될 정도로 큰 인기를 끌었는데 이것이 마녀사냥을 가속화시키는 결과를 초래했다. 마녀로 지목된 사람은 진짜 마녀인지 아닌지를 판가름 받아야 했는데, 눈물시험, 바늘시험, 불시험, 물시험 등 4가지 시험이 행해졌다. 그 이유는 마녀는 눈물을 안 흘리고, 바늘로 찔려도 피가 나지 않으며, 불이나 뜨겁게 지진 인두로 몸을 지져도 고통을 느끼지 않는다고 생각했기 때문이었다.

싸움에 임했던 평범한 소녀였기 때문이었다. 결론적으로 잔 다르크가 무시무시한 종교적 죄목을 받고 화형을 당해 죽을 수밖에 없었던 것은 특별히 2가지 이유에서였다.

첫 번째, 그녀에게 이단과 마녀, 우상숭배자 등의 죄가 붙은 것은 잔 다르크가 정식 신학교육을 받은 사제가 아니었기 때문이었다. 당시 사회에서는 정식 사제만이 신의 말을 받을 수 있다고 여겨졌는데 정식 사제가 아닌 그녀가, 게다가 나이도 어리고 신학교육은커녕 아무런 교육도 받은 적 없는 소녀가 명확하게 신의 계시를 받았다고 주장했던 게 그 이유였다.

한마디로 잔 다르크는 당시 기득권층이었던 프랑스 왕가는 물론이고 종교계의 미움을 살 만한 일종의 괘씸죄를 저질렀던 것이다. 즉 신탁을 받았다는 그녀의 주장에 대해 종교계 인사들은 그녀가 마녀이자 이교도이기 때문에 사탄의 지시를 받은 것이라고 몰아붙였다. 이것이 바로 잔 다르크에게 이단과 마녀, 우상숭배자라는 오명이 붙었던 된 첫 번째 이유였다.

두 번째, 그녀가 온갖 죄를 뒤집어 쓴 또 다른 이유는 당시 시대적인 규범을 어겼기 때문이었다. 프랑스는 물론이고 종교가 득세하던 당시 유럽에서는 여자와 남자의 구별이 매우 명확했고, 그것이 바로 인간을 창조한 신의 뜻에 부합하는 것이라고 믿었던 시대였다.

> 하나님이 자기 형상 곧 하나님의 형상대로 사람을 창조하시되 남자와 여자를 창조하시고
>
> — 창세기 1장 27절

당시 종교인들이 신봉하던 성경의 창세기 1장에서 저렇게 명확하게 남자와 여자를 구분해놓았기 때문에 모든 사람들은 남자는 남자답게, 여자는 여자답게 사는 게 당연한 의무이자 사회의 미덕이었다. 남자답고 여자다운 것 중에서 가장 대표적인 것 중 하나가 바로 의상에 관한 것이었다. 즉 남자는

남자답게 옷을 입어야 하고, 여자는 여자답게 옷을 입어야 했던 것이다.

그런데 잔 다르크는 어떠했는가? 전쟁에 앞장서며 말을 타고, 깃발을 휘두르고, 군사들을 독려하며 프랑스의 승리를 가져온 그녀가 설마 일반적인 여자답게 코르셋에 치렁치렁한 치마를 입고 전장을 누볐을까? 당연히 치마가 아닌 남성들이 입는 바지를 입었다. 이게 바로 잔 다르크가 마녀라는 죄명 못지않게 중요한 사회 규범을 어겼다고 여겨진 이유였고, 이것으로 인해 그녀가 죽음을 당했던 것이다. 즉 하나님이 여자로 창조한 잔 다르크가 신의 뜻을 어기고 자신의 뜻대로 남장을 했다는 것이었다. 남녀 간 평등이 당연한 지금 우리 시대에는 '탈코르셋'[8]을 주장하기도 하지만, 백년전쟁이 한창이었고 종교가 세상을 지배하던 14~15세기 당시 이것은 상당히 큰 죄악에 속하는 것이다.

중세나 그 이후 유럽 사회의 모습을 그린 영화나 그림들을 보면 여성들은 하나같이 코르셋을 착용한 치마를 입고 있다. 당시 유럽 여인들이 입던 일반적인 의상은 비록 가슴은 노출되더라도 맨다리는 드러내지 않는 것이었다. 여성이 맨다리를 타인들에게 보인다는 것은 자신의 모든 것을 다 허용하고 보여준다는 의미가 있었기 때문이었다.

잔 다르크가 전장에서 착용한 복장은 당연히 치마가 아닌 활동하기 편한 남자 복장이었을 것이고, 아마도 잔 다르크는 남성용 재킷과 바지 차림에 갑옷을 입었을 것이다. 잔 다르크를 그린 많은 그림들을 보면 잔 다르크가 어

---

8 탈코르셋(Corset-free movement) : 여성들의 인권 강화와 평등에 대한 관심이 고조되고 있는 상황에서 여성사회를 중심으로 여성들의 존재감과 당당함을 내세우는 자주적 삶을 위한 운동이 호응을 얻고 있다. 대표적인 것이 여성들의 속옷인 코르셋에 관한 것으로, 여성들을 옥죄었던 코르셋을 벗어버리자는 의미에서 '탈코르셋 운동'이라는 이름으로 전개되고 있다. 탈코르셋 운동은 여성들에게 암묵적으로 강요됐던 아름다움의 기준을 버리고 타인의 시선에 신경 쓰지 않는 것을 목표로 하는 여성운동이다. 여성들이 과거 아름답게 꾸밀 자유를 주장한 것과 마찬가지로 꾸미지 않을 자유를 주장하여 여성자신이 진정으로 원하는 모습으로 다닐 자유를 확대하기 위한 것이다.

바지와 갑옷을 착용한 잔 다르크

떤 복장을 하고 있는지 쉽게 알 수 있다.

전투를 위해 갑옷과 바지를 착용했던 잔 다르크도 당시의 이런 사회적 규범을 상당히 의식했던 것으로 보인다. 그 이유는 당시 바지를 고정하는 끈은 평균 7개 정도였는데 그녀는 이 끈을 20개나 묶었다고 알려졌기 때문이다. 그러나 비록 20개나 되는 바지 끈을 사용했더라도 당시 사회에서 여자가 남자들이 입는 바지를 입었다는 것은 쉽게 용서될 수 없는 일이었다. 이것이 바로 그녀가 마녀, 이단, 우상숭배자라는 오명을 받았던 이유 중 하나였다.

결국 1430년 5월, 콩피에뉴 전투에서 붙잡힌 잔 다르크는 마녀와 이단으로 몰려 마녀재판 같은 종교재판에 회부되었다. 특히 영국 종교재판에서 심문을 받던 잔 다르크가 계속해서 자신이 직접 신의 계시를 받은 것이 사실이고, 지금도 신을 보고 있다는 주장을 굽히지 않자 결국 이단으로 몰고 갔던 것이다. 영국 왕실도서관 사본에 잔 다르크가 마녀재판을 받을 당시의 진술 내용이 씌어 있다.

13세 때 동 레미에 있는 아버지 집 정원에서 나는 어떤 목소리를 들었다. 그것은 성당이 있는 오른쪽에서 굉장한 광휘에 휩싸여 내 쪽으로 오고 있었다. 맨 처음에는 겁을 먹었으나, 나는 곧 그것이 여태껏 내 주위에서 나를 따라다니며 지시를 내려주던 천사의 목소리임을 깨달았다. 그는 성 미카엘이었다. 나는 성녀 카타리나와 성녀 마가리타 역시 보았는데, 그들은 나에게 말을 걸고 훈계하며 내가 취할 행동을 알려주었다. 나는 어느 것이 어떤 성인의 말인지 쉽사리 분간해낼 수 있었다. 항상 그런 것은 아니었지만, 대개의 경우 그들은 광휘를 동반하고 있었다. 그들의 목소리는 친절하고 다정했다. 그들은 사람의 모습으로 내 눈앞에 나타났다. 나는 그들을 눈으로 똑똑히 보았고, 지금도 그들을 보고 있다.

잔 다르크의 항변 중에서도 마지막 구절인 "지금도 그들을 보고 있다"는 주장이야말로 종교계를 위해서도 또는 종교인 자신들의 권위를 위해서도 그녀가 이단이나 마녀가 되어야 할 이유가 충분했던 것이다.

당시 잔 다르크를 심문하는 책임을 맡았던 심판관 피에르 코숑은 잔 다르크에게서 이단과 우상숭배자라는 자백을 받으려고 온갖 고문과 회유로 그녀를 달랬고, 특히 수감생활 중인 잔 다르크에게는 치마를 지급할 정도였다. 이만큼 당시 종교계를 중심으로 한 사회적 규범은 여성은 당연히 치마를 입어야지 남성들의 전유물인 바지를 입으면 절대로 안 된다는 것이었다.

잔 다르크는 치마 입기를 거부했고 끝까지 바지를 달라고 요청했다고 한다. 그녀의 행동은 가뜩이나 꼬투리를 잡기 위해 안달이 난 종교재판관들에게 그녀를 죽음으로 몰 적당한 핑계거리를 주었다. 이처럼 여성인 잔 다르크가 남성들의 상징인 바지를 고집했던 것도 당시 재판을 맡았던 종교계 인사들의 입장에서는 그대로 받아들이기 어려웠을 것이다. 그들의 입장에서는 잔 다르크의 바지 차용과 치마 거부는 그동안 오랜 기간 종교계가 중심이 되어 만들어 온 사회억압적인 규범에 대한 도전으로 보였기에 종교재판에서 이단이라는 죄목을 붙여 화형에 처했던 것이다.

결국 1431년 1월 9일 잔 다르크는 영국군이 점령하고 있던 프랑스 중소도시 루앙[9]에서 종교재판을 받았다. 당시의 종교재판은 연륜 있는 주교들과

---

9 루앙(Rouen) : 로마 시대부터 있었던 도시로 기록과 문헌에 기록되어 있지만, 본격적으로 역사에 등장하게 된 것은 10세기경 바이킹의 침입 때부터라고 알려져 있다. 위치상으로는 파리에서 북서쪽으로 자동차를 타고 약 1시간 30분 정도 걸리는 거리에 있으며, 노르망디 지역에서 가장 중요한 도시이다. 노르망디는 프랑스에서 가장 북쪽에

화형당하는 잔 다르크

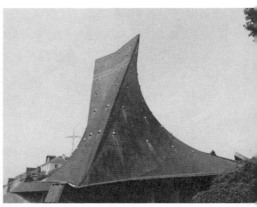

잔 다르크 교회(지붕이 매우 독특하다)

신학자들이 주도하였는데, 1431년 5월 29일 잔 다르크는 화형을 선고받았고, 그 다음 날인 5월 30일 루앙의 비외 마르셰(Vieux marché) 광장에서 화형에 처해졌다. 지금 루앙에는 잔 다르크가 화형당한 자리에 잔다르크 교회가 만들어져서 당시 화형당한 자리를 지키고 있다. 이 교회는 1979년 건축가인 루이 아레쉬(Louis Arreche)가 지어서 그녀에게 헌납한 교회인데 특이한 지붕 모양으로도 유명하다. 교회 지붕이 곡선 모양인데, 잔 다르크를 불태운 뜨거운 불꽃을 형상화 한 것이라는 얘기와, 옛날 루앙을 침입했던 바이킹이 타던 배를 뒤집은 모양이라는 두 가지 이야기기가 있다.

백년전쟁은 잔 다르크가 화형당하고 22년 뒤인 1453년 끝이 났고, 1456년 당시 교황 갈리스토 3세에 의해 잔 다르크의 무죄가 선언되면서 명예를 회복할 수 있었다.

있는 지역으로 대서양을 사이에 두고 영국과 가장 가까이에서 마주 보고 있는 지방이다. 잔 다르크의 화형이 거행된 도시이기도 하다.

7) 두 영웅 최영과 이성계의 운명을 가른 요동 정벌

최영과 이성계, 고려를 대표하는 두 영웅은 불행히도 정치적 동반자가 아니었다. 최영은 몰락하는 고려의 마지막 충신이자 명장이었고, 이성계는 고려를 무너뜨리고 조선이라는 새로운 하늘을 연(조선 건국 1392년) 사람으로 둘 다 유명했지만 실상 최영과 이성계가 고려 정계에서 라이벌로 군림할 수는 없었다. 먼저 나이로 보나(최영이 약 30여 년 먼저 출생) 혹은 그동안의 전쟁터에서의 공적으로 보나 아니면 두 사람의 출신 가문으로 보아도 마찬가지로 적어도 고려 정계에서 최영은 이성계가 넘볼 수 있는 상대가 아니었다.

그런데 어떻게 해서 최영은 몰락했고, 이성계는 거물 최영을 누르고 새 하늘을 열 수 있었던 것일까? 결과론적으로는 우리가 잘 아는 요동 정벌에 이은 위화도 회군이 두 사람의 운명을 갈라놓았지만, 그 이전부터 두 사람은 정치적인 입장에서 서로 반대의 목소리를 높이고 있었다.

삼국시대와 마찬가지로 고려 역사에서도 출세를 하기 위해서는 굉장히 중요한 것이 있었으니 바로 출신성분, 즉 가문이었다. 이런 시대에는 개인의 능력이 아무리 좋다고 할지라도 출신성분이 좋지 못하면 출세할 방법이 별로 없던 시절이었던 것이다. 고려에서 좋은 가문 출신이었던 최영과 달리 고려 북쪽인 동북면의 시골뜨기 출신이었던 이성계[10]는 태생적으로 고려에서

---

10 이성계(李成桂, 1335~1408) : 고려 공민왕(1330~1374) 시기부터 급부상한 신흥 무장으로 고려의 중앙 귀족 가문 출신이 아닌 원나라의 지배를 받던 쌍성총관부 지역에서 힘을 키워가던 북방 출신이었다. 본관은 전주인데 이런 이성계가 지금의 함경도에서 출생하게 된 것은 고조부부터 이곳에 정착했기 때문이다. 전주 지역의 관리였던 고조부가 가족들을 이끌고 원나라가 지배하던 쌍성총관부 지역으로 이주했고, 이후 고조부부터 아버지까지 원나라로부터 천호(千戸)라는 지방 관리의 자리를 얻어서 성장했다. 이처럼 고려의 귀족이나 중앙정부와 거리가 멀었던 이성계가 고려 조정에 데뷔하게 된 것은 공민왕의 반원정책 덕택이었다. 고려의 자주성을 되찾고자 했던 공민왕은 1356년 원나라에 빼앗겼던 쌍성총관부를 수복하려고 동북면병마사 유인우에게 군

중요한 위치에 오르기가 쉽지 않았다. 그 이성계를 젊은 시절부터 눈여겨보고 정계에서 출세할 수 있도록 발탁하고 지지하면서 능력을 키워준 이가 바로 최영이었으니, 그런 최영을 누르고 이성계가 권력을 잡았다는 건 매우 아이러니한 상황이다.

최영과 이성계는 말년에 접어들면서 비록 정치적 의견이 심하게 갈라졌지만 두 사람이 처음부터 그랬던 것은 아니었다. 북방을 침범하고, 난을 일으키면서 고려를 혼란으로 몰고 갔던 홍건적들을 진압할 때나, 남방에서 노략질을 하던 왜구들을 물리칠 때만 하더라도 두 사람은 매우 긴밀한 관계였었다.

이들이 갈라서게 된 결정적인 사건 혹은 정치적 상황은 무엇이었을까? 앞에서도 말했지만 요동 정벌이라는 큰 사건은 결과론적인 것에 지나지 않았고 그 이전 최영과 이성계를 정치적으로 갈라놓은 사건이 있었다. 그 사건 이후로 최영과 이성계는 다시는 돌아올 수 없는 루비콘강을 건넜는데 바로 고려 우왕 14년(1388)에 있었던 명나라의 철령위[11] 설치 요구였다.

사를 주면서 탈환하도록 했다. 이때 유인우를 도와 쌍성총관부 지역을 고려가 탈환할 수 있도록 도운 사람이 바로 이성계의 아버지 이자춘이었다. 공민왕은 이자춘의 공을 높이 사 그에게 고려의 벼슬을 내렸는데 이때부터 이성계 집안은 원나라의 지방 관리에서 고려의 관리로 등장하게 됐다. 이후 홍건적과 왜구를 물리치면서 명성을 얻게 된 이성계는 본격적으로 중앙무대에 데뷔했다.

11 철령위(鐵嶺衛) : 고려 후기 명나라가 요동지역인 철령 이북의 땅에 설치하고자 했던 직할지로 군사적 행정기구이다. 1387년(우왕 13년) 12월, 명나라는 철령 이북의 땅이 본래 원나라에 속했던 것이므로 요동(遼東)에 귀속시켜야 한다는 이유를 내세워 철령위의 설치를 결정하였다. 고려는 이것을 자국 영토에 대한 침해로 여겨 고려 우왕과 최영 등이 주도하여 강력 반발하게 된다. 철령위와 요동은 고려나 명나라의 입장에서 매우 중요한 군사적 요충지였기 때문에 쉽게 내줄 수 없었다. 고구려처럼 북진정책을 하려던 고려에게는 대륙 정벌을 위한 전진기지 역할을 하는 곳이었고, 명나라 입장에서는 고려의 북진정책을 저지하고 고려를 공격하기 위한 전략적인 장소였기에 중요했던 것이다. 고려 조정에서는 주전파와 주화파의 대결에서 주전파였던 우왕과 최영이

원나라를 이어 중원을 정복한 명나라가 고려에게 철령위를 설치하라는 강압적인 요구를 한 것이 최영과 이성계가 서로 정치적 의견을 달리하며 갈라서게 된 계기가 됐으니 이는 상당히 중요한 사건이라 볼 수 있다. 또한 고려의 몰락과 조선의 건국이 요동 정벌과 위화도 회군으로 결정됐는데 이 모든 것의 원인 중 하나가 바로 명나라의 철령위 설치 요구였던 것이다.

철령위는 국사교과서에는 강원도에서 함경도에 이르는 지역이라고 나오는데, 이에 대해서는 학계에서도 논쟁이 있다. 고려 말, 원나라의 힘이 약해졌을 때를 이용해서 고려 공민왕 5년(1356)에 옛날 고구려 영토였던 요동을 탈환하려 했다. 결국 철령위 지역을 탈환하고 그곳에 화주목을 설치해 통치하게 된다. 그러나 공민왕의 뒤를 이은 우왕 14년(1388), 명나라가 철령 이북의 땅에 철령위를 설치하겠다며 영토의 반환을 요구하자, 최영은 5만의 병사를 동원해서 요동 정벌에 나선다. 1388년, 조민수와 이성계가 이끄는 원정군이 출정하지만 위화도 회군으로 인해 개경은 함락되고 고려는 막을 내리게 됐다는 것이 그동안 우리가 국사교과서에서 배운 내용이었다.

철령위는 강원도에서 함경도에 이르는 지역으로 중원이나 요동지방에서는 상당히 먼 위치에 있다. 바로 이런 위치로 인해서 우리가 국사책에서 배운 저 지도와 내용이 틀렸다는 논쟁이 있는 것이다.

기존 학계의 주장에 반대하는 사람들이 내세우는 지도는 다음과 같은데 지리적으로 보면 상당히 합리적으로 보인다. 즉 철령위는 함경도 부근이 아니고 요동 부근이라는 것이다.

저곳은 군사적으로 매우 중요한 요충지이기 때문에 저곳 철령위가 명나라 수중에 들어가게 되면 고려에게는 매우 불리해지기 때문에 고려 입장에서는 좌시할 수 없었다는 것이다. 결국 명의 철령위 설치에 반발한 고려가

이기게 된다. 결국 명나라의 철령 설치 요구는 고려로 하여금 요동 정벌을 떠나게 만든 요인이 됐던 것이다.

아예 군사를 일으켜서 철령위를 함한 요동 일대를 정복하기 위해 전쟁을 일으켰는데 그게 바로 요동 정벌이었던 것이다.

당시 고려 조정에서는 요동 정벌을 놓고 주전파(主戰派)와 주화파(主和派)가 치열하게 대립했는데, 주전파는 우왕과 최영을 중심으로 한 사람들로 요동을 쳐서 명나라를 징벌하자는 사람들이었다. 반대로 주화파는 이성계를 중심으로 해서 전쟁이 아닌 외교적 해결책을 모색하자는 인물들이었다.

결국 1388년 음력 4월 18일, 고려는 전국에서 좌우군 3만8,830명, 수송대 1만1,634명, 말 2만1,682필을 동원해 요동 정벌에 나섰고, 고려 우왕이 직접 평양까지 나가 격려하였다. 그러나 총사령관인 팔도도통사 최영은 국내에서의 역모를 걱정한 우왕의 고집으로 선봉에 나서지 않고 우왕과 함께 평양에 남게 되었는데 이것이 결국 고려의 운명을 결정짓는 한 수가 됐다.

8) 위화도 회군과 이성계의 역성혁명

우리나라 역사에는 많은 드라마틱한 장면이 있었지만 그중에서도 손에 꼽을 만큼 드라마틱하고 극적인 장면 중 하나를 택하라면 아마도 많은 사람들이 선택하는 것이 요동 정벌에 이은 위화도 회군일 것이다. 그 이유는 위화도 회군으로 인해 고려가 몰락하고 조선이라는 새로운 왕조가 탄생할 수 있었기에 그럴 것이다.

무려 80여 년 가까운 오랜 기간 동안 고려를 괴롭히던 원나라가 중원에서 새롭게 떠오른 명나라에 의해 북쪽으로 쫓겨나고 새로운 주인으로 자리 잡았다. 이런 명나라는 과거 원나라 땅이었다는 이유로 지금은 고려가 차지하고 있던 압록강 이북 요동 근처인 철령위를 차지하려 했고, 이에 반발한 고려 조정에서 이성계를 필두로 요동 정벌을 명령했었다.

당시 명나라는 1388년 2월, 고려 사신 설장수(偰長壽)를 통해 "철령 이북

은 원래 원나라에 속했
으니, 모두 요동에 귀속
시킨다."라며 철령위(鐵
嶺衛)를 설치하겠다고 일
방적으로 고려에 통고했
다. 이 통고는 한 마디로
고려 서북면인 함남 안
변 이북 지역의 땅을 통
째로 내놓으라는 얘기였
기에 고려에서는 절대로

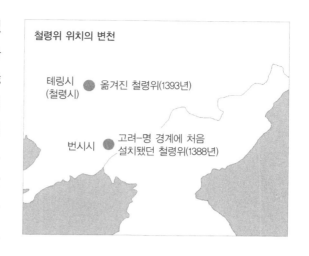

철령위 위치의 변천

테링시
(철령시) ● 옮겨진 철령위(1393년)

번시시 ● 고려–명 경계에 처음
설치됐던 철령위(1388년)

받아들일 수 없었던 것이다.

철령위의 위치에 대해서는 국내 학계에서도 논란이 있다. 즉 50대 이상 기성세대가 중고등학교 시절 국사책에서 봤던 철령위의 위치가 잘못이었다는 주장이 국내 사학자에 의해 꾸준히 제기되었던 것이다. 그동안 배웠던 철령위의 위치는 일본 사학자들의 사관이었다는 게 새로운 철령위의 위치인 요동 지역을 주장한 국내 학자의 의견이다.[12] 명나라의 철령위 설치 요구를

---

12 철령위 위치 논란 : 국내 상고사 분야 사학자인 복기대 교수(국제뇌교육종합대학원대)에 의해 고려 말 철령위의 위치에 대한 새로운 학설이 제기됐다. 즉 그동안 고교 국사 교과서에서는 철령위의 위치가 한반도의 원산 부근이라고 표기했는데, 이것이 잘못이라는 주장이었다. 복 교수는 "대부분의 국내 역사책에는 철령위 자리를 오늘날 함경도 원산만 일대로 설명하고 있는데 명나라의 철령위 설치에 반발해 공격에 나선 이성계는 함경도가 아니라 중국 요동 방면으로 향했다"며 모순임을 주장한다. 복 교수는 고조선학회 학술대회에서 중국 역사서에서 발견한 자료를 근거로 논문 「철령위 위치에 대한 재검토」를 발표했는데, 그에 의하면 철령위는 한반도 국내가 아니라 중국 랴오닝(遼寧)성 번시(本溪)시 부근이라는 주장이었다. 복교수의 학설에 의거하면 이는 고려의 영토가 기존 압록강~원산 이남이 아니라 최소한 북서쪽 경계는 한반도를 벗어난 만주 지역이었음을 뜻하는 것이다.

들은 고려 우왕과 최영이 강력히 반발하고 나아가 요동 정벌을 실행한 것을 보면 철령위 위치가 지금의 함경도 원산보다는 요동 근처였다는 게 더 설득력이 있어 보인다.

철령위 요구에서 촉발된 고려 조정의 분노는 하늘을 찔렀지만 요동 정벌을 주장한 고려 최고의 실력자 최영과 달리 이성계는 그 유명한 4가지 불가론을 들어 반대했었다. 『고려사절요』에 따르면 이성계의 4가지 불가론은 다음과 같다.

첫째, 작은 나라가 큰 나라를 거스르는 일은 옳지 않으며,
둘째, 여름철에 군사를 동원하는 것은 옳지 않으며,
셋째, 요동을 공격하는 틈을 타서 남쪽에서 왜구가 침범할 것이며,
넷째, 무덥고 비가 많이 오는 시기라 활의 아교가 녹아 무기로 쓸 수 없고, 병사들도 전염병에 걸릴 염려가 있다.

일각에서는 첫째 항목을 들어 이성계가 사대주의적 생각에 젖어 있었다는 비판을 하기도 하지만 소국이 대국을 먼저 공격하기 위해서는 너무도 많은 준비를 해야 하고 자칫 실패할 가능성이 많기에 지극히 정상적인 판단으로 여겨진다.

이성계의 4가지 불가론에도 불구하고 고려 우왕과 최영은 역시 유명한 3가지 반론을 제시하면서 요동 정벌을 명하게 됐는데 이때는 1388년 음력 4월 달로 약 5만의 군사가 출정길에 나섰다.

첫째, 명나라가 비록 대국이기는 하나 북원과의 전쟁으로 요동방비가 허술하다.
둘째, 요동지방은 땅이 매우 기름지기 때문에 지금 공격하면 가을에 군량확보가 용이하다.
셋째, 장마철이라는 조건은 명나라 군사들도 동일하며, 남쪽을 침범하는 왜구는 정규군이 아니라 크게 위협이 되지 않는다.

이성계는 어떻게 해서 왕명을 거스르는 대역죄를 감수하면서까지 군사를 돌려 고려의 수도였던 개경으로 향했을까. 이성계가 어명을 어기면서까지 군사들을 돌려 오히려 고려를 공격했던 것을 좀 더 이해하기 위해서는 요동과

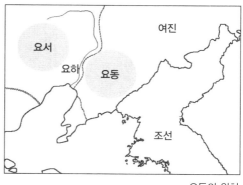

요동의 위치

위화도의 지리적 위치를 보아야 한다.

좌군과 우군 도통사인 이성계와 조민수를 중심으로 요동 정벌을 떠났던 때는 음력 4월이었고, 이들 5만 군사는 약 한 달 뒤인 음력 5월에 고려 국경을 넘어 위화도에 진을 칠 수 있었다. 고려군은 위화도에서 약 14일 정도 머물렀는데 당시 이성계의 우려대로 북방은 우기에 접어들어 많은 비가 내렸다고 한다. 이성계가 4가지 불가론을 건의했는데 그중 두 가지가 날씨에 관계됐을 만큼 당시 요동 정벌은 기후가 변수였던 것이다.

위화도는 신의주의 동쪽 약 2km 지점에 위치한, 압록강 상류에 있는 조그만 섬으로 크기는 여의도의 약 1.5배 정도 되는 규모이다. 요동을 정벌하기 위해서는 반드시 압록강을 건너야 했고, 위화도는 압록강 중간에 위치했던 것이다. 게다가 이성계가 불가하다고 했던 것처럼 6월 달로 접어든 당시 압록강 지역은 장마가 시작되어 물이 엄청 불어 있었던 것이 문제였다.

압록강 중간에 있는 위화도에 진을 치기 위해서는 일종의 선발대가 다른 군사들이 도강할 수 있도록 준비를 해줘야 되는데 이미 수백 명의 군사가 뗏목을 타고 불어난 압록강을 건너다 익사했던 것이다. 힘겹게 압록강을 건너 위화도에 도착한 후에도 위 그림처럼 한 번 더 강을 건너야 했던 것이다. 첫 번째 도강보다도 위화도와 중국 요동 사이의 강물은 더 넓고 깊은 데다가 물이 많이 불어서 당시 고려군은 도강할 엄두를 내지 못하고 있었던 실정이었

다. 요동 정벌을 위해 요동에 도착해서 명나라 군사들과 싸우기도 전에 이미 고려군의 기세와 군기는 바닥을 쳤고 이에 이성계는 왕에게 이런 내용으로 거듭 상소를 올리게 된다. "지금은 여름비가 심한 시기여서 화살이 풀리고 갑옷이 무거우며, 군사와 말들이 늘어져 있는 데다 물이 불어난 수많은 강을 건너 요동에 들어간다고 하더라도 싸워서 이길 수가 없으며, 공격하더라도 이겨서 요동을 취할 수 없고, 비와 불어난 강물 탓에 양곡이 제대로 보급되지 않으면 진퇴유곡의 상황이 될 위험이 있으니 회군할 수 있도록 전교해주시옵소서."

그러나 이성계의 여러 차례에 걸친 간곡한 진언에도 불구하고 평양에서 소식을 기다리던 우왕과 최영은 오히려 전령을 통해 이성계와 조민수에게 이런 명령을 내리며 계속 진군을 재촉한다. "도망병은 현지에서 참(斬)하라."

당시 사기가 꺾인 고려군에서는 탈영병과 부상병들이 속출했다고 하는데, 그런 병사들을 치료하고 돌봐주는 게 아니고 목을 치라는 것이었으니 아마도 이성계를 비롯한 고려 군사들의 국왕을 향한 분노가 극심했을 것이다. 이성계는 망설이던 좌군도통사 조민수를 설득해서 결국 군사들을 이끌고 6월 26일 요동이 아닌 고려의 수도인 개경을 향해 칼끝을 겨누었던 것이다. 위화도를 떠난 지 단 9일 만인 7월 4일 개경에 도착한 이성계와 고려군들을 막기 위해 최영이 고군분투했지만 아무리 천하의 최영이어도 대세를 거스를 수는 없었다.

여기서 한 가지 아이러니한 부분이 있는데, 이성계가 요동 정벌을 떠나서 위화도에 도착할 때까지 한 달이 걸렸었는데 회군을 해서 다시 개경까지 오는 데 걸린 시간은 불과 9일이었다는 것이다. 이것으로 인해 후대 역사가들에게 이성계가 처음부터 역심을 품었는지에 관한 논란이 있기도 하다.

혹시 이성계가 요동 정벌이 싫어서 일부러 한 달이라는 시간을 허비한 것이 아니었나 하는 것이다. 즉 이성계가 일부러 비가 많이 내리는 우기에 위화도에 도착하려고 한 달 동안 천천히 진격한 것 아니냐는 논란이다. 위화

도 회군을 한 이성계
와 군사들이 불과 9
일이라는 짧은 시간
만에 개경에 도착했
으니 이런 논란이 나
오는 것도 이해가 가
는 면이 있다. 이에
대한 논란은 뒤에서
다시 보기로 하자.

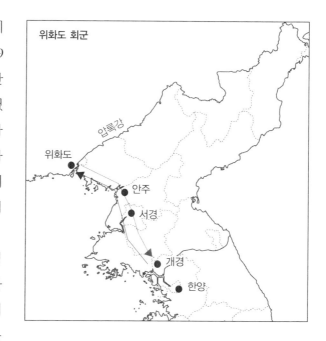

위화도 회군

압록강
위화도
안주
서경
개경
한양

　결론적으로 개경
을 공격한 이성계와
고려군들에게 쉽게
패한 최영과 우왕은
귀양을 떠난다. 우왕은 강화도로 가고, 최영은 고봉현(지금의 고양시)으로 귀양
을 갔다가 개경으로 압송되어 참수형을 당했는데 이때가 창왕이 즉위한 원
년 12월 겨울이었다.

　우왕을 강화도로 귀양 보낸 이성계 일파는 우왕의 아들인 창을 새로운
국왕으로 즉위시켰지만, 창왕도 고려를 어지럽혔던 요승 신돈의 아들이라는
죄목을 씌워 폐위시키고 이어서 공양왕이 마지막 국왕으로 즉위한다.

　위화도 회군으로 최영을 몰아내고 일약 고려의 정권을 틀어쥔 이성계를
도와서 조선 건국이라는 새로운 하늘을 여는 데 결정적인 역할을 한 인물들
이 정도전, 조준, 남은 등 신진사대부들이었다. 이들은 정몽주 등의 권문세
족을 몰아낸 다음 역성혁명(易姓革命)을 주장하기에 이른다. 역성혁명은 고려
왕조의 문물과 제도는 그대로 답습하면서 새로운 왕조를 시작하는 것을 말
한다.

　역성혁명을 끝까지 반대하던 고려 최후의 충신 정몽주가 공양왕 4년인

북한 개성에 있는 선죽교

1392년 4월 4일, 선죽교[13]에서 이성계의 다섯째 아들 이방원의 사주를 받은 측근 조영규에게 쇠몽둥이 철퇴를 맞고 죽임을 당한다.

이방원이 정몽주를 회유하기 위해 불렀던 〈하여가〉에 맞서 정몽주는 그 유명한 〈단심가〉를 부르면서 고려에 끝까지 충성했던 것이다.

이런들 어떠하리 저런들 어떠하리
만수산 드렁칡이 얽혀진들 어떠하리
우리도 이같이 얽혀 백 년까지 누리리라

— 이방원의 〈하여가〉

이 몸이 죽고 죽어 일백 번 고쳐 죽어
백골이 진토 되어 넋이라도 있고 없고
임 향한 일편단심이야 가실 줄이 있으랴

— 정몽주의 〈단심가〉

---

13 선죽교(善竹橋) : 옛날 이름은 '선지교(善地橋)'인데, 정몽주가 죽던 날 밤 다리 옆에 대나무가 났기 때문에 선죽교로 바뀌었다고 전해진다. 선죽교에는 머리에 철퇴를 맞고 피를 뿌리며 쓰러진 정몽주의 핏자국이 지워지지 않았다는 전설이 있다. 개성시 선죽동 자남산 동쪽 기슭의 작은 개울에 있으며, 919년 고려 태조가 송도의 시가지를 정비할 때 하천 정비의 일환으로 축조한 것이다. 선죽교는 북한 개성시를 상징하는 역사적 유물로 북한에서는 국보유적 159호로 지정하고 선죽교와 그 주변을 보존하고 있다.

이성계는 정몽주를 끝까지 설득시켜서 새로운 시대의 중요한 인물로 쓰고 싶었다고 한다.[14] 그의 의도를 누구보다 잘 아는 아들 이방원이었지만 자신이 부른 〈하여가〉에 대해 〈단심가〉를 부르는 정몽주를 보고 절대로 설득할 수 없음을 알고 측근 조영규에게 살해 지시를 내렸다고 한다.

정몽주

이런 과정을 거쳐서 고려왕조는 태조 왕건이 고려를 세운 지 34왕 475년 만에 막을 내리고, 1392년 7월 군신들의 추대를 받은 당시 58세의 장군 이성계가 왕위에 오름으로써 조선왕조가 시작되게 된 것이다.

9) 위화도 회군에 관한 두 가지 논란?

위에서 언급했듯이 이성계가 어명을 어기면서까지 위화도 회군을 결행

---

14 이성계는 조정을 완전히 장악하기 위해 우왕의 어린 아들인 창왕을 처리할 계획을 꾸민다. 창왕이 성장하면 우왕을 폐한 자신들을 제거할 거라는 생각에 창왕을 폐하려고 한 것이다. 그러나 일국의 국왕을 제거하려면 명분이 있어야 했다. 이때 고려의 충신으로 알려진 정몽주가 등장한다. 정몽주는 이성계와 같은 친명파로 본래 이성계와 매우 가까운 사이였다. 비슷한 나이에다 최영과 달리 친명을 주장했기에 이성계가 정권을 잡으며 주도한 개혁의 핵심에 섰던 것이다. 어린 창왕을 폐위하기 위해 1389년 이성계는 정몽주와 결탁, '폐가입진(廢假立眞)'이라는 명분을 내걸었다. 가짜를 폐하고 진짜를 세운다, 즉 창왕의 아버지 우왕의 불분명한 출생을 문제삼은 것으로, 우왕이 공민왕이 아닌 요승 신돈의 자식이고 그 아들인 창왕 또한 신돈의 후손이니 정통 왕실을 위해서라도 창왕을 폐위시켜야 한다는 논리였다. 이처럼 이성계와 정몽주는 오랜 인연으로 뭉친 사이였고 정치적으로도 같은 입장이었으며 누구보다 정몽주의 됨됨이를 잘 알았던 이성계였기에 그와 끝까지 함께하고 싶었던 것이었다.

한 것에 대한 논란이 있다. 대략 2가지인데, 하나는 요동 정벌을 떠난 이성계와 고려 군사들의 진군 속도가 매우 느렸는데 이것이 고의적이었느냐 하는 것이다. 다른 하나는 이성계의 위화도 회군 자체가 처음부터 치밀하게 계획된 것이냐 아니면 그냥 우발적인 것이냐 하는 것이다.

고려 군사들의 진군 속도에 관한 논란을 보면, 당시 이성계가 지휘한 고려 군사들이 평양을 떠나서 위화도까지 가는 데 대략 19일 걸렸고 위화도에서는 약 14일을 체류했었다. 그런데 회군을 해서 다시 평양을 거쳐 개경 부근까지 오는 데는 불과 9일밖에 걸리지 않았다. 물론 원치 않는 요동 정벌을 떠나는 것과 어명을 어기고 회군을 하는 것은 그 마음가짐에서도 엄청난 차이가 있을 거라 생각하지만 그럼에도 불구하고 정벌과 회군의 속도가 큰 차이를 보였다는 게 문제이다.

진위를 정확히 파악하기는 어렵지만 단서를 찾을 수는 있는데 당시 이성계가 이끄는 고려군이 평양을 향해 말머리를 돌려서 올 때 중간에 사냥을 하기도 했다는 것이다. 즉 고려군은 긴급한 상황에서도 사냥을 했고 그처럼 사냥으로 시간을 지체했음에도 불구하고 위화도에서 개경까지 불과 9일밖에 걸리지 않았다는 것이다. 이 말은 만약 사냥을 하지 않고 전속력으로 개경까지 달려왔다면 아마도 며칠을 더 단축할 수도 있었다는 것이다.

이처럼 그리 오래 걸리지 않아도 되는 거리인데도 불과하고 이성계가 이끄는 원정군이 평양에서 위화도까지 19일이 걸렸다는 것은 다분히 의도적으로 시간을 늦췄을 것이라는 추측이 가능하다. 이성계는 처음부터 요동 정벌을 강하게 반대했기에 일부러 비가 많이 내려서 압록강 물이 많이 불어나는 우기에 맞춰서 도착하려고 했으리라는 것이다. 물론 이성계가 자신의 의도를 어디에 기록하거나 왕복 시간이 왜 그렇게 차이가 많이 났는지를 밝히지 않았기에 이러한 논란이 있는 것이다.

두 번째 논란은 과연 위화도 회군은 이성계가 평양을 출발할 때부터 계획했던 것이냐 아니면 그냥 우연히 회군을 결정했느냐 하는 것이다. 확실한 답은 이성계가 자세한 기록을 남기지 않았기에 알 수는 없지만 합리적 추측은 가능할 것이다. 단서 중 하나는 바로 이성계와 조민수에 관한 것이다.

출병할 당시 고려군을 총괄하는 총사령관인 팔도도통사는 최영이었고, 이성계는 우군도통사, 조민수는 좌군도통사였다. 즉 최영이 총책임자였고 이성계와 조민수는 5만의 군사 중 각각 절반을 책임지던 사람들이었다. 이성계와 조민수는 서로를 견제하는 위치이기도 했고, 게다가 두 사람은 개인적으로 가깝지도 않았고 특히 정치적으로는 거의 라이벌 관계에 있었다.

이런 상황에서 어떻게 이성계는 위화도 회군이라는 엄청난 일을 벌일 수 있었을까? 이성계가 출발 전부터 역심을 품었다 하더라도 그와 대등한 군사를 통솔하는 좌군도통사 조민수가 반대한다면 애초 불가능한 일이 바로 위화도 회군이었다. 이성계는 군사들이 이미 지쳤고 사기도 떨어졌으며 강물이 너무 많이 불어서 압록강을 건너는 게 불가능하니 회군할 수 있게 해달라고 전령을 수차례 보냈지만 돌아온 건 계속 진군하라는 명령이었다. 이에 회군을 결심했지만 문제는 조민수가 이성계의 회군에 찬성하지 않았다는 것이다. 이에 이성계는 꽤 시간을 들여서 조민수를 설득했고 결국 뜻을 모은 두 사람은 함께 위화도 회군을 한 것으로 역사는 기록하고 있다.

이를 사실로 본다면 적어도 이성계가 요동 정벌을 떠날 때부터 고려를 무너뜨리려는 역심을 품었다고 보이지는 않는다. 물론 동서고금을 막론하고 역사는 승자의 기록이기에 고려조정을 무너뜨리고 권력을 잡은 이성계가 자신이 의도하는 대로 역사를 기록했을 수도 있지만.

10) 우왕과 최영의 치명적인 실수

군사를 돌려 개경을 공격하는 위화도 회군은 매우 드라마틱한 장면이지만 여기에는 고려 우왕과 최영의 몇 가지 실수가 있어 아쉬움을 안겨준다.

역사에 만약은 없다고 하지만 그럼에도 만약 최영과 우왕이 실수를 하지 않았더라면 적어도 드라마틱한 위화도 회군은 불가능했을 수도 있다. 우왕과 최영은 대략 2가지 정도의 중대한 실수를 저질렀다.

첫째, 요동 정벌을 떠나는 군사들을 당시 고려 최고의 무장으로 군사들의 신망이 대단했던 최영이 직접 통솔하지 않았다. 최영은 나이로 보나 백성들로부터의 신망으로 보나 혹은 군사들의 지지로 보나 모든 면에서 이성계보다 훨씬 우위에 있었다. 게다가 직급도 고려군을 전체 총괄하는 팔도도통사라는 가장 높고 중요한 자리에 있었다. 이처럼 막중한 위치에 있던 최영이 고려의 국운을 걸고 떠나는 전쟁에서 한 발 뒤로 물러난 것이다. 팔도도통사 최영은 우왕과 함께 평양에 머물러 있었다.

전쟁을 위해 출정하는 군대에서 가장 중요한 총사령관은 당연히 선봉에 서는 게 상식이다. 그런데 일개 국지전도 아닌 요동 정벌이라는 중요한 출정에서 가장 중요한 사람인 최영이 선봉에 서서 군사들을 통솔하지 않았다는 건 쉽게 이해가 가지 않는 부분이다. 이 실수가 결국은 위화도 회군을 불러왔고, 더 나아가 고려 멸망으로까지 이어졌으니 이 실수는 우왕과 최영 두 사람에게는 천추의 한이 되었을 것이다.

총사령관 최영은 왜 직접 군사들을 통솔하지 않고 그냥 평양에 남아 있었을까? 왜 전군을 지휘하고 명령을 내리는 팔도도통사가 부하인 이성계와 조민수에게만 5만이라는 대군을 맡겼던 것일까? 당시 5만이라는 병력은 고려가 동원할 수 있는 최대에 가까운 숫자였고, 실제로 고려 최정예병들이 바로 이 5만의 군사들이었다.

우왕과 최영의 이런 이해하기 어려운 결정을 보기 위해서는 먼저 당시 고려 조정을 살펴봐야 한다. 이때 조정에는 대대로 기득권으로 군림하며 온갖 특혜를 누려오던 권문세족들이 있었고, 그 반대 측에는 신흥문신들이 자리하고 있었다. 권문세족들은 흔히 말하는 가문과 혈통으로 기득권을 유지하는 사람들이었고, 신흥문신들은 중소 지주층 출신들로서 가문이 아닌 교육과 과거시험을 통해 중앙정계에 진출한 사람들이었다. 이들 신흥문신들은 특히 공민왕이 개혁정치를 펼치면서부터 대거 중앙무대에 등장했다.

고려 말 이인임을 비롯한 권문세족들의 광대한 토지 소유로 인해 국가재정이 큰 위기에 빠진다. 재정의 고갈이 얼마나 심각했는지 조정에서 관료들에게 제대로 녹봉을 지급하지 못할 정도였다고 한다. 이런 상황이었기에 권문세족들과 신흥문신들의 대결은 당연한 것이었다.

정세가 불안하고 백성들의 생활이 도탄에 빠졌는데 홍건적과 왜구들의 침입까지 빈번했다. 이때 최영과 이성계가 등장해서 정국 안정을 가져왔고, 특히 조반 사건[15]을 계기로 고려 정계의 실력자로 부상한다. 그러나 안타깝게도 두 사람의 정치적 입장은 서로 달랐다. 좋은 가문 출신의 최영은 우왕의 장인으로 구귀족과 권문세족을 대표하는 입장에 있었고, 이성계는 북방 출신으로 최영에 비해 보잘것없는 가문 출신이었다. 최영은 권문세족들을 지지하게 됐고, 이성계는 반대로 신흥문신들의 지지를 받게 되었다. 또한 최영은 친원을 주장했고, 이성계는 친명을 주장했다. 두 영웅은 모든 면에서 서로 반대되는 위치에 있었던 것이다.

나라가 어려우면 가장 먼저 백성들이 어려워지고, 이는 곧 국왕에 대한 원망과 불만으로 나타난다. 고려 말 불안한 정세에서 그동안 국정을 책임졌던 권문세족들에 대한 원성이 점차 커지면서 그들의 지지를 받던 우왕도 불

---

15 조반 사건 : 조반(趙胖)은 고려 말 조선 초의 문신이다. 고려 정계의 실력자 염흥방의 집안 노비 이광(李光)이 전 밀직부사(密直副使) 조반에게 죽임을 당하는 사건이 벌어졌다. 사실 전직 고위 관리가 노비 한 명을 죽인 대수롭지 않은 사건이었다. 이광이 주인인 염흥방을 믿고 양반인 조반의 밭을 빼앗았던 것이 발단이었다. 조반은 이광의 목을 베고 집에 불을 질러버렸다. 염흥방은 이 소식을 듣고 사병을 보내 조반을 체포하고, 그의 가족들을 잡았다. 심지어 반란을 도모하였다는 죄목까지 붙였다. 이 사건을 본 최영 등은 염흥방의 월권과 독단을 우려한 우왕과 합세해서 염흥방을 비롯, 그 측근인 임견미 등을 일거에 숙청한다. 노비와 조반 사이의 불미스런 사건이 오히려 최영의 권력을 더욱 공고하게 만든 계기가 됐다.

안할 수밖에 없었다. 이런 불안감이 바로 우왕과 최영의 치명적인 실수를 만들었던 것이다.

우왕과 최영이 이성계와 신흥문신들의 반대를 누르고 요동 정벌을 계획했을 때 최영은 전군을 통솔하는 팔도도통사로 당연히 원정군을 이끌려고 했었다. 그러나 이 바람은 우왕에 의해 꺾이게 되는데 우왕은 불안한 조정에서 가장 믿고 의지할 수 있는 장인이자 최고 무장인 최영이 없는 것을 견딜 수 없었던 것이다. 그래서 우왕은 결국 팔도도통사 최영을 원정군에서 제외하고 자신과 함께 평양에 남기는 치명적인 실수를 저질렀다. 이 결정이 되돌릴 수 없는 치명적인 결과, 즉 위화도 회군으로 나타났던 것이다.

그렇다면 만약 최영이 평양에 남지 않고 군사들을 통솔해서 요동 정벌을 떠났다면 어떤 결과가 왔을까? 비록 가정이기는 하지만 최영이 위화도에 있었다면 이성계가 쉽게 군사들을 회군시키지는 못했을 것이다. 고려 군사들은 이성계보다 최영을 더 신뢰했고 게다가 군대에서 매우 중요한 계급도 우군도통사인 이성계보다 팔도도통사인 최영이 더 높았기 때문이다. 그리고 무엇보다도 좌군도통사였던 조민수는 이성계보다 최영을 더 따랐던 무장이기에 최영이 있었다면 아마도 조민수는 절대 이성계의 설득에 넘어가지 않았을 것이기 때문이다.

결론적으로 조정에서 확고한 권력을 잡지 못했던 우왕이 절대적으로 신임하고 믿을 수 있던 장인어른이자 고려 최고의 무장인 최영을 자기 옆에 두었던 것이 위화도 회군을 일으킨 치명적인 첫 번째 실수이자 가장 결정적인 잘못이었던 것이다.

또 하나 치명적인 실수는 고려 최정예 군사들을 나누지 않고 모두 이성계에게 맡겼다는 것이다. 우왕과 최영은 요동 정벌을 하기 위해 고려의 거의 모든 병력인 5만의 군사를 동원했는데 전군을 최영이 직접 통솔하지 않고 이성계에게 모두 맡겼다. 이 치명적인 실수로 인해 최영은 위화도 회군이라는 직격탄을 맞았다. 이성계가 좌군도통사 조민수를 설득해서 함께 군사를 돌려 개경을 향해 진격하자 우왕과 최영은 즉각적인 위기를 맞을 수밖에 없었다. 그 이유는 이성계가 이끄는 5만의 회군 세력에 맞서 개경을 수호하고 우왕을 지킬 정예 군사들이 더 이상 남아 있지 않았기 때문이다.

군대를 조금만 알아도 이런 결정이 얼마나 이상한 결정인지 금방 알 것이다. 어느 나라나 주요 군대와 군사들을 국가의 최고지도자가 있는 왕궁이나 수도를 지키기 위해 배치하는 게 상식이기 때문이다. 그러나 우왕과 최영은 간신히 모은 5만의 군사를 둘로 나누지 않고 전부 정벌에 내보냈다. 아마도 우왕과 최영은 요동 정벌을 떠난 이성계와 군사들이 요동까지 가지도 않고 말머리를 돌려 자신들을 역으로 공격하리라고는 추호도 상상하지 않았을 것이다. 그러니까 전국 각지에서 모은 5만의 군사들을 모두 이성계에게 내주었을 것이다.

최영은 당시 고려 조정에서 새롭게 떠오르고 있던 이성계를 부담스러워했기 때문에 요동 정벌을 통해 그의 세력을 약화시키려고 했었는데 그 계획이 완전히 틀어진 것이다. 최영이 의도한 것은 요동 정벌을 이용해서 북방에 있는 막강한 이성계의 사병들을 정리하고, 원정에서 혹시 실패하면 그 실패의 책임을 묻는 것이었다. 그런 목적에서 정벌을 강력히 밀어붙였는데 결과적으로 이성계가 조정을 장악하게 된 것이다.

최영에게 극도로 의지한 우왕이 최영을 총사령관으로 원정에 보내지 않고 자신의 곁에 붙잡아두는 치명적인 선택과 5만의 고려 정예병 모두를 이성계에게 맡긴 실책으로 인해 최영의 몰락과 고려의 몰락이 재촉된 것은 매우 아이러니한 일이라 볼 수 있다.

12

위그노전쟁(낭트 칙령) vs 임진왜란(정유재란)

1562~1598년   1592~1598년

유럽 역사에 한 획을 그었던 프랑스와 영국의 백년전쟁(1337~1452)은 두 나라 모두에게 매우 중요한 사건이었다. 그중에서도 프랑스에게는 더 치명적인 영향을 주었는데 그 이유는 이 전쟁이 주로 프랑스 영토에서 벌어졌기 때문이었다. 백년전쟁 기간 동안 프랑스의 전 국토는 만신창이가 되었고 기름지고 풍요로웠던 경작지도 황폐해져서 제 역할을 할 수 없을 지경이 됐다.

어쨌든 오랜 전쟁을 치르면서 영국이나 프랑스 모두 막대한 전쟁의 대가를 치러야 했지만 그 반면에 황폐화된 국가를 부흥시키는 과정에서 프랑스와 영국 모두 근대적 통일국가로 나아가는 발판을 마련하기도 했다.

이후 프랑스는 새로운 국왕이었던 샤를 7세부터 시작된 군사력 증강을 통해 중세부터 이어져오던 귀족들의 권한을 약화시키고 새롭게 왕권 강화를 시도하게 되었다. 특히 백년전쟁을 통해 말 탄 기사보다 방패를 든 보병의 중요성이 더 커지게 됐는데 이것은 그동안 군대에서 중요한 역할을 해오던 기사계급의 몰락을 재촉하는 것이었다.

샤를 7세에 이어 루이 11세도 왕권 강화를 위한 다양한 조치들을 실행하

면서 영국은 물론이고 프랑스도 서서히 중세적인 것들과 이별을 고하고 새로운 시대로 나아갈 준비를 하고 있었다. 그중에서도 기사계급의 약화야말로 중세가 저물고 있다는 일종의 사인이었다. 그러나 왕권 강화에도 불구하고 수백 년을 이어오던 강력한 지방 제후들의 세력이 완전히 몰락한 것은 아니었다. 이들은 17세기에 프랑스의 전성기를 열었던 태양왕 루이 14세에 이르러서야 완전히 왕권에 복속하며 온전한 절대왕권이 수립될 때까지 자신들의 목소리를 내고 있었던 것이다.

이런 배경에서 백년전쟁이 끝난 15세기 중반부터 프랑스의 경제가 서서히 회복되었고 인구도 증가하기 시작한다. 프랑스는 물론이고 대부분의 유럽이 경제적 호황을 맞이하게 되는 이런 현상을 흔히 '16세기적 현상'이라고도 불렀는데 원인으로 멀리 바다 건너 아메리카 대륙의 발견이 크게 한몫을 했다. 황금의 땅, 아메리카 대륙이 발견되면서 엄청난 양의 금과 은이 유럽으로 들어왔고, 이에 힘입어 유럽 각지에서 상업이 발전하기 시작했으며 상업을 위해 모인 사람들을 중심으로 도시가 급성장하기 시작했던 것이다.

이런 변화와 발전은 부르주아 계층의 급격한 발전을 가져오기도 했다. 국왕은 지방 제후세력의 견제를 위해 부르주아들과 결탁했고, 부르주아들은 자신들의 경제적 이익과 정치적 야망을 위해 국왕을 지지했다.

당시 프랑스에는 서로 다른 종교를 믿는 세 개의 당파가 대립하고 있었다. 하나는 위그노(Huguenots)[1]라고 불린 신교도들, 다른 하나는 광신적인 가톨릭교도들, 나머지 하나는 온건한 가톨릭교도들이었다. 특히 광신적 가톨릭교도들이 주로 새롭게 떠오르고 있던 신교도들, 즉 위그노들을 탄압하기

---

1 위그노(Huguenots) : '동맹'이라는 뜻을 가진 독일어 Eidgenossen에서 파생된 말이라고 하는데, 원래는 주로 스위스의 개신교도들을 지칭하는 말이었다. 그러나 스위스보다는 개신교도들이 더 많았던 프랑스 남부지역을 중심으로 더 크게 세력을 확장했으며 그곳의 상인들이나 수공업자 등을 중심으로 신흥계층을 이루었다.

시작하면서 프랑스에서는 구교와 신교의 종교전쟁인 위그노전쟁이 발발하게 된다.

위그노전쟁은 표면적으로는 흔히 개신교라 불리는 신교와 가톨릭인 구교 사이에서 벌어진 최악의 종교전쟁이었지만, 실상은 정치적인 성격과 국제적인 성격을 모두 보여주었다. 이 전쟁의 결과로 프랑스의 경제가 위축되기도 했다.

프랑스에서 위그노전쟁이 막바지로 향해가던 16세기 말 우리나라에서는 무슨 일이 벌어지고 있었을까? 이 시기에 한반도에서는 임진왜란(정유재란 포함)이 한창 벌어지고 있었고, 우리 역사상 가장 위대한 영웅 중 한 사람인 이순신 장군이 등장했다. 위그노전쟁과 임진왜란이 끝난 해가 1598년으로 동일하다는 것도 흥미로운 사실이다.

즉 유럽에서는 16세기 말에 큰 종교전쟁이 벌어지고 있었고, 우리나라에서는 일본과 국운을 건 전쟁을 벌이고 있었던 것이다. 임진왜란은 눈치를 보던 명나라가 4만 3천의 군사를 보내 조선의 군사들과 연합해서 일본을 맞아 싸웠다는 의미에서 동아시아의 국제전쟁으로 보기도 한다.

1592년(선조 25년)이 임진년이어서 임진왜란이라 불렸고 1592년(선조 25)부터 1598년(선조 31년)까지 7년 동안 전쟁을 했다 해서 7년전쟁이라고 불리기도 한다. 1592년 1차 침입이 임진년에 일어났으므로 '임진왜란'이라 부르며, 1597년 2차 침입은 정유년에 있었으므로 '정유재란'이라 부르지만 일반적으로 임진왜란 하면 정유재란까지 포함시켜 말한다.

1950년 6·25전쟁과 함께 우리나라 역사상 가장 처참하고 치열했던 전쟁 중 하나로 꼽히는 전쟁이었고 특이하게도 내륙에서는 정예군인 육군보다는 이름 없는 백성들을 중심으로 한 의병의 활약과 바다에서는 이순신 장군이 지휘하는 수군의 활약이 돋보였다.

1590년 일본의 전국(戰國)시대를 끝내고 통일을 이룬 도요토미 히데요시가 자국의 여러 가지 어려운 상황들을 개선하기 위해 벌인 임진왜란으로 인해 조선과 일본 그리고 명나라까지 큰 변화와 영향을 미쳤다.

7년간의 참화가 고스란히 우리 영토에서 벌어졌기에 조선은 전 국토가 황폐해지고 백성들은 도탄에 빠졌다. 경제적으로는 엄청난 손실을 입게 되었고, 국왕 선조는 백성들을 버리고 도망을 치는 등 사회질서가 크게 무너졌다. 게다가 준비 없이 일방적인 침략을 받은 전쟁이었기에 엄청난 수의 백성들이 사망했으며 많은 문화재를 잃었다.

명나라는 당시 4만이 넘는 대군을 조선에 파병하였는데 결국 이것이 원인이 되어 국력이 많이 약해졌고 재정의 어려움마저 맞으면서 위기에 빠지기도 했다. 결국 명나라는 만주의 여진족이 세운 청나라에게 중원을 넘겨주었고, 일본은 비록 조선 전체를 정복하지는 못했지만 당시 동아시아 최고 수준을 자랑하던 조선의 도자기 기술자를 포로로 데려가 도자기 산업을 발전시키고, 조선의 활자를 탈취해서 일본 활자 기술이 큰 발전을 이루는 토대를 쌓기도 했다.

여기서는 유럽 최악의 종교전쟁이었던 위그노전쟁과 동아시아 최대의 전쟁이었던 임진왜란을 좀 더 자세히 살펴보도록 하자.

1) 위그노전쟁의 배후가 된 메디치의 여인

위그노전쟁의 가장 상징적인 사건은 결혼식장이 순식간에 끔찍한 대학살의 현장으로 변한 '성 바르텔레미 축일의 대학살(Massacre de la Saint-Barthélemy)'이었다. 위그노전쟁을 논할 때면 가장 먼저 그리고 가장 끔찍한 사건으로 언급되는 이 축일의 대학살로 인해 하룻밤에 2,000~3,000명에 이르는 위그노 신자들, 그중에서도 지도자들이 살해를 당했다. 전국적으로는 약 7~8만에 가까운 개신교 신자들이 가톨릭교도들에 의해 죽음을 당했다.

이 끔찍한 학살의 원인은 무엇이고 그 배후에는 누가 있었을까? 위그노들에 대한 학살의 주역들은 물론 가톨릭 신자들이었지만 그들의 배후에는 한 명의 이탈리아 출신 여인이 있었다. 카트린 드 메디치(Cathrine de Médicis), 이탈리아에서 가장 유명한 가문인 메디치 가문의 여인이었다. 그녀가 프랑스 왕실의 일원이 된 것은 프랑스인들이 사랑하는 국왕 프랑수아 1세(François I)[2]에 의해서였다.

프랑수아 1세는 프랑스 국왕에 만족하지 않고 끊임없이 신성로마제국의 황제까지 넘보던 인물이었다. 1515년 루이 12세의 뒤를 이어 국왕으로 즉위하자마자 이탈리아를 침략해서 밀라노를 점령하기도 했다. 하지만 원하던 신성로마제국의 황제 자리를 얻지 못하자 1519년에는 오스트리아를 공격했지만 결국에는 자신은 포로가 되고 두 아들을 인질로 보낸다는 캉브레이 조약[3]을 맺었다.

당시 프랑스는 가톨릭이 지배하던 나라였는데 프랑수아 1세는 신성로마제국의 황제가 되고자 하는 일념으로 독일의 신교도들은 물론이고 터키의 이슬람교도들과도 손을 잡았다. 이러한 외교정책은 결국 프랑스 가톨릭 신자들의 불만을 가져오게 됐으며, 점점 커지는 가톨릭교도들의 원성을 무마시키기 위해서 중대한 결심을 하게 된다. 그것은 바로 왕세자와 메디치 가문

---

2 프랑수아 1세(François I er, 1494~1547. 재위 1515~1547) : 프랑수아 1세는 프랑스의 첫 번째 르네상스형 군주였는데 그 이유는 그의 치세에서 프랑스가 문화적 진보를 이룩하였기 때문이다. 프랑수아 1세는 르네상스의 열풍의 중요한 지지자이자 후원자였다. 프랑수아 1세의 문화예술에 대한 적극적인 후원과 지지 덕분에 프랑스는 이탈리아에 이어 유럽에서 르네상스의 물결을 가장 잘 받아들인 나라가 되었다. 이것이 훗날 프랑스가 문화와 예술의 나라가 되는 데 큰 밑거름이 되었다. 프랑수아는 낭트 칙령을 반포해서 종교전쟁을 종식시켰던 앙리 4세와 더불어 프랑스 사람들로부터 가장 사랑받는 국왕이었다.

3 캉브레이 조약 : 1529년 이탈리아 전쟁 때, 신성로마제국의 황제 카를 5세와 프랑스의 국왕 프랑수아 1세가 맺은 강화조약. 이 조약으로 인해 인질이 되었던 프랑수아 1세의 두 아들이 막대한 몸값을 지불하고 석방되었고, 프랑수아 1세는 카를 5세의 누이동생과 정략결혼을 하게 된다.

과의 결혼이었다. 프랑스의 왕세자와 카트린 드 메디치의 국혼으로 인해 프랑스 가톨릭교도들의 원성을 잠재울 수 있었던 것이다. 물론 이 결혼은 전형적인 정경유착이었다. 프랑스는 메디치 가문의 막대한 결혼지참금을

메디치 가문의 교황 클레멘스 7세의 주선으로 이루어진 카트린 드
메디치와 프랑스 왕자 앙리 2세와의 결혼식 그림
(피렌체 우피치 미술관)

얻었고, 메디치 가문은 프랑스 왕실이라는 막강한 권력을 얻었다.

이렇게 독실한 가톨릭교도인 메디치 가문의 여인이 프랑스 왕실의 일원으로 들어오게 됐으며, 이것이 후일 프랑스 개신교도들에 대한 탄압, 즉 위그노전쟁으로 이어졌다.

왕세자빈이 된 카트린 드 메디치의 프랑스 왕실 생활은 매우 불행했다고 한다. 남편(후일 앙리 2세)이 키 작고 몸도 조금 뚱뚱해서 매력적이지 못한 그녀보다 다른 여인을 깊이 사랑했기 때문이었다. 왕세자가 사랑한 여인은 디안(Diane)이라고 하는, 왕세자보다 무려 18살이나 연상에 왕궁 주방장의 미망인이었다. 왕세자가 어린 시절부터 짝사랑했다고 알려졌는데 카트린 드 메디치와 달리 매우 매력적인 외모를 가진 여인이었다고 한다.

당시 프랑스 왕실에서도 프랑스 말도 못 하고 별다른 영향력도 없으며 특히 남편인 앙리 2세(1547~1559)조차 거들떠보지 않던 카트린 드 메디치보다 오히려 앙리 2세의 총애를 받던 애첩 디안을 왕비처럼 대우했고 결국 디안은 1553년 에탕프 공작부인(Duchesse d'Etampes)이라는 작위까지 받았다. 앙

리 2세가 디안을 얼마나 사랑했는지 나중에는 많은 왕실 문서에 서명을 할 때 앙리디안(Henri Diane)이란 이름으로 공동서명을 했을 정도였다.

이처럼 온갖 설움을 받은 카트린 드 메디치였지만, 그녀는 프랑스를 문화예술적으로 한 단계 도약시키는 큰 역할을 했다. 예를 들면 프랑스에 오페라를 소개한 것도 그녀였으니 자신의 결혼축가로 공연된 오페라가 그것이었고, 나이프와 포크를 비롯해서 프랑스 귀족 여인들이 열광했던 이탈리아 승마법[4]을 프랑스 왕실에 소개한 것도 카트린 드 메디치였다. 이들의 결혼으로 이탈리아의 발달된 식문화도 프랑스에 전수됐는데 그중 하나가 바로 마카롱이다.

비록 남편의 사랑을 받지는 못했지만 다행히도 그녀는 왕자를 넷이나 출산하면서 위치를 굳건히 할 수 있었고 이탈리아의 고상한 취미와 예술, 문화 등을 소개하면서 이탈리아 르네상스가 프랑스에 전파되는 데 가장 큰 역할을 했다. 카트린 드 메디치가 임신을 하기 위해 당대 최고의 점성술사를 만났다는 재미있는 일화가 전해온다.[5]

남편의 사랑을 받지 못하고, 남편의 애첩을 비롯한 신하들에게도 무시당하던 카트린 드 메디치는 이 모든 걸 인내한 끝에 결국 프랑스 최고의 권력자로 거듭나면서 프랑스를 안정시키고 유럽의 강국으로 만드는 데 일조한다. 그녀가 메디치가 힘든 나날을 보내면서도 한순간도 손에서 놓지 않았던

---

4 이탈리아 승마법 : 양쪽 다리를 벌리고 말을 타는 기존의 승마법과 달리 두 다리를 한쪽으로 모으고 타는 방법으로 특히 말을 타는 여성들을 기품 있고 우아하게 보이게 한다는 이유로 프랑스 왕실과 귀족 여성들이 매우 좋아했던 승마법이다.

5 카트린 드 메디치의 임신 : 임신을 간절히 원하는 카트린에게 노스트라다무스는 노새의 오줌을 마시라는 이상한 처방을 했다고 한다. 노새는 당나귀와 암말 사이에서 태어난 잡종으로 생식 능력이 없어, 서양에서는 불임을 상징하는 동물이었다. 노새의 등에 앉는 것도 금기시됐는데 오줌을 마시라는 노스트라다무스의 권유는 일국의 왕비에게는 도저히 따를 수 없는 요구였을 것이다. 그러나 카트린은 오직 아들을 낳겠다는 일념으로 노새의 오줌을 받아 마셨고 이후 네 명의 왕자를 낳았다.

것이 한 권의 책이었다. 그 책은 카트린의 아버지인 우르비노의 공작 로렌초 2세에게 헌정된 마키아벨리의『군주론』[6]이었다. 카트린은『군주론』을 읽으며 메디치 가문의 딸이자 프랑스 왕비로서의 자존감을 잃지 않기 위해 노력했고, 자신을 거들떠보지 않는 앙리 2세를 남편으로서 사랑했으며 참고 기다리면 언젠가는 자신의 진심을 알아주리라 믿었다고 한다.

불행인지 행운인지 모르지만 어느 날, 앙리 2세가 장녀 엘리자베트 드 발루아와 에스파냐 왕 펠리페 2세와의 결혼을 축하하는 마상창술시합에서 뜻밖의 사고로 사망한다. 많은 사람들이 모인 축하연에서 마상시합이 벌어졌고, 하객들을 즐겁게 해주기 위해 앙리 2세는 직접 마상창술시합에 나섰다. 마상창술시합은 말을 탄 기사 두 명이 양쪽에서 달려오면서 긴 창으로 상대방을 찔러서 떨어뜨리는 시합이다. 말을 타고 달려오던 앙리 2세가 그만 상대방인 가브리엘 몽고메리 장군의 긴 창에 눈을 찔렸고 이 창이 눈을 관통해서 두개골을 깨뜨리는 대참사가 벌어진 것이다. 치명상을 입은 앙리 2세는 한 달 뒤 사망했고 국왕의 갑작스런 사망 후 카트린의 장남 프랑수아 2세가 15세의 어린 나이로 왕위를 물려받았다. 당시 프랑스 국법에 의하면, 국왕이 미성년자일 경우에는 모후가 섭정을 하도록 되어 있었다. 그로 인해 모후인 카트린이 섭정을 하게 됐고 이렇게 해서 그녀는 프랑스 정계의 최고 실력자로 급부상하게 된다.

그녀의 섭정 이후 프랑스의 국내 정치는 왕실 문제와 종교 문제가 얽히면서 점점 더 혼미해졌다. 게다가 독실한 가톨릭 신자였던 카트린의 섭정은 결국 신교인 개신교와의 갈등으로 발전하면서 향후 끔찍한 위그노전쟁의 발

---

6 『군주론』: 마키아벨리의 저서『군주론』은 최종 목적을 위해서는 수단방법을 가리지 않는 권모술수의 원전이라고 알려져 있다. 프로이센의 프리드리히 대왕이 이 책을 악덕의 책으로 비판하면서도 군주로서는 마키아벨리즘적 정책을 취하지 않을 수 없었던 것은 유명한 일화이다. 마키아벨리는 이 책에서 일국의 군주는 개인과 국가의 주어진 현실에 충실하게 따라야 할 필요성이 있음을 강조한다.

생을 예고했다.

2) 대학살 현장으로 변한 결혼식장 : 성 바르텔레미 축일의 대학살[7]

카트린이 섭정을 시작한 당시 프랑스에는 서로 다른 정치관과 종교를 믿는 세 개의 당파가 치열하게 대립하고 있었다. 하나는 개신교 위그노인 나바르(Navarre)의 왕 부르봉(후일 앙리 4세)이었고, 다른 하나는 광신적인 가톨릭교도였던 로렌 지방의 제후 프랑수아 드 기즈(Le duc de Guise)였다. 마지막 하나는 온건한 가톨릭교도였던 몽모랑시 가문이었는데 그중에서도 문제는 광신적 가톨릭교도였던 기즈 가문이었다.

어린 프랑수아 2세가 스코틀랜드에서 온 여왕 메리 스튜어트(Marie Stuart)를 왕비로 맞았는데 그녀도 독실한 가톨릭 신자였다. 이 결혼 이후 기즈 가문을 중심으로 한 광신적 가톨릭교도들의 위세가 더욱 강성해지면서 개신교인 위그노들과의 갈등이 점차 거세졌다. 가톨릭과 개신교는 모든 면에서 갈등을 빚었는데 심지어 죽은 가족의 장례를 가톨릭식으로 하느냐 혹은 개신교식으로 하느냐를 두고 대립할 정도였다. 종교에 얽힌 갈등과 반목은 온 프랑스로 확대되고 있었다.

그러나 가톨릭과 개신교의 갈등은 프랑수아 2세가 갑자기 사망하면서 그의 동생인 샤를 9세가 형이 즉위했을 때보다 더 어린 10살의 나이로 등극하

---

7   성 바르텔레미 축일의 대학살(Massacre de la Saint-Barthélemy) : 과격 가톨릭교도들에 의해 개신교 신도들이 학살된, 기독교 역사상 손에 꼽을 만큼 충격적이고도 끔찍했던 사건이다. 1572년 8월 24일(성 바르텔레미 축일)부터 10월까지 파리를 비롯, 리옹, 오를레앙 등 전국 각지에서 로마 가톨릭 추종자들이 개신교 신도들인 위그노들을 무참히 학살했다. 영국의 엘리자베스 여왕은 상복을 입고 위그노들의 죽음을 애도하였고, 제네바에서는 이 소식을 듣고 금식을 선포하였을 정도였다.

면서 조금 완화된다. 다시 섭정을 한 카트린은 어린 아들이 국정을 완전히 장악하는 데 필요한 조치로 가장 먼저 종교 안정을 택하고 이를 위해 위그노에 대한 강경정책을 유화정책으로 바꾼 것이다.

카트린의 유화정책은 위그노들에게는 반가운 소식이었지만 반대로 가톨릭교도들에게는 불만이었다. 사실 독실한 가톨릭 신자인 카트린이 위그노에 유화적인 정책을 취한 또 하나의 이유는 그동안 손을 잡았던 기즈 가문의 힘이 점차 커지는 것을 경계했기 때문이었다. 광신적 가톨릭교도이자 막강한 정치적 힘을 가진 기즈 가문을 견제할 일종의 정치적 선택이 바로 위그노에 대한 유화정책이었던 것이다. 즉 프랑스 정계의 막후 실력자인 카트린은 자신과 아들의 원활한 국정 장악을 위해 때로는 가톨릭과 때로는 개신교와 손을 잡으며 위험한 정치적 줄다리기를 했던 매우 정치적인 여인이었다.

이와 발맞춰 카트린은 1562년 1월 17일, 개신교를 프랑스에서 가톨릭에 이어 공식 종교로 인정하는 생제르맹 칙령(l'Edit de St. Germain)[8]을 발표한다. 이 칙령으로 위그노들은 더 이상 숨어서 예배를 드리지 않아도 되는 예배의 자유를 얻게 된다. 그러나 이 칙령이 다분히 정치적인 것임을 그 서문에서 알 수 있다. "프랑스에 두 개의 종교가 영원히 존재하도록 허락하는 것이 아니라, 신께서 진정한 연합을 이루시기까지 평화와 통일을 유지시키기 위함이다."라고 분명히 밝혔던 것이다.

정치적 이유와 상관없이 어쨌든 위그노들은 합법적인 예배의 자유를 누

---

8 생제르맹 칙령 : 프랑스에서 3차례에 걸쳐 벌어진 가톨릭과 개신교 간의 종교전쟁 중 개신교도인 위그노들에게 상당히 유리한 내용으로 만들어진 조약이었다. 이 칙령으로 인해 위그노들의 권리와 종교행위에 대한 자유가 증대했으며, 라로셸(La Rochelle), 코냑(Cognac), 몽토방(Montauban), 라샤리떼(La Charité) 등의 지역들이 위그노들의 공식 피난처로 선정되었다. 이 칙령이 나오자 독실한 가톨릭 신자들은 분통을 터트렸고, 반대로 위그노들은 크게 안도하게 되었다.

바시 대학살을 묘사한 그림

리게 됐는데 이것이 결국 '바시 학살 사건'[9]의 원인이 된다. 위그노전쟁은 1562년부터 1698년까지 38년 동안 8차례에 걸쳐 가톨릭과 개신교 사이에 벌어진 크고 작은 전쟁인데, 이 바시 대학살이 바로 1차 위그노전쟁에 해당하는 사건이었다. 이 학살 사건 이후 가톨릭과 개신교의 치열한 내전이 전국적 양상으로 발전하면서 프랑스 전 국토가 폐허화되었고 많은 성당과 수도원이 파괴되었으며 무엇보다 심각한 것은 오랜 내전으로 인해 프랑스 국민들의 심성이 황폐화된 것이다.

---

9 바시 학살 사건(Massacre of Vassy, 1562.2) : 성 바르텔레미 축일의 대학살이 벌어지기 10년 전에 발생했던 학살 사건. 이 사건의 영향이 10년 후로 이어졌다고 볼 수 있다. 1562년, 과격 가톨릭교도인 기즈 공과 동생 로렌 추기경이 파리로 돌아가던 3월 1일 일요일 아침에 바시를 통과할 때 마을에서 들려오는 노랫소리를 듣게 된다. 위그노들이 곡식 창고에서 예배를 드리는 소리였다. 카트린이 선포한 생제르맹 칙령으로 더 이상 숨어서 예배를 볼 필요가 없었던 것이다. 그 소리에 분노한 기즈 공은 현장으로 달려간다. 때마침 예배를 방해하는 가톨릭 군사들에게 분노한 위그노들이 던진 돌이 기즈 공의 몸에 맞는 일이 발생하고 화가 난 군인들이 교회를 공격, 위그노들을 무참히 학살하였던 것이다.

가톨릭 세력이 압도적으로 강한 파리에서는 위그노가 금지되었고, 반대로 위그노의 힘이 강했던 북부 노르망디 지역에서는 가톨릭이 탄압받는 형태로 종교 갈등이 지속되었다. 가톨릭과 개신교 간의 다툼으로 프랑스 전 국민들은 오랜 기간 끔찍한 내전의 소용돌이에 휘말렸고 결과적으로 위그노전쟁으로 프랑스의 국력이 서서히 몰락하는 상황으로 흘러가고 있었다.

점차 치열해지는 두 종교의 갈등은 국정을 총괄하고 있던 카트린에게도 좋을 것이 없었다. 그래서 카트린이 두 종교 간의 갈등을 완화하고 내전을 종식시키기 위해서 한 가지 과감한 카드를 꺼냈는데 바로 결혼이었다. 카트린 자신이 프랑스와 이탈리아의 정경유착에 의한 일종의 정략결혼의 당사자였기에 내분을 종식시키는 유일한 길은 결혼이라는 생각을 한 것이다. 그래서 자신의 딸 마르그리트와 위그노의 지도자이자 나바르의 왕인 앙리 드 나바르(Henri de Navrre, 훗날 앙리 4세)의 정략결혼을 결정했다.

그러나 이 결혼은 위그노들을 완전히 와해시키기 위한 카트린과 기즈 공의 계략이었다. 잊지 말아야 할 것은 카트린은 누구보다 독실한 가톨릭 신도이고 어린 시절부터 강력한 가톨릭 교리를 익히며 자란 여인이었다는 사실이다. 또한 평소 카트린은 아들 샤를 9세(Chales IX)가 모후의 영향권에서 벗어나기 위해 보좌관 콜리니 제독(L'Amiral de Coligny)과 친밀한 것도 불만이었다. 콜리니 제독이 마음 여린 왕을 모친에게서 빼앗아가고 있다는 생각과 특히 신교인 위그노의 힘이 강해지는 것도 그녀를 분노케 했다.

그녀는 위그노의 지도자인 콜리니 제독의 암살을 모의한다. 바시 대학살이 벌어진 지 정확히 10년 만인 1572년 8월 22일, 루브르 궁전으로 가던 콜리니 제독은 저격병의 총탄을 맞았지만 다행히 팔에 부상만 입는다. 이에 콜리니 제독은 물론이고 암살 시도를 보고받은 샤를 9세도 분노해서 철저한 조사를 명령한다. 왕명이 떨어졌기에 콜리니 제독 암살 시도의 진상이 온 천하에 드러나는 것은 시간 문제였다. 위그노들은 가톨릭 수호에 가장 앞장서온 최고 권력자이자 암살 시도의 배후자로 지목된 카트린이 법정에서 유죄

성 바르텔레미 축일의 대학살(Massacre de la Saint-Barthélemy),
프랑수아즈 뒤부아, 연도 미상(스위스 로잔 미술관)

판결을 받기만 기다렸다.

　그러나 카트린이 그대로 무너질 수는 없었을 것이다. 카트린은 콜리니 암살 실패에 따른 정치적 위기를 모면하기 위한 승부수를 던졌는데 바로 혈육의 정에 호소하는 것이었다. 마음 약한 국왕은 어머니를 선택했고 결국 어머니가 바라는 대로 위그노 대학살 명령에 서명한다. 때마침 카트린의 딸 마르그리트와 앙리 드 나바르의 결혼식에 참석하기 위해 수많은 위그노의 지도자들이 파리에 머물고 있었기 때문에 가톨릭교도들에게는 위그노를 단번에 와해시키기에 더 없이 좋은 기회였던 것이다.

　결국 성스러운 예배당의 종소리는 위그노들의 학살을 알리는 악마의 종소리가 되었다. 8월 24일 새벽 1시, 생제르멩 성당과 오세르 성당의 종소리가 울리는 것을 신호로 대규모 학살이 시작됐다. 과격파 가톨릭 학살자들 손에는 칼과 창뿐만 아니라 위그노 신도들의 명부까지 들려 있었다. 이처럼 치밀한 계획에 의한 대규모 학살이 전격적으로 시작되면서 위그노들에게는 제대로 반격할 기회조차 주어지지 않았다. 무기를 든 가톨릭 용병들이 콜리니 제독의 집에 당도했을 때 전날 저격병의 총탄을 팔에 맞는 부상을 입고 누워 있던 콜리니 제독은 칼을 맞고 죽었고 그의 시체는 창문 밖으로 던져졌다고 한다.

이날 새벽 성당의 성스러운 종소리와 함께 시작된 대학살 소식을 알게 된 샤를 9세조차도 이 만행을 멈출 수 없었다. 8월부터 10월까지 약 두 달간 벌어진 대학살로 인해 파리에 모인 위그노의 지도자급 인사 60여 명과 3,000여 명의 개혁파 위그노들이 참혹한 죽음을 당했다.

이것이 성 바르텔레미 축일의 대학살이다. 이날의 학살은 파리에만 국한됐던 것이 아니었고 프랑스 제2의 도시인 리옹과 파리 북쪽의 오를레앙에서는 더 많은 시체들이 참혹하게 나뒹굴었다. 훗날 역사의 기록은 이 기간 희생된 위그노들의 숫자를 7만에서 8만여 명이 학살당한 것으로 기록했다.

1994년 칸 영화제에서 최우수 여우주연상과 심사위원상을 받으면서 프랑스는 물론이고 우리나라에도 개봉했던 프랑스 영화 〈여왕 마고(La Reine Margot)〉가 바로 위그노전쟁과 프랑스의 종교 갈등을 그린 영화였다.

3) 낭트 칙령과 절대왕정의 토대 마련

성 바르텔레미 축일의 대학살에서 대부분의 위그노 지도자들이 학살됐는데 다행히도 카트린의 사위가 된 앙리 드 나바르와 콩데 정도만 죽음을 피했다. 당시 포로가 됐다가 위그노의 도움으로 탈출한 앙리 드 나바르는 흩어진 위그노 세력을 규합해 가톨릭에 저항하는 구심점 역할을 하게 된다.

1574년, 샤를 9세가 24세의 나이로 사망하자 그의 동생 앙리 3세(1574~1589)가 왕위를 계승하였지만 정국은 계속 혼란스러웠다. 앙리 3세는 위그노들에게 예배의 자유와 관직에 진출할 수 있는 자유를 주는 등 선왕의 유화정책을 계승했지만 이번에도 과격 가톨릭의 수장인 기즈 가문이 문제였다.

기즈 가문은 1588년 가톨릭을 지지하는 파리 시민들과 역시 가톨릭 국가인 스페인의 힘을 업고 쿠데타를 일으켜 앙리 3세를 추방한다. 쫓겨난 앙리 3세는 앙리 드 나바르와 손을 잡고 본격적으로 기즈 가문과 맞섰고 결국 기즈 공을 암살하는 데 성공한다. 그러자 파리를 중심으로 한 프랑스의 가톨릭 세력들이 다시 들고 일어나면서 프랑스 국정은 계속 요동치게 된다.

복수의 칼을 갈던 가톨릭교도들은 대담하게도 국왕의 암살을 모의한다. 그렇게 해서 이번에는 앙리 3세가 가톨릭교도에게 암살을 당하면서 프랑스 국정은 더욱더 한 치 앞을 내다보기 어려운 혼란으로 빠져든다. 앙리 3세는 죽기 직전 유서를 통해 앙리 드 나바르를 후계자로 지명하고 정국 안정을 위해 가톨릭으로 개종할 것을 주문한다. 그리하여 가톨릭 출신들이 대대로 이어온 프랑스 왕위가 개신교도인 앙리 드 나바르에게 넘어가면서 드디어 1589년 부르봉 가문의 앙리 드 나바르가 앙리 4세(1589~1610)로 정식 등극하게 된 것이다.

파리를 중심으로 한 전국의 가톨릭 세력들은 앙리 4세를 국왕으로 인정하지 않고 맹렬히 저항하였다. 결국 앙리 4세는 1593년 7월, 파리에서 삼부회를 열어 가톨릭으로 개종하게 된다. 앙리 4세의 개종은 비록 정치적인 결정이었지만 결론적으로 가톨릭 성향 국민들의 환호를 받았다. 앙리 4세는 프랑스 역사상 정치적 안정을 위해 개인의 종교를 바꾼 최초의 국왕이 됐지만, 원래 종교인 위그노에 대한 배려 역시 잊지 않았다.

그는 1598년, 낭트 칙령[10]을 반포하면서 위그노들에게 파리를 제외한 프

---

[10] 낭트 칙령(Édit de Nantes) : 1598년 프랑스의 국왕 앙리 4세가 위그노전쟁 이후 개신교도의 종교의 자유를 인정하며 반포한 칙령. 16세기 들어 루터와 칼뱅의 종교개혁으로 프랑스에서는 가톨릭과 개신교 간의 갈등에 이어 위그노전쟁이 발발하였다. 개신교도였던 앙리 4세는 낭트 칙령으로 위그노에게 종교의 완전한 자유를 부여했고, 파리를 제외한 프랑스 대부분 지방에서 공공 예배를 볼 수 있게 했으며 완전한 시민권을 허용했다. 이 칙령으로 인해 개신교도에게는 많은 자유가 부여됐지만, 가톨릭 측에서

낭트 칙령(1598, 앙리 4세)

랑스 전 지역에서 예배를 자유롭게 볼 수 있는 자유를 부여했고, 공직에 취임할 수 있는 자유와 함께 목사들에게 정부에서 급료를 지불하는 파격적인 정책을 단행했다. 이로써 36년 동안 프랑스를 혼란으로 몰고 가며 프랑스인들의 심성과 영혼을 황폐화시켰던 위그노전쟁이 종식된다.

앙리 4세의 이러한 정치적 성공은 국왕 개인의 능력도 있었지만 그 배후에는 폴리티크당이라는 새로운 정치세력이 있었다. 이들은 앙리 4세를 도와 강력한 왕권을 구축하는 데 힘을 보태고, 가톨릭과 개신교의 종교적 극단주의를 피하고 합리적이고 현실적인 사상을 주장하면서 국정의 주역으로 거듭난다.

앙리 4세와 폴리티크당은 수출 중심의 중상주의를 채택하고 농업을 장려했으며 파리의 사치품 공업과 건축, 도량 건설 등을 적극적으로 추진한

는 여전히 많은 불만들이 있었고 결국 새로운 분쟁으로 번지게 된다.

낭트 칙령은 후일 1685년 10월, 태양왕 루이 14세의 퐁텐블로 칙령(Édit de Fontaineb-leau)으로 폐지되었다. 이 칙령은 개신교를 탄압하고 억압하기 위해 예수회가 루이 14세를 압박해서 반포한 것이다. 루이 14세의 고해신부였던 예수회 소속 페르 라 셰즈(Père La Chaise)가 지인에게 보내는 편지에서 며느리와 잠자리를 한 루이 14세의 약점을 잡아 퐁텐블로 칙령을 이끌었다고 밝히고 있다. 사실 낭트 칙령은 전쟁을 끝내고 종교 간 통합을 도모하기 위한 칙령이었기에 중요했다. 그러나 로마 가톨릭 교회는 기득권을 잃을 것을 염려했기에 낭트 칙령에 깊은 반감을 갖고 있었다. 결국 예수회는 독실한 가톨릭 신자인 루이 14세를 움직여 퐁텐블로 칙령을 반포해서 낭트 칙령을 무효화시켰던 것이다.

다. 파리의 명물 중 하나로 영화 〈퐁네프의 연인들〉로 유명해진 퐁네프 다리[11]가 바로 이때 건설된 교량이다.

센강을 가로지르는 퐁네프 다리

앙리 4세는 빠르게 프랑스를 재건하는 데 성공하면서 17세기 루이 13세와 태양왕 루이 14세로 이어지는 프랑스의 절대왕정이 굳건히 서는 토대를 마련한 위대한 국왕으로 자리매김한다.

앙리 4세가 즉위하면서 내걸었던 공약 중 하나가 "일요일에는 모든 프랑스인들이 닭고기를 먹게 하겠다"는 것이었다. 앙리 4세는 그 약속을 충실히 지켜 프랑스인들을 가난에서 벗어나게 했다. 평소 "하나님은 내 왕국의 모든 국민들이 일요일이면 닭고기를 먹길 원하신다"라는 말을 많이 했는데, 이 말은 백성들이 일요일에 닭고기를 먹을 수 있을 만큼 풍족하게 살게 해주는 신이면 그 신이 어떤 교단의 신이든 상관없다는 생각에서 나온 말이었다고 한다.

즉 신교에서 구교로 다시 신교로 또다시 구교로 정치적인 목적에 따라

---

11 퐁네프 다리(Pont Neuf) : 파리 센강의 가장 오래된 석조 다리다. 프랑스어 '퐁(Pont)'은 다리이고, '네프(neuf)'는 '새롭다'는 형용사이니 직역하면 '새로운 다리'이지만, 퐁네프는 현재 파리에서 가장 오래된 다리이다. 퐁네프가 지어지기 전에는 목조 다리만 있었는데, 위험성 문제가 생기게 되어 새로 다리를 재건하는 사업이 시작되었고, 착공 9년 만에(1578~1607) 첫 번째로 건설된 석조 다리가 퐁네프였다.

앙리 4세는 선량왕(Le Bon Roi)이라는 별명과 함께 바람둥이 왕으로도 불렸다. 백성들을 위하는 마음이 커서 선량 왕으로 불렸고 많은 여성들을 탐해서 바람둥이 왕으로도 불렸던 것이다.

개종에 개종을 거듭하면서 프랑스 왕권을 차지한 앙리 4세는 신교든 구교든 종교적 교리보다 백성들의 풍요함이 더 중요하다고 생각한 것이었다. 그러기에 그는 기나긴 36년간의 종교전쟁을 끝내면서 위그노와 가톨릭 모두에게 종교의 자유를 허용하였던 것이다.

만약 앙리 4세가 개종을 하지 않고 계속 가톨릭과 대결했거나, 혹은 낭트 칙령을 반포하지 않고 종교적 갈등을 그대로 방치했더라면 아마도 17세기까지 프랑스 정국은 혼란이 이어졌을 것이다. 그랬더라면 당연히 굳건한 절대왕정도 없었을 것이고 프랑스의 위상은 계속 추락했을 것이다.

그런 면에서 오늘날 앙리 4세는 프랑스 역사에서 위대한 국왕으로 칭송받는 샤를마뉴 대제, 절대왕정으로 17세기 전성기를 연 태양왕 루이 14세, 그리고 작은 영웅 나폴레옹 등과 함께 프랑스인들이 존경하는 국왕으로 인정받고 있다.

4) 임진왜란의 발발 원인 : 조선과 일본의 정치적 상황

16세기 중반 이후 프랑스를 혼란스럽게 만들었던 위그노전쟁(1562~1598)이 막바지를 향해 가던 시기 우리나라에서는 전쟁의 기운이 피어나고 있었다. 이때 조선과 일본의 정치적 상황은 어떠했을까? 전쟁이란 게 어느 날 갑자기 한쪽의 일방적인 침입으로 일어나기는 하지만 대부분은 전쟁 발발 전에 정치, 경제, 사회적 상황 등이 전쟁이 일어나기에 적합한 환경으로 몰고 가는 경우가 흔하다.

1592년 일본의 침입으로 임진왜란이 발생했는데 당시 일본의 정치적인 상황은 전쟁을 일으키기에 적합했지만, 조선의 상황도 그리 좋지만은 못했다. 특히 일본은 도요토미 히데요시의 일본 통일로 안정을 꾀하긴 했지만 오랜 내전으로 인한 여러 문제들이 있었다. 그중에서도 다이묘와 사무라이들에게 지급할 토지 부족이 가장 문제가 됐는데, 이걸 혼자 힘으로 해결하기 어려웠던 도요토미 히데요시가 생각해낸 것이 바로 이웃 조선에 대한 정복전쟁이었던 것이다.

반대로 조선의 경우 선조(재위 1567~1608)가 다스리던 시대였는데 많은 문인 학자들이 배출되면서 문화적 발전을 이룩하고 있었던 반면, 정치에서는 붕당정치[12]로 훈구파와 사림파 간의 대립이 극에 달하던 시절이었다. 당파싸움에 이은 국방력의 약화 그리고 이어지는 일반 백성들의 궁핍함 등이 더해졌던 게 당시 선조가 다스리던 조선의 실정이었다.

먼저 임진왜란이 발발하기 전 조선의 상황을 간략히 보도록 하자. 조선의 정치적인 리더 그룹은 조선 개국부터 계속 기득권 세력으로 군림했던 훈구파였다. 그러나 성종 이후부터 등장한 신진세력들이 사림파라는 이름으로 세력을 구축하면서 정국은 훈구파와 사림파의 대결로 뜨거운 상태였다. 사

---

12 붕당정치(朋黨政治) : 조선시대의 왕정은 훈구파를 중심으로 운영되었으나 15세기 말엽부터 기득권인 훈구파와 기성 관료집단을 비판하는 사림파가 새롭게 등장했다. 처음 동인과 서인으로 대립하던 붕당은 핵분열을 일으켜, 동인에서 갈린 남인(南人)·북인(北人)이나 서인(西人)에서 나뉜 노론(老論)·소론(少論) 등이 대표적인 붕당으로 꼽혔다. 붕당 간의 대립은 배타적이고 민생과는 관련 없는 문제들을 중심으로 전개되어 국력을 약화시켰다. 치열한 붕당 간의 대립은 영조, 정조 등의 탕평정책으로 다소 누그러졌지만 19세기에는 세도정치로 발전해 결국에는 망국의 길을 초래하게 되었다는 평가를 받는다.

림파의 위세가 강성해지면서 훈구세력[13]들은 모두 사라졌고 성리학[14]으로 무장한 사림세력[15]들이 정권을 장악하게 되었다.

이처럼 16세기 말 조선의 정치적인 상황은 훈구파와 사림파의 대결에 이은 붕당정치로 인해 조정 내에서 많은 분란과 갈등이 표출되던 시절이었다. 비록 학문과 문인들이 각광받고 성리학으로 무장한 사림세력들이 지배하며 조선에는 오랜 평화가 도래했지만 내부적으로는 혼란이 가중됐던 것이다. 특히 붕당정치와 파벌싸움으로 인해 다양한 현실 문제들이 대두됐지만 그중에서도 가장 큰 문제는 바로 내부의 적과 싸우느라 국방 문제를 소홀히 하고

---

13 훈구세력, 훈구파(勳舊派) : 조선 건국 공신들과 수양대군(세조)이 계유정난을 일으켜 왕위에 오르는 데 큰 공을 세운 세력이다. 원래 '훈구'라는 호칭은 '훈구공신'에서 비롯되었으며 오랫동안 임금 곁에서 공을 많이 세운 신하를 뜻하는 일반적인 용어였다. 그러나 세조 이래 기득권을 장악한 기성 집권 정치세력을 위해 편의상 붙여졌으며, 특히 신진 정치세력인 사림파와 대비되는 정치세력을 가리키는 역사적 용어로 사용되었다. 훈구파들은 왕실과 혼인관계를 적극적으로 맺으면서 왕실의 외척세력으로 자리 잡기도 했다. 조선시대 개혁파로 알려진 정도전, 권근, 한명회 등이 대표적인 훈구세력들이었다.

14 성리학(性理學) : 중국 송나라 시대에 들어서면서 공자와 맹자의 유교 사상을 형이상학 체계로 해석하였는데 이를 성리학, 또는 주자학이라고 한다. 성리학은 특히 도교와 불교가 공허한 이론만을 주장한다고 생각하여 이를 이단으로 배척하였는데, 당시 성리학자들이 도교의 은둔과 불교의 세속을 떠난 출가를 가정과 사회의 윤리 기강을 무너뜨리는 요인으로 보았기 때문이었다. 우리나라에는 고려 말기에 들어와 조선의 통치 이념이 되었고, 훈구세력인 정도전, 권근, 김종직에 이어 율곡 이이와 퇴계 이황에 이르러 조선 성리학으로 체계화되면서 주요 사상이 되었다. 성리학은 비록 우리 고유의 사상은 아니지만 조선시대의 통치이념으로 자리 잡으면서 토착화의 길로 들어섰다.

15 사림세력, 사림파(士林派) : 조선 전기, 집권세력인 훈구파에 대응하던 세력을 말한다. 사림은 말 그대로 전원의 산림(山林)에서 유학을 공부하던 문인·학자로서 15세기 이후 조선의 중앙정계를 주도한 정치집단이었다. 고려 말기의 유학자 길재(吉再)가 은퇴 후 고향에서 후진 양성에 힘쓴 결과 영남 일대는 그의 제자가 많이 배출되어 조선 유학의 주류를 이루었는데 이들을 영남사림파로 불렀다. 사림이란 용어가 공식적으로 자주 쓰이게 된 것은 정몽주, 길재, 김종직으로 이어지는 신진사류가 15세기 후반 중앙정계에 진출하면서부터였다.

있다는 것이었다.

국방에 불안을 느꼈던 대표적인 학자가 있었는데 바로 율곡 이이였다. 위기감을 느낀 이이는 선조에게 그 유명한 '10만 양병설'[16]을 진언한다. 안방준(安邦俊)의 『임진록』에 따르면 당시 병조판서였던 이이는 조선은 물론이고 일본의 정치적인 상황까지도 훤히 꿰뚫고 있었다고 한다. 그러나 선조 당시는 중국이나 일본 등 이웃 나라들과의 전쟁의 기운이 없던 일명 태평성대의 분위기가 조선을 지배하고 있었기에 국왕은 물론이고 조정의 대신들 그 누구도 국방 문제에 크게 관심을 갖지 않았다고 전해진다.

"나라의 형세가 부실함이 오래되어 앞으로 닥쳐올 화를 염려하지 않을 수 없습니다. 도성에 2만 명, 각 도에 1만 명씩 10만 명을 양병해 위급한 일에 대비해야 합니다. (…) 직무를 게을리하며 세월만 보내고 무사안일한 습관이 들면 하루 아침에 갑자기 변이 일어나 저잣거리 백성들을 이끌고 싸우게 되는 것을 면치 못할 것이니, 그러면 일을 크게 그르치게 될 것입니다. 그러니 미리 10만 병력을 양성하여 외적의 침입에 대비하소서." 선조와의 경연[17]

---

16 10만 양병설 : 임진왜란 전인 1583년, 병조판서였던 율곡 이이는 임금과 학문을 논하는 경연(經筵)에 들어가 전란에 대비하기 위해 10만 명의 군사들을 미리 양성해야 한다고 건의했다. 그러나 당시는 전쟁의 기운이 없던 태평한 시대였기에 선조는 물론, 아무도 찬성하지 않았다고 한다. 오죽했으면 유성룡조차도 "지금처럼 태평무사한 때는 경연의 자리에서 성인의 학문을 우선으로 삼아 힘써 권해야 마땅하지 군대의 일은 급한 일이 아니다." 하고 반박했다고 전해진다. 그로부터 9년 뒤인 1592년, 임진왜란이 발발하자 유성룡은 "우리는 만고의 죄인"이라며 이이의 10만 양병설을 가볍게 여긴 것을 크게 후회했다고 한다.

17 경연 : 국왕과 대신들이 모여서 치열하게 학문과 국정을 토론하던 자리. 아침, 점심, 저녁 세 차례 이루어졌다. 경연의 목표는 국왕을 성군으로 만드는 일이었기에 경연에서는 국왕에게 유교적 덕치이념을 교육하고 역사서를 통해 군주로서의 역사적 사명을 자각하도록 하는 것을 중요한 과제였다. 시대적 사명을 이루어낸 국왕들은 하나같이 경연에 몰입했는데, 세종은 어떤 불편한 주제라도 묵묵히 들었던 국왕으로 유명했다. 세종의 경연이 경청이었다면, 많은 책을 읽었던 영조는 신하들과의 경연에서 지적인

에서 이이는 국왕에게 이렇게 건의했다.

그러나 불행히도 임금 선조를 비롯해서 누구도 이이의 10만 양병설을 귀담아 듣거나 지지하지 않았다. 이때가 선조 16년인 1583년이었는데 훗날 이이의 진언이 있은 지 정확히 9년이 지난 1592년 왜적이 침입했을 때, 제대로 된 육군이 부재했고 이것이 결국 침략 2주 만에 수도가 함락되는 치욕으로 돌아오게 된 것이다.

이것이 임진왜란 당시 조선의 정치적인 상황이었다.

한편 일본의 상황은 어떠했을까? 율곡 이이의 10만 양병설이 조정에서 임금과 신하들에 의해 철저히 무시되고 있던 당시 일본은 도요토미 히데요시가 일본 통일을 이뤘고 이어서 대륙에 침략의 눈길을 돌리고 있었다.

15세기 중반부터 16세기 말까지 일본은 전국(戰國)의 혼란기였다. 흔히 일본의 전국시대를 '하극상의 시대'라고도 불렀는데, 그 이유는 무사들을 중심으로 힘만 있으면 누구나 권력을 잡을 수 있는 시대였기 때문이다.

치열한 전국시대를 종식시키고 일본 통일을 이룬 인물이 바로 임진왜란의 원흉인 도요토미 히데요시이다. 그러나 비록 일본 통일을 이루기는 했지만 도요토미에게는 치명적인 약점이 있었는데 바로 농민 출신인 그의 미천한 가문과 신분이었다. 주군 오다 노부나가의 하급무사로 시작해서 일종의 하극상으로 권력을 잡은 도요토미였기에 평소 또 다른 하극상을 늘 두려워했다고 한다.

미천한 가문과 신분에 의한 열등감, 그리고 또 다른 누군가에 의한 하극상을 두려워한 도요토미가 대륙(명나라)과 조선으로 침략의 눈길을 보낸 이유는 다이묘와 사무라이들의 내부 불만을 잠재우기 위해서였다.

일본은 오랜 옛날부터 무사계급(사무라이)들의 영향력이 매우 강한 나라

풍부함을 자랑했다고 한다. 성종의 경연은 일명 열린 경연으로 그가 기록한 경연 회수는 약 9,006회 정도였다고 하니 얼마나 경연을 즐겼는지를 알 수 있다.

였다. 그런 무사계급들이 봉
건영주화하여 강력한 위협
세력으로 성장했다. 특히 도
요토미를 도와 일본 통일을
이루는 데 큰 공을 세운 다
이묘와 무사들이 원하는 돈
과 영토를 얻지 못하면서 점
차 도요토미에게 불만을 갖
기 시작한 것이 문제였다.
그들이 점점 힘을 키우고 또
다시 반란의 기운을 보이는
등 도요토미에게도 부담이

도요토미 히데요시. 키가 채 150센티미터가 안 될 정도로
체격이 왜소했기에 그걸 가리기 위해
늘 넓고 풍성한 옷을 입었다고 전해진다.

되고 있었다. 조선과 명나라를 정복해서 무사들에게 영토를 나눠주고자 했
던 것이 당시 도요토미의 속마음이기도 했다.

5) 동래성전투에서 영웅 이순신 장군의 등장까지

내부의 불만은 외부와의 전쟁으로 해소한다고 하듯 도요토미는 무사계
급을 중심으로 팽배해지는 내부 불만을 외국과의 전쟁으로 무마시키고자 했
고 그래서 선택한 장소가 바로 한반도와 대륙의 명나라였다. 이것으로 일본
이 우리나라를 침략할 명분을 스스로 세운 것이었다. 결국 도요토미는 스스
로 세운 명분을 이루고자 선조 25년(1592) 5월 23일(음력 4월 13일) 새벽을 틈
타 당시 조선의 입장에서는 엄청난 대군인 16만 명 이상의 군사들과 7백여
척이 넘는 해군을 동원해서 부산항을 공격하는 것으로 조선 침략을 개시했
다. 16만 명의 왜군 중 약 4만의 군사들은 소총을 가졌는데, 일본군은 소총

수들과 나머지 사무라이들로 구성된 군대였던 것이다.

당시 왜군의 선봉장은 고니시 유키나가였는데 그가 부산과 동래성을 공격하면서 내걸었던 것은 "명나라를 치러 가니 조선은 길을 빌려달라"는 것이었다. 당시 동래부사로서 동래성을 책임졌던 송상현은 이에 대해 "죽기는 쉽다. 그러나 길을 빌려주기는 어렵다"고 하면서 맞서 싸우면서 본격적인 일본과의 7년 전쟁이 시작된 것이다.

당시 부산 동래성전투는 성을 지키던 조선군과 백성들의 치열한 항전이었지만 실상은 조총을 가진 왜적의 상대가 될 수 없는 일방적인 싸움이었다. 일본군은 조총부대 외에도 긴 창을 가진 군인들로 포진됐는데, 우리 조선군이 가진 창의 길이보다 두 배는 더 긴 창이었다고 한다. 이처럼 싸움에서 가장 중요한 무기에 있어서 절대 열세였고 지원군도 없는 상황에서 동래성을 지킬 수는 없었던 것이다. 당시 동래성을 지키던 군민의 수가 약 3,500여 명이었는데, 전투 결과 3,000여 명은 일방적인 학살을 당했고, 나머지 500여 명은 일본에 포로로 끌려갔다. 이에 반해 왜적의 사망자는 겨우 100여 명이었다고 한다. 특히 당시 왜적이 소지한 조총이 얼마나 괴상했고 엄청난 무기였는지를 알려주는 일화가 있다. 조총을 처음 본 동래성에서 조정에 왜적 침입을 알리는 급보를 보냈는데 그 내용 중에 조총을 제대로 표현할 수가 없어서 "고목나무 작대기 하나가 사람을 향하기만 하면 사람이 죽었다"라고 썼다고 한다.

왜군의 주력부대는 육군으로서 3갈래 길로 나누어 서울로 진격했는데, 선봉은 고니시 부대, 가토 부대 그리고 구로다 부대 등이었다. 임진왜란 발발 9년 전에 율곡 이이가 건의했던 10만 양병설을 받아들여서 제대로 된 육군을 키웠더라면 아마도 임진왜란은 다른 양상으로 흘러갔을 것이다. 제대로 된 육군의 반격을 받지 않은 왜군은 크고 작은 전투에서 승승장구하면서 부산포에 상륙한 지 단 2주 만에 조선의 수도인 한성을 함락시켰다.

비록 10만 양병을 하지는 않았지만 선조가 끝까지 믿었던 육군의 맹장이 없는 것은 아니었다. 바로 신립[18] 장군이었는데 그가 충주 탄금대전투[19]에서 힘없이 패배했다는 소식이 전해지자 선조는 어이없는 선택을 하게 된다. 신립 장군의 패배 소식이 날아든 4월 29일 밤, 선조는 백성들을 버려둔 채 왕실 가족들과 백관들만 챙겨서 도성을 버리고 북방의 평양을 향해 피난길에 올랐던 것이다.

동래부순절도, 보물 392호, 1760, 변박, 육군 박물관(동래성전투를 그린 그림)

최후의 보루라고 믿었던 조선 육군 최고의 장수였던 신립 장군의 패배는 국왕 선조는 물론 조선 전체의 운명을 결정 지을 만큼 치명적인 패배였다. 만약 이대로 전쟁이 끝났더라면 일본은 1910년 한일

---

18 신립(申砬, 1546~1592) : 22살에 무과에 급제한 뒤 여진족을 소탕하면서 그 용맹함을 인정받았다. 46살에 발발한 임진왜란 때 군사 8,000여 명을 거느리고 왜적을 맞아 지금의 충주 탄금대에서 배수진을 치고 격전을 치렀다. 온 힘을 다해 싸웠으나 패하게 되자 신립은 왜적에게 몸을 더럽힐 수 없다 하여 달천강에 투신하였다. 임진왜란 당시 국왕 선조가 가장 믿고 신뢰했던 장군으로 이순신 장군이 해군의 명장이라면 신립 장군은 육군의 명장이었다.

19 탄금대전투(彈琴臺戰鬪) : 충주전투라고도 한다. 선조 25년인 1592년 임진왜란 때 신립장군을 선봉장으로 하는 조선군과 왜군이 지금의 충주에서 벌인 전투였다. 1592년 4월, 부산에 상륙한 왜군 대병력이 파죽지세로 쳐들어오자 선조의 특명을 받은 신립은 조령으로 진출했다. 김여물이 조선군의 수가 열세이니 조령의 협곡을 이용해 기습하자고 권했으나 신립은 기병력을 이용할 수 있는 평지에서 공격할 것을 주장하면서 배수진을 쳤는데 결국 이게 패배의 원인이 됐다. 믿었던 신립 장군의 대패와 죽음을 전해 듣고 충격에 빠진 선조는 결국 궁궐을 버리고 평안도로 피난을 가게 됐다.

합방(경술국치)에 앞서 조선, 즉 한반도를 쉽게 정복할 수 있었을 것이다. 그러나 난세가 영웅을 만든다고 했던가, 조선이 아직은 몰락할 운명이 아니었는지, 제대로 전투 한 번 못 하고 무너진 육군과 달리 바다에서는 뜻하지 않은 영웅이 등장한다. 전라수군좌수사였던 이순신 장군이다.

선조가 수도 한성과 백성들을 버리고 야반도주를 한 지 1주일 후인 5월 4일, 이순신 장군은 최초의 출병에서 왜적의 군함 37척을 깨뜨리는 쾌거를 거둔다. 더욱 놀라운 것은 적군의 함선 37척을 부수는 동안 조선 수군의 피해가 단지 경상자 1명에 불과한 기적 같은 승리였다는 것이었다.

그러나 이 전투는 예고편이었고, 두 달 후인 7월에는 세계 4대 해전에 빛나는 한산대첩[20]에서 왜군 함선 60여 척 이상을 바다에 수장시켜버렸다. 이 한산대첩에서 이순신 장군에게 크게 패한 이후 일본 수군은 아예 바다에서의 싸움을 기피할 정도로 큰 충격을 받게 된다.

왜군들이 가장 두려워한 이순신 장군은 옥포에서 첫 승전을 거둔 후, 당포, 당항포, 한산도, 부산 등지에서 연속해서 왜적의 수군들을 연파하면서 순식간에 전쟁의 전세를 바꾸어놓았다. 육군의 무기력한 패배와 선조의 야반도주로 조선의 운명이 금방이라도 끝날 것 같았는데 그 흐름이 바뀌게 된 것이다. 약 700여 척의 대규모 병력을 거느리고 온 일본 수군이 이순신이라는 한 사람의 영웅에게 바다에서 연패를 하면서 기세가 크게 꺾인 것이다.

이순신 장군이 남해에서 왜적의 대규모 함선을 격파할 수 있었던 데는

---

20 한산대첩(閑山大捷) : 선조 25년(1592) 8월 14일, 통영 한산도 앞바다에서 이순신이 지휘하는 조선 수군이 왜군을 크게 무찌른 해전. 이 전투에서 육전에서 사용하던 포위 섬멸 전술 형태인 학익진을 처음으로 해전에서 펼쳤다. 진주대첩(晉州大捷, 1592.10.5~10)·행주대첩(幸州大捷, 1593.2.12)과 더불어 임진왜란 3대 대첩 중의 하나로 일본 수군의 주력군을 거의 격파해 그들의 수륙병진계획을 좌절시켰던 큰 승리였다. 구한말 고종 황제의 미국인 고문 호머 헐버트도 "이 해전은 조선의 살라미스해전이라 할 수 있다. 이 해전이야말로 도요토미의 조선 침략에 사형 선고를 내린 것이다."라고 감탄했다 한다.

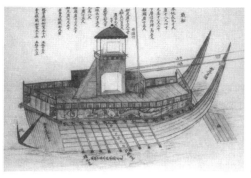
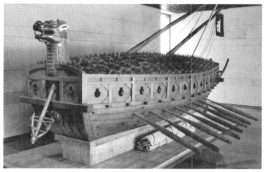

판옥선   거북선

학익진(鶴翼陳)이라는 진법의 역할이 컸다. 학익진은 한 마리 학이 날개를 편 것처럼 아군의 함선들을 횡렬로 배치해서 적선을 끌어들이는 전술이다. 함선들이 일렬횡대의 형태를 취하고 있다가 적선이 공격을 해오면 중앙의 함선은 뒤로 물러나고 좌우의 함선은 앞으로 달려나가 적선을 포위하며 공격한다. 이런 배치는 아군 함선의 포격 유효 사거리 안에 적선을 최대한 집어넣기 위한 것이었다. 이순신 장군은 함선들을 학익진으로 배치해 적선들의 후미를 막아 퇴로를 차단하면서 집중 포격을 통해 손쉽게 적선을 깨뜨렸다.

학익진 전법을 활용할 수 있었던 데는 조선 수군이 보유한 판옥선[21]이 주효했다. 판옥선은 특히 제자리에서 회전이 가능하다는 큰 장점이 있었다. 함선이 제자리에서 회전이 가능하다는 것은 좌측의 함포를 쏠 때 우측의 함포

---

21 판옥선(板屋船) : 조선 후기 수군에서 운용되었던 군선(軍船)으로 판옥은 판자로 만든 작은 집이라는 뜻이다. 갑판 위로 올린 구조물을 보통 '판옥'이라고 불렀는데, 여기서 판옥선이라는 이름이 나왔다. 판옥선은 조선 전기의 군선이었던 맹선(猛船)을 대신한 새로운 군선이다. 맹선은 800석 이하의 곡물을 운반하던 배로 전쟁에 나가게 되면 맹선이라고 불렸는데 기동력 부분에서 어려움을 겪었다. 그래서 명종 10년(1555)에 새로 개발한 군선이 바로 판옥선이었다. 판옥선은 전문 전투함 성격의 배로, 갑판이 1층뿐인 맹선에 비해 2층 구조로 만들어졌다. 기존의 맹선에 비하면 선체가 커져서 약 130명 정도의 군사들이 탈 수 있고, 노를 젓는 노군(격군)의 수도 늘릴 수 있었다. 노 1자루 당 5명의 노군을 배치하게 되면서 기동성 부분에서 획기적으로 발전한 것이다.

에 포탄을 장전할 수 있다는 것이다. 좌측과 우측의 함포가 쉬지 않고 번갈아가며 계속 포탄을 날릴 수 있었던 판옥선은 바다에서 엄청난 위력을 보였다. 이순신 장군 하면 흔히 귀선(거북선)을 떠올리지만 판옥선은 전투에서 거북선 못지않은 활약을 했다.

이순신 장군의 등장과 바다에서 계속되는 패배로 인해 일본군에게 치명적인 어려움이 발생하게 됐는데 바로 전투를 하는 군사들에게 가장 중요한 보급로에 큰 문제가 생긴 것이었다. 이미 일본 육군은 수도 한성을 점령하고 계속 북진하고 있었는데 이를 위해서는 반드시 뒤에서 충분한 보급이 있어야 했다. 그런데 그런 보급을 담당해야 할 수군의 연이은 패배는 육군에게도 치명적으로 다가왔던 것이다.

이것이 바로 이순신 장군의 연승이 가져온 중요한 변화였다. 일본이 조선을 침략할거라는 예상도 못했고, 그래서 아무런 대비책이 없었던 무능한 조선이 일본에 정복당하지 않았던 것은 이순신이라는 영웅의 등장 때문이었고, 다른 하나는 사족들이 중심이 된 의병의 활약 덕분이었다.

6) 조선 의병과 승병의 활약

임진왜란에 대해서는 초등학교부터 배워서 잘 알고 특히 조선을 구하는 데 가장 큰 공헌을 한 이순신 장군의 영웅적인 이야기는 널리 알려져 있다. 그러나 이순신에 비해서는 비록 덜 알려졌지만 반드시 기억해야 할 인물들이 있다. 즉 바다에서 이순신 장군이 이끄는 조선 수군의 대활약과 승리 덕분에 무기력한 육군의 패배에도 불구하고 임진왜란의 승기가 조선으로 넘어오게 된 배경에는 수군 외에도 가난한 민초들이 중심이 된 비정규군들이 있었음을 잊어서는 안 된다는 것이다.

그들이 의병들과 승병들이었다. 특히 의병의 대명사인 '홍의장군' 곽재우[22]를 비롯해서 김천일, 고경명, 그리고 승려 유정(사명대사)과 휴정(서산대사) 등 의병들과 승병들은 특정 지역이 아닌 조선 팔도 전국에서 자발적으로 일어났다. 그들은 군사력 면에서 절대 열세였음에도 불구하고 조선 팔도 곳곳에서 왜적들을 물리치면서 일본군의 북상을 저지했다.

무기력한 육군이 정규군이었다면 이들 의병들과 승병들은 비정규군이었음에 불구하고 전국 각지에서 자발적으로 일어나서 일본군의 배후를 집요하게 공략하면서 큰 전공을 세웠는데, 이런 결과는 세계 전쟁사에서도 그 유례가 매우 드물 정도이다.

그중에서도 의병의 대부분을 차지했던 하층민에 속한 농민들의 힘이 매우 컸다. 그렇다고 해서 농민들이 임진왜란 발발 초기부터 큰 활약을 한 것은 아니었다. 오히려 전쟁 초기, 선조와 고위관료들이 수도 한성과 백성들을 버리고 북방으로 도망갔을 때는 분노한 농민들과 백성들이 관아를 습격하고 노비문서를 불태우는 등 지배체제에 강하게 저항하기도 했었다.

이렇게 조선의 지배계급을 향한 강한 적대감을 보이던 농민들과 하층민들은 그러나 전쟁이 격화되고 조선군이 연전연패하면서 수도 한성을 비롯한 개경과 평양까지 함락되어 조선의 운명이 풍전등화에 처하자 분노의 대상을 바꾸게 된다. 즉 사족들이 중심이 되어 일으킨 의병에 자발적으로 참여하면서 나라를 망친 조선 수뇌부를 향했던 분노를 왜적 쪽으로 돌리고 오히려 조선을 수호하는 중요하고 막중한 군사들로 거듭나게 됐던 것이다.

---

22 곽재우(郭再祐, 1552~1617) : 임진왜란 때 왜적의 호남 진출을 저지하는 데 큰 공을 세운 의병장. 전국의 의병 중에서 가장 먼저 사비를 털어 의병을 일으켰다. 말을 타고 전투에 임할 때는 붉은 옷을 입었다고 해서 '홍의장군'이라 불리기도 했다. 적은 수의 의병들을 이끌고 공격하면서 '천강홍의대장군'이라고 쓴 큰 깃발을 내걸고 큰 함성으로 마치 군사가 많은 것처럼 꾸미기도 하는 등 심리전의 달인이었다. 정부에서는 2010년부터 매년 6월 1일을 '의병의 날'로 정해서 기념하고 있는데, 이날을 의병의 날로 정한 이유는 곽재우가 전국 최초로 의병을 일으킨 1592년 음력 4월 22일을 양력으로 환산한 날이 바로 6월 1일이기 때문이었다.

원래 의병들은 처음에는 조선 전체가 아닌 자신들의 마을을 지키기 위해 모였다. 마을의 구성원인 양반과 농민, 노비들까지 모여 군대를 만든 것이었다. 그래서 처음에는 이런 의병들을 이끄는 대장이 대부분 그 마을에서 지위가 높았던 양반들이었는데 그러다가 여러 마을의 의병들이 합쳐져 좀 더 규모가 큰 부대를 이루게 되면서 본격적인 군대의 역할을 할 수 있었던 것이다. 즉 의병들은 마을 공동체를 바탕으로 자신들의 지역을 지키기 위해 봉기한 부대였고 따라서 자신의 마을을 중심으로 향토지리에 익숙했기 때문에 적은 병력으로 왜적의 대군과 정면충돌하기보다는 위장, 매복, 기습 등과 같은 일종의 유격전술을 사용하여 왜군에게 큰 피해를 줄 수 있었다.

　　전국 각지에서 의병들이 맹활약을 펼치는 가운데 주력부대인 육군들도 드디어 왜군과의 싸움에서 승리하기 시작하는데, 특히 진주성을 지키던 김시민 장군의 1차 진주성 전투(1592.10.5~10) 승리를 시작으로 권율 장군 등 육군의 승리가 이어진다. 당시 진주성은 경상도 지방에서 전라도 지방으로 가는 중요한 자리에 위치한 군사적 요충지였다. 특히 진주성이 중요했던 다른 이유는 이곳이 조선 최고의 곡창지인 호남평야를 지키는 곳이라는 것이었다. 바다에서는 이순신 장군에게 연패하면서 식량을 보급받는 것이 어려워지자 도요토미 히데요시는 직접 진주성 함락을 명했다. 이것이 왜군이 수도 한성에서 한참 떨어진 진주성을 공격한 이유였다. 진주성의 중요성을 인식하고 조총으로 무장한 3만 명 이상의 군사들을 동원해 몰려왔던 것이었다. 이 대군에 맞서 김시민 장군은 군사들과 백성들을 합쳐 고작 3천 정도의 적은 인원으로 진주성을 지켜야 했다.

　　왜군은 6일 동안 군사들의 수적 우세와 조총이라는 신무기를 앞세워 진주성을 공격했지만 김시민 장군의 지휘를 받은 조선군의 방어벽을 뚫지 못하고 오히려 막대한 피해를 입고 물러갔는데 이것이 제1차 진주성 전투였다. 육상전투에서 연이어 패배하던 조선은 제1차 진주성 전투에서 크게 승리했고, 결과적으로 곡창지대인 호남지방을 지킬 수 있었다. 비록 다음 해인

1593년 6월 제2차 진주성 전투에서 1차보다 훨씬 많은 왜군 7만여 명의 공격을 받아 함락되기는 했지만 제1차 진주성 전투는 조선 수군과 육군 그리고 의병은 물론이고 일반 백성들에게도 왜적에 맞서 국난을 극복하고 승리할 수 있다는 자신감을 심어준 매우 중요한 전투였다.

결론적으로 일본의 기습으로 시작된 임진왜란으로 국왕 선조가 수도를 버리고 평양에 이어 북방의 의주까지 도망가면서 몰락의 위기에 처했던 조선은 몇 가지 요인으로 인해서 승기를 잡으며 국토를 지키게 된다. 영웅 이순신 장군이 이끄는 거북선과 판옥선을 중심으로 한 수군의 대활약이 있었고, 곽재우, 서산대사 등을 중심으로 한 의병과 승병들의 승리, 그리고 의병과 정규군의 연합으로 조선 최고의 곡창지대인 호남을 사수한 것 등이 중요한 요인이었다.

그 외에 명나라가 전쟁 말기에 이여송 장군을 필두로 대규모 지원군을 보낸 것도 전쟁의 판도를 바꾸는 데 큰 역할을 했다고 보기도 한다. 물론 명나라는 선조의 요청에 따라 지원군을 파병했지만, 실제로는 기세등등한 왜군이 조선을 넘어 명나라를 공격할 것을 두려워했기에 파병을 한 것이었다.

13

근대유럽을 탄생시킨 30년전쟁 vs 치욕의 병자호란

1618~1648년   1636~1637년

유럽에서 종교와 정치는 가장 중요한 역할을 하는 양대 축이었다. 우리 나라를 비롯한 동양에서도 종교와 정치는 매우 중요했지만, 특히 유럽에서는 종교의 영향력이 확대되면서 정치와 충돌하는 경우가 매우 많았다. 그 이유 중 하나는 유럽의 종교를 대표하던 가톨릭에 교황이라는 독보적인 지위와 권위를 가진 인물이 있었기에 현실세계의 왕인 국왕이나 황제들과 부딪히는 경우가 많았기 때문이다.

특히 가톨릭은 오랜 권위와 기득권을 유지하기 위해 1517년 시작된 마르틴 루터의 종교개혁 이후 등장한 신교에 대한 탄압도 불사하면서 위그노전쟁 등을 일으켰었는데, 그 연장선에서 유럽에서의 마지막 대규모 종교전쟁으로 볼 수 있는 것이 바로 30년전쟁이었다. 유럽의 열강들이 각자의 국익에 따라 각각 가톨릭과 개신교를 지지하는 나라들로 갈리면서 30년전쟁에 돌입했고, 결국 유럽의 대규모 국제전으로 비화하게 된 것이다.

30년전쟁은 종교전쟁으로만 알려져 있지만 실상 이 전쟁은 프랑스의 위그노전쟁(가톨릭과 개신교의 전쟁)과는 달리 유럽 열강들의 정치적 야심으로 전

쟁이 확대된 일종의 정치전쟁의 성격이 더 크다. 또한 유럽에서 벌어진 최초의 근대적 영토전쟁이었으며, 이 전쟁으로 인해 1648년 베스트팔렌 조약[1]으로 전쟁이 종전된 시점에는 유럽 지도가 크게 바뀌었다. 현재 유럽 지도의 많은 부분들이 이 30년전쟁의 결과로 만들어진 것이었다.

제1차, 2차 세계대전을 제외하고는 유럽에서 가장 많은 나라들이 참전한 국제전이 바로 30년전쟁이다. 직접 참전국들만 해도 신성로마제국, 보헤미아, 덴마크, 스웨덴, 오스트리아, 네덜란드, 스페인, 프랑스 등 유럽의 거의 모든 나라가 직접 대결을 벌였다. 이 전쟁으로 인해 유럽 전통 열강들의 영향력과 지위가 많이 변화하기도 했다.

대표적으로 30년전쟁 이전에는 전통의 강국이었던 스페인은 서유럽에서의 주도적 입지를 대부분 상실했고, 반대로 프랑스는 강국으로 부상했으며, 스웨덴은 발트해의 해상 지배권을 장악했다. 한편 스위스와 네덜란드는 독립된 공화국으로 정식 승인을 받았으며 유럽의 가톨릭 종주국이라는 위상을 누려오던 신성로마제국은 사실상 붕괴되었다. 전쟁의 승전국과 패전국이 나누어지면서 베스트팔렌 조약이 체결되었고 이것으로 근대유럽의 주권국가 구조가 확실하게 정립됐던 것이다. 이로 인해 후대 역사는 30년전쟁을 마무리하는 시점인 1648년이, 천 년간 지속됐던 중세를 지나 드디어 근대유럽이 비로소 탄생한 시기였다고 평가한다. 즉 30년전쟁과 그 결과물인 베스트팔렌 조약의 결과로 인해 유럽에서 드디어 근대로 가는 길이 열렸던 것이다.

---

1   베스트팔렌 조약(Peace of Westfalen) : 1644년부터 베스트팔렌의 소읍 뮌스터와 오스나브뤼크에서 진행됐고 스페인과 네덜란드, 신성로마제국, 프랑스와 스웨덴이 참가했다. 이 조약으로 네덜란드와 스위스 연방은 독립된 공화국으로 공식 인정을 받게 되었다. 영토의 재분배보다 훨씬 더 중요한 것은 종교 문제가 타결되었다는 점이다. 독일의 경우 베스트팔렌 조약으로 신성로마제국 황제들과 제국 내 독일 군주들 사이에 1세기 동안 지속되어온 투쟁이 마감되었다. 이 조약은 독일의 기본법으로 인정되었으며, 1806년 신성로마제국이 해체될 때까지 모든 조약들의 근간을 이루었다.

바다 건너 유럽에서 중세를 마감하고 근대유럽을 탄생시키는 30년전쟁이 한창이었던 17세기 중반, 한반도에서는 무슨 일이 벌어지고 있었을까? 1618년부터 1648년 사이에 한반도에서는 대한민국 역사상 가장 굴욕적인 사건이 벌어지고 있었다. 바로 병자호란이었다. 치욕의 병자호란은 1636년 (병자년) 12월, 청나라의 태종이 약 2만 명 이상의 대군을 이끌고 조선을 침략한 사건이었다. 당시 청나라가 조선 침략의 명분으로 삼았던 것은 정묘호란[2] 때의 약속을 조선이 지키지 않아서라고 했지만 실제로는 명나라를 공격하기에 앞서 조선을 군사적으로 복종시키려는 것이 목적이었다.

병자호란 당시 조선의 임금 인조는 남한산성에서 적에게 포위된 채 한겨울의 혹한과 싸우며 버텼으나 군사력과 군사들의 사기 그리고 중요한 식량마저 떨어지면서 결국 청나라에 항복할 수밖에 없었다. 병자호란을 조선 역사상 가장 치욕적인 사건이라고 한 것은 바로 항복 후에 벌어졌던 굴욕적인 의식 때문이었다. 1637년 1월 30일 인조가 삼전도[3]에서 굴욕적인 항복의식[4]

---

2 정묘호란(丁卯胡亂) : 인조 5년(1627), 후금(후에 청나라)의 침입으로 일어난 전쟁으로 국왕 인조는 강화도로 피난을 떠났고 후금은 조선과 형제의 맹약을 맺은 뒤 물러났다. 만주에 살던 여진족은 추장 누르하치를 추대해 1616년 후금을 세우고 명나라와 충돌했다. 원래 조선에서는 명나라를 숭상하는 경향이 있었지만, 선조의 뒤를 이은 광해군은 명나라와 후금 사이에서 중립 외교정책을 펴나갔다. 그러나 1623년 인조반정으로 광해군을 몰아낸 서인들은 다시 명나라를 숭상하는 친명배금 정책을 추진하였다. 이에 후금은 3만의 군사를 동원해서 조선을 침략한 것이 정묘호란이다.

3 삼전도(三田渡) : 지금은 송파구 삼전동이지만 당시는 조선 광주 서북쪽 한강 연안에 있던 나루로서 여주, 충주로 가던 길목이었다. 조선시대 한강도, 양화도, 노량도와 더불어 4대 도선장의 하나였다. 한강 동부 일대의 교통은 태종 때 설치한 광진(광나루)에서 담당하고 있었는데, 그 위치가 동쪽으로 치우쳐 있는 데다가 태종의 능이 대모산 부근에 설치되면서 능행로의 개설이 요구되어 세종 21년 삼전도가 신설되었다. 이곳에서 병자호란의 패배 후에 조선의 국왕 인조가 청나라에게 굴욕적인 의식을 했고, 이를 삼전도의 굴욕이라 한다.

4 항복의식 : 국왕 인조는 끝까지 싸우자는 척화파와 항복하고 후일을 도모하자는 주화파의 갈등을 뒤로 한 채 항복을 결정한다. 1월 30일 묘시(오전 5시~7시) 무렵, 인조는

을 치르며 전쟁이 끝났는데 이를 가리켜 역사는 '삼전도의 굴욕'이라고도 한다. 병자호란은 7년을 끌었던 임진왜란에 비해 비교적 짧은 전쟁 기간에도 불구하고 항복 후 수많은 전쟁 포로가 발생하면서 조선은 막대한 피해를 입었고, 특히 조선 국왕이 받았던 치욕으로 인해 결코 잊어서는 안 되는 우리의 쓰라린 역사가 된 것이다.

17세기 초반과 중반이라는 비슷한 시기에 벌어졌던 유럽의 30년전쟁과 조선의 병자호란을 살펴보도록 하자.

1) 30년전쟁의 종교적 원인들

16세기부터 17세기에 걸쳐 신성로마제국을 비롯한 유럽 각 지역에서는 구교(가톨릭)와 신교(개신교) 사이에 치열한 종교전쟁의 화마가 불어 닥쳤다. 여러 차례에 걸친 구교와 신교의 다툼과 전쟁 중에서도 최대이자 최후의 종교전쟁이 된 것이 바로 30년전쟁이었다. 30년이나 전쟁을 하려면 여러 가지 원인과 이유가 있었을 텐데 근본적이고 대표적인 종교적 원인들을 간략히 살펴보도록 하자.

오랜 기간 전쟁을 치르기 위해서는 그에 합당한 명분이 반드시 필요하다. 더구나 다른 모든 것보다 더 중요하게 여겨진 종교에 얽힌 전쟁이라면 더욱더 그에 걸맞은 이유가 있어야만 했을 것이다. 30년전쟁은 독일에서 신교와 구교 간 종교적 갈등이 표출되어 내전의 양상으로 시작되었으나 점차

남한산성 서문을 통해 청태종의 지휘본부가 있던 삼전도로 나갔다. 항복의식 중 가장 치욕스런 것은 오랑캐라고 경멸하던 청나라에게 조선의 국왕이 직접 나가서 무릎을 꿇고 머리를 조아리는 '삼배구고두(三拜九叩頭)'였다. 말 그대로 세 번 무릎 꿇고 절하고 아홉 번 머리를 조아리는 것으로 신하가 황제에게 올리는 전형적인 의식이었다.

시간이 지나면서 주변국들이 종교를 핑계 삼아 개입했고 여기에 정치적, 경제적 이해관계까지 얽히면서 복잡한 국제전 양상으로 발전했다. 즉 전쟁의 시작은 비록 종교였지만 그 이후부터는 정치적인 이유와 요소들이 더 많이 개입됐던 전쟁이었다.

이렇게 된 이유는 당시 독일이 신성로마제국이라는 이름으로 외형적인 크기만 컸을 뿐, 내부적으로 300여 개 이상의 크고 작은 나라들로 분열되어 일종의 군웅할거의 형태를 띠었기 때문이었다. 이런 가운데 마르틴 루터가 던진 종교개혁의 불씨가 비록 시간은 많이 흘렀지만 계속 유럽에 큰 영향을 주었고 그 결과가 바로 30년 종교전쟁이었다.

유럽 종교사를 새로 쓰게 만든 30년전쟁의 여러 원인 중에서 먼저 생각할 수 있는 첫 번째 원인은 바로 1517년 독일의 비텐베르크에서 루터가 교황과 교황청에 반발해서 일으켰던 종교개혁[5]이었다. 루터의 종교개혁은 알다시피 대성당 건축을 위해 성경에 있지도 않은 면죄부를 판매하는 것에 대한 반발에서 비롯됐고, 오히려 루터를 파문하고 화형시키려는 교황청에 맞서 저항했던 개혁이었다.

중세 이래로 지금의 독일 지역은 두 개의 강력한 힘이 지배하고 있었는데, 하나는 교황청으로 대표되는 교권이었고, 다른 하나는 신성로마제국으

---

5 루터의 종교개혁 : 루터가 1517년 〈95개항 반박문〉을 발표하면서 시작됐다. 당시 교황 레오 10세는 교회의 권위를 세우는 방법으로 웅장한 대성당(성 베드로 성당)을 건축하기 시작했고 건축 비용 마련을 위해 면죄부 판매를 생각했다. 자신도 교황의 명령을 따라야 하는 사제였지만 루터는 면죄부 판매를 비판하는 반박문을 95개 항목으로 써서 독일어로 인쇄, 비텐베르크 성당의 문에 붙였다. 이 반박문이 퍼져나가자 교황은 그를 파문하고 화형에 처하라는 명령을 내리고, 이에 반발한 루터는 "신앙의 근거는 교회가 아닌 오직 성서"라는 주장을 하면서 라틴어로 만들어진 『신약성서』를 독일어로 번역하여 보급하는 일에 앞장선다. 또한 루터는 자신을 지지하는 사람들을 모아 루터파 교회를 세우고 가톨릭교회와 정면으로 대결하면서 종교개혁의 기치를 들게 됐던 것이다.

로 상징되던 세속권이었다. 천상의 대리자인 교황과 지상의 지배자인 황제와의 갈등과 다툼은 유럽에서는 지극히 오래된 일이다. 중세부터 교황으로 상징되는 교권의 힘이 막강해지면서 많은 군주들과 제후들이 교황의 편에 서게 된다.

특히 30년전쟁 당시 유럽에서 가장 강력한 힘과 권위를 가졌던 신성로마제국은 합스부르크 왕가를 중심으로 무려 300명이 넘는 많은 제후들에게 떠받쳐지고 있었는데 이들은 거의 구교(가톨릭) 지지자들이었다. 이들이 강한 연대와 협력으로 구교를 지지했는데 이런 현상은 루터가 종교개혁의 기치를 들었던 16세기 초(1517년~)에도 별로 다르지 않았다.

종교개혁 당시 루터를 지지하는 소수의 제후들과 도시들은 서로 동맹을 결성하고, 가톨릭을 적극 지지하며 루터를 잡으려는 황제와 적극적으로 맞서 전쟁을 벌이기도 했다. 그 덕분에 1555년 아우구스부르크 종교회의[6]에서 루터파는 가톨릭교회로부터 정식으로 공인을 받을 수 있었던 것이다. 이것은 서양사에서 매우 중요한 순간이었는데, 이렇게 정식으로 공인을 받는 것으로 인해 더 이상 교황의 지배와 복종을 강요받지 않는 새로운 종교가 탄생했기 때문이다.

이것이 바로 개신교가 탄생하게 된 과정이다. 이후 개신교는 독일의 북부지역과, 덴마크, 노르웨이 그리고 스웨덴 등 북유럽을 중심으로 급속히 전파된다. 이때부터 신교도들을 교황과 가톨릭에 맞서 저항하는 사람이라는 의미로 '프로테스탄트(항의하는 사람)'라고 부르게 되었다. 그러나 이게 바로

---

6 아우구스부르크 종교회의 : 이 종교회의의 핵심은 로마 가톨릭에 맞선 개혁적인 루터파를 정식으로 승인했다는 점이다. 1555년, 신성로마제국의 황제 카를 5세는 독일 각지역의 통치자인 제후들에게 가톨릭과 개신교 중에서 원하는 종교를 믿을 수 있는 권리를 인정했다. 물론 아직 제후가 아닌 일반 개인에게는 신앙의 자유가 인정되지 않고 제후가 선택하는 종교가 그 지역에서 인정된다는 비록 제한된 자유였지만 이것은 매우 의미가 큰 것이었다.

30년전쟁의 화근이 될 줄은 당시에는 아무도 상상하지 못했을 것이다. 1555년 아우구스부르크 종교회의에서 결정한 내용(루터파를 공식적인 종교로 인정한다는) 속에는 일종의 변수가 있었던 것이다. 그 변수는 바로 각 지역을 다스리는 제후들에게 자기 영토 안에서만 종교를 선택할 수 있는 일종의 선택권을 준다는 것이었다. 즉 자신의 영토 안에 기거하는 백성들을 다스리는 제후들이 원하는 종교를 선택하게 한다는 것이지, 지금 우리 시대처럼 일반 백성들에게 종교를 선택하는 자유를 준다는 것이 아니었다. 이 변수가 30년 종교전쟁의 첫 번째 원인이자 불씨가 되었다.

30년전쟁의 두 번째 원인으로 꼽을 수 있는 것은 칼뱅의 종교개혁[7]이었다. 에라스무스[8]와 루터의 영향을 받은 칼뱅은 조국인 프랑스에서 추방되어 스위스로 옮긴 뒤, 제네바와 그곳의 추종자들의 지지를 받아 가톨릭에는 없

---

7 칼뱅의 종교개혁 : 프랑스 출신인 칼뱅은 1533년, 마르틴 루터의 사상에 영향을 받아 개혁을 추진하였다. 그는 자신을 핍박하는 박해를 피해 스위스로 도피해 그곳에서 설교를 시작했다. 칼뱅의 교리는 대표저서인 『기독교강요』에 있는데, 핵심은 '예정설(predestination)'이다. 이것은 인간의 구원 여부가 하나님의 자의에 의해서 미리 예정되어 있으며, 그것은 인간의 어떠한 행위로도 변경시킬 수 없다는 것이었다. 따라서 선택받은 자는 현실에서 물러나 하나님의 은총을 기다리고 은둔하는 것이 아니라 성도로서 세상적인 직업에 근면하게 종사해야 하며 동시에 일상에서도 금욕적 생활을 해야 한다는 것이었다. 이러한 칼뱅의 교리는 당시 경제적으로 일어나고 있던 부자들과 중산층의 큰 호응을 받아 근대적 직업관과 생활윤리의 형성에 크게 공헌했다.

8 에라스무스(Erasmus, 1469~1536) : 네덜란드 태생의 로마 가톨릭교회 성직자이자 인문주의자. 북유럽 르네상스의 가장 위대한 학자로 『신약성서』를 최초로 편집했고, 종교개혁 운동에 영향을 주기도 한 교회 개혁가 중 한 사람이었다. 그는 칼뱅의 예정론은 물론, 루터의 예정설도 인정하지 않았기 때문에 양쪽의 지지자들에게는 늘 비난의 대상이었다. 이런 에라스무스의 중립적 종교성향 때문에 루터는 『탁상담화』에서 그를 가리켜 "세상을 욕되게 한 자들 가운데 가장 사악한 자"라고 악평을 했다. 그럼에도 불구하고 에라스무스는 유럽 문화에서 고대 그리스 학문과 예술을 적극 수용하여 르네상스 시대 인문주의가 나아갈 길을 제시했다는 높은 평가를 받았다.

는 장로제[9]라는 제도를 중심으로 하는 새로운 종교개혁에 성공하였다.

칼뱅의 종교개혁이 성공한 것은 그가 기존의 가톨릭 종교관과는 달리 개인의 직업을 존중하고, 돈을 버는 이윤 추구를 인정하였기 때문이다. 루터의 교리와 칼뱅의 교리를 구분한다면, 루터는 '이신칭의(以信稱義)' 즉 선행이나 다른 그 무엇이 아닌 오직 믿음으로만 구원에 이른다는 것을 강조했고, 칼뱅은 모든 것은 전적으로 하나님의 주권에 속한다는 것을 강조했다.

그는 인간의 구원은 이미 하나님에 의해 미리 정해졌다는 예정설을 주장하면서, 신도들에게 자신의 세속적인 직업에 충실할 것을 권했다. 인간이 하는 모든 직업은 다 하나님에 의해 허락된 것이고 그렇기에 모든 직업은 다 소중하다고 생각했기 때문이었다. 지금 현대인들의 관점으로는 지극히 당연한 말이지만 당시는 세상적인 일보다는 하나님의 일인 성직의 중요성을 더욱 강조하던 시절이었다.

칼뱅의 주장 중에서도 특히 열심히 일해서 많은 돈을 버는 것은 절대로 죄악이 아니라는 생각에 장사와 상업을 하는 시민들이 적극적으로 호응하고 지지하게 된다. 왜냐하면 그 당시 구교인 가톨릭은 개인이 성직인 하나님의 일을 하는 것보다 인간의 일을 더 열심히 해서 많은 돈과 재물을 모으는 것을 탐욕이자 죄악된 행동이라고 여겼기 때문이었다.[10]

---

9 장로제 : 장로란 『신약성서』에 나타나는 감독(bishop), 장로(elder) 등과 같은 의미로 장로교는 이러한 장로들에 의해 행정과 치리(治理)되는 교파를 말한다. 창시자는 칼뱅으로, 16세기 중엽 성경에서 말하는 장로회제도를 확립하였다. 이후 1559년에는 프랑스에서만 2천 개가 넘는 장로교회가 생겼고, 네덜란드와 스코틀랜드에서도 많은 장로교회가 생겨났다. 스코틀랜드는 1560년 이후 장로교회를 국교회로 지정했고, 영국과 미국으로 전파하는 데 중심지 역할을 하였다. 한국에서는 1907년에 대한예수교장로회 독노회가, 1912년에 총회가 창설되면서 뿌리내리게 됐다.

10 칼뱅은 모든 직업은 다 하나님이 내린 소명이니 천직으로 알고 열심을 다해야 한다고 보았다. 이렇게 자신의 일에 충실함으로서 경건에 이를 수 있다고 보았던 것이다. 기존 로마 가톨릭이 성직을 가장 귀한 일로 여겼던 것과 다른 칼뱅의 이런 직업론은 많

그러니 상업을 하는 사람들이 칼뱅의 주장에 열광했던 것은 자연스러운 일이었고, 이들 칼뱅 지지파는 주로 대서양 연안의 상공업이 발달한 지역을 중심으로 급속히 퍼져나갔다. 칼뱅파는 영국에서는 청교도, 스코틀랜드에서는 장로파, 프랑스에서는 위그노, 그리고 네덜란드에서는 고이센이라는 다양한 이름으로 발전하였고 이들 나라를 지탱하는 중산층으로서의 역할을 감당한다.

그러나 1555년, 아우구스부르크 종교회의에서 정식으로 공인받은 루터파와 달리, 칼뱅파는 신교로서 아직은 정식으로 공인받지 못한 상태였다.

질문과 답변 형식으로 설명된 예정론, 1589
제네바 성경

그래서 구교인 가톨릭교회와 갈등 관계에 놓이게 되었고 이것 때문에 결국 프랑스에서는 위그노전쟁이라는 종교전쟁까지 일어났던 것이다. 이것이 바로 30년전쟁의 근본적이고 종교적인 두 번째 원인이라고 볼 수 있다.

30년전쟁의 세 번째 원인은 로마 가톨릭 교회의 반동종교개혁(Counter Reformation)이다. 반동종교개혁은 말 그대로 종교개혁의 바람에 맞서 그동안의 기득권 세력인 가톨릭이 종교개혁을 누그러뜨리기 위해서 내세운 다양한 정책들이다. 루터와 칼뱅을 중심으로 한 신교의 영향력들이 점차 확산되자

은 호응을 얻게 되었다. 이것은 루터주의와도 구별되는 칼뱅의 독특한 교리였는데, 루터가 오직 믿음으로만 구원에 이른다는 '이신칭의'를 주장했다면 칼뱅은 루터와 다른 구원론을 제시했던 것이다.

가톨릭교회도 더 이상 가만히 손을 놓고 있을 수 없게 된다.

가톨릭교회는 1545년, 이탈리아에서 트리엔트 공의회(1545~1563년)[11]를 열어 신교인 프로테스탄트가 더 이상 확산되는 것을 막기 위한 특단의 대책을 논의한다. 약 20년 가까운 세월 동안 세 번에 걸쳐 열린 회의라고 해서 숫자 3을 뜻하는 트리엔트 공의회라는 이름이 붙었다. 이 공의회에서 논의된 대책들은 교회 부패와 성직 매매 금지 등 교회 내부 문제 개선과 기본 교리의 재확인 그리고 프로테스탄트인 신교도들에 대한 엄격한 징계 등이었다. 특히 그중에서도 핵심은 신교도들에 대한 강한 징계를 하겠다는 것이었다.

이를 위해 종교재판소를 설치, 이단자(교리에 어긋나는 사상이나 종교를 믿는 사람)에 대해 일종의 마녀사냥(14~17세기에 유럽에서 흔했음)을 시작하였다. 구교인 가톨릭이 벌인 반동종교개혁운동은 16~17세기에 일어난 유럽의 여러 종교전쟁의 또 하나의 중요한 화근이 되었다.

30년전쟁이 발발한 17세기 초(1618~)에 이르자 유럽 여러 지역에서 구교에 맞선 신교의 저항도 거세졌는데 그중 분쟁이 심했던 곳이 바로 보헤미아(지금의 프라하)였다. 보헤미아가 문제가 되자 독일을 지배하던 신성로마제국은 페르디난트 2세를 보헤미아의 왕으로 임명해 보낸다. 문제는 보헤미아는 대부분 개신교(체코의 종교개혁자 얀 후스를 따르는 얀 후스파[12])를 믿는 사람들이

---

11 트리엔트 공의회(Council) : 공의회라는 것은 전 세계의 가톨릭 지도자들이 한곳에 모여 머리를 맞대고 교리와 교회 규칙에 관한 문제를 의논하고 결정하는 회의이다. 종교개혁 이후 로마 가톨릭의 문제점을 시정하고 교황의 권위와 교리를 재확인하기 위해 이탈리아에서 열린 종교회의로 1545년부터 1563년까지 세 차례에 걸쳐 진행되었으며, 가톨릭과 개신교 사이의 화해를 목적으로 열렸다. 갈수록 커지는 개신교의 확대에 위기를 느낀 로마 가톨릭은 공의회를 열어 여러 가지 문제점을 시정하고 교황의 권위와 교리를 재확인하였다.

12 얀 후스파 : 종교개혁의 선구자인 체코 출신 얀 후스(Jan Hus, 1369~1415)를 따르던 교파로 체코에 확산되었다. 교수였던 얀 후스는 일반인을 위한 설교가로서 교회개혁과 체코의 급진적인 개혁을 추진했다. 그는 면죄부 판매와 성직 매매 등을 고발한 것

있는 곳이었
고, 반대로
페르디난트 2
세는 독실한
가톨릭 신자
였다는 사실
이었다. 신성
로마제국이
페르디난트 2
세를 보헤미

프라하 창문투척 사건

아의 왕으로 보낸 것은 당연히 점점 거세지는 개신교를 누르고 구교인 가톨
릭을 수호하라는 이유에서였다.

　보헤미아의 왕으로 임명된 페르디난트 2세는 가톨릭을 믿는 귀족 3명을
자신보다 먼저 행정수반대표로 프라하성으로 보낸다. 이들 3명은 프라하로
가서 모든 정책을 가톨릭 위주로만 운영하고 이에 분노한 보헤미아의 개신
교 귀족들이 프라하성으로 가서 이들을 성밖으로 집어던져버리는 초유의 사
건이 발생한다. 2차 프라하 창문투척 사건이라고 불리는 것으로 이 충동적
인 행동이 발생한 것이 1618년 5월 18일이었다.[13]

　　으로 교황에 의해 교회로부터 추방을 당하고 설교를 금지당했다. 대표 저서는 교황권
　　에 대한 비판을 담은『교회에 관해서』인데 이 저서로 인해 가톨릭은 얀 후스를 이단으
　　로 규정했다. 가톨릭은 얀 후스를 체포하여 1415년 7월 6일 화형에 처했고 종교적, 정
　　치적 문제를 이유로 후스 전쟁(1420~1434)을 벌여서 얀 후스파를 제거하였다.

13　1차 창문투척 사건은 이보다 2백 년 전인 1419년 7월 30일 벌어졌다. 프라하의 노베메
　　스토에서 젤리프스키(Zelivský)가 주도하는 일련의 강경파 후스주의자들이 동료 후스
　　주의자들의 석방을 요구하며 시위를 벌이다가 그것을 거부하는 시의회 의원들을 시청
　　창문 밖으로 내던진 것이다.

개신교의 이런 반발 이후에 본격적으로 보헤미아에서는 개신교도들을 중심으로 한 조직적인 저항과 반란이 일어났는데 이것이 30년 종교전쟁의 직접적인 발단이 되었다.

좀 더 보충하면, 페르디난트 2세 이전에는 신성로마제국 입장에서 보헤미아 지방이 비록 개신교도들이 많았어도 정치적으로 어느 정도 용인해주는 입장이었다. 그 이유는 보헤미아 제후가 선제후[14]로서 신성로마제국의 황제를 선출하는 투표권을 가지고 있었기 때문이었다. 그런데 이번에 새롭게 보헤미아의 왕이자 신성로마제국의 황제가 된 페르디난트 2세가 기존의 정치적 입장 대신 절대적으로 가톨릭만을 강요하면서 문제가 된 것이다.

결국 구교의 탄압에 저항하던 보헤미아의 개신교도들은 반란의 깃발을 들고 아예 페르디난트 2세를 인정하지 않고 같은 개신교도인 팔츠 지방의 선제후인 프리드리히 5세를 새로운 보헤미아의 왕으로 선출한다. 이에 분노한 페르디난트 2세가 대규모 진압군을 보내면서 구교와 신교 모두 전쟁의 소용돌이에 휘말리게 되는 것이다.

이상의 몇 가지 이유들이 30년 종교전쟁을 촉발시켰던 근본적이고 기본적인 종교적인 원인들로 볼 수 있는 것들이다.

2) 베스트팔렌 조약의 중요한 의미와 가치

베스트팔렌 조약(Peace of Westphalia)이란 베스트팔렌의 작은 소읍인 오스나

---

14 선제후 : 제후들 중에서도 신성로마제국 당시 보헤미아, 마인츠, 작센 지방 등을 다스리는 7명의 제후들에게는 제국의 모든 지역을 다스리는 황제를 선출할 수 있는 권한과 투표권을 주었는데, 이들을 선제후라고 불렀다. 신성로마제국의 황제는 선제후들의 합의 혹은 투표로 선출되었기에 황제가 되고자 하는 사람은 반드시 선제후들과의 관계에 많은 공을 들이고 신경을 쓸 수밖에 없었다.

브뤼크와 뮌스터에서 체결되어(각각 1648년 5월 15일과 10월 24일) 프랑스어로 조문이 쓰인 평화조약을 일컫는다. 이 평화조약을 흔히 '국제법의 출발점'이라고 하는데 이 베스트팔렌 조약에는 에스파냐, 프랑스, 스웨덴, 네덜란드와 신성로마제국 황제 페르디난트 2세(합스부르크 가문)와 각 동맹국 제후들과 신성로마제국 내 자유도시들이 대거 참여했다.

　이 조약이 바로 오늘날 유럽 국민국가 형성의 시초로 일컬어지는 조약이고 이로 인해 유럽에서 근대국가가 탄생하게 됐다는 평가를 받는다. 이는 베스트팔렌 조약에서 주권국가, 영토국가와 같은 단어가 처음 공식적으로 사용됐고, 국가와 국가 간 권리와 의무에 관한 중요 규칙들이 이때부터 본격적으로 만들어졌기 때문이다. 그중에서도 영토국가와 주권국가라는 용어의 사용이 의미 있는 것은 이때부터 한 국가 안에서 일어난 일은 그 해당국의 고유한 결정권에 속하며, 다른 국가나 특히 교회의 개입을 인정하지 않는다는 지금은 너무도 상식인 내정 불간섭의 원칙이 비로소 성립되었기 때문이다.

　즉 베스트팔렌 조약으로 인해 각 국가에는 자신의 국경 내에서 자유로운 법률 선포와 해석의 권한, 전쟁 수행의 권한, 그리고 병사 징집의 권한 등이 주어졌고 특히 다른 국가들과 자유롭게 동맹을 맺을 권한도 주어졌다. 이처럼 다른 국가들끼리는 서로 내정 간섭을 하지 않는다는 개념이 생겨났기 때문에 베스트팔렌 조약을 국제법의 효시로 인정하는 것이다.

　중세 이래로 국가 위의 권력이었던 교황과 같은 최상위 권력이 더 이상 존재하지 않게 되었기 때문에 국가 간 외교의 규칙이 중요해졌다. 즉 주권국가들 위로는 더 이상 국가들에게 명령을 내릴 그 어떤 상위 권력도 없기 때문에 국가들 간의 외교 관계는 이때부터 세계질서의 균형을 유지하기 위한 매우 중요한 역할을 하게 된 것이다. 이것이 바로 우리가 말하는 국제법의 시작이었고 그게 바로 이 조약의 위대함이자 진정한 의미이기도 하다.

　또 하나 베스트팔렌 조약이 세계 최초의 국제평화조약으로 인정받고 있는 이유는 이 조약이 기존 과거의 조약처럼 승전국의 현상 유지만을 꾀하던 데서 한 발 더 나아가 각국의 세력균형을 맞추면서 차후의 국제정치적인 변화도 고려한 매우 현실적인 조약이었기 때문이다.

여기서 특이한 것은 조약이 체결된 장소가 각기 다른 지역이라는 것이다. 30년전쟁이 시간이 갈수록 점차 유럽 여러 나라들의 영토 확보전쟁의 성격으로 변질되어갔지만 그 시작은 명백히 구교와 신교의 종교전쟁이었다는 것을 잊으면 안 된다. 이 사실을 상기시키듯이 스웨덴은 가톨릭 도시인 오스나브뤼크, 프랑스와 네덜란드는 개신교 도시인 뮌스터에서 조약을 체결하게 되었다. 그러나 두 도시에서 체결된 조약은 서로 상호보완(오스나브뤼크에서는 17개조, 뮌스터에서는 138개조)하는 성격을 띠고 있었고 게다가 두 지역 모두 베스트팔렌 지방 내에 있는 지역이기 때문에 조약의 이름을 그냥 베스트팔렌 조약이라고 부르게 된 것이다.

베스트팔렌 조약의 가치는 과거처럼 힘과 무력으로 밀어붙인 것이 아니라 승전국과 패전국을 포함한 여러 나라들이 모인 회의를 통해 나왔다는 데 있다. 그래서 베스트팔렌 조약을 세계 최초의 근대적인 외교 회의를 통해 나온 조약으로 인정하며 이 조약으로 말미암아 국가주권 개념에 기반을 둔 새로운 질서를 중부유럽에 세울 수가 있었다. 이 조약을 통해서 비로소 완전한 종교의 자유가 허용되었고, 특히 신교 국가들이 로마 가톨릭교회의 탄압에서 벗어나 생존의 발판을 마련하게 됐다는 점에서 베스트팔렌 조약은 매우 중요한 의미를 갖는다. 이 조약을 통해 개신교를 믿던 네덜란드와 스위스는 정치적인 독립을 인정받았으며, 프랑스는 이 전쟁을 통해서 지금의 독일과 국경을 맞대고 있는 동북부 지방인 알사스-로렌 지방을 획득했고 스웨덴은 발트해 북부지방을 얻게 되면서 그들이 원하던 영토를 확장하게 되었다. 이후 이 조약은 독일의 기본법으로 인정되었으며, 1806년 신성로마제국이 해체될 때까지 모든 조약들의 근간을 이루게 된다.

베스트팔렌 조약의 원인을 제공했던 30년전쟁을 다른 말로는 독일 30년전쟁이라고도 하는데 그 이유는 1618년부터 1648년까지 30년 동안, 독일 영토를 주요 싸움터로 해서 벌어진 전쟁이기 때문이다. 30년간 치열하게 싸우던 가톨릭과 개신교가 종전에 합의하면서 1648년에 베스트팔렌 조약이 체결되었고 비로소 독일 30년전쟁은 막을 내렸다.

칼뱅파도 이 조약의 결과로 정식으로 공인되고 가톨릭인 루터파와 동등한 종교적 권리를 인정받게 되었다.

3) 30년 종교전쟁의 양상과 과정

지금까지 30년전쟁의 근본적, 종교적 원인을 살펴보았는데 어쨌든 직접적인 불씨가 된 사건은 바로 보헤미아 지방에서 일어난 군사적 반란이었다. 보헤미아 지방, 특히 프라하에서 일어난 창문투척 사건과 반란은 순식간에 주변국인 오스트리아로 확산되었다.

보헤미아의 왕에 이어서 신성로마제국의 황제 자리까지 거머쥔 페르디난트 2세는 자신이 요구하는 가톨릭을 거부하고 계속 신교를 주장하는 보헤미아를 용서할 수 없었다. 게다가 더욱더 용서할 수 없는 것은 자신을 폐위시키고 대놓고 작센의 선제후이자 신교도인 프리드리히 5세를 보헤미아의 새로운 왕으로 선출하고 자신에게 맞선 것이었다. 결국 페르디난트 2세는 대규모 군사들을 소집, 보헤미아를 응징하기 위한 원정에 나선다.

최초의 전투는 1620년 프라하 근교인 빌라-호라(Bílá-hora)에서 벌어졌으므로 그 지명을 따서 흔히 빌라-호라 전투[15] 혹은 한자식으로는 백산(白山)전

---

15 빌라-호라 전투 혹은 백산전투(Battle of White Mountain) : 1620년 11월 8일 벌어진 30년전쟁의 초기 전투. 빌라-호라는 현재의 프라하 근처다. 이 전투에서 패배하면서 보헤미아의 시대는 끝난다. 보헤미아에서는 개신교(칼뱅파) 성직자들이 추방되었고, 의회에서는 보헤미아의 귀족들 45명이 반란죄로 공개 처형을 당하였다. 또한 반란 책임을 물어 보헤미아의 주요 지도자 27명이 프라하 광장에서 처형되었는데, 이로 인해

프리드리히 5세
(개신교 대표, 작센 선제후, 보헤미아 왕)

투라고도 한다. 체코어 빌라–호라를 번역하면 하얀 산(White Mountain)이라는 의미이기 때문이다.

이 빌라–호라 전투에서 압도적인 승리를 거둔 신성로마제국은 보헤미아 지방을 가톨릭 지배권에 둘 수 있게 된다. 이 전투는 특히 보헤미아 사람들에게는 잊을 수 없는 치욕적인 전투인데, 여기서의 패배로 인해 보헤미아 내의 개신교가 몰락한 것은 물론이고 이후 국가 정체성까지 상실됐기 때문이다.

빌라–호라 전투에서 패배함으로써 보헤미아 지역의 종교의 자유가 갑작스럽게 끝났고, 개신교도들에게는 세 가지 선택이 강요되었다. 가톨릭으로의 개종하거나, 국외 추방당하거나, 아니면 참혹한 죽임을 당하는 것이었다. 추방당하거나 죽임을 당한 보헤미아 귀족들의 영지는 신성로마제국에서 불러들인 가톨릭 귀족들이 차지했고, 이로 인해 보헤미아 전통귀족이 몰락하여 보헤미아 국가의 역사와 문화의 전통도 단절되었다. 보헤미아는 합스부르크 왕가의 세습지로 전락하였고, 합스부르크 군주의 절대주의에 편입함에 따라 20세기 초인 1918년 독립을 되찾을 때까지 무려 300년간 합스부르크 군주국의 지배를 받게 됐던 것이다.

사실상 빌라–호라 전투는 구교와 개신교의 전면전이라고 보기는 어려웠고 양측의 피해도 생각보다는 크지 않았다. 전투가 개시되고 불과 2시간 만

이날은 보헤미아 사람들에게 '피의 날'이라 불리게 되었다. 현재는 프라하 광장 바닥에 이들 27명의 희생자들을 기리기 위해 27개의 십자가를 새겨놓았다.

에 승패의 추가 신성로마제국 쪽으로 기울었지만 당시 보헤미아 측 전사자는 약 4,000여 명, 신성로마제국군측은 700여 명에 불과했기 때문이다.

그러나 이 전투의 여파는 이후 300년간 지속됐으니 매우 아이러니한 전투였다. 이 전투의 승패는 유럽 다른 국가들을 흔들기에 충분했는데, 특히 개신교 국가들에게 많은 영향을 주었다. 즉 이 전투가 바로 유럽의 많은 국가들이 가세하는 국제전으로 비화되는 직접적 계기가 됐던 것이다.

보헤미아에서 가톨릭인 신성로마제국에게 개신교가 패배하였다는 것은 서유럽 전체 개신교에게 큰 타격과 불안감을 주었고, 이러한 불안감으로 인해 북유럽 개신교 국가들인 스웨덴과 덴마크 등이 전쟁에 개입해야만 하는 필요성을 느끼게 됐던 것이다.

빌라-호라 전투에 이어 1625년에는 덴마크의 크리스티안 4세가 영국과 네덜란드의 지원을 받아서 독일의 영토를 빼앗아 개신교 국가로 만들려는 야심으로 개입했지만 역시 신성로마제국군에 크게 패하는 일이 발생한다. 덴마크 입장에서는 북부 독일과 국경을 맞대고 있는데 빌라-호라 전투의 승리로 기세가 오른 가톨릭이 점차 개신교를 탄압하는 일이 많아지자 명목상으로는 개신교도 보호를 내세우고 전쟁에 뛰어들었다. 결국 이 전쟁에서 개신교 국가인 덴마크가 패하고, 이어서 신성로마제국의 황제 페르디난트 2세는 아우구스부르크의 종교회의를 무효로 선언하고 신교의 교회들이 가지고 있는 영지를 모두 몰수하기에 이른다.

이런 과정을 거치면서 가톨릭 국가인 신성로마제국의 세력은 점점 확대되고 종국에는 발트해까지 진출하게 되는데, 이렇게 되자 이번에는 또 다른 개신교 국가인 스웨덴이 더 이상 가만히 있을 수 없게 된다. 결국 스웨덴의 왕 구스타브 2세는 점점 위로 올라오는 신성로마제국과 가톨릭의 영향을 막고 신교도들을 지원하기 위해 1630년 신성로마제국에 선전포고를 하기에 이른다.

신성로마제국이 보헤미아를 공격할 때는 같은 가톨릭 국가인 스페인이 지원했는데, 반대로 개신교도들을 보호하기 위해서 덴마크와 영국, 네덜란드에 이어 스웨덴까지 나서게 되면서 처음에는 종교적 성격을 띠었던 30년 전쟁이 이제는 전 유럽이 개입하는 정치적인 전쟁으로 확대된 것이다.

스웨덴의 구스타브 2세는 비록 이 전투에서 전사하지만 스웨덴군은 신성로마제국군에게 나름 상당한 타격을 입혔고, 신성로마제국의 페르디난트 2세는 어쩔 수 없이 보헤미아(프라하)에서 휴전조약을 맺고 이전에 몰수했던 신교의 교회가 가진 영지를 되돌려 주는 조치를 취한다.

이처럼 가톨릭과 신성로마제국이 큰 위협과 심각한 상황으로 점차 몰리게 된 것은 주변 강국들이 전쟁에 개입하면서부터였는데 그중에서도 1635년부터 프랑스의 루이 13세가 전쟁에 뛰어들면서 신교를 지원한 것이 가장 문제였다. 조금 아이러니한 것은 프랑스는 당시 개신교가 아닌 가톨릭 국가였다는 사실이다.

프랑스는 알다시피 남쪽으로는 스페인, 동쪽으로는 신성로마제국과 국경을 맞대고 있다. 가톨릭을 믿는 스페인과 신성로마제국은 합스부르크 가문[16]이 통치하고 있는 나라들인데 이 가문의 위세가 점점 커지고 유럽에서 영향력을 키우자 프랑스의 부르봉 왕가[17] 입장에서는 오래전부터 상당한 위

---

16 합스부르크 왕가(The House of Habsburg) : 전 유럽의 모든 왕가 중에서도 가장 막강하고 유명한 왕조였다. 합스부르크라는 이름은 슈트라스부르크 주교인 베르너와 그의 매부가 1020년에 아르가우(지금의 스위스 지방) 지방에 세운 합스부르크성에서 유래한 것으로 본다. 같은 언어를 사용하는 오스트리아의 왕실을 600년 동안 지배한 것에서 오스트리아 가문이라고도 불렸다. 합스부르크 왕가는 프랑스의 부르봉 왕가를 제외한 거의 모든 유럽의 왕실과 친, 인척 관계로 연결되어 있고 프랑스 왕도 외가로는 합스부르크 왕가와 연결되어 있을 정도였다.

17 부르봉 왕가 : 16세기부터 19세기 전반까지 프랑스를 지배했던 왕가. 프랑스 역사상 최고의 전성기를 구가했던 태양왕 루이 14세가 이 왕가의 일원이었다. 합스부르크 왕가와 함께 유럽에서도 손꼽히던 왕가로서 프랑스는 물론이고 스페인을 비롯한 나바르, 시칠리아, 룩셈부르크, 안도라 등의 여러 나라를 다스렸다.

협을 느끼고 있었던 것이다. 합스부르크 가문 (왕조)이 어떤 가문인가. 유럽에서 근 600여 년 간 프랑스를 제외한 거의 모든 나라는 물론 멀리 아메리카 대륙에까지 그 영향력을 펼쳤던 최고의 가문이었다. 합스부르크 가문을 경계한 프랑스는 이번 종교전쟁을 통해서 아예 합스부르크 가문의 타도까지 염두에 두고 개신교 국가들을 지원했던 것이었다.

부르봉 왕가 문장

사실상 이 시점부터는 이미 30년전쟁은 더 이상 종교가 문제가 아니게 된다. 이미 구교와 신교의 대립이라는 프레임에서 벗어나 유럽에서 더욱 강한 영향력을 확보하려는 합스부르크 왕가와 이에 두려움을 느낀 프랑스를 비롯한 주변국 간의 정치적인 전쟁으로 성격이 바뀐 것이다. 프랑스까지 이 전쟁에 개입하게 되면서 30년전쟁의 전황은 날이 갈수록 격렬해지고 확대된다. 전쟁 초반에는 신성로마제국과 스페인의 전력이 우세했으나 전

합스부르크 왕가 문장

투가 치열해지고 장기화되면서 점차 프랑스가 전력의 우위에 서게 되고, 이런 상태에서 결국 30년전쟁은 휴전에 돌입한다. 그렇게 해서 나온 게 바로 앞에서 말한 1648년 체결된 베스트팔렌 조약이었던 것이다.

4) 베스트팔렌 조약의 영향과 결과

국제법상 세계 최초의 국제평화조약으로 인정받는 베스트팔렌 조약은

1648년 체결됐는데, 실상 이 조약에 대해 본격적인 논의가 시작된 것은 그보다 한참 전인 1644년부터였다. 그러나 전쟁에 관한 조약이고 워낙 다양한 유럽의 많은 나라들이 개입되다 보니 쉽게 결론을 도출하지 못했던 것이다.

다양한 이견과 이해관계가 얽혀 있었고, 무엇보다도 전쟁의 양상에 따라서 조약의 주도권이 왔다 갔다 했기에 이렇게 오랜 시간을 지체하게 되었다. 합스부르크 왕가의 연합이었던 신성로마제국과 스페인이 전쟁에서 우세할 때 신성로마제국이 주도권을 잡았고, 반대로 개신교 국가들이 우세할 땐 신교가 주도권을 잡았다. 조약의 주도권을 놓고 지지부진하던 1648년 봄, 30년전쟁의 시작점이었던 보헤미아(현 프라하)가 신교인 스웨덴에게 점령당하고, 프랑스 군대가 스페인과 신성로마제국 군대에 크게 이기면서 조약의 주도권이 완전히 개신교 측으로 넘어가게 됐다. 이러면서 베스트팔렌 조약이 극적으로 체결될 수 있었는데 문제는 가장 큰 피해와 타격을 입은 나라들이었다.

베스트팔렌 조약이 체결됨으로써 가장 심각한 타격을 받은 쪽은 다름 아닌 합스부르크 왕가였다. 대대로 신성로마제국의 황제 자리를 독점하면서 수백 년간 유지해온 합스부르크 왕가의 권력은 눈에 띄게 약화됐고, 반대로 다른 나라들의 상황은 크게 개선된다. 대표적으로 스위스와 네덜란드의 경우는 드디어 정치적인 독립을 얻게 됐고, 합스부르크 왕가를 견제하기 위해 30년전쟁에 뛰어들었던 프랑스는 독일과 국경을 맞대고 있던 알사스-로렌 지방을 차지한다. 또한 신성로마제국의 다스림을 받던 개신교 제후들의 나라, 특히 프로이센의 경우는 정치적인 독립에 대한 자신감과 계획을 확고히 굳힐 수 있게 됐다.

반대로 독일은 30년전쟁을 자신들의 영토 안에서 치렀기 때문에 전쟁을 치르는 동안 전 국토가 황폐화되는 것을 막을 수도 피할 수도 없었다. 향후 수백 년간 재기하기가 힘들 정도로 큰 타격을 받았다. 인구 구성면에서도 큰 피해를 받았는데, 전쟁 전 약 1,500만 명 정도였던 인구가 전쟁 후 약 600만

명 정도로 줄어든 것이다. 훗날 신성로마제국을 계승한 프로이센[18]으로 통일되는 19세기 중반(1871)까지 프랑스를 비롯한 주변 국가들에게 뒤처지는 결과를 가져온 것이 바로 베스트팔렌 조약이었다.

한 국가가 중진국에서 선진국으로 나아가기 위해서 반드시 필요한 것이 어느 정도 규모의 인구 구성원이다. 1,500만에서 600만으로 인구가 줄었다는 것은 독일의 입장에서는 오랜 기간 만회가 불가능할 정도의 큰 손실이었다. 그런 과정과 타격을 받으면서 자연스럽게 독일은 유럽에서 강대국의 지위를 내려놓고 대신 그 자리를 프랑스가 이어받아서 최강대국으로 부상했다. 또한 30년전쟁에서 신성로마제국과 맞서며 개신교도들을 지원했던 네덜란드, 스위스 등의 나라들이 종교적, 정치적 독립을 이루면서 근대국가로 나아가는 계기가 만들어진 것도 베스트팔렌 조약 체결의 의미였다.

베스트팔렌 조약 체결로 인해 특히 프랑스가 유럽에서 정치적으로 한 단계 도약하였고 유럽의 최강대국의 지위를 19세기 중반까지 유지하게 되었다. 물론 1870년 시작된 프로이센과의 대격돌이었던 보불전쟁[19]에서 모든 국가들의 예상을 깨고 프랑스가 패배하면서 200여 년간 향유했던 모든 특권적인 지위를 상실하게 됐지만 베스트팔렌 조약 체결 이후부터 보불전쟁의 패배까지 프랑스의 전성기가 오랫동안 이어지게 됐다.

---

18 프로이센 : 1701년부터 1918년까지 약 200여 년간 존속한 독일제국 내의 왕국으로 처음에는 신신성로마제국의 황제를 선출하는 투표권을 가진 선제후국이었다. 1871년 유럽에서 가장 강했던 프랑스와 보불전쟁을 벌여 승리를 거둔다. 빌헬름 1세 황제와 철혈재상으로 유명했던 비스마르크 시절 거둔 이 승리로 인해 통일 독일제국 수립의 토대를 마련했고 현대 독일의 모태라고 인정받는다. 한편으로는 지금의 독일이 가지는 정체성의 뿌리가 되는 나라지만 군국주의적 성격으로 독일 제국과 나치 독일의 호전적인 특성이 바로 프로이센에서 기인한다고 보고 있기도 하다.

19 보불전쟁(1870~1871) : 프랑스와 프로이센의 전쟁으로, 프랑스가 예상을 뒤엎고 패배함으로써 2백 년 가까이 누려오던 유럽에서의 절대지위를 프로이센에게 넘겨주고 유럽의 판도가 바뀌게 되었다.

태양왕 루이 14세

엘리자베스 1세 여왕

30년전쟁과 베스트팔렌 조약 체결 이후부터는 강대국의 반열에 든 프랑스를 중심으로 전 유럽이 절대왕정(절대주의) 시대로 접어든다. 그중에서도 프랑스와 영국의 치열한 경쟁이 본격화되면서 식민지 쟁탈전이 전개된다. 프랑스는 "짐이 곧 국가다"라고 하며 절대왕정의 상징처럼 군림했던 태양왕 루이 14세 이후 프랑스 역사상 최전성기를 누리고, 영국은 "짐은 영국과 결혼했다"라고 했던 엘리자베스 여왕 시대부터 그런 절대왕정의 전성시대였다.[20]

이때부터 해외식민지 쟁탈을 통한 국가 간 경쟁이 치열해진다. 특히 대포와 범선 제작 기술, 원양까지 나갈 수 있는 해양기술이 발전하는데, 이 조선산업과 해양기술의 발달이야말로 절대왕정 국가들이 해외식민지를 개척하는 데 큰 도움이 되었던 것이다.

대부분의 나라들에서 중앙집권적인 절대왕정이 발전하고 군사제도 부분에서도 획기적인 변화가 오는데, 과거 흔했던 제후 휘하의 용병제가 무력화된다. 대신

---

20 절대왕정 : 16세기 후반~18세기 후반까지 전 유럽에 등장했던 강력한 왕권 중심의 정치체제. 강력한 왕권을 중심으로 중앙집권과 절대주의가 성립하게 되었다. 절대왕정을 뒷받침했던 사상이 바로 '왕권신수설'이었다. 즉 왕권은 신이 특정인에게 부여하는 것으로 신성불가침한 것이기 때문에 모든 국민들은 신에게 권한을 위임받은 왕권에 대해 절대적으로 복종만 해야 된다는 사상이다. 이 왕권신수설로 인해 권력을 잡은 왕가는 손쉽게 국민들을 지배하고 왕권을 자식에게만 세습하면서 영세를 누렸다.

용병제를 대체하는 국왕 직속의 강력한 상비군 체제로 바뀐 것이 베스트팔렌 조약 체결 이후부터 많은 유럽의 국가들이 맞이한 상당히 중요한 변화 중 하나였다.

정치적인 부분에서는 제후들이 할거하는 봉건제를 대신해서 중앙집권적인 절대왕정이 자리 잡았고, 군사적인 부분에서는 용병제 대신 상비군 체제로 정비되었으며, 종교적인 부분에서도 큰 변화를 맞게 된다. 그중에서도 칼뱅파 개신교(프로테스탄트)가 주장했던 예정설이 프랑스와 스위스를 중심으로 크게 위세를 떨치게 된다.

특히 이 시대는 모든 국가들이 해외식민지 개발을 위해 전쟁까지 불사할 정도로 혈안이 됐었는데, 해외식민지를 개발하기 위해서는 필연적으로 먼저 자리 잡은 원주민들을 눌러야 했다. 열강들의 정복과 지배는 정당한 것이고 식민지 개발을 통해 나라가 부강해질 수 있다는 논리를 만드는 데 개신교의 예정설이 많이 이용된 것이 문제가 되었다. 칼뱅파 개신교의 예정설은 전쟁도 신의 뜻이고, 그런 전쟁을 통한 침략과 결과도 미리 다 예정되어 있다고 주장한다. 이게 전형적인 강대국의 논리에 다름 아니었던 것이다. 개신교는 베스트팔렌 조약 체결 이후부터 유럽 열강들이 해외식민지 쟁탈전을 아무런 거리낌 없이 벌일 수 있었던 종교적인 배경이 되었다.

5) 베스트팔렌 조약은 독일의 사망신고서

흔히 베스트팔렌 조약을 일컬어 '독일제국의 사망신고서'라는 말을 쓰기도 한다. 그 이유는 이 조약으로 인해 독일이 향후 상당 기간 재기 불능의 치명적인 피해를 입었기 때문이다.

앞에서도 말했지만, 30년전쟁의 패배에 이은 베스트팔렌 조약의 체결로 인해 가장 큰 피해를 입은 나라는 신성로마제국과 스페인이었다. 스페인은 신성로마제국과 같은 혈통인 합스부르크 왕가 출신이 국왕이었기 때문에 함께 손을 잡고 이 전쟁에 참여했던 것인데, 이 전쟁의 패배로 인해 네덜란드 북부지방에 대한 지배권을 상실했다. 또한 독일 제후들에 대한 영향력도 잃었고 알사스 지방에 있던 합스부르크 영토마저 상실했다. 게다가 30년전쟁을 치르는 동안 막대한 재정적인 손실을 입었기에 그 뒤로 유럽의 강대국으로서의 지위를 모두 상실하며 지금의 스페인으로 이어지게 된 것이다.

한편 신성로마제국의 경우 자신들의 영토에서 전쟁이 벌어졌기에 국토가 황폐해지고, 많은 국민들이 사망해서 인구가 엄청나게 줄었다는 것은 앞에서 언급했다. 먼저 국토가 황폐화됐다는 말은 그냥 단순히 영토, 말 그대로 땅이 손상됐다는 의미보다는 훨씬 더 심각한 의미가 있다.

30년전쟁의 특징 중 하나는 전쟁에 참여한 거의 모든 국가의 군대에 다수의 용병[21]들이 있었다는 점이다. 상비군이면 국왕 직속으로 있기 때문에 월급이나 급료를 받는 데 별 문제가 없을 것이다. 그러나 용병은 말 그대로 대부분 돈에 의해서 움직이는 군사들이다. 그런데 많은 군사들이 용병으로 전쟁에 참여했는데 문제는 전쟁의 기간이 생각보다 훨씬 길어졌다는 것이었다. 그러다 보니 용병들에게 줘야 할 돈이 점점 부족해지고 이것은 곧 용병들의 불만으로 돌아오게 됐다.

전쟁 중에 발생하는 용병들의 불만은 정말 위험한 일이어서 국가나 국왕에 대한 충성심이 깊었던 상비군과 달리 충성심이 아닌 돈이 중요했던 용병

---

21 용병(mercenary) : 사전적 의미는 오로지 돈을 벌 목적으로 분쟁에 참여하는 사람이다. 30년전쟁 당시 가톨릭 측과 신교도 측 모두가 대부분 10만~20만 이상의 대규모 병력을 전개시켰다. 양측은 이런 대규모 병력을 원하는 순간에 투입할 수 있었던 건 용병을 모집했기 때문이다. 용병들은 체계적인 군사 훈련과 다양한 경험, 풍토병에 대한 면역력, 특히 돈을 벌어야 한다는 확고한 목표의식까지 갖추고 있어 급히 징집되어 싸우는 민병대 혹은 시민군보다 월등한 전투력을 자랑했기에 양측은 용병을 많이 모았고, 이들 용병들이 30년전쟁에 투입되어 많은 전투를 벌였다.

들이라 불만이 쌓이면 그들의 총부리가 어디로 향할지를 알 수가 없었다. 용병들의 불만을 잠재우고 계속 전쟁터에 붙잡아두기 위해서는 재물이 필요했는데 오랜 전쟁으로 인해 재정상태가 악화되었다. 결국 신성로마제국이나 스페인 등 대부분의 나라에서는 용병들에게 전쟁터에서의 약탈과 방화, 살인 등 불법적인 일들을 묵인 내지는 방조하게 됐다.

용병들은 낮에는 전투를 하고, 밤에는 지역 주민들을 죽이고 물건을 빼앗는 등의 범죄를 점점 더 저지르게 됐다. 이것이 바로 국토의 황폐화이자 주된 문제 중 하나였던 것이다.

어두운 밤만 되면 용병들이 나와서 일반 주민들의 삶을 망치고 약탈하는 게 마치 밤이면 먹이를 찾아 무리지어 다니는 늑대와 비슷하다고 해서 '늑대전략'이라는 비아냥과 지탄을 받기도 했다. 학자들마다 약간의 이견은 있지만 30년전쟁 동안 독일 사람들만 약 800만~1000만 명이 희생됐는데, 이 숫자는 당시 독일 사람 세 명 중 두 명이 죽었다는 이야기다. 물론 살아남은 한 명도 당연히 죽지 못해 사는 삶이 이어졌을 것이니 30년전쟁을 하는 동안 전쟁터였던 신성로마제국의 온 영토가 초토화되었다고 해도 과언이 아닌 것이었다. 물론 이러한 피해는 앞서 말한 용병들의 늑대전략 영향이 컸다.

당연히 30년전쟁의 피해가 조금 과장됐다고 보는 시각도 있는데, 당시 사용됐던 총이나 대포 등의 화력을 생각할 때 온 국토가 초토화되기는 어려울 것이라는 의견들이다. 그러나 매일 전투가 벌어진 것은 아니었어도 기간이 무려 30년이었다는 것을 기억해야 한다. 그리고 용병들의 불만으로 인해 많은 민간인들이 피해를 입은 것도 사실이었고, 매일 밤마다 불필요한 학살이 자행된 것도 사실이었다. 보헤미아의 한 마을은 전쟁 전 6,000명 정도 인구가 전쟁 후 불과 800명만 남았는데, 대부분의 주민들이 무고하게 학살된 것이라고 한다.

그러나 이것보다 더 심각한 피해가 있었고, 이 피해로 인해 결국 베스트팔렌 조약 체결은 독일에게는 사망신고서가 됐다는 말이 나왔는데, 바로 한

국가에서 가장 중요한 계층인 중산층이 완전히 붕괴된 것이었다. 한 국가가 정치적, 경제적으로 굳건히 서기 위해서 가장 중요한 계층이 바로 중산층인데 이들 중산층이 무너진 것이다. 이 말은 즉 신성로마제국이 다시 정치, 경제적으로 재기할 수 있는 근본 토대가 무너졌다는 말이기도 하다.

게다가 13세기 이후부터 신성로마제국을 포함한 북유럽 상권의 중요한 경제적, 정치적 세력이었던 한자동맹[22]마저 완전히 붕괴됐기에 신성로마제국은 껍데기만 남고 실체가 없는 이름뿐인 국가로 전락하게 된 것이다.

이로 인해 1806년 프랑스 나폴레옹 1세 군대에 의해 국가가 몰락할 때까지 신성로마제국은 허울 좋은 이름만 남은 삼류국가의 신세였다. 이 모든 것이 바로 베스트팔렌 조약 체결로 인해 생긴 것이기에 흔히 이 조약을 가리켜 독일제국의 사망신고서라는 달갑지 않은 이름으로 불렸던 것이다.

6) 병자호란의 원인들

독일제국의 사망신고서라는 달갑지 않은 평가를 받고 종교전쟁에서 시

---

22 한자동맹(Hanseatic League) : '한자'라고 불린 편력상인(한 곳에 정착하지 않고 시장을 찾아 먼거리를 이동하던 상인들 무리)들이 기원이 되어 1350년부터 발전한 경제공동체. 1370년에는 북유럽을 중심으로 가장 막강한 힘을 가진 단채로 성장했다. 한자동맹이 위력을 떨치기 시작한 것은 특히 청어잡이를 통해서였다. 청어는 당시 사람들의 필수식품이자 비상식량이었다. 중세를 지배한 가톨릭이 종교적 이유로 육식을 금하는 경우가 흔했고 이때 육식을 대체했던 게 바로 청어였다. 그래서 청어잡이 배를 만드는 조선산업, 청어를 보관하는 염장산업, 청어를 운송하는 배송산업 등을 통해 한자동맹이 위력을 발휘했던 것이다. 잘 나가던 한자동맹에 큰 타격을 입힌 것이 30년전쟁이었는데, 구교와 신교가 싸우면서 한자동맹의 본거지인 독일 영토가 황폐화됐고, 게다가 청어가 잡히지 않게 되었다. 발트해를 가득 채웠던 청어가 북해로 이동했던 것이다. 이후부터 영국, 네덜란드 등 신흥국에 밀려서 한자동맹은 점차 쇠퇴하였고, 1669년 한자동맹 회의를 마지막으로 사라지게 됐다.

작해서 정치전쟁으로 확대되면서 유럽 근대의 길로 접어들도록 만들었던 30년전쟁과 비슷한 시기, 우리나라에서는 조선과 청나라 사이에 전쟁이 발발했다. 병자년에 일어났다 해서 병자호란(1636~1637)이라고 하는데 우리 역사에서는 일제 36년의 치욕과 더불어 매우 굴욕적인 사건이었다. 특히 조선 왕실의 입장에서 보면 아마도 우리 역사를 통틀어서 조선의 국왕이 당한 가장 치욕적인 수치로 기록될 삼전도의 굴욕이 이때 일어난 사건이었다.

17세기 중반, 중원의 지배자였던 청나라는 왜 조선을 침략한 것일까? 병자호란의 표면적인 이유에는 명나라가 등장한다. 명나라는 16세기 중반부터 정치적인 갈등과 내분으로 국력이 내리막길을 걷고 있었는데 임진왜란 때 조선에 원군을 보내면서 국력이 더욱 기울어졌다. 그런데 그 무렵, 만주족의 족장 누르하치가 주변 여러 부족들을 통일하고 1616년 새로운 나라를 건국했는데 바로 후금(後金)이었다. 후금은 20년 후인 1636년 국호를 청으로 바꾼다.

누르하치가 국가 이름을 후금이라고 한 것은 과거 여진족이 세웠던 금(金)나라를 계승한다는 의미에서였다. 이 후금의 등장으로 인해 17세기 당시 동아시아의 정세가 요동치게 된다.

1619년, 누르하치가 세운 후금이 명나라를 공격하는 일이 발생한다. 임진왜란 때 조선에 지원군을 보냈던 명나라이기에 조선에서도 명나라의 지원 요청을 거부할 수가 없어서 약 13,000여 명의 지원군을 보냈다. 그러나 조선의 지원에도 불구하고 떠오르는 중원의 강자인 후금에 명나라가 패하고 만다. 이 전쟁과 명나라의 패배, 그리고 조선의 명나라 후원으로 인해 후금과 조선의 관계는 나빠질 수밖에 없었다. 당시 조선에서는 선조가 죽고 광해군이 1608년부터 집권하고 있었는데, 광해군은 전통적 우방인 명나라와 신흥강국 후금 사이에서 실리적인 중립외교정책을 펼쳤다. 이 중립정책으로 인해 그나마 후금과의 관계가 최악으로 치닫는 상황만은 면하고 있었다.

사실 당시 조선 정세는 명나라 지원 찬성과 반대로 시끄러웠는데, 사대주의와 숭명(崇明)사상에 빠져 있던 대부분의 조정 대신들은 명나라와의 관계를 생각해서 원군을 보내는 데 찬성하는 입장이었다. 결국 명분과 실익을 놓고 고심하던 광해군은 어쩔 수 없이 군사를 파견하는데 강홍립을 원수로 임명해서 참전시킨다. 그러나 원군을 달가워하지 않고 중립외교를 원했던 광해군이 강홍립 원수에게 후금 군사들과 직접적인 전투를 하지 말 것을 지시했는지, 만주에서 명나라 군사들이 후금 군사들에게 패하자마자 조선 군대는 즉시 후금에 항복한다.

후금과의 전쟁과 내분으로 인해 명나라는 점점 몰락하는 중이었고, 반대로 후금은 새로운 강국으로 부상 중이었기에 광해군의 입장에서는 명나라에서 후금으로 이동하는 힘의 논리를 무조건 외면할 수 없었을 것이다. 이런 군주의 의중을 알았던 강홍립 원수는 전투다운 전투 한 번 하지 않고 후금에게 항복함으로써 광해군의 의도를 실행했던 것으로 보인다. 그러나 광해군의 이러한 중립외교와 명나라에 거리를 두는 정치는 많은 반대파를 만들게 됐고 결국 반대파에 의해 광해군이 폐위되는 결과를 초래한다. 광해군이 집권하면서 정치적으로 소외되어 있던 서인들이 중심이 되어 능양군(후일, 인조)을 옹립하는 인조반정[23]을 일으키면서 1623년, 15년간 조선의 군주였던 광해군이 쫓겨났던 것이다. 이에 대해서는 뒤에서 자세히 다루기로 한다.

인조반정으로 집권에 성공한 서인 세력들은 대놓고 숭명배금(崇明排金) 정책, 즉 무너져가는 명나라를 섬기고 떠오르는 강국인 후금을 배척하는 정치를 펴게 된다. 이에 후금은 중국대륙에 본격적으로 진출하기에 앞서 자신들을 배척하는 조선을 군사적으로 견제해야 할 필요를 느꼈다. 조선에 대한

---

23 인조반정 : 광해군 15년(1623), 서인 일파가 광해군 및 집권당인 대북파(북인)를 몰아내고 능양군(선조의 손자, 후에 인조)을 왕으로 세운 정변. 광해군은 적자가 아니었고 오랑캐라고 할 수 있는 후금(후에 청나라)과 명나라 사이에서 중립외교를 했기에 친명 숭배에 물든 서인들의 불만이 컸다. 결국 서인세력은 능양군을 왕위에 올리기로 하고 반정을 일으켜 광해군을 폐위시켰다.

견제와 응징을 벼르고 있던 후금은 인조 5년(1627) 1월, 대군을 동원해서 압록강을 넘어 조선을 침략하는데 이게 바로 정묘호란이었다. 후금의 대군이 압록강을 넘어 남하하자 인조를 비롯한 조정 대신들은 백성들을 버리고 강화도로 피신을 가면서 전국은 전쟁의 소용돌이에 빠져들어간다. 명나라 때문에 오랜 기간 조선에 발이 묶이는 것을 경계한 후금은 강화성에서 조선과 협정을 맺고 철군하는데, 당시 협정의 핵심 내용은 일종의 형제맹약으로 한마디로 '후금은 형님이고 조선은 아우'라는 것이었다.

인조 14년(1636) 후금은 청으로 국호를 변경하면서 본격적으로 동북아 최강 국가인 청나라의 시대를 연다. 청나라는 과거 후금 시절에 조선과 맺었던 형제맹약을 고쳐서 군신맹약으로 변경을 요구한다. 즉 형님과 아우 관계가 아니라 청나라는 군주국가이고 조선은 신하국가라는 것이었다. 게다가 해마다 군주에 대한 예를 다해서 막대한 액수의 조공까지 바치라고 요구한다. 조선 조정에서는 인조반정을 주도했던 서인들이 중심이 되어 청나라에 대한 반감을 노골화한다. 특히 사대부들로서 체면을 중시하던 서인 집권층은 청나라를 북방의 오랑캐 나라가 건국한 나라라 해서 멸시하는 생각까지 갖고 있었던 것이다.

비록 인조반정에 의해 국왕이 됐지만 조선의 군주로서 인조는 냉철한 시각으로 동북아 정세를 살펴야 했음에도 불구하고 자신을 왕으로 만들어준 서인들의 입장을 외면할 수 없었다. 이게 조선의 군주였던 인조의 처량한 처지였다. 집권층인 서인과 군주인 인조마저 청나라에 대해 군신의 예를 갖추기는커녕 강경한 입장으로 돌아서자 청나라는 조선 정벌을 계획한 것이다.

1636년 12월 9일, 눈보라와 추위가 극심하던 한겨울에 청태종은 직접 군사들을 이끌고 조선을 침략한다. 인조를 비롯한 조정 대신들은 정묘호란 때 후금이 조선에 오래 머물지 않고 철군했던 것을 떠올리면서 이번에도 그러리라는 착각을 하고 있었다. 그러나 조선 침략 1주일도 안 되어 청나라 군사들이 수도 근처까지 밀고 오자 급히 강화도로 피신하려고 했다. 그러나 이미 강화도로 가는 모든 길은 청나라 군사들이 장악하고 있었기에 결국 계획을 바꿔서 지금의 성남에 있는 남한산성으로 피신하게 된다. 개전한 지 채 10일도 안 돼서 청나라 군사들은 조선의 군대를 무력화시키고 인조가 숨어 있던 남한산성을 포위한다. 이런 상황을 보면 인조는 물론이고 집권하고 있던 서인 세력이 얼마나 동북아 정세에 무지했고 얼마나 군사적인 방비가 전혀 안 되어 있는지를 짐작할 수 있다. 그들은 아직도 사대주의에 젖어서 오로지 무너져가던 명나라만을 숭상하고 있었던 것이다. 임진왜란이나 병자호란을 보면 군주를 중심으로 한 국가를 이끌어가는 집권세력의 국제정세에 대한 인식이 얼마나 중요한지를 다시금 느낄 수 있다.

인조가 남한산성으로 급히 피신했을 당시 남한산성에는 군사들이 약 15,000여 명 정도밖에 없었고 관원들이 약 300여 명 그리고 약 50여 일을 버틸 수 있는 식량만이 있었다고 한다. 게다가 조정을 남한산성으로 옮긴 직후에도 김상헌을 비롯한 주전파들(죽기를 각오하고 싸우자는 사람들)과 최명길을 비롯한 주화파(굴욕을 참고 머리를 숙이자는 사람들)의 싸움으로 갈등은 내부에서부터 이미 시작되고 있었다. 주전파 김상헌과 주화파 최명길의 갈등과 다툼은 영화 〈남한산성〉에서도 주요 소재로 다루기도 했었다.

당시 주전파와 주화파가 심각하게 대립하고 갈등했다는 것에서도 인조를 비롯한 집권세력들이 얼마나 무능했는지를 짐작할 수 있다. 결국, 이들의 다툼이 점점 거세지던 1637년, 인조가 처음에 피신하려고 했던 강화도가 청나라 군대에 함락되고 그곳에 숨어 있던 봉림대군과 인평대군을 비롯한 왕자들이 잡히면서 더 이상 인조도 버틸 수가 없게 된다. 남한산성을 나가서 청나라에 항복하겠다는 편지를 신하를 통해 청나라에 전한 인조는 시종 50여 명을 데리고 나가 삼전도에서 청태종에게 머리를 조아리고 신하의 예를 갖춘다. 이게 1637년 1월 30일이었으니 전쟁 발발 후 불과 47일 만에 조선의 운명이 청나라에 떨어졌던 것이다. 아무리 한 나라의 국력이 약하다고 해도 국가 간의 전쟁에서 단 47일 만에 항복한다는 건 쉽게 납득하기 어려운 일인데 이것이 모두 조선 집권세력의 안일함과 무능 그리고 동북아 정세에 대한 무지가 빚어낸 결과였던 것이다.

인조와 조선의 항복을 받아내고 신하의 예를 받은 청태종은 본국으로 돌아갈 때 승전의 대가로 소현세자와 봉림대군을 볼모로, 끝까지 싸울 것을 주장했던 김상헌을 비롯한 주전파(척화파)들을 포로로 잡아서 데려갔다. 이렇게 해서 우리 역사에서 최고의 치욕을 안겨줬던 병자호란은 조선에 큰 상처를 남기고 막을 내린다.

7) 광해군은 개혁군주인가 미치광이 폭군인가?

광해군에 대한 후대의 평가는 두 가지로 나뉜다. 동서양을 막론하고 거의 대부분의 지도자들은 사후 평가를 받는데 누구에게나 공과 과가 분명히 존재한다. 공이 더 많으면 흔히 말하는 성군이 되는 것이고, 과가 더 많으면 대부분 폭군이라는 평가를 받는 경우가 흔하다.

그렇다면 광해군은 어떠할까? 광해군에게도 당연히 공과 과가 분명하게 나뉘는데 그렇다면 광해군은 진정 개혁을 추구했던 성군인가? 아니면 권력을 이용해서 반대파들을 무자비하게 제거한 미치광이 폭군이었을까? 역사라는 것이 당연히 승자의 기록이기에 반드시 진실에 입각해서 쓴 것이 아니라는 것을 염두에 둔다고 하더라도 한 인간에 대한 평가가 광해군처럼 극명하게 반대로 갈리는 경우는 우리 역사에서 그리 흔한 것은 아니다.

병자호란을 직접 겪었던 군주는 청나라를 멀리했던 인조였지만 인조의 전임자였던 광해군은 청나라의 전신인 후금과 명나라 사이에서 중립외교로 줄타기를 했던 군주였다. 그래서 광해군 시절에는 조선과 후금의 사이가 매우 악화되지는 않았다고 평가한다. 그러나 이런 광해군이 인조반정으로 폐위되고 그의 뒤를 이은 인조가 후금을 배척하게 되면서 사이가 틀어졌고 결국 병자호란으로 연결됐던 것이다.

역사에서 '만약 ~했더라면'이라는 상정은 별 의미 없지만 그럼에도 불구하고 만약 광해군이 인조반정으로 폐위당하지 않았더라면, 혹은 광해군의 뒤를 이은 인조가 군주로서 중심을 잡고 후금을 배척하지 않고 중립외교를 계속 계승했더라면, 이라는 역사적 가정은 가능할 것이다.

개혁군주와 폭군으로 평가가 갈리고, 일반인들에게는 폭군의 이미지가 좀 더 강한 광해군에 대한 재평가는 계속되고 있다. 광해군은 조선의 분명한 군주였음에도 다른 군주들과는 많은 차이가 있다. 먼저 광해군이라는 칭호부터가 의아한데, 그는 분명히 일국의 국왕이었음에도 불구하고 다른 왕들과는 칭호부터가 다르다. 보통 조선의 군주들 칭호는 대부분 인조, 선조처럼 '조'를 붙이거나 혹은 세종, 태종처럼 '종'이 붙는 경우가 대부분이다. 그러나 광해군은 선조의 죽음 이후 왕위를 이어받은 분명한 군주임에도 불구하고 다른 군주들처럼 '종'이 붙지 않고 '군'이 붙었다. 연산군과 마찬가지이지만 일반적인 경우는 분명 아니다.

광해군이나 연산군의 이름은 왜 '군'으로 했을까? 이에 대한 답은 광해군이나 연산군은 역사에 의해 폭군이라는 평가를 받았기 때문이라는 것이다.

광해군은 누구인가? 조선의 14대 왕인 선조 시절, 왜적의 침입으로 임진왜란이 발발한다. 선조는 백성을 고통을 뒤로하고 궁궐과 백성을 버리고 의주로 피난을 가고, 대신 아들인 광해군이 전쟁을 수행한다. 선조를 대신해서 국정을 이끄는 젊은 왕자에 대해 백성들의 신임이 두터워지자 이를 질투한 선조는 아들보다 어린 아내를 얻어 영창대군을 낳는다. 이후 선조가 갑작스러운 죽음(1608)을 맞이하자 세자인 광해군이 자연스럽게 왕위에 오른다. 광해군이 즉위하면서 조선 정계에 북인 세력이 급부상하여 함께 권력을 잡게 된다.

광해군이 즉위한 시기는 당시 강대국으로 떠오르던 후금과 명나라가 각축을 벌이던 무렵이라 광해군은 약소국인 조선을 위해 두 나라 사이에서 고

민하고 있었다. 철저히 국익을 위해 현재 강국인 후금에 붙을 것이냐, 아니면 지금까지 함께해왔던 명나라와의 의리를 지킬 것이냐 하는 문제에서 광해군은 실리를 위해 중립외교를 펼치기로 선택한다. 또 광해군은 대동법을 시행하면서, 백성들에게 공납의 의무를 줄여주기도 했다.

이렇게 나름 훌륭한 업적들을 세웠음에도 불구하고 왜 광해군에게는 무자비한 폭군이라는 이미지가 강할까? 그 이유 중 하나는 아마도 광해군이 어머니 인목대비를 폐위시키고 배다른 형제 영창대군을 죽인 것 때문일 것이다. 사실 인목대비는 광해군의 친모가 아니다. 영창대군의 친어머니이고 광해군에게는 계모가 된다. 그래서 인목대비는 광해군보다는 친아들인 영창대군이 왕이 되게 하려고 온갖 노력을 했다. 따라서 인목대비와 광해군은 광해군의 즉위 전부터 정치적으로 대립관계였고, 따라서 광해군이 왕이 되는데 가장 큰 정치적 걸림돌이 인목대비였다. 권력은 아들과도 나누지 않는다는 냉혹한 정치현실을 생각한다면 광해군이 인목대비를 폐위시킨 것도 전혀 이해가 가지 않는 건 아닐 것이다.

사실 광해군은 비록 인목대비가 자신을 앞길을 방해하고 배다른 동생을 국왕으로 지지하는 걸 알았지만 죽이고 싶어 하지는 않았다고 한다. 그러나 광해군을 통해 권력의 정점에 서기를 원했던 북인들의 생각은 전혀 달랐다. 결국 조선의 차기 대권을 놓고 벌였던 권력다툼에서 밀려난 인목대비와 영창대군 앞에는 폐위와 죽음만이 놓여 있었다.

이런 과정을 거쳐 조선의 군주가 된 광해군은 1608년부터 1623년까지 15년 동안 조선을 지배하며 신흥강국 후금과 전통의 강국 명나라 사이에서 절묘한 중립외교로 조선의 살 길을 열었지만 결국 광해군 자신도 비참한 결말을 맞게 된다. 국왕이 명나라만 숭상하지 않고 중립외교를 하는 것에 대한 불만들이 점점 커져가고 있던 차, 특히 광해군이 집권하면서 북인에 밀려 정치 변두리를 떠돌던 서인들이 중심이 되어 반란을 획책한 것이다.

광해군 통치 15년인 1623년 3월 12일 밤, 선조의 손자이자 광해군에게는 배다른 조카가 되는 능양군(후에 인조)과 그를 지지하는 서인들이 명나라와의 신의만을 지켜야 한다며 인조반정을 일으킨다. 그렇게 해서 광해군과 북인들은 쫓겨나고, 인조와 서인들이 권력을 잡는 것으로 광해군의 정치는 끝나고 만다.

8) 광해군을 폐위시킨 쿠데타 인조반정

인조반정은 서인들이 중심이 되어 군주인 광해군을 몰아내고 새로운 국왕을 세운, 쿠데타 혹은 정치적 반란이었다. 15년 동안이나 일국의 군주였던 광해군이 폐위되고 왕위에서 쫓겨난 이유는 무엇인가? 인조반정은 왜 발발했으며, 인조반정을 주도한 세력들에게 역사적 정당성은 있는 것일까?

역사에서는 광해군은 어머니(인목대비)를 폐위시키고 동생(영창대군)을 죽인 패륜아이자 폭군의 이미지로 각인되어 있는데 최근 들어 일단의 역사학자들과 재야사학자들을 중심으로 광해군에 대한 새로운 해석을 내놓으려는 꾸준한 시도들이 있어왔다.

광해군 15년(1623) 3월 12일 밤, 광해군과 북인들의 득세로 인해 정치적 입지를 상실한 서인들이 광해군의 배다른 조카인 능양군을 내세워 쿠데타를 도모한다. 쿠데타의 주역은 서인인 이귀, 김자점, 김류, 이괄 등이었는데 겨우 700여 명(혹은 2,000여 명)을 이끌고 야밤을 틈타 창경궁을 포위하고 호위군들을 간단히 제압함으로써 싱겁게 반란을 성공시킨다. 일국의 국왕이 이렇듯 손쉽게 제압되고 반란이 성공한다는 것은 달리 말하면 국왕을 향한 백성들의 민심이 떠났다는 의미이기도 하다.

역사에서는 광해군이 밤에 잠을 자다가 반란에 놀라 궁궐 담을 넘어서 도주했다고 한다. 당시 얼마나 사정이 급박했는지 국왕을 상징하는 옥새를 담 밑에 떨어뜨렸다고도 한다. 창경궁의 담을 넘은 광해군은 젊은 내시에게

업혀서 어의 안국신의 집으로 숨었는데, 그의 아내의 밀고로 인해 이튿날 인조에게 잡혀온다. 이런 정황 역시 광해군이 군주였음에도 불구하고 백성들은 물론이고 궁궐 사람들에게까지도 신망을 잃었음을 짐작하게 하는 것이다.

인조와 서인들에게 잡힌 광해군은 아들 부부와 함께 강화도로 귀양을 가게 됐는데, 아들 부부는 강화도에서 탈출을 꾀하다 죽고 부인 윤씨도 화병으로 삶을 마감한다. 광해군은 이후 19년 동안이나 강화도에서 살다가, 인조 19년인 1641년 더 먼 유배지인 제주도에서 죽음을 맞는다. 당시 나이는 67세였다.

능양군과 서인들이 인조반정을 일으키고 광해군을 폐위시켰던 대외적인 명분과 이유는 무엇이었을까? 모든 정치에서 가장 중시하는 것이 바로 명분이라면 국왕을 폐위시키기 위해서는 그에 합당한 정당한 명분과 이유가 반드시 있어야만 했을 것이다. 서인들과 인조가 내세운 명분은 대체로 세 가지였다. 이 세 가지 명분을 두고 재야사학자들이 광해군에 대한 재평가를 시도하고 있다.

첫 번째 명분은 광해군이 궁궐 등 힘든 축조공사를 많이 벌여서 가난한 백성들을 도탄에 빠뜨렸다는 것이었다.

결론적으로 광해군에게 적용된 위의 죄목은 사실이었다. 광해군이 축조공사를 많이 한 이유는 무엇일까? 임진왜란을 겪으면서 민가는 물론이고 궁궐도 대부분 불에 타서 거의 재만 남았기 때문이다. 임진왜란이 끝나고 한양으로 돌아와보니 경복궁은 불에 타서 사용할 수가 없었다. 그래서 선조나 광해군은 덕수궁을 임시 처소로 사용하고 있었다. 지금의 덕수궁과는 달라서 당시 덕수궁은 양반의 저택을 임시로 개조해서 사용하는 수준이었다. 왕실에게는 백성들에게 우러러보일 수 있는 궁궐의 존재가 매우 중요하다. 광해군에게도 왕실의 위엄을 보일 수 있는 그 무언가가 필요했는데 바로 궁궐이었다. 그래서 광해군은 불에 탄 경복궁을 비롯한 창덕궁 등의 축조공사를 감행했던 것이다. 비록 7년의 전쟁을 겪은 후 새롭게 왕실의 권위를 세우기 위한 궁궐 축조공사였지만 공사에 동원되는 가난한 백성들에게는 매우 힘든 일이었을 것이고 많은 백성들이 이것을 원망했을 가능성이 크다. 그러나 서구 대부분의 왕실도 권위를 세우기 위한 조치로 궁궐 등을 크고 화려하게 짓는다는 것을 기억할 필요가 있다. 현대에도 왕실을 유지하는 나라들이 왕실 가족에게는 성대한 궁궐을 제공하고 있다.

쿠데타의 두 번째 명분은 광해군이 명나라를 배신하고 오랑캐 국가에 불과한 후금과 화친했다는 것이었다. 이에 대해서는 당시 동북아 정세를 생각해야 한다. 일국의 군주가 된 광해군의 입장에서는 가장 중요한 것은 당연히 조선의 실제적인 이익이었을 것이다. 비록 조선과 명나라가 오랜 기간 관계를 맺어왔지만 당시 동북아 정세는 후금의 등장으로 인해 심하게 요동치던 시기였다. 명나라는 몰락하고, 후금이 주도하는 새로운 정치질서가 동북아를 지배하던 시절이었기에 관해군은 명나라와 후금 사이에서 실익에 입각한 중립적인 행보를 보였다.

조선의 사대부들이 사대주의에 빠져서 국제정세를 도외시하고 몰락해 가는 명나라만 바라보고 있을 때, 군주인 광해군은 오히려 냉철한 시각으로 철저히 조선의 실익을 위해서만 정치적 선택을 했다는 것이 재야사학자들이 새롭게 광해군을 평가해야 한다고 주장하는 이유이다. 즉 광해군의 현명한 선택으로 인해 누르하치가 지배하던 후금이 광해군 시절에는 조선과 사이가 좋았고 그래서 후금과 전면전을 벌이지 않았다는 것이다. 결국 광해군의 뒤를 이은 인조는 사대부들이 원하는 명나라를 가까이하고 후금을 오랑캐라고 하면서 멀리하는 정책을 폈고, 군주의 이런 선택이 결국 병자호란을 불러일으켰다는 것이다. 만약 인조가 광해군처럼 실리에 입각한 중립외교를 따르고 후금을 멀리하지 않았더라면 병자호란도 일어나지 않았을 것이라는 게 재야사학자들의 주장이다.

세 번째 명분은 광해군이 패륜을 저질렀다는 것이었다. 즉 광해군이 동생인 영창대군을 죽이고 어머니인 인목대비를 폐위시키는 데 앞장섰다는 것이었다. 결론적으로 사실이고 어쩌면 광해군에게 가장 큰 실수일 수도 있는 것이 바로 이 세 번째 이유였다. 왜 그럼 광해군은 저런 결정을 했을까? 영창대군은 광해군의 배다른 동생이었지만 권력의 속성상 강력한 정적이 될 수 있는 인물이었기 때문이다.

사실 광해군에게는 결정적인 약점이 있었는데 그가 선조의 적장자가 아닌 후궁의 아들이라는 사실이었다. 선조는 정실 왕비 의인왕후가 죽자 인목대비를 계비로 책봉했는데 바로 그녀의 아들이 영창대군이었다. 적자로 태어난 영창대군은 서자인 광해군에게는 정치적으로 상당히 버거운 경쟁자였다. 비록 역모가 사전 발각되기는 했지만 실제로 영창대군을 왕으로 옹립하려는 시도들이 있었고 이를 인목대비가 계획했다는 것이 드러났기에 원하든 원하지 않든 인목대비의 폐위와 영창대군의 죽음을 막을 수는 없었을 것이다. 두고두고 광해군의 앞길에 걸림돌이 될 것이 자명한 영창대군이었기에 권력싸움에서 패한 유력자를 그대로 두기는 어려웠을 것이고 권력의 속성을 생각한다면 이해가 가는 부분도 있다. 어린 동생을 두 명이나 직접 죽이고 왕권을 차지했던 태종도 있었고, 어린 조카 단종을 죽이고 왕위를 빼앗았던 세조도 있었다는 걸 생각한다면 광해군의 결정은 냉혹한 권력의 생리라고 볼 수도 있는 것이다.

이상 세 가지가 당시 인조반정을 일으켜서 광해군을 몰아냈던 인조와 서인들이 내세운 명분이었다. 물론 이런 세 가지 이유에 대해 재야사학자들을 중심으로 당시 광해군이 했던 결정들의 당위성이 제기되고 있고 그에 따라 역사의 재평가가 이뤄져야 한다는 요구도 있다는 것을 기억해야 한다. 물론 광해군의 중립외교가 허구였다는 주장도 있으니 판단은 독자의 몫이다.

9) 인조반정의 진짜 이유

지금까지 인조반정을 일으킨 세력들이 광해군을 폐위시키면서 내세웠던 세 가지 명분을 살펴봤다. 그렇다면 인조반정을 일으킬 수밖에 없었던 진짜 이유는 무엇이었을까? 그것은 바로 조선 사대부들과 대신들이 숭상했던 숭명사상(崇明思想)과 조선에 뿌리 깊게 박힌 지독한 사대주의였다.

광해군이 집권하던 시절 조선의 상류층과 대신들은 심각한 사대주의에 빠져 있었다. 그들 대소 신료들의 입장에서는 비록 몰락해가고 있다고 해도 명나라는 하늘처럼 받들어야 하는 나라였다. 그런데 자신들의 군주가 명나라를 버리고 다른 나라, 그것도 오랑캐 나라인 후금을 택한다고 하니 도저히 받아들이기 어려웠던 것이다.

광해군이 왕위에 오르고 얼마 지나지 않아 요동지역에선 누르하치가 여진족을 통합하여 후금을 세웠다. 그런데 후금은 여진족들이 세운 나라라는 게 문제였다. 여진족은 말갈족의 후예들인데 그들은 발해의 최하층 백성들 출신이기도 했다. 조선의 대신들이 보기에 그들은 언제나 자신들보다 열악한 오랑캐에 불과했던 것이다. 그런 여진족들을 통일해서 만든 나라가 후금이었으니 조선 사대부들은 후금을 그저 오랑캐 나라라고 얕잡아봤다. 그 오랑캐 나라와 하늘 같은 명나라와의 사이에서 줄타기를 하고 있는 광해군을 사대부들은 군주로 용납할 수 없었다. 당시 동북아 정세에서 후금의 위용이 명나라마저 떨게 만들고 있다는 것을 그들은 전혀 몰랐던 것이다.

'재조지은(再造之恩).' 선조실록에 무려 11번이나 기록될 만큼 자주 나오는 중요한 용어이다. 글자 그대로 '은혜를 다시 기억한다'는 뜻이다. 조정 대신들이 저렇게 은혜를 기억하라고 강조하는데, 도대체 누구에게 무슨 은혜를 기억하라는 것일까? 바로 광해군에게 명나라의 은혜를 기억하라는 것이었다. 그들의 논리에 따르면 임진왜란 때 명나라가 군사를 보내 조선을 구했으니 그 은혜를 기억하고 갚아야 한다는 것이었다. 그러므로 그들은 명나라를 도와주기 위해 출병할 것을 요구했던 것이다.

임진왜란의 참상을 기록한 유성룡의『징비록』등을 보면 명나라 군사들이 왜군 못지않게 많은 악행을 저질렀다고 기록되어 있다. 그러나 실상을 제대로 모르고 그저 명나라를 대국으로 섬기던 사대부들은 명나라가 개입했기에 임진왜란을 승리로 이끌 수 있었다고 생각했다. 그들에게 명나라는 하늘이고 조선은 하늘을 섬기는 땅이며 자신들은 조선의 신하이자 명나라의 신하였다. 실로 사대주의의 절정이라고 볼 수 있다. 당시 조선의 사대부들은 자신들의 사상적 기반이 되는 유교와 성리학의 교주인 공자, 맹자와 주자 등이 태어난 한족의 나라인 명나라를 스승의 나라이자 주군의 나라로 여기고 있었다. 그러므로 광해군이 펼치는 중립외교는 그들의 큰 불만을 살 수밖에 없었던 것이다.

보통 권력은 세상 모든 것을 지배하지만 권력보다 더 우위에 있는 것이 한 가지 있으니 바로 종교, 사상 등이었다. 명나라에서 비롯된 유교와 성리학 등의 사상을 금과옥조처럼 신봉하던 조선의 사대부들에게는 명나라를 중시하지 않는 듯한 광해군의 정치는 비록 군주라 할지라도 따르기 어려웠을 것이다. 당시 일단의 사대부들은 자신들이 신봉하는 사상의 본류인 명나라를 추종하는 것을 최고의 가치로 여겼고 조선을 '소중화(작은 중국)'라고 생각하기까지 했다. 이러한 사대주의적 사상이 인조반정의 진짜 이유였던 것이다.

첫 번째 진짜 이유가 사상적인 것이었다면, 두 번째 진짜 이유는 권력 욕심이었다. 광해군 집권 시절, 정인홍, 이이첨 등의 북인들에 의해 권력의 중심에서 제거되고 소외됐던 서인 사람들이 다시 권력을 차지하고자 하는 현실적인 욕심에서 광해군을 끌어내렸던 것이다. 김자점, 이괄, 이귀 등의 인물들이 광해군에게 원한을 갖고 있던 능양군(후에 인조)을 끌어들여 중심으로 삼고, 궁궐의 훈련책임자 등을 포섭해서 쿠데타를 성공시켰다. 거사 당일, 불과 2,000여 명(혹은 700여 명)밖에 안 되는 군사들이 광해군이 기거하던 궁궐을 급습했는데 궁궐 내부에 있던 훈련도감의 병사들이 반정 세력들과 결탁, 궁궐 문을 그냥 열어주었다. 성문만 굳게 잠그고 버티기만 하면서 공성전만 벌여도 웬만한 궁궐이나 성이 그리 쉽게 함락되지 않는다는 것을 생각할 때 내부의 적은 광해군에게는 치명적이었던 것이다.

인조반정에 의해 권좌에서 쫓겨난 광해군의 당시 나이는 49세였는데 제주도에서 18년간의 유배 생활 끝에 67세의 나이로 삶을 마감한다. 비록 공과가 분명하지만 광해군에 대해서는 알려진 것처럼 무자비한 폭군이라기보다는 개혁적인 군주였다고 보는 평가도 있다. 많은 역사가 승자의 기록으로 쓰이기에 아마도 광해군의 기록이나 이미지는 폭군으로 굳어졌으리라 보는 것이다.

개혁을 하기 위해서는 반드시 넘어야 하는 것이 있는데 기득권층의 강력한 반발이다. 광해군도 공납의 폐단을 없애고 백성들을 위한 정책의 하나로 대동법[24]을 실시할 정도로 개혁적인 군주였다. 대동법은 왕실에 바치는 특산물을 구하기 힘든 물건이나 음식 대신 쌀로 바치도록 했던 제도였고 이마저도 가난한 소작인들에게는 공납을 면제시켜주었다. 그렇기 때문에 대토지를 가진 부유한 사람들과 사대부를 비롯한 기득권층의 강력한 저항을 받을 수밖에 없었는데 광해군은 그들의 저항을 누르고 대동법을 실행했다.

---

24 대동법 : 왕실에 각 지역의 특산품을 바치는 공납을 쌀로 대신하게 하는 제도로 광해군 때 실시되었다. 공납의 문제점은 자신들이 사는 지역에서 나지도 않는 음식이나 물건들을 특산품으로 왕실에 바쳐야만 하는 경우도 많았다는 것이었다. 결국 다른 지역에서 물건을 구입해다가 공납을 도와주는 사람들이 생겨났고 이런 것을 '방납'이라고 불렀다. 문제는 방납을 하는 중간상인들이 엄청난 폭리를 취했고, 이런 방납으로 인해 가난한 백성들의 원성이 하늘을 찌르게 된 것이다. 이를 바로잡으며 가난한 사람들을 돕기 위한 정책이 바로 대동법이었다. 그러나 대동법은 끝까지 성공할 수가 없었는데, 기득권의 반발이 너무나 극심했기 때문이었다. 가난한 백성들은 공납을 면제받기도 했기에 대동법을 적극 지지했고, 토지를 많이 소유한 기득권 부자들은 반발했었다. 많은 토지를 가진 부자들은 그에 걸맞게 많은 세금을 내야 했기 때문이었다.

아마도 토지를 많이 소유하고 있던 부자들이나 기득권층들에게 광해군은 자신들이 가진 것을 빼앗아가는 악한 군주로 보였을 것이고, 그런 그들이 인조반정을 획책해서 광해군을 끌어내리는 시도를 한 것은 어찌 보면 당연했을 것이다. 많은 기득권층의 불만이 있었기에 광해군에 대한 쿠데타를 계획할 때 어렵지 않게 동조자들을 규합할 수 있었던 것이다.

광해군은 당시의 동북아 정세를 누구보다 잘 이용한 지극히 실리적이며 개혁적인 성향을 가진 군주였다는 평가가 많고 오히려 쿠데타로 왕위에 올랐던 인조보다 더 뛰어난 군주였음을 보여주기도 하지만 쿠데타로 쫓겨났기에 역사의 패자로 기록된 측면이 많은 것이다.

10) 병자호란의 상징, 삼전도의 굴욕은 무엇인가?

우리나라 반만년의 역사를 통틀어서 가장 치욕적인 사건으로 어떤 사건을 꼽을 수 있을까? 대부분은 1910년 일본에게 대한제국이 멸망당한 경술국치를 꼽을 것이다. 일본에게 나라를 빼앗기고 무려 36년 동안을 식민지로 지배당했기 때문이다. 그 다음 두 번째 최대의 치욕적인 사건으로는 어느 것을 생각할 수 있을까? 병자호란과 그의 결과였던 삼전도의 굴욕을 꼽을 수 있다. 그 이유는 전쟁에서 패한 조선의 국왕에게 청나라 황제가 굴욕적인 두 가지 행동을 요구했고, 인조는 이것을 억지로 받아들여야만 했기 때문이었다. 하나는 인조가 청나라 황제에게 직접 올리는 절이었고, 다른 하나는 청 황제가 인조에게 내린 옷을 입어야 하는 것이었다.

인조 15년(1637) 2월 24일(음력 1월 30일) 병자호란을 일으킨 청나라 군사들이 한양으로 빠르게 침입해오자 별다른 대비책이 없었던 인조는 강화도로 피신하려고 했다. 그러나 이미 강화도로 통하는 모든 길목을 청나라 군사들이 점령하고 있었기에 인조는 계획을 바꿔서 남한산성으로 들어간다. 이곳에서 조정을 꾸리고 청나라에게 대항하였으나, 강화도에 피신해 있던 왕자들을 비롯한 왕실 가족들이 포로로 잡혔다는 소식이 날아든다. 결국 인조는 더 이상 버티지 못하고 항복했고, 남한산성 문을 열고 나가서 청나라 황제를 직접 만나야 했던 것이다. 즉 최후의 항복 선언을 해야 하는 상황으로 몰린 것이다. 실록의 기록(효종실록, 현종실록 등)을 보면, 정축년에 성에서 항복하기 위해 내려왔다는 의미로 정축하성(丁丑下城)이라고도 한다.

조선의 왕이 청나라 황제에게 굴욕적으로 절을 하고 청나라 황제가 내린 의복을 입어야 했던 삼전도의 굴욕은 역사를 통틀어 손에 꼽을 정도로 비참했던 사건이었고, 1910년 경술국치 이전까지는 조선왕조 최대의 굴욕으로 취급되었다. 청나라가 지금은 강성해서 조선을 함락시켰지만 과거에는 후금이었고, 후금은 누르하치를 중심으로 한 여진족들이 세운 나라였기 때문이었다. 여진족이 누구인가? 한반도 이북 지역에 살던 부족으로 대대로 조선의 사대부들은 저들을 한낱 오랑캐라며 무시했다. 그런 오랑캐 나라에게 조선이 패했으니 얼마나 치욕적인 일이었을까. 게다가 모든 백성의 어버이라고 떠받들던 조선의 국왕이 오랑캐의 나라인 청나라 황제에게 이마에 피가 나도록 머리를 땅에 박고 절을 했으니 이 또한 치욕스런 일이었던 것이다.

삼전도의 굴욕을 묘사한 부조비

당시 인조가 높은 단상에 앉아 있던 청태종에게 행한 절을 가리켜 '삼배구고두례(三拜九叩頭禮)' 혹은 '삼궤구고두례'라고 한다. 삼배구고두례는 3번 무릎 꿇고 9번 머리를 조아리는 것으로, 무릎을 1번 꿇을 때마다 머리를 3번 조아려서 총 9번을 절을 올린다. 인조실록 34권, 인조 15년 1월 30일자의 기록을 보면 다음과 같다.[25]

> 장수 용골대 등이 인도하여 들어가 단(壇) 아래에 북쪽을 향해 자리를 마련하고 상에게 자리로 나가기를 청하였는데, 청나라 사람을 시켜 여창(臚唱 : 의식 순서를 소리 내어 읽는 것)하게 하였다. 상이 삼궤구고두의 예를 행하였다.

삼전도의 굴욕이 우리 역사에서 경술국치 다음으로 치욕적이라고 여겨지는 첫 번째 이유가 조선의 국왕이 청나라 황제에게 올렸던 절 때문이었다면, 두 번째 이유는 바로 인조가 당시 입었던 의복 때문이기도 했다.『인조실록』의 기록은 계속 이어진다.

> 용골대 등이 한이 준 백마에 영롱한 안장을 갖추어 끌고 오자 상이 친히 고삐를 잡고 종신(從臣)이 받았다. 용골대 등이 또 초구를 가지고 와서 한의 말을 전하기를, "이 물건은 당초 주려는 생각으로 가져 왔는데, 이제 본국의 의복 제도를 보니 같지 않다. 따라서 감히 억지로 착용케 하려는 것이 아니라 단지 정의(情意)를 표할 뿐이다." 하니, 상이 받아서 입고 뜰에 들어가 사례하였다.[26]

『조선왕조실록』에 따르면 조선 임금이 삼배구고두례를 마친 후 단에 올

---

25 일단의 학자들은『조선왕조실록』에 이에 대한 이야기가 짧게 나온다는 것을 핑계 삼아 이 의식이 사실은 그렇게 치욕적인 의식이 아니라고 하는 견해를 내놓기도 하지만, 반대로 얼마나 치욕적이고 굴욕적이었으면 실록에조차 간략히 쓸 수밖에 없었을까 하고 생각할 수도 있다.

26 '한'의 의미는 몽골의 칸에서 유래했는데, 청나라의 전신인 후금을 건국했던 누르하치가 몽골을 복속시킨 뒤 그들의 지배자라는 의미로 칸을 칭하였다. 당시 실록에서 '한'이라고 쓴 건 청나라 황제를 가리키고, '상'이라고 쓴 건 당대 임금을 지칭한다. 예를 들면, 조선의 국왕을 의미하던 주상 혹은 금상 등이 여기에 해당하는 것이다.

라 청나라 황제가 주는 차를 마셨으며, 잔치를 마친 후에는 청나라 장수 용골대한테서 청나라 의복인 초구를 받아서 갈아입고 뜰에 들어가 사례를 했다고 한다. 실록을 보면 청나라 황제에게 절할 때까지만 해도 원래 복장이었으나, 절이 끝나고 돌아갈 때 즈음 용골대에게서 청나라 의복을 받아 갈아입고 돌아갔음을 알 수 있다. 당시 청태종이 인조에게 내린 의복은 청나라 방식의 옷으로, 초구란 담비 가죽으로 만들어진 옷이었다.

패전국의 국왕이 승전국의 국왕이 내린 의복을 입었다는 게 왜 그렇게 치욕적인 일이었을까? 게다가 청태종이 조선의 국왕에게 내린 옷을 입게 한 이면에는 더 중요한 의미가 있었는데 이 또한 사대부들의 나라 조선의 입장에서는 쉽게 수용하기가 어려웠던 일이었다. 조선은 대대로 명나라의 사상과 문물 등을 받아서 살아왔고, 조선의 의복 제도 역시도 당연히 명나라의 제도였기 때문이었다.

먼저 의복을 보면 담비 가죽으로 만들어진 옷은 일반적으로 국왕들이 입는 옷이 전혀 아니었다. 저런 종류의 옷들의 보통은 전투를 치르는 장수들이 갑옷 안에 받쳐 입거나 혹은 그냥 평범한 백성들이 추위를 막기 위해 입는 옷이었다. 그러므로 인조가 청태종이 내린 의복으로 환복했다는 것은 청나라 입장에서 인조를 나름 예우하는 것처럼 보이면서도 실상은 일국의 국왕보다는 그 아래 장수처럼 대했다는, 매우 치욕적인 일이다. 그러나 이보다 더 심각한 의미가 있다. 명나라의 의복제도를 지금까지 충실히 잘 따라왔던 조선의 국왕이 청나라 황제가 내려준 의복을 입었다는 것은 이제부터는 조선이 더 이상 명나라의 영향력이 아닌 청나라의 영향력 안에 들어간다는 것을 공식적으로 보여주는 하나의 중요한 신호였기 때문이었다. 원래 조선의 국왕들은 대대로 곤룡포[27]라고 해서 용이 새겨진 멋지고 화려한 의복을 입었

---

27 곤룡포 : 국왕이 업무를 볼 때 입던 옷. 곤룡포는 앞과 뒤, 그리고 양쪽 어깨 위에 화려한 용 문양이 들어간 옷을 의미하는데 용포, 곤복, 곤의 등 다양한 이름으로 부르기도

는데, 곤룡포는 사실 명나라에서 전해진 의복이었다. 『조선왕조실록』에 보면 다음과 같은 기록이 있다. 세종 32년(1450)의 기사이다.

홍무 2년에는 태조 고황제(太祖 高皇帝)께서 공민왕(恭愍王) 전(顓)에게 구장 면복(九章 冕服)을 하사하셨고…

세종 당시 실록에 공민왕과 그의 의복에 관련한 내용이 있는 것으로 보아, 공민왕 18년(1369)부터 고려 국왕도 우리에게 친숙한 명나라식의 곤룡포를 입게 되었으며, 이것이 조선시대까지 이어진 것으로 추측된다.

인조에게 초구를 내린 것은 패전국 조선의 국왕이 승전국 청나라 황제를 맞이하는 데 명나라 방식의 화려한 의복인 곤룡포를 입게 할 수 없다는 청나라 장수 용골대의 건의가 받아들여졌기 때문이다.

조선에서 의복은 누구를 막론하고 상당히 중요한 것이었다. 그중에서도 왕실의 의복은 아무리 국왕이라고 하더라도 마음대로 정할 수 없었다. 국왕을 비롯한 왕족의 의복의 모양이나 문양 등은 명나라의 황제가 결정하여 제후와 신화, 백성들에게 내리는 것이었다. 그렇기에 조선에서는 국왕은 물론이고 백성들까지도 명나라가 정한 방식의 의복 말고 다른 나라 의복이나 다른 방식의 의복을 함부로 입을 수 없었다. 특히 국왕이나 왕실 사람들 혹은 사대부들 같은 경우에는 더욱더 의복은 함부로 할 수 없는 것이었기에 삼전도에서 인조가 청나라 황제가 내려 보낸 의복으로 갈아입었다는 것은 정치적으로도 큰 파장을 몰고 올 사안이었다.

이 외에도 이처럼 청나라에서는 조선의 기를 꺾기 위해서 국왕 인조가

한다. 용은 한국이나 중국을 비롯한 동북아에서는 매우 성스러운 동물로 여기며, 국왕은 하늘의 대행자이기 때문에 용으로 비유하였다. 옷감 중에서도 가장 귀하다고 여겼던 노란색 혹은 붉은색 비단으로 만들었고, 보(補)라는 금실을 사용해서 국왕의 권위를 상징하였다.

쪽문에 해당하는
서문(우익문).
높이가 겨우
2.5m에 불과하다.

남한산성을 나올 때조차도 정문이 아닌 쪽문으로 나오도록 했다. 인조는 남한산성의 정문인 지화문[28]이 아닌 서쪽에 있는 작은 쪽문인 우익문을 통해 나가야만 했는데 이 또한 일국의 국왕에게는 매우 치욕스런 일이었을 것이다. 만인지상의 국왕이 가난한 자들이나 가축들이 드나드는 쪽문으로 출입한다는 것은 사대부의 나라로 체면을 그 무엇보다 중시하는 조선에서는 결코 있을 수 없는 일이었기 때문이다. 결론적으로 인조는 남한산성으로 들어갈 때는 정문인 지화문으로, 항복하기 위해 나올 때는 쪽문인 우익문을 통해 밖으로 나왔던 것이다.

요약하면 삼전도의 굴욕은 국왕이 이마에 피가 나도록 땅바닥에 절을 하는 것은 물론이고 당연히 입던 왕의 옷이 아닌 서민의 옷을 입었으며, 큰 문이 아닌 쪽문을 통해 출입해야만 하는 일종의 굴욕 3종 세트였다. 삼전도의

---

28 지화문(至和門) : 남한산성의 정문. 남한산성은 백제시대에 처음 지어진 성으로 한강 유역의 방위를 담당하는 중요한 산성이다. 임란 이후, 청나라의 위협에 대응하고 수도인 한양을 지키는 성으로 그 중요성이 컸다. 병자호란 당시, 인조가 이곳으로 피신을 와서 45일간 기거했다. 남한산성에는 동, 서, 남, 북에서 올라오는 4개의 성문이 있는데, 지금의 성남 쪽에서 올라오는 성문인 남문이 규모가 가장 커서 정문의 역할을 했다. 인조도 국왕이기에 당연히 남문을 통해 산성으로 들어왔다. 현재의 남문은 정조 시대에 성곽을 개보수했는데 이때부터 '지화문'이라고 불렸다.

굴욕 이후 조선은 청나라와 군신관계를 맺고 청나라의 조공국가로 전락했다. 남한산성에서 목숨을 걸고 싸우는 대신 인조가 삼전도에서 굴욕을 감내하는 것을 선택함으로써 비록 조선은 병자호란에서 패했지만 국가는 보전할수 있었다.

형장으로 끌려가는 마리 앙투아네트. 초라한 수레에 실려 기요틴으로 끌려나온 그녀는
사형집행인의 발을 밟고 나서 "미안해요, 일부러 밟은 게 아니에요"라고 했는데 이 말이 그녀의
마지막 말로 알려져 있다.

영조 어진. 영조와 사도세자의 갈등과 사도세자의 죽음은 조선사에서 가장 비극적인 사건으로 꼽힌다. 영조는 도대체 아들을 뒤주에 가둬서 죽인다는 결정을 내렸을까? 이에 관해서는 다양한 역사적 해석들이 존재한다.

14

프랑스대혁명과 나폴레옹 vs 영조와 사도세자, 정조

1789~1815년   1800년~

1) 증세는 혁명을 부른다?

모든 인간들에게는 싫으면서도 절대로 피할 수 없는 2가지가 있다고 한다. 하나는 누구나 경험해야 할 죽음이고, 다른 하나는 바로 세금이다. 이처럼 세금은 인간사회에서 피할 수 없는 요소이자 누구나 싫어하는 것이다. 특히 세금의 증가, 즉 '증세'는 누구라도 피하고 싶은 것이고, 원치 않는 세금의 증가는 때로는 국민들의 반발을 불러온다. 더 나아가서 반발에 머물지 않고 아예 증세를 시도하는 정부를 전복시키려는 시도가 발생하기도 한다.

1789년, 이때 프랑스를 다스리던 루이 16세 정부도 부족한 국가재정을 충당하려는 매우 단순한 계획을 시도한다. 재정 충당을 위해 정부가 할 수 있는 가장 단순하면서도 효과가 좋은 것이 바로 세금 징수였다. 당시 프랑스 신분제는 1계급, 2계급, 3계급으로 구성됐는데 전 국민의 약 2% 정도밖에 안 되는 1, 2계급들이 가장 가난한 국민들에게서 세금을 더 걷으려는 시도를 하기에 이른 것이다.

당연히 증세 시도에 대한 큰 반발이 생겨났다. 증세라는 작은 불씨는 프랑스대혁명이라는 큰 불꽃으로 번져 프랑스 전역은 물론 유럽 주변 국가들까지 태우게 됐던 것이다. 물론 프랑스대혁명의 원인이 증세 한 가지는 아니었지만 분명한 것은 그것이 크게 한 몫을 했다는 것이다.

루이 16세 정부는 왜 국민들에게서 더 많은 세금을 걷으려고 했던 것일까? 당연한 말이지만 정부에서 세금을 더 걷는다는 것은 그만큼 정부의 재정이 고갈되었기 때문이다. 그러니까 왜 18세기 후반으로 오면서 루이 16세 정부의 재정 상태는 이렇게 좋지 않았던 것일까 하는 궁금해진다.

당시 프랑스의 국왕이 루이 16세였으니 국가 재정 고갈의 모든 책임을 우선적으로 국왕에게 돌리는 것이 당연하지만 사실 루이 16세 입장에서는 조금은 억울할 수도 있을 것이다. 그 이유는 비록 자신이 프랑스를 다스리는 18세기 후반 프랑스 경제상황이 최악의 길을 가고 있었지만 실상 프랑스 경제가 내리막길을 걸은 것은 그 이전 선왕들 때문이었기 때문이다. 프랑스대혁명의 여파로 직접적인 피해를 당한 국왕과 왕비는 루이 16세와 마리 앙투아네트였지만 그 원인이 된 재정적인 어려움의 시작은 사실상 루이 14세와 루이 15세 시절부터라고 보아야 한다.

프랑스대혁명의 원인을 이야기하려면 여러 가지가 있는데 그중에서도 특히 빼놓을 수 없는 것이 18세기부터 프랑스를 비롯한 전 유럽에서 광풍처럼 일어났던 '계몽주의'[1]이다. 다른 하나는 프랑스의 재정 파탄이었다. 태양

---

1 계몽주의(Enlightenment, 啓蒙主義) : 18세기 유럽에서 일어난 새로운 사상운동. 계몽주의의 본질을 가장 잘 표현한 사람은 철학자 칸트인데, 그는 계몽주의란 "용기를 내어 알고자 하는 것"이라고 정의하고 "사람들은 용기를 내어 자신의 이해력을 자기 목적에 맞도록 써야 한다."고 말했다. 계몽주의는 이성의 우월성, 인간의 자유, 종교의 자유와 관용, 평등 같은 주제를 중시했다. 17세기가 강력한 왕권으로 인해 창작의 자유를 억압당한 시대였다면, 18세기는 창작의 자유가 부여된 시대라고 해서 계몽주의 사상가들은 암울한 17세기와 비교해서 18세기를 '찬란한 빛의 세기'라고 부르며 찬양했다. 루소, 볼테르, 디드로를 비롯한 18세기 문학가와 사상가들은 자신들이 특별한

왕이라고 불리며 17세기 프랑스에서 절대왕정의 상징이자 강력한 군주로 군림했던 루이 14세 시절, 프랑스의 국력이 하늘을 찔렀던 것도 사실이고, 프랑스의 위상이 유럽에서 절정을 구가한 것도 사실이었다. 하지만 그 이면에는 어려운 점도 있었으니 그것은 바로 돈이 부족하다는 것이었다. 태양왕 루이 14세는 프랑스에 강력한 왕권의 힘으로 쌓은 찬란한 명성과 함께 재정 부족도 남겼다.

프랑스에 이토록 돈이 부족하게 된 것은 베르사유 궁전으로 상징되는 사치스럽고 화려한 궁정생활 탓이기도 하겠지만 그보다 더 심각했던 문제는 루이 14세가 너무도 많은 전쟁을 했다는 것이었다. 전쟁만큼 국가의 재정을 힘들게 하는 것은 없다. 그런데 프랑스 내부의 문제는 물론이고 이웃인 네덜란드 전쟁, 플랑드르 전쟁, 에스파냐 왕위계승권 전쟁, 아우그스부르크 동맹 등 유럽의 크고 작은 전쟁에 개입했으니 프랑스의 재정이 바닥을 드러내는 것은 시간문제였던 것이다. 게다가 루이 14세 이후에 왕위를 이었던 루이 15세도 마찬가지여서 그동안 영국에게 당한 것을 갚아준다는 호기로 끼어들었던 미국 독립전쟁은 비틀거리던 프랑스의 재정 상태를 완전히 그로기 상태로 몰아갔다.

그리하여 돈이 없는 프랑스를 물려받은 사람이 바로 루이 16세였으니 어떤 면에서 루이 16세는 불행하고 억울한 국왕이었던 것이다. 바닥을 드러낸 프랑스의 재정 상태를 회복시키기 위해서는 뭔가 획기적인 조치가 필요했는데 정부에서 선택한 방법이 바로 세금을 늘리는 것이었다. 증세는 과거나 현재나 국가의 지도자들이 가장 손쉽게 꺼내들 수 있는 카드인 셈이다.

루이 16세는 재무장관 자크 네케르(Jacques Nacker)를 앞세워서 증세를 하려고 했는데 눈치 빠른 귀족들이 평민들은 가난해서 돈이 없으니 결국은 자

시대에 산다는 사실을 자랑스러워했다.

루이 16세에 의해 무려 175년 만에 노트르담 성당에서 열린 삼부회

신들에게 세금을 더 받을 것이라는 생각에 반발하게 된다. 이에 동조한 왕비 마리 앙투아네트에 의해 재무장관 네케르가 퇴출되면서 프랑스의 재정 상태는 점점 더 파국으로 치닫게 됐다.

경제가 갈수록 힘들어지자 대혁명 발발 1년 전인 1788년, 결국 루이 16세는 쫓아냈던 네케르를 다시 불러들인다. 평민들은 자신들의 입장을 대변해줄 거라 여겼던 그를 환영하고, 이에 호응하듯이 네케르는 1789년 사제, 귀족 그리고 평민계급들이 중심이 된 삼부회²를 소집하는데 이를 통해 증세를 설득하려던 것이었다. 삼부회 소집 당시만 하더라도 네케르는 특히 평민계급의 호응을 받았다. 그 이유는 삼부회에서 중요한 사안을 결정할 수 있는

2　삼부회(État généraux) : 프랑스의 세 신분(사제, 귀족, 평민)의 대표자들이 모여 국가 중요 의제에 대하여 토론하던 장으로서 중세부터 근대에 이르기까지 존재했던 신분제 의회. 14세기 초인 1302년 프랑스 국왕 필리프 4세가 당시 교황 보니파키우스 8세와의 대결에서 필요했던 국민들의 지지를 얻을 수 있도록 파리에 있는 노트르담 대성당에 각 신분의 대표들을 소집했던 것이 그 효시이다. 1614년 이후 무려 175년 동안이나 삼부회가 열리지 않았는데 1789 프랑스의 재정상태가 심각해지자 루이 16세에 의해 다시 열리게 됐다. 하지만 제3계급인 부르주아 평민대표들이 머릿수에 따른 표결을 주장하면서 삼부회는 사실상 무산된다.

평민계급의 대표자 숫자를 2배로 늘려줬기 때문이었다. 평민들은 늘어난 대표자 수만큼 당연히 의결권도 늘어날 것으로 기대했지만, 막상 의결권은 예전과 마찬가지로 각 계급당 1표씩 행사하게 됐는데 이에 평민들의 분노가 폭발한다. 의결권이 똑같으니 결국은 1계급과 2계급이 결탁해서 가장 가난한 백성들인 3계급 국민들에게 증세라는 무거운 짐을 지울 것이 명약관화했기 때문이었다. 당연히 3계급들은 강하게 반발했고, 결국 부족한 재정을 메우기 위해 세금을 더 늘리려는 목적으로 소집됐던 삼부회가 발단이 되어 대혁명의 소용돌이가 시작되었다.

2) 대혁명 이후 프랑스 정치상황

운명의 1789년 7월 14일, 3계급인 가난한 서민들이 주동이 되어 파리에 있는 정치범 수용소인 바스티유 감옥을 습격하는 것으로 시작된 프랑스대혁명은 프랑스 사회는 물론이고 전 유럽에 큰 상처를 남긴다. 당시 프랑스 정치상황은 좌파와 우파[3]로 나뉘면서 한치 앞을 내다보기 어려운 극심한 혼란의 도가니에 빠져들었다. 특히 프랑스대혁명 후 국민공회[4]는 다수의 중도

---

[3] 좌파와 우파 : 당시 의회에서 우측에는 온건한 지롱드파가 앉았다. 그래서 그때는 우파라고 하면 지롱드파를 지칭하는 용어였다. 지롱드파는 프랑스혁명 당시의 당파로 1791년 10월의 입법의회 때 급진좌파인 자코뱅파에서 추방당한 온건한 개혁성향을 가진 사람들로 형성됐다. 과격하고 급진적인 개혁을 주장하던 자코뱅파가 주로 좌측에 자리하며 이들과 대립했다. 특히 지롱드파는 개인의 소유권과 재산권을 옹호했고, 국가가 통제하는 경제구조를 반대하여 부르주아 위주의 정책을 주장하고 기득권을 비호했끼에 급진파인 자코뱅파의 비판을 받으며 대립했던 것이다.

[4] 국민공회(Convention Nationale, 國民公會) : 프랑스혁명 중 가장 위태로운 시기였던 1792년 9월 20일부터 1795년 10월 26일까지 프랑스를 통치했던 의회. 당시 국민공회는 행정부 역할도 담당했는데, 1792년 왕정이 무너지면서 루이 16세의 왕권을 정지시

적이고 상대적으로 온건한 지롱드파와 비록 소수이지만 좀 더 급진적이고 개혁적인 성향을 가진 자코뱅파로 나눠졌다. 두 파의 차이점을 보면 우선 지롱드파는 부유한 대부르주아의 이익을 대변하여 경제적 자유주의와 각 지방에 많은 권한을 이양하는 일종의 연방주의를 주장하였다. 반면 자코뱅파는 소부르주아와 중간 부르주아의 이익을 대변하는 데 상대적으로 더 치중했고 현실에서의 어려움과 위기를 타개하기 위해 국가통제경제와 강력한 중앙집권주의를 주장하였다.

대혁명 2년 후인 1791년 10월, 입법의회가 소집됐는데 의외로 중도파가 340석으로 절대 다수를 차지했고 그중에서도 온건한 지롱드파가 240석 그리고 상대적으로 급진적이고 강성이었던 자코뱅파가 130석을 차지하게 된다. 이 입법의회에서 온건파였던 중도파와 지롱드파가 의회에 입장하면서 주로 의사당 오른쪽에 자리 잡게 되고 반대로 급진파인 자코뱅파는 좌측에 자리하게 됐다. 이로 인해 정치계에서 우파와 좌파라는 용어가 널리 쓰이게 되었고 관행적으로 온건한 세력을 우파, 상대적으로 급진적인 세력을 좌파라고 부르게 되었다. 대부분 나라의 정치계도 비슷하지만 이 당시 프랑스의 입법의회에서도 급진파인 자코뱅파는 겨우 130석으로 가장 소수였어도 의회의 주도권을 장악하고 있었다.

급진파와 온건파는 정치적인 여러 부분에서 서로 대립하고 의견 충돌을 보였지만 이 당시 프랑스에서는 특히 결정적으로 두 파가 갈라지는 계기가 있었는데 그것이 국왕 루이 16세와 왕비 마리 앙투아네트의 처리 문제였다. 급진좌파인 자코뱅파가 루이 16세의 빠르고도 공개적인 처형을 요구했던 데

컸다. 새 의회가 수립되기 전 로베스피에르의 제안으로 국민공회라는 명칭을 결정했고 1792년 선거를 실시했다. 국민공회는 공화정을 선포, 왕정을 폐지하고 프랑스 제1공화국을 수립했다. 루이 16세의 처형 문제를 놓고 과격파와 온건파 간의 갈등이 있었지만 결국 루이 16세를 국가반역죄로 기소하여 이듬해 1월 단두대에서 처형했다. 핵심 멤버로는 공포정치를 자행했던 로베스피에르와 마라, 당통 등이 있었다.

반해 온건우파인 지롱드파는 공개처형을 반대하고 감옥에 수감하는 선에서 타협을 시도하려 했기 때문이었다. 대혁명 후, 부르주아와 기성 정치인들 그리고 기득권 세력에 대한 국민들의 원성이 하늘을 찔렀기 때문에 펄펄 끓는 민심을 가라앉히기 위해서라도 구체제와 기성체제의 상징인 루이 16세의 정치적인 단죄는 반드시 필요했다. 그래서 우파인 지롱드파나 좌파인 자코뱅파 모두 국왕 부부를 처벌한다는 데에는 동의했지만 단죄의 방식에서 큰 이견을 보였던 것이다. 지롱드파의 입장에서는 한때 자신들이 섬겼던 국왕과 왕비를 일반 민중들이 모두 보는 데서 공개적으로 수치스런 모습을 보여주고 머리를 자르는 처형을 하는 것만은 받아들이기 힘들었다. 이미 모든 권력을 상실한 국왕을 굳이 죽이지 않더라도 평생을 차디찬 감옥에서 보내게 하는 것이 오히려 더 큰 단죄가 된다는 입장이었다. 반면 급진파인 자코뱅파의 입장에서 국왕 부부는 모든 혁명의 단초를 제공한 인물이고 더구나 누군가를 희생양으로 삼아 분노하는 국민들의 마음을 풀어줘야 했기에 최대한 강력한 징계를 원했다. 그들이 원하는 것은 가장 극단적이고도 충격적인 결과였다. 이처럼 서로의 정치적인 입장과 상황이 매우 달랐기에 지롱드파와 자코뱅파의 합의는 사실상 불가능했었다.[5]

그러나 이처럼 팽팽하게 대립하던 좌파와 우파가 1791년 6월 20일을 기해 완전히 정치적 일치를 보일 수밖에 없는 큰 사건이 터지게 된다. 이날은 국왕과 왕비는 물론이고 프랑스 국민들에게도 결코 잊을 수 없는 치욕적인

---

[5] 지롱드파와 자코뱅파 : 지롱드파는 지롱드도(道) 출신의 의원들이 많았기 때문에 붙은 이름이다. 지롱드는 와인으로 유명한 보르도 지방을 중심으로 하는 지역으로, 상업 자본주의가 발달한 항구도시나 상업도시 출신이 많았다. 이들은 영국식 입헌군주제를 추구했고, 민중의 활발한 정치참여를 경계했다. 반면 자코뱅파는 파리 출신의 공화주의자들이 특히 주축을 이루었다. 이들은 입헌군주제보다 공화정을 추구했으며 민중들과 결합하여 정치혁명을 이루고자 했고 급진 과격한 정책을 시도하면서 급진좌파의 시초가 된다. 자코뱅파의 주도로 국왕 루이 16세와 왕비 마리 앙투아네트가 단두대에서 목이 잘렸다.

바렌에서 체포되어 파리로 압송되는 루이 16세 일행의 마차

날이 되었다. 바로 국왕 부부가 파리의 튈르리궁을 몰래 빠져나와서 해외로 탈출을 시도한 날이기 때문이다. 루이 16세와 마리 앙투아네트는 왕비의 친정인 오스트리아로 도피하려다가 국경 근방 바렌 지역에서 붙잡혔다. 프랑스의 국왕과 왕비가 자신들의 안위를 위해서 조국과 국민들을 버리고 치욕스런 도망을 하려 했다는 것은 프랑스 국민들의 자긍심에 상처를 주었고 국민들의 큰 분노를 불러일으켰다.

국왕 부부의 도피 당시 무명의 역장 아들이 그들을 밀고했기 때문에 이들은 프랑스 국경도시에서 전격 체포되어 파리로 강제 압송된다. 압송되어 파리로 들어서는 국왕 부부를 바라보는 시민들의 눈에서는 이미 어떠한 동정의 눈빛도 찾을 수 없었고 오히려 분노만이 가득했다고 역사는 기록한다.

한편 이 사건은 왕비의 친정인 오스트리아를 자극하기에 충분했다. 신변이 불안한 딸을 구하기 위해 오스트리아의 합스부르크 왕가가 나선다. 오스트리아는 막강한 군사력을 등에 업고 프랑스를 압박하는데 특히 마리 앙투아네트를 비롯한 프랑스 왕가를 죽인다면 결코 좌시하지 않겠다는 '필니츠 선언'[6]을 발표하기에 이른다. 그러나 오스트리아의 기대와는 달리 프랑스 국

---

6   필니츠 선언 : 프랑스대혁명을 주시하고 있던 주변 국가 중 특히 왕비 마리 앙투아네트의 친정인 오스트리아와 프로이센이 주축이 되어 프랑스 왕실 일가를 보호하기 위

민들의 분노에 찬 함성은 줄어들기는커녕 오히려 더 격화되고 국왕 부부에 대한 여론은 점점 더 악화된다. 프랑스 국민들은 자신들의 내정에 압력과 협박을 가하는 오스트리아를 보면서 오히려 국왕과 왕비가 적국인 오스트리아와 내통하고 있었다고 생각하기에 이르며 이런 생각은 돌이킬 수 없는 결과를 초래한다. 결국 프랑스 국민들의 뜨거운 분노를 등에 업은 혁명 주도세력은 국왕 루이 16세의 왕권을 공식적으로 정지시키고, 왕실 일가를 탕플탑에 유배하기로 결정한다. 이것이 왕권 정지 사건이다.[7]

프랑스 국민들에게 큰 실망과 분노를 제공한 국왕과 왕비를 그냥 살려준다는 것은 혁명의 완수를 위해서나 프랑스인들의 분노를 잠재운다는 측면에서 도저히 받아들이기 어려웠던 게 자코뱅파의 생각이었다. 결국 의석에서는 비록 소수였지만 분노한 국민들의 여론을 등에 업은 자코뱅파의 의견이 우세해지면서 전격적으로 국왕과 왕비의 공개적인 처형이 결정됐다. 국왕 부부의 처형을 위해 당시 국민공회에서 실시된 투표는 드라마틱한 결과물을 만들어냈다. 1793년 1월 15일 721명의 대표들로 구성된 국민공회에서의 투표에는 모든 의원들이 참가했는데 결과는 절묘하게도 361명 대 360명, 단 한 표 차이로 루이 16세의 전격적인 처형이 결정됐던 것이다. 많은 우여곡절

해 공표한 선언. 요지는 "프랑스 국왕 일가의 문제는 유럽 군주 전체의 공통 관심사이며, 프랑스 국왕 일가를 온전하게 자유로운 상태로 만들기 위해 오스트리아와 프로이센 양국은 무력을 사용하여 즉시 필요한 모든 조치를 하겠다"는 것이었다. 이후 1792년 대(對)프랑스 동맹을 체결하면서 프랑스 혁명세력을 압박했지만 이들의 필니츠 선언은 단지 외교적인 압박에 불과하였고 직접적인 무력행사로까지는 이어지지 못했다.

7 프랑스 왕권 정지 사건 : '1792년 8월 사건'이라고도 불렸다. 1792년 8월 10일, 국왕 루이 16세를 비롯한 왕실 일가가 혁명을 피해 목숨을 부지하기 위해 왕비의 친정인 오스트리아로 야밤에 탈출을 시도했다. 그러나 국왕과 왕비는 국경 근처에서 체포됐고 파리로 압송되어 탕플탑(Temple)에 유배되면서 왕권이 정지됐다. 국왕 일가가 유배됐던 탕플탑은 당시 루이 16세의 동생 아르투아 백작의 건물이었지만, 혁명기간 동안 루이 16세 일가가 수감된 감옥으로 이용되었고, 나중에 나폴레옹은 이곳이 신성화되는 것을 막기 위해 건물을 아예 철거해버렸다.

처형 직전 마지막 연설을 한 뒤 기요틴에 잘려 대중에게 공개되는 루이 16세의 머리

을 겪었지만 결국은 단 한 표 차이로 인해 1793년 1월 21일 수많은 인파들이 운집한 가운데 혁명광장에 설치된 기요틴에 국왕의 목이 떨어지게 된다.

구체제의 상징과도 같았던 루이 16세를 전격적으로 처형한 급진 자코뱅파는 왕비 마리 앙투아네트의 처형도 서두른다. 국왕이 처형되고도 10개월가량을 형무소에 수감되어 있었던 마리 앙투아네트에게 드디어 처형 결정이 떨어진 것은 같은 해 10월 15일, 그 다음 날 속전속결로 왕비의 처형도 이루어졌다. 마리 앙투아네트는 아름답고 길었던 머리카락이 볼품없이 아무렇게나 최대한 짧게 깎이고 양손은 뒤로 묶인 채로 형무소에서 기요틴이 있는 혁명광장까지 마차도 아닌 거름통을 실어 나르던 초라하고 지저분한 수레에 실려서 끌려오게 된다.

루이 16세가 일국의 국왕다운 예우를 받아서 나름 기품 있는 초록색 마차를 타고 처형장까지 왔고 손이 묶이는 수모도 당하지 않았던 것에 비하면 마리 앙투아네트에 대한 처분에는 왕비에 대한 예우가 전혀 없었다. 게다가 처형 직전 프랑스 국민들에게 마지막 연설[8]을 할 수 있는 기회를 얻었던 루

---

8   루이 16세는 타고 온 초록색 마차에서 내려서 손이 묶이지도 않은 채로 처형대까지 올라간다. 마지막 연설 기회를 잡고 국왕답게 비장한 최후의 연설을 한다. "국민들이여! 당신들의 국왕이 지금 이 순간 당신들을 위해 죽으려 한다. 나의 피가 당신들의 행복을 확고히 할 수 있도록 나는 죄 없이 죽노라! 나는 나에게 뒤집어씌워진 모든 죄에 대해서 무죄하다. 나의 죽음에 관련된 모든 사람들을 용서하노라. 그들이 뿌리는 피가

이 16세에 비해 왕비가 프랑스 국민들에게 남긴 최후의 말은 너무도 사소한 것이었다. 수레에서 내려서 기요틴이 있던 처형대로 끌려나오던 그녀는 사형집행인의 발을 밟고 나서 "미안해요, 일부러 밟은 게 아니에요."라고 했는데 이 말이

형장으로 끌려가는 마리 앙투아네트

그녀의 마지막 말로 알려져 있다.[9]

이렇게 가혹하고 예우라고는 전혀 찾아볼 수 없었는 혁명정부의 처사를 보면, 오스트리아의 세력을 등에 업고 국왕을 부추겨서 해외 탈출을 하도록 만들었다는 의심을 받은 그녀에 대한 프랑스 국민들과 혁명세력의 반감이 얼마나 컸었는지를 짐작할 수 있다.

루이 16세와 마찬가지로 마리 앙투아네트도 기요틴에 의해 목이 잘렸는데 특이한 것이 한 가지 있었다. 기요틴의 모양을 보면 알겠지만 일반적으로

다시는 프랑스에 돌아오지 않도록 하나님께 기도 드리노라."

9　마리 앙투아네트가 마지막으로 했다는 말의 진위 여부는 불분명하다. 역사는 승자의 기록이기에 프랑스 국민들의 분노를 감안한 혁명정부에서 만들어낸 이야기일 수도 있다. 마치 배가 너무 고픈 프랑스 여인들이 흥청망청 파티를 벌이던 베르사유궁으로 쳐들어가서 빵이 아니면 죽음을 달라고 했는데 거기에 대고 마리 앙투아네트가 "빵이 없으면 케이크를 먹으라고 해요."라고 했다는 소문과 비슷하다. 비록 루이 16세의 사랑을 잃고 사치에 몰두했던 마리 앙투아네트지만 그녀는 결혼 전부터 최고의 왕실 교육을 받았던 오스트리아 합스부르크 왕가의 여자였고 결혼 후에는 나름대로 정치 감각을 발휘하기도 했다. 그런 그녀가 그렇게 상황에 맞지 않는 초라하고 철없는 말을 했다는 것은 쉽게 납득하기 힘들다.

참수를 앞둔 죄수들은 엎드리는 자세를 취하므로 위에서 떨어지는 무시무시한 칼날을 볼 수가 없는 상태에서 죽음을 맞는 것이 보통이었다. 그런데 무슨 이유에서였는지는 모르지만 마리 앙투아네트는 엎드리는 자세가 아닌 누워서 위를 쳐다보는 방식으로 처형된 것으로 알려져 있다. 참수형을 당한다는 생각만으로도 인간이 느낄 수 있는 최고의 공포감을 느꼈을 텐데 자신의 목을 향해 떨어지는 시퍼런 칼날을 그대로 보면서 죽음을 맞이했을 마리 앙투아네트의 공포심이 어땠을지 짐작할 수 있다.

루이 16세와 마리 앙투아네트가 단두대에서 목이 잘린 후에도 프랑스의 재정 상태는 크게 나아지지 않았다. 대혁명을 주도하고 새로운 정권을 일으킨 주동세력이었던 부르주아 계급은 이런 재정의 어려움을 극복하기 위해 또 다른 새로운 시도를 하게 된다.

3) 쿠데타로 권력을 장악하는 나폴레옹

프랑스대혁명이 시작된 날이고 오늘날 프랑스 최대의 기념일이기도 한 7월 14일은 파리 시민들이 바스티유 감옥을 습격했던 날이다. 비록 바스티유 감옥에는 수많은 국민들과 정치범들이 수감되어 있다는 소문과는 달리 시민들을 억압하기 위한 막대한 양의 무기도, 억울하게 구금되어 있는 억압받는 시민들도 정치인들도 없었고 기껏 특별하지 않은 정치인과 정신병자 단 두 사람이 수감되어 있었을 뿐이었다. 그럼에도 불구하고 7월 14일, 이날이 중요하고 이날은 혁명의 시작으로 꼽는 이유는 바로 바스티유 감옥이 가지고 있는 상징성 때문이다.

파리 한복판에 웅장하게 솟아 있던 거대한 바스티유 감옥은 앙시앙 레짐(구체제)과 절대군주제의 상징이었다. "짐이 곧 국가다(L'état c'est moi)"라고 선포하며 절대왕정의 기틀을 다졌던 태양왕 루이 14세 이후 절대로 무너지지

않고 영원할 것
같던 구체제와
절대왕정이 아
무 힘도 없던 민
중이라는 거대
한 물결에 붕괴
됐던 것이다.

　무기도 없고
억울하게 구금
되어 있는 정치
범도 없었으니
결과적으로 아

민중들의 공격을 받는 바스티유

무런 소득도 없던 이 작은 행동이 대혁명의 기폭제가 되었다. 그러니 프랑스
대혁명을 말할 때면 7월 14일이 갖는 상징성과 의미가 매우 클 수밖에 없다.
바스티유 감옥 습격 후 파리 곳곳에는 정부가 설치한 바리케이드가 설치됐
고, 파리 시민들의 저항 소식은 프랑스 전역으로 퍼져나간다. 이 소식을 들
은 전국 각지의 가난한 농민들을 중심으로 한 반정부 세력들이 각 지방의 성
을 공격, 방화하면서 순식간에 전국을 혁명의 도가니로 만들었던 것이다. 혁
명의 들불에 당황한 국민의회는 8월 4일 '봉건제 폐지'를 공표되고 이어서 8
월 26일에는 '모든 인간은 평등하고 자유롭게 태어났다'로 시작하는 '인간과
시민의 권리선언'을 발표하여 혁명의 이념을 온 세상에 선포하는 결실을 맺
게 된다.

　민중의 봉기로 시작된 프랑스대혁명은 드디어 1793년 1월 21일 루이 16
세를 단두대로 처형하게 되면서 많은 부분이 일단락된다. 그 이후 정치권력
을 새롭게 재편한 혁명세력 중 로베스피에르와 당통, 마라 그리고 생쥐스트
로 상징되는 공안위원회가 수많은 반대파 사람들과 기득권층 사람들을 제대

로 된 재판도 없이 단두대로 보내는 공포정치[10]를 시작한다.

　1793년 7월 17일 공포정치의 대명사였던 로베스피에르를 독재자로 규탄, 단두대로 보내는 테르미도르 반동[11]이 일어난다. 하지만 온건한 기회주의자들이었던 테르미도르파 정치인들에게는 국정을 담당할 능력이 부족했고 결국 1799년 11월 9일, 대(對)유럽전쟁을 통해 프랑스 국민들의 영웅으로 부상한 코르시카의 촌뜨기 출신 나폴레옹이 테르미도르파와 부르주아, 그리고 농민들의 지지를 업고 쿠데타[12]를 일으켜 권력을 장악하게 된다. 이로써 프랑스대혁명은 발생한 지 정확히 10년 만인 1799년에 종결되고 새로운 시대, 즉 나폴레옹에 의한 프랑스의 또 다른 전성기가 열린 것이다.

10　공포정치 : 대중들에게 공포감을 조성하여 정권을 유지하던 형태를 말하며 특히 프랑스대혁명 이후 1793년 9월 5일부터 1794년 7월 27일까지의 정치형태를 가리킨다. 로베스피에르와 당통, 마라 등이 공포정치를 폈는데 특히 로베스피에르를 중심으로 하는 자코뱅파가 폭력적인 수단으로 정권을 장악했다. 공포정치라는 프랑스 단어가 곧 '테러리즘'의 어원이 되었다.

11　테르미도르 반동 : 공포정치의 상징이었던 로베스피에르의 독단정치는 같은 자코뱅파 내부에서도 심각한 분열을 초래했다. 또한 공포정치가 거듭될수록 사람들의 불만도 커졌는데 같은 편에서도 반발자들이 속출하며 로베스피에르의 위상이 흔들렸다. 결국 1793년 7월 17일 로베스피에르를 독재자로 규정하고 단두대로 보냈는데 이것이 '테르미도르 반동'이었다. 이 사건으로 인해서 로베스피에르가 중심이 됐던 공포정치는 막을 내리고 시민혁명도 종말을 맞는다.

12　나폴레옹의 쿠데타 : '코르시카 촌뜨기'라고 놀림을 받던 나폴레옹은 프랑스대혁명의 혜택을 받은 사람이다. 대혁명 당시 포병 소위였던 그는 대혁명으로 고급장교들이 물러나자 그들의 빈자리를 채우며 고속승진한다. 대혁명 이후인 1793년 영국과 에스파냐 함대로부터 툴롱 지방의 항구를 되찾으면서 국가적인 스타로 떠오르게 되고 다른 나라들과의 전쟁에서 승리하면서 국민들의 지지를 한 몸에 받게 되었다. 프랑스의 경제적 어려움으로 인해 국민들의 원성이 자자한 틈을 이용, 1799년 혁명정부가 지시한 이집트 원정 중 되돌아와 자신을 따르는 정치군인들과 정치인들을 등에 업고 쿠데타를 일으켜 권력을 장악했다. 이것을 '나폴레옹 쿠데타'라고 한다.

4) 나폴레옹의 등장부터 7월 혁명까지

쿠데타를 통해 권력을 잡은 나폴레옹은
"내가 곧 혁명이다"라고 말하며 대혁명의 성
과들을 법제화하기 시작했다. 획기적인 토지
개혁을 하고 프랑스 은행을 설립하고, 효과적
인 세금제도를 만들었다. 이런 일련의 개혁을
통해 그의 인기와 위상은 높아져만 갔다. 그
러나 나폴레옹의 통치는 한편으론 독재적이
어서 철저한 검열을 통한 언론 통제
를 하기도 했다. 각종 공문서에는 국
민들의 주권과 혁명의 상징이었던
상퀼로트[13]를 의미하는 '긴 창'을 없
애고 새로운 제국과 나폴레옹을 상
징하는 '독수리'를 만들기도 했다.

나폴레옹을 상징하는 깃발그림

이런 일련의 과정을 통해 일반
국민들에게는 법 앞에 모두가 평등
하다는 사상을 전파하고, 가부장 중
심의 가족제도와 이혼의 자유를 없

상퀼로트(왼쪽)와 퀼로트(오른쪽)

---

13 상퀼로트(Sans-Culotte) : Sans은 ~이 없는, Culotte는 바지, 즉 직역하면 '바지가 없
는' 혹은 '바지를 입지 않은'이라는 뜻으로 당시 귀족들이 입던 짧은 반바지를 입지 않
았던 사람들과 급진적 민중들을 지칭하는 용어다. 귀족들이 입던 짧은 바지인 퀼로트
(Culotte)를 입지 않고 긴 바지를 입고 다녔기 때문에 이런 이름이 붙었다. 이들은 혁명
을 주도한 세력으로 주로 소상공인, 노동자, 장인 등 당시 파리에서는 빈곤층에 속했
다. 또한 이들은 붉은 혁명 모자를 쓰고 긴 창을 들고 다녔는데 그것들은 나중에 삼색
기와 더불어 프랑스 혁명의 상징이 되었다.

앰으로써 여성의 지위를 제한하기도 했다. 나폴레옹은 자신의 통치에 관한 것들을 1804년에 발표된 일명 '나폴레옹 법전'[14]이라고 불리는 민법전에 잘 드러내고 있다.

세계사에서 로마법과 더불어 대표적인 법전이라고 알려진 나폴레옹 민법전에는 혁명적 합리주의와 권위주의 원칙이 혼재되어 있다. 1800년 마렝고(Marengo) 전투[15]에서 승리하고 오스트리아를 굴복시키는 등 화려한 대외정책의 성공으로 국민들의 압도적 지지를 받은 나폴레옹은 종신통령에 이어 1804년 12월 2일 드디어 황제의 자리에 오르게 된다. 1804년부터 1812년 사이 나폴레옹은 유럽을 정복했으며, 특히 1806년에는 영국을 견제하기 위해 모든 물품이 영국으로 들어가지 못하게 하는 '대륙봉쇄령'[16]을 내리기

---

14 나폴레옹 법전 : 1800년, 권력을 틀어쥔 나폴레옹은 법률 전문가들로 하여금 모든 프랑스의 민법을 하나로 통합하도록 했다. 약 4년이나 걸려서 완성된 법전은 프랑스대혁명의 급진적인 개혁안을 수용했으며 개인의 자유와 토지 보유권, 상속권, 대출, 계약의 규칙 등에 관해 자세히 서술하고 있어서 주로 민법전이라는 이름으로도 불리게 됐다. 이 법전은 1804년 3월 21일부터 효력을 발휘했는데 프랑스는 물론이고 모든 식민지에서도 동일하게 그 효력을 발휘했다.

15 마렝고 전투 : 1800년 6월 14일, 프랑스와 오스트리아가 이탈리아 제노바에서 북쪽으로 45킬로미터 떨어진 마렝고 평야에서 벌인 전투. 대혁명 후 통령이 되어 권력을 잡은 나폴레옹이 이탈리아에 주둔하면서 영향력을 행사하던 오스트리아에 맞서 직접 4만의 군사를 이끌고 알프스 산맥을 넘어 마렝고 평원으로 출정했다. 결국 프랑스가 승리하면서 이탈리아에서 프랑스의 영향력을 공고히 했고 나폴레옹의 위치도 파리에서 더욱 확고해지게 됐다. 마렝고 전투를 통해 '치킨 마렝고'라는 유명한 요리가 등장한다. 나폴레옹 전속 요리사가 전장에서 쉽게 구할 수 있던 닭과 양파, 버섯을 넣어 와인과 토마토 소스에 삶은 요리를 개발했는데 나폴레옹과 프랑스 군인들에게 많은 인기를 얻는다. 그때부터 이런 종류의 닭고기를 치킨 마렝고라고 불렀다.

16 대륙봉쇄령 : 유럽 국가들이 영국과 교류하는 것을 막고 영국 선박의 유럽 대륙 출입을 금지한 조치이다. "내 사전에 불가능은 없다"면서 승승장구하던 나폴레옹의 영광은 10년이 못 되어 무너지는데 결정적인 원인 중 하나가 바로 대륙봉쇄령의 실패이다. 대륙봉쇄령은 영국에 경제적 타격을 주고 프랑스가 유럽 대륙의 시장을 독점하기 위해서 내린 결정이었다. 그러나 정작 큰 피해를 입은 것은 영국이 아니라 영국에서 공

까지 한다. 1812년, 대륙봉쇄령을 어긴 러시아와의 전투, 1813년 프러시아와의 라이프치히 전투 등에서 패하면서 결국 퇴위했다. 하지만 1815년 3월 유배되어 있던 엘바섬에서 탈출,

엘바섬에서 탈출한 나폴레옹을 열렬히 환영하는 제5보병연대의 군인들

다시 권력을 장악했으나 결국 그의 복귀를 두려워한 유럽 다른 나라들의 동맹으로 인해 1815년 6월 워털루 전투에서 패하며 백일천하의 종말과 함께 세인트헬레나섬으로 유배를 가면서 1821년 5월 5일로 전 유럽을 벌벌 떨게 만들었던 작은 영웅의 이야기도 완전히 끝난다.

나폴레옹의 백일천하가 실패한 후 루이 16세의 동생 루이 18세(재위 1814~1824)가 새로운 왕으로 추대되면서 왕정복고가 이루어진다. 그는 비록 나이 많고 심약했지만 뭘 해야 하는지는 아는 왕이어서 혁명의 결과들을 부정하지 않는 자유주의적인 통치를 했다. 그러나 과거의 특권과 영광을 되찾기만을 골몰하던 과격 극우 왕당파가 문제여서 "우리는 혁명을 통해 아무것도 배우지 않았고 아무것도 잃어버리지 않았다"라고 하며 루이 18세의 동생인 아르투아 백작을 중심으로 루이 18세 정부에 대항하게 된다.

업제품을 수입하던 대륙의 국가들과 러시아였다. 결국 러시아는 대륙봉쇄령을 어기고 영국과 무역을 계속했고, 분노한 나폴레옹이 러시아 정벌을 계획한다. 1812년, 나폴레옹은 60만 대군을 이끌고 러시아 원정을 떠났지만 혹독한 추위와 굶주림으로 인해 크게 패하면서 작은 영웅의 몰락이 시작된 것이다.

루이 18세   샤를 10세(아르투아 백작)

극우 왕당파들은 1815년 선거를 통해 대거 의회에 진출했으며 출판과 개인의 자유를 억압하는 특별법을 공표하는 등 반혁명적인 정책을 펴기 시작했다. 결국 1824년 9월, 고령의 루이 18세가 사망하자 아르투아 백작이 샤를 10세(1824~1830)로 왕위를 물려받으며 다시 프랑스 정국은 정치적 혼란이 가중된다.

샤를 10세를 앞세운 극우 왕당파가 시행한 반혁명적인 정책들은 예를 들면 불경죄, 장자권, 특히 망명귀족들에게 10억 프랑의 보상금을 주는 것들이었다. 그중에서도 일반 프랑스 국민들의 마음을 불편하게 하고 정부에 대한 비판과 불만을 고조시킨 것이 있었는데 바로 보상금이었다.

망명귀족들이 누구인가? 그들은 프랑스대혁명 때부터 민중들에게는 타도의 대상이었던 기득권 세력이었다. 오랜 기간 억압과 착취의 상징이었던 귀족들을 수많은 피를 흘려가면서 간신히 정리하고 외국으로 쫓아버렸는데 그런 기득권층들을 다시 불러들이고 거기다가 막대한 액수의 보상금까지 준다는 것은 일반 국민들의 정서상 쉽게 받아들이기 어려운 일이었다. 이런 반혁명적인 정책들을 펴면서 프랑스 국민들과 샤를 10세를 주축으로 하는 극우 왕당파들은 서로를 향해 돌아올 수 없는 다리를 건너게 된 것이다.

1830년 3월, 의회에서 반혁명적인 정책을 펴는 정부에 대한 불신임안을 의결하자 샤를 10세는 의회해산으로 맞선다. 이런 정부를 보면서 파리 시민

〈민중을 이끄는 자유, 1830년 7월 28일〉, 외젠 들라크루아, 1830.

들은 더 이상 참지 않고 다시 봉기하는데 이들 시민들에 동조하는 학생들과 노동자들 그리고 부르주아들까지 거리에 바리케이드를 치고 대규모 시위를 벌인다. 1830년 7월 28일, 29일, 30일 3일 동안 시민들은 파리를 점령, 샤를 10세의 퇴위를 외치고 결국 샤를 10세는 국민들의 저항에 굴복, 해외망명을 하면서 혁명 주도세력들이 영광의 3일을 보냈던 것이 바로 들라크루아의 유명한 그림 〈민중을 이끄는 자유〉의 배경이 된 1830년 7월 혁명이다.

샤를 10세의 망명 후, 그의 사촌인 오를레앙공이 루이 필리프 왕으로 추대되면서 7월 혁명은 사실상 막을 내린다. 1830년 7월 혁명의 의의는 샤를 10세와 기득권 세력들이 아무리 반혁명적인 정책으로 시대를 과거 왕정 시대로 돌리려고 해도 안 된다는 것을 분명히 인식시킨 사건이었다. 프랑스에서 왕정복고 시도가 실패한 이유는 과거 프랑스대혁명 이전으로 다시 프랑스를 되돌리기에는 이미 프랑스 사회 곳곳에 깊게 자리 잡은 혁명의 열매들이 굳건히 뿌리를 내렸기 때문이었다.

5) 기요틴은 공포의 상징인가, 평등의 산물인가

기요틴(guillotine), 우리말로는 단두대라고 하는 사람의 머리를 자르는 무시무시한 형구는 오랫동안 공포의 상징으로 군림했다. 아무리 정국이 요동치는 프랑스대혁명이라지만 일국의 국왕과 왕비를 기요틴으로 많은 군중이 보는 앞에서 공개처형을 했다는 것은 너무나 잔혹한 처사가 아니었을까? 치사량의 수면제를 복용시키든지 좀 더 편안한 죽음으로 국왕을 예우할 수도 있었을 것이다. 기요틴이 무엇인가? 삼각형 모양의 서슬 퍼런 칼날이 4미터가 넘는 높이에서 수직 낙하해서 사람의 머리를 단번에 자르는 끔찍하고 무서운 처형도구이다. 그러나 아이러니하게도 공포의 상징인 기요틴에 의한 처형 방법이야말로 가장 이상적이고도 평등한 처형 방법이라고 할 수 있다.

기요틴은 본래 자유와 평등의 이상이 팽배하던 혁명의 낙관적 분위기 속에서 만들어졌다. 기요틴의 탄생에 관한 이야기에는 조제프 기요틴(Joseph Guillotin)라는 의사가 등장한다. 실력이 뛰어나고 인류애가 투철했던 51세의 의사 기요틴은 1789년 10월 10일 국민의회에 하나의 의견서를 제출했다. 그 내용은 동일한 범죄에 대해서는 동일하게 처벌해야 한다는 것이었다. 의사 기요틴이 이런 제안서를 의회에 제출했다는 것은 다른 말로는 그동안 프랑스에서 공정한 처형이 이루어지지 않았다는 것을 의미하는 것이다.

죄인을 죽이는 것에도 무슨 신분차별이 있었다는 말인가? 아쉽게도 프랑스는 물론이고 고대부터 대혁명 시대까지 거의 대부분의 서구 사회에서는 죄인을 처형을 하는 것에도 신분에 따른 차별이 분명히 있었다. 즉 의사 기요틴이 단두대를 만들기 전까지는 동일한 죄목으로 동일한 사형판결을 받아도 신분과 계급에 따라 처형 방법이 완전히 달랐다. 처형에 있어서의 차별은 인간평등의 정신에 어긋난다는 것이 그의 주장이었다. 의사 기요틴은 흔히 사형수들을 죽이던 기존의 참수(목을 베는 것)나 화형, 교수형(목을 조르는 것), 수레바퀴형(수레바퀴에 죄인의 팔다리를 묶어서 고통을 가하는 것) 그리고 능지처참형(사지를 자르는 것) 등이 너무나 많은 고통을 죄수들에게 준다고 보았다. 그래서 사형수들의 고통을 덜어주고자 하는 고민에서 나온 것이 단두대이고 이것을 고안한 당사자인 의사 기요틴의 이름을 따서 기요틴이라는 이름이 붙여졌다.

기요틴은 알다시피 순식간에 죄수의 목을 절단하는 장치이기 때문에 목이 잘리는 순간 당연히 엄청난 피가 솟아오른다. 처형대 주위에 운집하여 이 장면을 보았던 군중들이나 혹은 이 장면을 상상하는 현대인들의 입장에서는 더없이 잔인해 보이겠지만 이걸 만든 기요틴 박사의 의도는 지극히 인도적이었다. 단칼에 사람의 목을 잘라 죽이는 방법이 왜 평등정신에 합당하고 인권을 존중하는 것인지를 보려면 먼저 1789년 8월 26일에 채택된 '인권선언(Déclaration des Droits de l'Homme et du Citoyen)'을 살펴봐야 한다.

인권선언 제1조는 이렇게 시작한다. "인간은 태어나면서부터 자유와 평등한 권리를 가진다." 그리고 제6조는 "모든 시민은 법 앞에 평등하며 그들의 품성이나 능력을 제외하고는 아무런 차별 없이 능력에 따라 직업을 택하고 공직을 맡고 지위를 얻을 수 있는 동등한 자격이 있다."라고 되어 있다.

혁명이 일어나기 전에는 국가의 중요사항을 결정할 때 궁정 안에서 귀족들을 중심으로 먼저 논의되고 마지막에 국왕이 결재를 하면 시행되는 방식이었는데 인권선언 이후에는 국가정책의 결정은 반드시 의회의 논의를 거쳐야만 됐다. 이런 엄청난 변화는 비단 국가정책에만 한정된 것이 아니어서 죄수들을 사형시키는 방법에도 변화를 초래했다. 대혁명 이전에는 신분과 계급에 따라 동일한 죄목을 가진 사형수라도 다르게 처형했었다. 예를 들면 신분이 고귀한 귀족에게는 참수형, 평범한 일반인에게는 교수형으로 사형을 집행하는 등 차별이 있었다는 것이다. 이것은 법률에서 보장하는 평등의 원칙에 위배되는 행동이었지만 신분제 사회에서는 일반적인 현상이었다.

그러므로 기요틴은 얼핏 보기에는 매우 잔인한 방법처럼 보일지 모르지만 실상은 법으로 인간의 평등이 선언된 이상 신분이나 계급의 차이를 불문하고 처형 방법은 동일해야 한다는 평등적이고도 긍휼적인 생각에서 나온 것이다. 즉 모든 사람에게는 동일한 사형방법이 필요하고 과거의 야만스럽고 잔인한 방법은 인도적 방법으로 바뀌어야 한다는 것이었다. 기요틴의 생각에는 사형수의 고통을 최소화하는 것이 곧 인도적 방법이었다.

과거처럼 사형집행인이 큰 칼을 써서 죄수의 목을 자르면 변수가 많았다. 사실 과거의 사람들은 '참수'가 인간의 고통을 가장 최소화하고 단번에 처형을 끝내는 가장 인도적인 방법이라고 생각했다. 그렇기 때문에 아무 죄수에게나 참수를 허용할 수 없었다. 신분제 사회에서는 귀족 이상의 높은 지위를 가진 사람들에게만 참수가 허용됐다.

또한 프랑스에서는 교수형을 당한 사형수의 가족들은 세상 사람들의 많은 멸시를 당해야 했지만, 참수형으로 처형당한 사형수의 가족들은 세상의 멸시를 받지 않았다. 그러니 모든 죄수들이 자신의 죽음이 참수형으로 결정되기를 바랐지만 그런 특혜는 특권층만 누릴 수 있었다. 그러나 이 처형 방법에도 중요한 변수가 있었으니 바로 사형집행인의 몸 컨디션에 따라 혹은 죄수가 몸을 얼마나 움직이느냐의 여부에 따라 단칼에 목을 자르지 못하는 경우가 있었다는 것이다. 이런 경우 죄수의 고통은 극에 달하게 되는데 이것이야말로 비인도적이고 야만스러운 것이었다. 게다가 또 다른 변수가 있었으니 바로 처형대 근처에서 처형을 구경하는 사람들이었다. 이들은 처음에는 죄수를 욕하고 손가락질하지만 사형집행인이 단번에 죄수의 목을 자르지 못해서 죄수가 끔찍한 고통에 몸부림치게 되면 죄수에게 향했던 분노와 비난이 사형집행인에게 가게 되고 결국은 사형을 언도한 당국에게까지 가기 때문에 무엇보다 사형집행인의 처형 기술이 중요했다. 왜냐하면 일반적으로 처형대 근처에는 죄수를 미워하는 사람들만큼, 죄수를 동정하고 따르는 사람들도 많이 있었기 때문이었다.

실제로 미숙했던 사형집행인으로 인해 반란이 일어났던 예가 있었다. 1793년 7월 17일, 리옹에서는 파리 중앙정부에 반란을 일으켰던 혁명지도자 조제프 샬리에(Joseph Chalier)의 처형이 있었다. 사형집행인인 리펠이 단칼에 목을 자르지 못해서 세 차례나 칼을 휘둘렀고 채 목이 완전히 잘리지 않은 샬리에는 인간이 낼 수 있는 가장 처참한 비명을 지르며 괴로워했다. 이걸 지켜보던 군중들 중 샬리에를 따르던 사람들이 흥분하기 시작했고 결국 이날 군중들의 흥분은 대규모 소요사태로 번지게 됐던 것이다. 그래서 당국에서는 이처럼 사형집행인이나 죄수의 상태에 따라 생길 수 있는 변수를 없앨 필요가 있다는 생각을 하게 됐고, 변수를 없애기 위해서는 사람이 아닌 기계에 의한 사형 집행이 필요했던 것이다.

이렇게 인간의 평등과 죄수의 인권을 생각한 필요성과 논리에 의해서 등장한 것이 바로 기요틴이었다. 기요틴을 이용해서 죄수의 목을 단 한 번에 깨끗하게 자른 다음부터는 죄수의 잘린 머리를 군중들 앞에 높이 들어 보여주는 새로운 관례가 생겨나기도 했다. 프랑스대혁명으로 인해 기요틴에 의해 목이 잘린 루이 16세의 잘린 머리도 현장의 군중들에게 공개됐었다.

그러므로 기요틴이야말로 공포의 상징이라는 오명과는 달리 대혁명의 산물인 인권선언과 특히 선언 제1조와 제6조의 핵심인 "모든 인간은 법 앞에 평등하다"는 기본 정신에 가장 잘 부합하는 처형 방법이라고 할 수 있다.

6) 조선의 정치적인 상황은?

프랑스를 중심으로 18세기 말에서 19세기 초반은 프랑스대혁명을 시작으로 다양한 혁명과 쿠데타들이 일어난 시기였다. 비슷한 시기에 조선은 1800년 정조가 죽자 영조부터 정조 시대에 싹튼 세도정치[17]가 조정을 장악

---

17 세도정치(勢道政治) : 조선 후기 특히 19세기 초반인 1804년(순조 4년)경부터 시작된 정치행태로 한 사람 혹은 극소수의 권력가들을 중심으로 국가가 운영되던 비정상적인

하면서 모든 부분에서 쇠퇴하기 시작한 시기였다. 세도정치에 의한 여러 폐단들이 나라를 좀먹는 동안 백성들은 특권층을 향한 분노와 불만을 농민운동으로 표출하기도 했다. 백성들의 불만은 전국적으로 퍼져나갔고 이에 힘입어 분노한 백성들의 공허한 마음을 파고든 새로운 종교가 나타나기 시작한 것도 이 시기였다. 18세기 말에서 19세기 초, 프랑스에서는 대혁명과 공포정치 그리고 나폴레옹이 등장해서 전 유럽을 상대로 싸울 때, 동방의 작은 나라 조선에서는 수백 년을 이어온 불교와 유교가 아닌 새로운 종교문제로 나라가 시끄러웠던 것이다. 백성들의 마음을 파고들던 신흥종교는 바로 천주교였다.

프랑스에서는 18세기부터 득세하기 시작한 계몽주의의 영향을 받아 다방면으로 똑똑해진 프랑스 국민들이 자신들을 부당하게 지배하던 특권층을 향한 분노의 혁명을 준비하던 1760년대, 조선에서는 너무나 끔찍한 사건이 왕실 한복판에서 벌어졌다. 임오화변, 바로 사도세자의 비극이었다. 조선의 국왕 영조의 둘째 아들이자 정조의 아버지인 사도세자[18]는 왕세자의 직분에

정치형태. 조선의 정치이념으로 볼 때 국정의 최고 정점은 당연히 국왕이었다. 그러나 세도정치가 기승을 부렸다는 것은 강력해야 할 국왕의 권력과 권위가 크게 약화되었다는 것을 의미한다. 왕권 약화와 외척 권세가의 발호가 특징인 세도정치는 우연히 나타난 한때의 현상이 아니고, 조선후기 사회의 모순이 격화되면서 시대적 흐름으로서 등장했다.

18 사도세자(思悼世子) : 이름은 이선(李愃)으로 1735년 태어난 영조의 둘째 아들. 82세까지 살았고 52년을 재임한 영조는 4명의 후궁을 두었는데, 그중 영빈 이씨가 사도세자의 친모였다. 흔히 부모보다 앞서 죽음을 맞는 자식을 보는 것을 가장 큰 고통이라고 여겼는데 그런 고통을 자초한 임금이 바로 영조였다. 자신의 친아들인 세자 이선을 뒤주 속에 가두어 죽이고는 이후 자신의 잘못을 깨달은 영조는 죽은 아들에게 '사도(思悼)', 즉 '애달프게 생각한다'는 시호를 내렸고 이때부터 사도세자라 칭했다. 조선 후기, 구중궁궐 안에서 벌어진 이 드라마틱하면서도 비극적인 사건은 혜경궁 홍씨의 『한중록』에 기록되어 오늘날까지 세인들에게 권력의 비정함을 상징하는 이야기로 전해지고 있다.

어울리지 않게 영조와의 갈등을 극복 못 하고 짧은 삶을 마감했던 것이다. 그가 친아버지인 영조의 명령으로 뜨거운 태양 아래 뒤주에 갇혀 27세의 나이로 죽음을 맞이한 때가 바로 1762년으로 바다 건너 유럽에서는 프랑스대혁명의 기운이 아래로부터 점점 더 무르익어가던 시절이었다.

"역적지자, 불위군왕(逆敵之子 不爲君王) 죄인지자 불위군왕(罪人之子 不爲君王)."(역적의 아들은 왕이 될 수 없다 죄인의 아들이 왕이 될 수 없다) 아버지인 사도세자가 조선 왕실 역사상 가장 비극적인 죽음을 당한 이후 그의 아들 이산(정조)은 어린 시절부터 위의 저 말을 숱하게 들으며 자라왔다. 정조는 11세에 아버지가 할아버지 영조의 미움을 받아 8일 동안이나 뒤주에 갇혀 점점 죽어가는 모습을 본 왕자였다. 차기 국왕이 될 왕세손이었지만 세손으로서의 대우는 고사하고 억울하고 비참하게 죽어간 아버지를 둔 정조였기에 그 역시 모진 마음의 고통을 받으며 성장했던 것이다.

1776년 3월, 정조에게는 정말 특별하고 감격스런 순간이었을 것이다. 어린 시절부터 각고의 세월을 보낸 사도세자의 아들 정조가 드디어 숱한 어려움과 난관을 딛고 드디어 조선의 제22대 국왕에 등극한 순간이었기 때문이다. 그토록 정조를 괴롭히던 두 문장, 역적지자, 불위군왕. 죄인지자 불위군왕. 역적의 아들은 군왕이 될 수 없고, 죄인의 아들은 국왕이 될 수 없다는 조선의 정치논리를 극복하고 자신의 아버지가 누렸어야 할 군왕의 자리를 차지했으니 그 감격이 얼마나 컸을 것인가.

사실 정조는 어린 시절부터 억울했을 것이다. 그가 역적의 아들이 된 것이나, 혹은 죄인의 아들이 된 것은 자신의 잘못이 아니었기 때문이다. 정조의 잘못을 굳이 꼽자면 뒤주에 갇혀 죽어야만 하는 사람을 아버지로 둔 것과 그 아버지가 조선의 국왕인 할아버지 영조의 미움을 받아 억울하게 죽었다는 사실일 것이다. 아버지 사도세자의 죽음을 맞이한 게 11세의 어린 나이였지만 국왕의 손자로서 세상 귀한 학문들을 어린 시절부터 배웠기에 누구보다 세상 이치와 정치 생리에 대해 일찍 눈을 떴을 것이다. 아마도 어린 정조는 마음속에 깊이 간직했던 울분과 원통함을 달래며 아버지 사도세자의 억울한 원한을 갚을 날을 기다려왔을 것이다.

당시 기득권 세력이었던 노론[19]의 반대가 심했고 때로는 죽음의 위기를 겪기도 했지만 다행히도 할아버지 영조가 아들 사도세자에게 했던 것과는 달리 손자인 정조는 매우 아꼈다는 게 그나마 위안이었다. 영조가 죽기 직전까지 정조를 왕위에 앉히기 위해 노론에 맞서 전폭적인 도움을 준 덕분에 정조는 조선의 군주가 될 수 있었던 것이다. 이 어려운 과정을 다 겪으면서 간신히 군왕이 되었기에 정조는 집권 초기부터 기득권 세력인 노론을 무력화시키기 위한 투철한 정치개혁에 나서게 된다. 그 첫 번째 위대한 시도가 바로 노론을 향한 선전포고였는데 그 내용은 바로 "나는 사도세자의 아들이다"라는 외침이었다.

정조가 집권하자마자 노론을 향해 천명했던 저 선언은 3가지 도전이기도 했다. 첫째 도전은 바로 할아버지 영조에 대한 도전이었다. 그 이유는 영조가 분명하게 "사도세자의 일을 더 이상 거론하지 말라"고 했는데 정조가 저런 선포를 했으니 그것은 할아버지 영조의 영향력에 대한 도전이었던 것이다. 두 번째 도전은 죽은 큰아버지 효장세자의 양자가 됐음을 거부하고 또한 역적이자 죄인으로 치부된 사도세자의 아들임을 분명하게 천명한 것이었다. 세 번째 도전은 그동안 자신의 아버지를 죽게 하고 조선의 국정을 장악, 농단하면서 정조를 끊임없이 견제했던 노론 세력에 대한 정면도전이기도 했던 것이다.

---

19 노론(老論) : 송시열을 중심으로 하는 서인들 중에서 특히 나이가 많았던 노장파를 가리킨다. 정권을 잡은 서인의 남인 탄압에 대한 입장 차이가 노론과 소론으로 갈리는 계기가 됐다. 노론과 소론의 분열 이후 정권을 잡은 노론은 약 10년간 정권을 유지하였으나, 1689년 이후 세력이 약화되었다. 노론은 1762년 사도세자의 폐위를 계기로 다시 시파와 벽파로 나누어졌고, 소론과 남인 등이 몰락하면서 노론 벽파의 독주가 계속되었다.

노론 세력들은 자신들의 기득권에 대한 도전을 선택한 국왕 정조에 대해 끊임없는 반발과 위협을 가했으며 그런 위협은 늘 정조를 위태롭게 했다. 때로는 그의 목숨을 직접 노리기도 했다.

19세기 초반 당시 국왕 정조와 기득권 세력인 노론의 위협과 갈등을 영화화 한 것이 바로 영화 〈역린〉이었다. 비록 국왕의 자리에 오르긴 했지만 기득권 세력인 노론의 반발로 인해 영향력이 줄어든 정조가 선택할 수 있는 길은 별로 많지 않았다. 그리고 정조 자신이 국왕으로서 조선과 백성들을 위해 자신의 국정철학을 펼치기 위해서라도 정조는 반드시 한 가지 일을 추진해야 했다. 그것이 바로 강력한 개혁이었다. 이는 국정농단의 주역이자 기득권을 유지하기 위해 국왕인 정조 자신에게도 위협을 가하던 노론 세력과의 한판 승부였던 것이다.

7) 영조는 왜 사도세자를 뒤주에 가두었나?

조선사에서 가장 비극적인 사건으로 꼽히는 영조와 사도세자, 즉 국왕인 아버지와 왕세자인 아들의 갈등, 이어지는 아버지의 아들에 대한 자결명령 그리고 아들을 뒤주에 가둬서 죽게 하는 아버지 영조. 영조는 도대체 왜 이런 어처구니없는 결정을 내렸고, 왜 친아들을 뒤주에 가둬서 죽게 했을까? 사도세자와 영조의 관계와 갈등 그리고 뒤주 속에서의 죽음에 관해서는 다양한 역사적 해석들이 존재한다. 대부분의 해석들은 국왕인 영조 입장에서 아들을 죽일 수밖에 없었던 당시의 정치적인 상황과 조정을 장악했던 노론 세력을 연관 지어 말하고 있다. 반대로 소수의 의견이지만 사도세자의 부인인 세자빈 혜경궁 홍씨가 쓴 『한중록』에 의거해서 당시 사도세자는 심각한 정신분열증을 앓고 있었고 그런 정신병으로 인해서 궁궐에서 많은 사람들을 죽이는 살인을 저질렀기 때문에 죽일 수밖에 없었다고 보는 시각도 존재한다. 그만큼 영조와 사도세자의 비극적인 부자관계와 뒤주 사건은 후대 사람들의 많은 관심을 받는 사건이고 그에 따라 다양한 매체에서 영화와 드라마로 만들어지기도 했는데 영화와 드라마에서는 각기 조금씩 다른 관점에서 사도세자의 죽음을 바라보기도 한다. 그만큼 영조와 사도세자의 죽음에 얽힌 이야기는 매우 흥미로울 뿐 아니라 다양한 해석이 존재한다는 것이다.[20]

사도세자는 영조의 차남으로 이복형인 효장세자가 영조 4년, 10세라는 어린 나이로 사망하자 형의 뒤를 이어 왕세자로 책봉되었다. 비록 27세라는 젊은 나이로 정치적 꿈을 하나도 펼치지 못하고 영조의 미움을 받아 뒤주에서 죽음을 맞이해야만 했지만 어린 시절에는 총명하고 조숙하여 아버지의 총애를 받았던 인물이었다. 총명함에 기인한 정치적 호기심도 많아서 어린 시절부터 노론과 소론 간의 정치에 대해서도 깊은 관심을 보였으며 노론이 주도하는 조정 질서에 대한 거부감을 가지며 성장했다. 아마도 기득권을 쥐고 있던 노론 세력이 사도세자에 대해서 가졌던 반감과 미움은 이때부터 싹텄을 것으로 보인다.

조선 정계에서 영조 시대에 노론 세력들은 어떻게 해서 국정을 장악할

---

20 영화와 드라마에서 사도세자는 비운의 개혁군주, 정신분열을 앓았던 왕세자 등 상반된 모습으로 묘사된다. 역대 국왕들의 이야기를 기록한 『조선왕조실록』이나 사도세자의 부인 혜경궁 홍씨가 쓴 『한중록』에서도 역시 사도세자에 대해 다양한 관점을 제시한다. 이에 학계의 의견도 분분하다. 역사학자 이덕일은 책 『사도세자가 꿈꾼 나라』에서 사도세자의 죽음을 노론 세력의 치밀한 개혁군주 제거 음모에서 찾았다. 이런 관점이 드라마 〈비밀의 문〉과 영화 〈역린〉이 배경이었다. 반대로 영화 〈사도〉가 참고했던 박시백의 『조선왕조실록』과 정병설의 『권력과 인간』에서는 노론 음모설을 정면으로 반박한다. 사도세자가 당쟁을 혁파하고 탕평을 실천하여 조선의 르네상스를 이끌려 노력했으나 당쟁의 희생양이 되었다는 관점과 반대로 정신병으로 궁궐에서 살인을 일삼고 영조 시해까지 시도하는 등 죽음을 맞는 것이 불가피했다는 상이한 관점이 영화와 드라마 속에서 다양한 사도 세자의 모습을 만들어내고 있다.

수 있었을까? 특정 세력이 권력을 잡고 국정을 주도하기 위해서는 당연히 군주의 뒷받침 내지는 묵인이 있어야 할 것이다. 숙종의 뒤를 이은 경종이 단명한 후(영조의 독살설도 있다) 왕위에 오른 영조는 본격적인 탕평책을 실시하며 누구든 자신이 속한 당파를 위하는 행동이나 발언을 하면 무조건 정계에서 축출하는 정치를 했다. 그만큼 조정 내에 있는 파벌과 당파싸움을 경계한 것이었다.

그러나 영조 4년인 1728년, 노론 세력이 주축이 되어 국정을 장악하고 마음대로 정치를 하는 것에 소론과 남인이 연합한 강력한 저항과 반발이 일어난다. 특히 이인좌를 대원수로 삼아 따르는 반란군들이 들고 일어나면서 순식간에 청주가 점령당한다. 역사에서는 이를 '이인좌의 난'[21]이라 하기도 하고 무신년에 발생했다 해서 '무신란'이라고도 불렸다.

영조 입장에서는 이인좌의 난을 제압하는 데 큰 공을 세운 노론 세력을 사실상 중용할 수밖에 없었다. 소론과 남인들이 노론이 주축이 되는 국정에 불만을 품고 반란을 일으켰지만 반란을 제압하고 보니 주동자들이었던 소론과 남인 세력들이 조정에서 대거 밀려났던 것이다. 그러므로 영조가 반란 이후에 펼쳤던 탕평책은 실상은 남아 있는 노론을 중심으로 할 수밖에 없게 된 것이었다. 이때부터 노론을 중심으로 하는 세력들이 조선 정계를 독점하게 되었던 것이다.

문제는 여기에서 시작하는데, 이러한 상황에서 사도세자가 노론 세력들

---

21 이인좌의 난(1728.3) : 영조가 왕위가 오르자 그를 둘러싼 권력투쟁은 심화되었으며 조정에서는 노론과 소론이 갈등을 빚었다. 이런 상황에서 영조가 즉위해 노론 정권이 국정을 장악하고 소론을 비롯한 반대파들에 대한 핍박이 심해지자 소론에서는 비밀조직을 결성하여 반란을 일으킬 세력을 포섭했다. 드디어 1728년 3월, 이인좌를 대원수로 추대한 반란군들은 청주성을 점령했고 곡식을 백성들에게 나누어주면서 민심을 잡아나간다. 그러나 결정적으로 영남과 호남의 민심을 얻는 데 실패하게 되고 조정에서 급파한 관군들에 의해 안성과 죽산에서 벌어진 전투에서 패하면서 진압되었다.

이 국정을 장악하고 농단하는 것에 대해 분명한 반대의 입장을 보였다는 것이었다. 사도세자는 현왕 영조의 아들이자 차기 국왕의 자리에 오를 가능성이 거의 백 프로인 왕세자이다. 지금은 비록 왕세자 신분이기에 국왕인 영조의 도움과 비호를 받는 노론 세력들에게 크게 위협이 되지 않을 수 있지만 그 왕세자가 왕위에 오르게 되는 날 노론 세력들이 그를 감당할 수 없게 될 것은 불을 보듯 명확한 이치였다. 그런 상황에서 노론 세력들에게 남아 있는 선택은 별로 없었을 것이다. 그들은 자신들의 기득권은 물론이고 훗날 가문과 목숨을 보전하기 위해서라도 사도세자가 국왕이 되는 것은 반드시 막아야만 했다. 이것이 바로 사도세자와 노론 세력이 서로를 원수처럼 대할 수밖에 없던 19세기 조선의 정치적 상황이었다.

결국 영조의 계비 정순왕후 김씨, 숙의 문씨를 비롯한 노론 세력의 강경파들은 사도세자를 견제하기 시작했다. 1761년 사도세자가 임금도 모르게 관서지방을 순행하고 돌아오자, 노론 세력들은 왕세자의 체모를 손상시켰다는 명목으로 서인으로 폐하였다. 노론은 이에 만족하지 않고 창경궁 앞뜰에서 영조로 하여금 사도세자를 뒤주에 가두게 하여 죽게 만들었다는 해석이 『조선왕조실록』에 근거한 대부분의 해석들이다.

물론 이런 해석에 대한 반론도 있어서 사도세자의 죽음이 나쁜 정신병과 미친 행동, 즉 궁궐에서 반복되는 사도세자의 살인 때문이었다는 견해가 있기도 한데 주로 혜경궁 홍씨가 기록한『한중록』에 의거한 의견들이다.

그렇다면 사도세자의 죽음에 관한 역사적 실체는 무엇인가? 다양한 해석이 존재하기에 어느 것 하나만을 정답으로 취하기는 어렵지만 그럼에도 불구하고 역사를 볼 때 많은 지지를 받는 해석이 존재하는 것 역시 사실이다.

사도세자의 죽음에 관한 다수의 지지를 받는 해석은 붕당으로 인한 정치적 갈등과 궁중 여인들의 암투에 의해 희생되었다는 것이다. 세자빈 혜경궁 홍씨 역시 남편 사도세자보다는 친정아버지가 속한 노론의 입장에 서야 할 만큼 조선 조정의 당파 갈등은 뿌리 깊었다. 이와 함께 영조의 형 경종의 갑작스런 죽음이 독살에 의한 것이라는 소문도 있었는데 문제는 그 독살에 영조를 국왕으로 세우기 위한 세력들과 영조가 함께 관련됐다는 소문에서 영조가 자유롭지 못했다는 것이었다. 만약 이 소문이 사실이었다면 영조는 국왕이 된 이후에도 평생을 자신을 국왕으로 만드는 데 큰 공헌을 한 특정 정치세력의 눈치를 보면서 살았을 것이다. 물론 여기서 말하는 특정 정치세력은 당연히 노론 세력이다. 그러므로 노론에게 자신들을 미워하고 경계하는 사도세자는 아마도 눈엣가시 같은 존재였을 것이고 반드시 제거해야만 하는 대상이었을 것으로 충분히 짐작할 수 있다. 그러나 아무리 기득권을 가진 노론 세력이라 하더라도 왕세자에게 자신들의 힘만으로 맞서기는 쉽지 않았을 것이고, 그렇기에 자신들이 영향력을 행사하던 국왕 영조의 힘을 빌려서 제거했으리라는 것이다. 영조는 아버지로서 아들을 생각하는 마음보다는 일국의 국왕으로서 사직을 지키고 왕실을 이어가야 한다는 의무감이나 책임감이 당연히 더 컸을 것이다. 이런 모든 것들이 복합적으로 작용하면서 결국 조선사 최고의 비극적이고도 드라마틱한 사건은 뒤주라는 상징적인 물건과 함께 사도세자를 가장 불행한 인물로 자리매김하게 만들었던 것이다.

사실 19세기 조선의 당쟁은 일국의 왕세자를 폐위시키고 죽음에 이를 만큼 심각했고 그 폐해가 컸다. 오로지 당파의 이익과 명분만을 앞세워 상대 세력을 강력히 견제했던 붕당정치의 폐해는 아무리 국왕이라도 혼자 힘으로는 도저히 막기 어려울 정도였다. 특히 영조처럼 특별한 정치적 약점 (경종의 독살에 연루, 드라마에서는 영조와 노론이 특별한 정치적 맹의를 맺는 것으로 나옴)이 있던 국왕으로서는 사직을 지키기 위한 불가피한 선택이었을 수도 있었을 것이다. 결론적으로 이와 같은 당시 조선의 폐쇄적인 정치 구조는 영조의 탕평책으로도 해결할 수 없는 뚜렷한 한계를 지니고 있었다. 자당의 이익을 위해서 왕실까지 핍박했던 노론 세력은 권력을 더욱 공고히 하였고, 결국 왕실 외척이 득세하는 세도정치로 가는 배경이 되었다.

경북대한국사교재편찬위원회,『한국사』, 경북대출판부, 2018

고종환,『명화, 그것은 역사의 보고다』, 푸른사상, 2017

곽영완,『명화 속에 담긴 유럽사』, 애플미디어, 2016

곽춘근,『일 만년 한국 역사』, 인노디자인, 2015

권오영,『삼국시대, 진실과 반전의 역사』, 21세기북스, 2020.

김병재,『영화로 읽는 세계 전쟁사』, 르몽드코리아, 2018

김윤태,『교양인을 위한 세계사』, 책과 함께, 2010

노명환,『서양 사람들은 어떻게 살았을까?』, 푸른역사, 2012.

박건호,『컬렉터, 역사를 수집하다』, 휴머니스트, 2020.

박수현,『미술관에 간 역사, 박물관에 간 명화』, 문학동네어린이, 2011

박현철,『세계 명화로 역사 읽기』, 꿈꾸는달팽이, 2013

방기철,『한국 역사 속의 전쟁』, 새문사, 2014

설민석,『설민석의 조선왕조실록』, 세계사, 2016

신주백,『한국 역사학의 기원』, 휴머니스트, 2016

심용환,『읽기만 하면 내 것이 되는 1페이지 한국사 365』, 비에이블, 2020

양혜원,『판타스틱 초기 국가 탄생기』, 웅진주니어, 2020

윤선자,『이야기 프랑스사』, 청아출판사, 2007

윤영휘,『혁명의 시대와 그리스도교』, 홍성사, 2018

이내주,『전쟁과 무기의 세계사』, 채륜서, 2017

이덕일,『이덕일의 한국통사』, 다산초당, 2019.

이배용,『한국 역사 속의 여성들』, 어진이, 2005

이원근,『서양 중세세계의 역사』, 탑북스, 2012

이현우,『미술관에서 만난 전쟁사』, 어바웃어북, 2018

이희건 외,『교양으로 읽는 용선생 세계사 5』, 사회평론, 2017

잇끌림편집부,『한국사를 바꾼 세기의 사건』, 유페이퍼, 2016

장득진 외,『바로 읽는 서양 역사』, 탐구당, 2013

장세현,『역사는 왜 명화 속으로 들어갔을까?』, 낮은산, 2012

전쟁사연구회,『(하룻밤에 읽는) 십자군전쟁사』, 북메이커, 2017

정미선『전쟁으로 읽는 세계사』, 은행나무, 2009

정은미,『서양미술 역사로 보다』, 문음사, 2014

정헌경,『단숨에 정리되는 세계사 이야기』, 좋은날들, 2014

조덕현,『전쟁사 속의 해전』, 신서원, 2016

주디스 코핀,『새로운 서양 문명의 역사』, 박상익 역, 소나무, 2014

중앙사학연구소,『동서양 역사 속의 소통과 화해』, 학고방, 2011

진원숙,『이슬람 전쟁사』, 살림출판사, 2015

차영길 외,『G세대를 위한 서양의 역사와 문화』, 경상대출판부, 2018

최경석,『명화로 배우는 서양 역사 이야기』, 살림Friends, 2012

최진기,『끝내주는 전쟁사 특강 2』, 휴먼큐브, 2014

함석헌,『뜻으로 본 한국 역사』, 한길사, 2016

황정영,『전쟁의 역사 – 그림으로 풀어보는 인문역사 이야기』, 한올출판사, 2016

허진모,『모든 지식의 시작 1 전쟁사 문명사 세계사』, 미래문화사, 2017

로버트 램,『그림과 함께 읽는 서양문화의 역사I』, 이희재 역, 사군자, 2000

윌리엄 맥닐,『전쟁의 세계사』, 신미원 역, 이산, 2005

에른스트 H 곰브리치,『곰브리치 세계사1, 2』, 이내금 역, 자작나무, 1997

존 깁슨 워리, 『서양 고대 전쟁사 박물관』, 임웅 역, 르네상스, 2006

존 키건, 『세계전쟁사 (2판)』, 유병진 역, 까치(까치글방), 2018

클레르 다르쿠르, 『명화를 통해 보는 전쟁 이야기』, 곽노경 역, 주니어김영사,
        2005

클레어 고거티, 『그림 속 전쟁』, 성우아동미술연구회 역, 성우, 2001

프랑수아 르브레트, 『100편의 명화로 읽는 고대사』, 김영숙 역, 마로니에북스,
        2006

플라비우 페브라코, 『세계 명화 속 역사 읽기』, 안혜영 역, 마로니에북스, 2012

후쿠이 노리히코, 『유럽은 어떻게 세계를 지배했는가』, 송태욱 역, 다른세상,
        2008

찾아보기